AF438661

Todo Este Tiempo

Caminando con Amor, Compasión Y Gracia

Escrita por René K. Gutiérrez

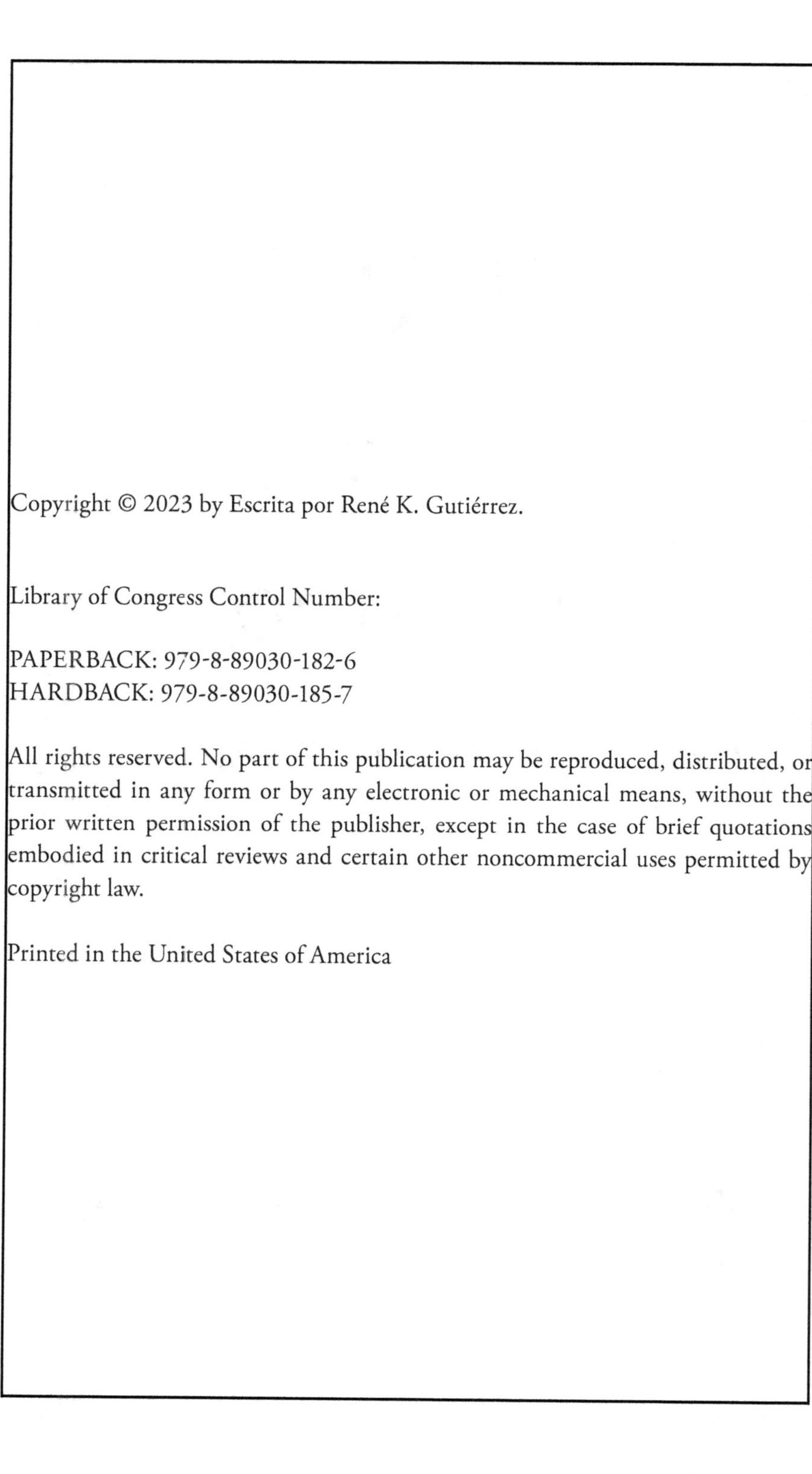

Contents

Introducción

Al comenzar a embarcarme en este viaje que Dios me ha confiado para hacer, Tengo esta necesidad de mencionar un poco sobre mí y cómo llegué a escribir este libro, todo para la gloria de mi Padre Celestial. Verá, no soy ni mucho menos un escritor o incluso una persona de muchas palabras. En general, me siento cómodo quedándome en casa y haciendo rompecabezas, coloreando esos grandes carteles para colorear y libros para colorear. (Es el niño pequeño en mí que nunca creció), y haciendo búsquedas de palabras (todo en mi tiempo libre, por supuesto). Sin embargo, Dios tiene este plan para mí, y Él dice que Él quiere que yo haga esto, y cuando Dios habla, yo escucho. Me dijo que no me preocupara sobre qué escribir; Él me proporcionará todo lo que necesito para escribir. Por lo tanto, fui a mi habitación y me puse de rodillas y oré, pidiendo la sabiduría y el conocimiento que necesitaba para cumplir con la petición de mi Padre. Justo cuando me arrodillé y susurré las palabras: "Por favor, ayúdame, Jesús", un río de Sus palabras fluyó a mi cerebro. Yo sabía que las palabras eran de Dios, porque Él me las habló, antes en un sueño. Fui, lo que dice la gente, convencido por Su Espíritu. No he sido el mismo ni pienso igual desde que le abrí la puerta a mi Señor y Salvador.

Este libro trata de traer todo lo que paso en este mundo caído, de cómo lo soporté todo con la ayuda de Jesucristo, mi Señor y Salvador, poniendo paz y consuelo en mi mente y alma. Este es un viaje de toda la vida que elegí, que me lleva directamente a la meta, donde mi Padre Celestial me espera con los brazos abiertos.

No fui a la escuela para escribir, pero Dios me dijo que no debo tener miedo, porque Jesús está conmigo en cada paso de este camino. La Palabra de

Dios (la Biblia) me dice: "Lo necio del mundo escogió Dios, para avergonzar a los sabios; *Dios escogió lo débil del mundo para avergonzar a lo fuerte". (1 Corintios 1:27)*. Por lo tanto, di el paso fuera del bote (mi zona de confort) y le dije a Dios que estoy lista para hacer lo que Él quiera que haga. Sé que estaba pisando un camino pedregoso con el que no estaba familiarizado, lleno de obstáculos en el camino. Sin embargo, Jesús estaba allí tendiéndome Su mano a la que yo podía agarrarme, si tenía ganas de resbalar. Nunca dejaré ir, no importa lo que pase.

Jesús siempre estará allí para ayudarme a manejar todo tipo de situación. Jesús es el amigo que nunca tuve (cuando era niño). En un momento, pensé que no tendría a nadie que me consolara y protegiera o incluso que estuviera allí para mí. El amigo que tengo en Jesús siempre va a estar conmigo, donde quiera que vaya. No necesito tener miedo. Mi Padre Celestial nunca me dejará solo, para caminar solo este camino; Él me ama demasiado. Por eso nos dio a su Hijo, porque nos ama.

El plan que Dios tiene para mí es compartir lo que observo con todos los que necesitan conocer el amor consolador que Jesús me dio, cuando estaba solo y asustado. Ahora sé que tuve (y siempre tendré) a Jesús a mi lado, cuidándome y ayudándome a soportar todo lo que pase. Nunca tengo que sentirme triste, deprimido o asustado. Jesús nunca me dejará ni me abandonará. Solo tengo que disfrutar todo lo que mi Dios es (y por supuesto), amarlo y obedecer sus mandamientos.

Dios ve todo lo que está sucediendo en nuestras vidas. Solo tenemos que tomarnos el tiempo y levantar la mirada para reconocer a Aquel que nos ama y nos ayuda. Amando a Dios y escuchándolo, podremos caminar con la confianza que posee su Hijo Jesús. Abre bien tus ojos y mira lo que Dios hará en tu vida. Abre tus oídos y escucha Sus instrucciones sobre qué decir y hacer por Él. Dios nos ama sin importar quienes seamos. Dios nos hizo para amar y vivir en Su presencia, donde somos libres de ir cuando necesitemos consuelo. La Palabra de Dios dice esto: *"Alzad vuestros ojos y mirad a los Cielos: Quién creó todo esto? Saca las huestes estelares una por una y las llama a cada una por su nombre. Él da fuerza al cansado y aumenta el poder del débil. Incluso los jóvenes se cansan y se fatigan, y los jóvenes tropiezan y caen; pero los que esperan en el Señor renovarán sus fuerzas. Revolotearán con*

alas como las águilas; correrán y no se cansarán, caminarán y no se fatigarán".
(Isaías 40:26, 29-31).

"Porque yo sé lo que tengo planeado para vosotros, dice el Señor. Tengo planes para prosperarte, no para hacerte daño. Tengo planes para darte un futuro lleno de esperanza". *(Jeremías 29:11).*

Así que solo busque un lugar tranquilo, siéntese y póngase cómodo, y deje que las Palabras de Dios sean su fuerza y consuelo para enfrentar todas esas flechas destructivas que Satanás le está arrojando. Como verá en las páginas que siguen, el amor y el consuelo de Dios nunca me fallaron. Dios nunca te fallará. Solo recuerda que eres un hijo del Único Dios Verdadero. En tu debilidad, Dios es fuerte. Siempre!

Lee estos versículos de las Escrituras que describen quién es Dios y por qué debemos amar y conocer a Dios: *"El que no ama, no conoce a Dios, porque Dios es Amor".* (1 Juan 4:8).

"El amor es paciente, el amor es amable. El amor no tiene envidia, el amor no se jacta, el amor no es orgulloso. El amor no deshonra a los demás. El amor no es egoísta, el amor no se enoja fácilmente, y el amor no guarda registro de los errores. El amor no se deleita en el mal, sino que se regocija con la verdad. El amor siempre protege, siempre confía, siempre espera y siempre persevera. El amor nunca falla. Y ahora quedan estos tres: Fe, Esperanza y Amor. Pero el mayor de ellos es el amor". (1 Corintios 13:4-8, 13).

Ahora, reemplaza la palabra Amor con Dios, y sabrás quién es Dios. Este mundo puede tener muchos cambios, pero Dios nunca cambiará. Dios siempre será el mismo. Ya que Dios es amor y Dios nunca cambia, entonces el amor que Dios tiene por nosotros nunca cambiará. Nada puede separarnos del amor inagotable de Dios. Nada.

Empecé a escribir este libro sintiéndome inadecuado; Sé que este sentimiento era de Satanás, quien siempre está tratando de apartarme de la obediencia a mi Padre Celestial. Sin embargo, sé que estoy haciendo esto por mi Señor que murió por mí para que yo pudiera amar y vivir en Su presencia. Entonces Dios me dijo: "No te preocupes, porque yo estaré contigo, enseñándote y dándote las palabras que necesitas para escribir". En ese momento, comencé a prepararme y escribir todo lo que Dios me estaba revelando.

También leerás en este libro cómo dependo de mi Equipo Estelar, un equipo que consiste en mi Padre Dios, Su Hijo Jesús y el Espíritu Santo. Voy a entrar en más detalles sobre cómo mi Equipo Estrella me acepta y me deja participar en su conversación sobre los problemas de este mundo corrupto en el que vivimos, además, todo el consuelo que me brindaron, cuando más lo necesitaba. (que era todo el tiempo). Ruego que disfrute de este libro, que se anime a abrir su Biblia y procure leer más las palabras de sabiduría, conocimiento, paz, consuelo y, sobre todo, amor que solo Dios puede suplir. Dios los bendiga a todos.

Todo Este Tiempo: Caminando con Jesús (Consuelo) y superando los caminos de este mundo

Cuando empiezo a recordar mi viaje de regreso a través de los tiempos de cómo luché por este mundo y pensando que estaba solo en esta caminata, me di cuenta de que no estuve solo todo este tiempo. Las veces que me sentí débil, Dios me dio fuerza. Dios proveería lo suficiente para ese momento, lo suficiente para caminar a través del dolor que me estaba debilitando. Ahora sé que Jesús estuvo conmigo todo este tiempo, colocándome sobre sus hombros y guiándome a través del dolor y evitando que me lastimara. Le debo mi vida. Es por eso que estoy aquí, revisando mi banco de memoria, para cumplir con el pedido de mi Padre Celestial de escribir cómo Su Hijo Jesús y yo superamos las luchas de los caminos de este mundo. Jesús sigue caminando a mi lado. Como dice Jesús en la Biblia:

"Nunca te dejaré, ni te desampararé". *(Hebreos 13:5b)*

<u>*Un Toque de Consuelo:*</u> Mi corazón se llenó de amor y consuelo con ese primer toque de mi Señor.

Todo comenzó cuando tenía cinco años, la primera vez que el miedo entró en mi vida. Fue cuando estaba viendo a mi mamá cocinando en la cocina y estaba coloreando en mi libro para colorear, en la mesa de la cocina, como siempre lo hacía. Siempre me sentaba allí cuando mi mamá estaba en la cocina cocinando. Cuando mi mamá me pidió que consiguiera una toalla de cocina de nuestro perro, Spot, quien la agarró y se metió debajo de la mesa donde estaba sentado, me metí debajo de la mesa para tratar de conseguir la toalla. Cuando estaba a punto de quitarme la toalla, Spot me espetó, enviándome corriendo y saltando sobre el sofá. Eso sí, cuando salté en el sofá, me refiero a todo el camino en la parte superior del respaldo del sofá. Mi mamá me escuchó llorar y saltar en el sofá y me dijo que me agachara y me sentara en el sofá. Estaba temblando tanto que no podía pronunciar ninguna palabra para decirle a mi mamá lo que estaba mal. Me quedé sentado en el sofá temblando, sin saber qué hacer. Cuando sentí que me invadía un toque repentino de consuelo y seguridad, de alguna manera supe (aunque solo tenía cinco años) que era Dios quien me rodeaba con sus tiernos brazos y me daba el amor y el consuelo que Él tan fácilmente les da a sus hijos. en necesidad. Este consuelo era justo lo que necesitaba. Debería habérselo pedido a mi madre, pero estaba distraída cocinando la cena para el resto de la familia. Cuando no obtuve consuelo de ella, lo obtuve de mi Señor. A partir de ese momento, tuve miedo de todo tipo de perros, incluso de los muy, muy pequeños, durante mucho tiempo.

Al pasar por esta prueba de miedo, siempre me pregunté qué necesitaba aprender de ella. Seguí pidiéndole a Dios, pero Él seguía diciéndome que fuera paciente y esperara y lo observara resolver las cosas que me ponen tan ansiosa. Eso es lo que hice: puse mi confianza en mi Padre Celestial para resolver todo lo que me estaba poniendo ansioso.

Este también fue el comienzo de una larga batalla que tuve con Satanás, quien estaba iniciando un proceso para separarme de mi familia, emocional y físicamente.

Testificar puede ser confuso, pero con Jesús a mi lado, nada es imposible. Está escrito:

"Para el hombre esto es imposible, pero para Dios todo es posible". (Mateo 19:26).

Al revivir este miedo de la infancia, me di cuenta de que en el momento en que mi corazón clama por ayuda, Jesús lo escucha y viene a levantarme en sus brazos y te consuela hasta que mi dolor se calma. También me di cuenta de que fue entonces cuando Jesús comenzó a llamar a la puerta de mi corazón. Además, cuando finalmente le abrí la puerta de mi corazón, Él tomó el control total de mi vida. Diez años después, ahora sé que yo (nosotros) debemos vivir y obedecer cada palabra de Dios, tal como lo hizo Jesús cuando caminaba por esta tierra. La escritura dice: *"A esto fuisteis llamados, porque Cristo padeció por vosotros, dejándoos ejemplo para que sigáis sus pasos". (1 Pedro 2:21).*

"Sed, pues, imitadores de Dios, como hijos amados; y andad en amor, así como Cristo os amó y se entregó a sí mismo por nosotros, y ofreciendo a Dios un sacrificio en olor fragante". (Efesios 5:1-2).

"Si alguno obedece su palabra, el amor de Dios se hace verdaderamente completo en él. En esto sabemos que estamos en él: todo el que pretenda vivir en él, que viva como Jesús" (1 Juan 2:5-6).

"Queridos hermanos y hermanas, no amemos de palabra ni de palabra, sino con hechos y en Verdad. Así es como sabemos que pertenecemos a la Verdad y como ponemos nuestro corazón en paz en Su Presencia". (1 Juan 3:18-19).

Mientras Dios me enseña Su Palabra, tengo la confianza de saber que Jesús también camina a mi lado, asegurándose de que camine en el camino de Su Padre, dándome esa sensación de seguridad que supera todo temor, para poder seguir adelante y vivir. esa vida que Él desea que yo viva. En mi juventud, no sabía que tenía a Jesús siempre conmigo, caminando a mi lado, ayudándome a sobrellevar los senderos que soporté. Verás, no tenía a quién acudir para hablar sobre todo lo que estaba sintiendo y experimentando. Sin embargo, Jesús siempre estuvo allí, recogiéndome cuando me sentía mal, hablándome cuando no había nadie con quien hablar. Jesús fue y es todo a lo que tengo que aferrarme. Él entró en mi vida y abrió mis ojos a Su amor y compasión. Todos los eventos que suceden aquí en esta tierra son solo sombras contra la Luz de Jesús.

Después de cincuenta años, Dios me está haciendo escribir todo lo que he aprendido (y sigo aprendiendo) de cómo Jesús estuvo conmigo todo este tiempo. Pensando en ese entonces, nunca pensé que estaría escribiendo un libro. Sin embargo, cuando Dios te dice que hagas algo, lo obedeces y confías en Él durante toda la tarea. Porque Jesús es, y siempre será, el único con quien hablar y caminar siempre.

Aquí hay algunas Escrituras que me ayudan a disolver mis miedos:

"No te lo he mandado yo? Se fuerte y valiente. No temas, ni desmayes, porque el Señor tu Dios estará contigo dondequiera que vayas". (Josué 1:9).

"Aunque ande en valle de sombra de muerte, no temeré mal alguno, porque tú estarás conmigo; tu vara y tu cayado me infunden aliento". (Salmo 23:4).

"El Señor es mi luz y mi salvación; A quien temeré? El Señor es la fortaleza de mi vida; De quién tendré miedo? Espera en el Señor; sé fuerte, y deja que tu corazón tome valor; espera en el Señor!". (Salmo 27:1, 14).

"Cuando tengo miedo, en Ti confío". (Salmo 56:3). "El que habita al abrigo del Altísimo, morará a la sombra del Omnipotente". (Salmo 91:1). "Él no tiene miedo a las malas noticias; su corazón está firme, confiado en el Señor". (Salmos 112:7).

"El temor del hombre pone lazo, pero el que confía en el Señor está a salvo". (Proverbios 26:25).

"No temas porque yo estoy con vosotros; no desmayes, porque yo soy tu Dios; Te fortaleceré, te ayudaré, te sostendré con mi diestra justa". *(Isaías 41:10).*

"Porque yo, el Señor tu Dios, te sostengo de la mano derecha; soy yo quien te dice: 'No temas, yo soy el que te ayuda". *(Isaías 41:13).*

"Pero ahora, así dice el Señor, el que te creó, oh Jacob, el que te formó, oh Israel: ***No temas, porque te he llamado por tu nombre, eres mío. Cuando pases por las aguas, yo estaré contigo; y por los ríos no te anegarán; cuando pases por el fuego, no te quemarás, ni la llama te consumirá"*** *(Isaías 43:1-2).*

"Porque Dios no nos ha dado espíritu de temor, sino de poder, de amor y de dominio propio". (2 Timoteo 1:7).

"No hay temor en el amor, sino que el amor perfecto echa fuera el temor. Porque el miedo tiene que ver con el castigo, y el que teme no se ha perfeccionado en el amor". (1 Juan 4:18).

"No temas lo que estás a punto de sufrir. He aquí, el diablo va a echar a algunos de vosotros en la cárcel, para que seáis probados, y tendréis tribulación durante diez días. Sed fieles hasta la muerte, y yo os daré la Corona de la Vida". *(Apocalipsis 2:10).*

Mientras leo estos versos, disuelven cualquier temor que pueda tener y los envían volando; trayendo fuerza y sabiduría a mi alma. A veces me siento en silencio y escucho la Voz de Dios que me habla. Sus palabras son tan reconfortantes. Estar en silencio ante Él es la única forma en que puedes escuchar a Dios hablándote: en la quietud de Su presencia, escuchando solo Su suave voz. Confié en ese silencio muchas veces en mi juventud: no tenía a nadie con quien sentarme, escuchar y aprender. Y aún hoy, voy directamente a mi Biblia cuando empiezo a sentir que necesito a alguien con quien hablar, la Voz de la Verdad, que es mi compañero. Solo aférrate a estas Escrituras y tú también lo harás. tener la fuerza de Dios. Dios nunca cambia y Sus promesas tampoco.

La fuerza de Dios

Aquí hay algunos para comenzar:

"Él da fuerza al cansado y aumenta el poder del débil. Incluso los jóvenes se cansan y se fatigan, y los jóvenes tropiezan y caen; pero los que esperan en el Señor renovarán sus fuerzas. Ellos renovarán sus fuerzas. Revolotearán con alas como las águilas; correrán y no se cansarán, caminarán y no se fatigarán". (Isaías 40:29-31).

"Todo lo puedo en Cristo que me fortalece". (Filipenses 4:13).

"Mi alma está cansada de dolor; fortaléceme conforme a tu palabra". (Salmo 119:28).

"Servid de todo corazón, como si sirvierais al Señor y no a las personas, porque sabéis que el Señor recompensará a cada uno por el bien que haga, sea esclavo o libre". (Efesios 6:7-8).

"Sed fuertes en el Señor y en el poder de Su fuerza. Vestíos de toda la armadura de Dios para que podáis estar firmes contra las asechanzas del diablo". (Efesios 6:10-11).

"Mantente firme, entonces, con el cinturón de la verdad abrochado alrededor de tu cintura; con la coraza de justicia puesta y con los pies calzados con la prontitud que viene del evangelio de la paz. Además de todo esto, tomad el escudo de la fe, con que podáis apagar todas las flechas de fuego del maligno. Tomad el yelmo de la salvación y la espada del Espíritu, que es la palabra de Dios. Además, oren en el Espíritu en toda ocasión con todo tipo de oraciones y peticiones. Con esto en mente, estad alerta y seguid orando siempre por todos los santos". (Efesios 6:14-18).

*"Por tanto, para que no me envanezca, me fue dado un aguijón en mi carne, un mensajero de Satanás, para atormentarme. Tres veces le supliqué al Señor que me lo quitara. Sin embargo, Él me dijo; "**Te basta mi gracia, porque mi poder se perfecciona en la debilidad**". Por tanto, de buena gana me gloriaré más en mis debilidades, para que repose sobre mí el poder de Cristo. Por eso, por amor de Cristo, me deleito en las debilidades, en los insultos, en las penalidades, en las persecuciones, en las dificultades. Porque cuando soy débil, entonces soy fuerte". (2 Corintios 12:7b).*

"Dios es nuestro amparo y fortaleza, nuestro pronto auxilio en las tribulaciones. Por tanto, no temeremos, aunque la tierra se desmorone, y los montes se desplomen en el corazón del mar, aunque bramen y se turben las aguas, y tiemblen los montes su auge. Selah". (Salmo 46:1-3).

*"**Estad quietos y sabed que yo soy Dios. Seré exaltado entre las naciones. Seré exaltado en la tierra**". (Salmo 46:10).*

"Tú, oh Señor, no te alejes, oh fortaleza mía, ven pronto a socorrerme. Libra mi vida de la espada, mi preciosa vida, del poder de los perros. Rescátame de la boca de los leones; sálvame de los cuernos de los bueyes salvajes. Anunciaré tu nombre a mis hermanos; en el congregación te alabaré". (Salmo 22:19-22).

"El Señor es mi fuerza y mi escudo; mi corazón confía en Él, y soy ayudado. Mi corazón salta de alegría y le daré gracias con cánticos. El Señor es fortaleza de su pueblo, fortaleza de salvación para su ungido". (Salmo 28:7-8).

"Fui empujado hacia atrás ya punto de caer, pero el Señor me ayudó. El Señor es mi fuerza y mi canción; Él se ha convertido en mi salvación". (Salmo 118:13-14).

"Ciertamente Dios es mi salvación; Confiaré y no temeré. El Señor, el Señor mismo, es mi fortaleza y mi amparo; Él se ha convertido en mi salvación". (Isaías 12:2).

"Oh Señor, ten piedad de nosotros; te anhelamos. Sé nuestra fortaleza cada mañana, nuestra salvación en el tiempo de la angustia". (Isaías 33:2).

"El Señor Soberano es mi fortaleza; Él hace mis pies como los pies de un ciervo, Él me permite ir a las alturas. Para el director de música. En mis instrumentos de cuerda". (Habacuc 3:19).

"Oro para que de sus gloriosas riquezas os fortalezca con poder por medio de su Espíritu en vuestro interior, para que Cristo habite en vuestros corazones por la fe. Y ruego que vosotros, arraigados y cimentados en el amor, podáis, junto con todos los santos, comprender cuán ancho, largo, alto y profundo es el amor de Cristo, y conocer este amor que sobrepasa todo conocimiento, para que sean llenos hasta la medida de toda la plenitud de Dios". (Efesios 3:16-19).

Estas Escrituras de la fortaleza de Dios son una garantía de Su presencia en mi vida y en la tuya. No importa por lo que esté pasando, siempre puedo contar con que Él estará a mi lado, dándome la fuerza que necesitaría en cada situación que deba soportar. Tener siempre conciencia de Dios, Su fuerza y Sus obras, es lo que trae paz a tu vida sin importar lo que suceda a tu alrededor. Reconoce siempre que Jesús está a tu lado, ayudándote en cada paso. No dejes que eventos inesperados te desvíen del rumbo.

Recuerda siempre responder con calma y confianza y recuerda siempre que Jesús está contigo, en cada paso del camino. Porque Jesús ha superado todo lo que estás pasando, y Él sabe exactamente cómo hacer que las flechas de Satanás nunca te toquen, enviándolas directamente hacia él y sin lastimarte. Hacer esto es la forma de mantenerse en el camino de la paz.

Aquí hay algunos versículos de la Biblia que te calman y te aseguran de Su Presencia:

"Señor, tú establecerás la paz para nosotros, porque también has hecho toda nuestra obra por nosotros". (Isaías 26:12).

"Tú guardarás en perfecta paz a aquel cuyo pensamiento está en Ti, porque en Ti confía". (Isaías 26:3).

"Y reine en vuestros corazones la paz de Dios, a la cual también fuisteis llamados en un solo cuerpo; y sé agradecido". (Colosenses 3:15). "En paz me acostaré y dormiré, porque solo tú, oh Señor, me haces habitar seguro". (Salmo 4:8).

"El Señor dará fuerza a su pueblo. El Señor bendecirá a su pueblo con paz". (Salmo 29:11).

"La paz os dejo, mi paz os doy; no como el mundo da, yo os la doy. No se turbe vuestro corazón, ni tenga miedo". *(Juan 14:27).*

"Él no tendrá miedo a las malas noticias; su corazón está firme, confiado en el Señor". (Salmo 112:7).

Y el Señor dice: ***"Así que no temas, porque yo estoy contigo; no desmayes, porque yo soy tu Dios. Te fortaleceré y te ayudaré. Te sostendré con mi diestra justa. Todos los que se enfurecen contra ti ciertamente serán avergonzados y deshonrados. Los que se te opongan serán nada y perecerán". (Isaías 41:10-11).***

Confiando en Dios Siempre en Todo

Confiar en Jesús es una elección de momento a momento y una elección de día a día. Preocuparte por lo que traerá el mañana solo te traerá dolor y angustia y te dejará estancado en el pasado. Cuando estás atrapado en el pasado, empiezas a quejarte. Las murmuraciones (quejas) lo alejan de la presencia de Dios, porque a Él no le gustan las quejas. Las quejas le muestran a Dios que no confías en Él. Cuando las cosas van mal (y saldrán mal) y comienzas a quejarte de cómo van mal las cosas, se ralentizará el tiempo de respuesta de lo que Dios está haciendo en tu situación, haciéndote rebelarte y alejarte de Él y encaminarte directamente al camino de la salvación. destrucción y tinieblas, donde Satanás está esperando. La próxima vez que quiera quejarse, tome su Biblia y escucha lo que Dios te está hablando (a través de Su Palabra) de la situación. Manténgase en el camino de la vida con Jesús (que es el camino a la vida) y more en Su presencia de amor, confianza y esperanza, en lugar de viviendo en tu pasado y circunstancias. Nada es más relajante que la presencia de Dios. En Él encontrarás la paz que calma la tempestad.

Esto es lo que dice la Palabra de Dios:

"Señor, sálvanos! Señor, concédenos el éxito! Bendito el que viene en el nombre del Señor. Desde la casa del Señor, te bendecimos. El Señor es Dios, y Él ha hecho brillar Su luz sobre nosotros. Con ramas en la mano, únete a la procesión festiva hasta los cuernos del altar. Tú eres mi Dios, y te alabaré; tú eres mi Dios, y yo te exaltaré. Dad gracias al Señor, porque Él es bueno; Su amor es para siempre". (Salmo 118:25-29).

"En ti, Señor, me he refugiado; que nunca me avergüencen; líbrame en tu justicia. Vuelve a mí tu oído, ven pronto a mi rescate; sé mi roca de refugio, una fortaleza fuerte para salvarme. Puesto que tú eres mi roca y mi fortaleza, por amor de tu nombre guíame y guíame. Líbrame de la trampa que me han tendido, porque tú eres mi refugio. En tus manos encomiendo mi espíritu; líbrame, Señor, mi Dios fiel". (Salmo 31:1-5).

"Ten piedad de mí, Señor, porque estoy en angustia; mis ojos se debilitan por el dolor, mi alma y cuerpo por el dolor. Mi vida se consume en gemidos; se agotan mis fuerzas a causa de mi aflicción, y mis huesos se debilitan" (Salmo 31:9-10).

"Pero en ti confío, Señor; Yo digo: 'Tú eres mi Dios'. Mis tiempos están en tus manos; líbrame de las manos de mis enemigos, de los que me persiguen. Que tu rostro resplandezca sobre tu siervo; sálvame en tu amor inagotable. No me avergüences, Señor, porque a ti he clamado; pero sean avergonzados los impíos y callen en el reino de los muertos. Que sean silenciados sus labios mentirosos, porque con soberbia y desprecio hablan con arrogancia contra los justos. Cuán abundantes son los bienes que has reservado para los que te temen, que a la vista de todos concedes a los que en ti se refugian! Al amparo de tu presencia los escondes de todas las intrigas humanas; los proteges en tu morada de las lenguas acusadoras". (Salmo 31:14-20).

Agradecimiento en los tiempos de silencio

Ser agradecido en los momentos de tranquilidad que Dios te da es lo más importante que puedes hacer. Porque en esos momentos de tranquilidad, puedes pasar tiempo de calidad buscando conocer mejor a Dios. Esta quietud le dice volumen a tu corazón y abre tus ojos para ver exactamente quién es Dios en tu vida y lo que está haciendo en tu vida. Además, la quietud te guía hacia donde Dios quiere que estés y quién Dios quiere que seas. Eres ricamente bendecido cuando caminas confiadamente con Jesús a través de tu vida diaria. La Biblia lo explica mejor: *"Todo lo que hagáis, hacedlo de todo corazón, como para el Señor, no para los amos humanos, sabiendo que recibiréis una herencia del Señor como recompensa (es el Señor Cristo a quien estáis sirviendo). Cualquiera que haga el mal será recompensado por sus errores, y no hay favoritismo".* (Colosenses 3:23-25). El Señor nos dice: **"Permaneced en Mí, como Yo también permanezco en vosotros. Ninguna rama puede dar fruto por sí misma; debe permanecer en la vid. Ni podéis dar fruto si no permanecéis en Mí. yo soy la vid; ustedes son las ramas. Si permanecéis en Mí y Yo en vosotros, daréis mucho fruto; separados de Mí, nada podéis hacer. Si no permanecéis en Mí, sois como una rama que se tira y se seca; tales ramas se recogen, se echan al fuego y se queman. Si permanecéis en Mí y Mis palabras permanecen en vosotros, pedid lo que queráis y os será hecho. Esto es para la gloria de Mi Padre, que den mucho fruto, mostrándose como Mis discípulos. Como el Padre me ha amado, así os he amado yo. Ahora permanecerán en mi amor. Si guardas Mis mandamientos, permanecerás en Mi amor, así como Yo he guardado los Mandamientos de Mi Padre y permanezco en Su amor".** *(Juan 15:4-10).*

Dios nos está llamando a venir a Él, a confiar en Él, a obedecerle y a admirarlo. También, para refugiarse en el refugio de Sus alas, tal como lo hace un pajarito en las alas de su madre. Este mundo puede dar mucho miedo, pero no debemos tener miedo: Jesús venció este mundo. El refugio de Dios es tan seguro que nada en este mundo puede irrumpir y sacudirnos de su base de amor, esperanza, paz y consuelo. Simplemente lea estos versículos de la Palabra de Dios: *"Ese día dirás: 'Te alabaré, Señor. Aunque estabas enojado conmigo, tu ira se ha apartado y me has consolado. Ciertamente, Dios es mi salvación; Confiaré y no temeré. El Señor, el Señor mismo, es mi fortaleza y mi amparo; Él se ha convertido en mi salvación. Con alegría sacaréis agua de los pozos de la Salvación".* (Isaías 12:1-3).

"Escucha mi clamor, oh Dios; escucha mi oración. Desde los confines de la tierra os llamo, os llamo, mientras mi corazón se desmaya; llévame a la roca que es más alta que yo. porque tú has sido mi refugio, una torre fuerte contra el enemigo. Anhelo habitar en tu tienda para siempre y refugiarme al abrigo de tus alas. Porque tú, Dios, has oído mis votos; me has dado la heredad de los que temen tu nombre". (Salmo 61:2-5). *"Por tanto, teniendo tal esperanza, somos muy audaces. No somos como Moisés, que ponía un velo sobre su rostro para evitar que los israelitas vieran el final de lo que se estaba acabando. Sin embargo, sus mentes se entorpecieron, porque hasta el día de hoy permanece el mismo velo cuando se lee el antiguo pacto. No se ha quitado, porque sólo en Cristo se quita. Incluso hasta el día de hoy, cuando se lee a Moisés, un velo cubre sus corazones. Sin embargo, cuando alguien se vuelve al Señor, el velo se quita. Ahora bien, el Señor es el Espíritu, y donde está el Espíritu del Señor, hay libertad. Y nosotros todos, los que a cara descubierta contemplamos la gloria del Señor, somos transformados en su imagen con gloria cada vez mayor, la cual proviene del Señor, que es el Espíritu"* (2 Corintios 3:12-18).

Vivir por fe y no por vista te lleva a través de la oscuridad de este mundo. En lugar de quejarse de los errores de este mundo, simplemente lleve los errores a Dios (en oración) y confíe en Él que Él obrará Sus soluciones a los errores y dejará que la gloria brille. Solo el hecho de que reconozcas a Dios en tus circunstancias es suficiente para comenzar Su obra en tu vida.

Esto es lo que dice la Biblia: *"Vi al Señor, alto y sublime, sentado en un trono; y la orla de su manto llenaba el templo. Encima de Él estaban los serafines, cada uno con seis alas: Con dos alas cubrían sus rostros, con dos cubrían sus pies, y* con dos alas volaban. Y se llamaban unos a otros: 'Santo, santo, santo es el Señor Todopoderoso; toda la tierra está llena de su gloria. Al sonido de sus voces, los postes y los umbrales se estremecieron y el templo se llenó de humo. Ay de mí!, exclamé. Estoy arruinado! Porque soy un hombre de labios inmundos, y habito en medio de un pueblo de labios inmundos, y mis ojos han visto al Rey, al Señor Todopoderoso.' Entonces uno de los serafines voló hacia mí con un carbón encendido en su mano, el cual había tomado con tenazas del altar. Con él tocó mi boca y dijo: 'Mira, esto ha tocado tus labios; tu culpa es quitada y tu pecado expiado". Entonces oí la voz del Señor que decía: 'A quién enviaré? Y quién irá por nosotros?' y dije: 'Aquí estoy. Envíame!'". (Isaías 6:1-8).*

"*Reconozca a aquellos que trabajan duro entre ustedes, que se preocupan por ustedes en el Señor y que los amonestan. Tenedlos en la más alta consideración con amor por su trabajo. Vivan en paz unos con otros. Y os exhortamos, hermanos y hermanas, amonesten a los ociosos y perturbadores, animen a los desalentados, ayuden a los débiles y sean pacientes con todos. Asegúrese de que nadie devuelva mal por mal, pero siempre esfuércese por hacer lo que es bueno para los demás y para todos los demás. Gozaos siempre, orad continuamente; dar gracias en toda circunstancia, porque esta es la voluntad de Dios para vosotros en Cristo Jesús. No apaguéis el Espíritu; Aférrate a lo que es bueno, rechaza toda clase de mal. Que Dios mismo, el Dios de la paz; santificaros por completo. Que todo vuestro espíritu, alma y cuerpo sea guardado irreprensible para la venida de nuestro Señor Jesucristo, Aquel que llama tú, es Fiel; y Él lo hará". (1 Tesalonicenses 5:12-19, 21b-24).*

"*Porque vivimos por fe, no por vista. Tenemos confianza, digo, y preferiríamos estar lejos del cuerpo y en casa con el Señor. Por lo tanto, nuestra meta es agradarle a Él, ya sea que estemos en casa en el cuerpo o lejos de él. Porque es necesario que todos nosotros comparezcamos ante el tribunal de Cristo, para que cada uno de nosotros reciba lo que le corresponde por las cosas hechas mientras estaba en el cuerpo, sean buenas o sean malas". (2 Corintios 5:7-10).*

El significado del poder de la oración

El poder de la oración está en la reacción de Dios, en Sus respuestas a las peticiones de los justos, liberando Su poder sanador hacia el objeto de preocupación. Una persona sin oración es una persona sin poder. El poder de Dios se libera cuando oramos con un fuerte deseo de que Dios interceda, llenos de fe, esperanza y amor. Esto aplastará todas las barreras que levanta Satanás, evitando que te haga daño. Esto sucederá a través de tu relación con Jesús, dándote la oportunidad de hablar con Su Padre, uno a uno, en Su gloriosa presencia. Cuando estás en oración, puedes hablar con Él sobre todo lo que está en tu mente y lo que ves que está mal en este mundo. Orar me hizo comprender todo lo que Dios estaba haciendo en mi vida.

Así es como superé la ansiedad (nerviosismo), el desánimo y la soledad. Todo con la ayuda de mi Señor y Salvador Jesucristo. No hay lugar al que podría haber ido para obtener la ayuda que recibí de mi Señor Jesucristo. No hay persona en esta tierra que me consuele como mi Señor Jesucristo.

Ansiedad

Qué es la ansiedad? Es un miedo o nerviosismo acerca de lo que podría pasar y un sentimiento de querer hacer algo mucho. A lo largo de mi vida, he soportado muchos momentos de nerviosismo. Muchas veces, no tenía a nadie que me dijera cómo aliviar (consolar) mi nerviosismo hasta que encontré a mi Señor Jesús y Él me acompañó.

A lo largo de la Biblia, puede encontrar ayuda para lidiar con su ansiedad (nerviosismo) y preocupación. Estoy continuamente en mi Biblia buscando maneras de tratar y evitar el nerviosismo de mi vida. Esta parte de mi viaje nunca termina. Paso mucho tiempo leyendo mi Biblia, y lo que descubrí es que cuando me preocupo o estoy nervioso, impide que la palabra de Dios eche raíces en mi vida, y la preocupación también puede hacerte pecar, si estás sin darse cuenta de los signos de ansiedad que se arrastran en oh tan a escondidas. Porque cuando estás ansioso, tiendes a no pensar en las consecuencias de precipitarte antes del momento adecuado.

Estas Escrituras de la Biblia (la Palabra de Dios) que realmente me ayudaron a tranquilizarme:

"Ya que habéis resucitado con Cristo, puestos vuestros corazones en las cosas de arriba, donde está Cristo sentado a la diestra de Dios. Pongan sus mentes en las cosas de arriba, no en las cosas terrenales. Por tu muerte, y tu vida ahora está escondida con Cristo en Dios. Cuando Cristo, que es vuestra vida, se manifieste, entonces también vosotros seréis manifestados con Él en gloria". (Colosenses 3:1-4).

"Moisés le dijo al pueblo: 'No tengan miedo. Manténganse firmes y verán la liberación que el Señor les traerá hoy'". (Éxodo 14:13a).

"El Señor peleará por ti; sólo necesitas estar quieto". (Éxodo 14:14).

"Regocijaos en el Señor siempre. Lo diré de nuevo: Alégrate! Que tu mansedumbre sea evidente para todos. El Señor está cerca. No se inquieten por nada, sino que en toda situación, con oración y ruego, presenten sus peticiones a Dios con acción de gracias. Además, la paz de Dios, que sobrepasa todo entendimiento, guardará vuestros corazones y vuestros pensamientos en Cristo Jesús. Finalmente, hermanos y hermanas, todo lo que sea verdadero, todo lo noble, todo lo justo, todo lo puro, todo lo amable, todo lo admirable, si algo es excelente o digno de alabanza, pensad sobre tales cosas. Lo que hayas aprendido, recibido, oído de mí o visto en mí, ponlo en práctica. Y el Dios de la paz estará con vosotros". (Filipenses 4:4-8).

"Verdaderamente mi alma halla descanso en Dios; mi salvación viene de Él. Verdaderamente Él es mi roca y mi salvación; Él es mi fortaleza, nunca seré sacudido". (Salmo 62:1-2).

"Sí, alma mía, encuentra descanso en Dios; mi esperanza viene de El. En verdad, Él es mi roca y mi salvación; Él es mi fortaleza; No seré sacudido. Mi salvación y mi honor dependen de Dios; Él es mi roca fuerte, mi refugio. Confía en Él en todo momento, pueblo; derramen sus corazones a Él, porque Dios es nuestro refugio" (Salmo 62:5-8).

"Por tanto, os digo, no os preocupéis por vuestra vida, qué comeréis o beberéis; o sobre tu cuerpo, lo que te pondrás. No es la vida más que la comida y el cuerpo más que la ropa?" (Mateo 6:25).

"Puede alguno de vosotros añadir una sola hora a su vida por preocuparse?". (Mateo 6:27). "Humíllense, pues, bajo la poderosa mano de Dios, para que Él los exalte cuando fuere tiempo. Echa toda tu ansiedad sobre Él porque Él se preocupa por ti. Esté alerta y de una mente sobria. Vuestro enemigo, el diablo, ronda como león rugiente buscando a quien devorar. resistirlo, estando firmes en la fe, porque sabéis que la familia de los creyentes en todo el mundo está pasando por el mismo tipo de sufrimiento. Y el Dios de toda gracia, que os llamó a su gloria eterna en Cristo, después de haber padecido un poco de tiempo, él mismo os restaurará y os hará fuerte, firme y constante. A Él sea el poder por los siglos de los siglos. Amén". (1 Pedro 5:6-11).

"Poned la mira en las cosas de arriba, no en las de la tierra. Porque moriste, y tu vida ahora está escondida con Cristo en Dios. Cuando Cristo, que es vuestra vida, se manifieste, entonces también vosotros seréis manifestados con Él en gloria". (Colosenses 3:2-4).

"En cuanto a mí, clamo a Dios, y el Señor me salva. Tarde, mañana y mediodía clamo angustiado, y Él oye mi voz. Él me rescata ileso de la batalla que se libra contra mí, aunque muchos se me oponen. Dios, que está entronizado desde antiguo, que no cambia, Él los oirá y los humillará, porque no temen a Dios". (Salmo 55:16-19).

Aprendí de estas Escrituras a preocuparme menos, a recordar confiar más en las promesas de Dios y poner todas mis preocupaciones sobre los hombros de Jesús y dejar que Él me lleve a través de las preocupaciones. estoy seguro Me animó, me fortaleció y me aseguró que era Jesús quien me estaba consolando en ese lecho (cuando estaba temblando de miedo). Además, Jesús me protegió de los malos insultos de mis compañeros de clase. Y Jesús fue quien evitó que me golpeara la cabeza con esa enorme roca que estaba a centímetros de distancia cuando caí con mi bicicleta. Tener a Jesús a mi lado es la única manera de vivir una vida de paz (que es en la presencia de Dios y Su Palabra). No hay otro lugar en el que preferiría estar que en la presencia de mi Padre Celestial y Su Hijo Jesucristo.

<u>Desánimo</u>

Qué es el desaliento? Es el acto de hacer que algo sea menos probable que suceda o hacer que las personas tengan menos probabilidades de hacer algo. El desánimo entró en mi vida en segundo grado cuando mis maestros y compañeros de clase decían que algo debía andar mal en mí y hasta proclamaban que podía ser "retrasado", alimentando el fuego para que mis compañeros comenzaran a insultarme (bullying), nombres que Ni siquiera puedo repetir. Los nombres eran tan degradantes e hirientes que cuando recuerdo esos momentos, siento el dolor de nuevo. Me insultaban todos porque hablaba raro (cuando sí hablaba) y no levantaba la mano para hacer ni contestar ninguna pregunta en clase. Nadie quería tener nada que ver conmigo o incluso estar cerca de mí. Esto continuó a lo largo de mis años escolares y más allá, dejándome sintiéndome solo. Mi familia parecía estar demasiado ocupada para mí, pero de alguna manera sentí que estaba siendo consolada; como cuando tenía cinco años. Ahora sé que soy (y siempre seré) llevado y consolado por mi Señor Jesús. Él siempre está a mi lado, listo para consolarme y levantarme sobre sus hombros y llevarme a través de las heridas de este mundo. Por lo tanto, cuando me vienen episodios de desánimo, voy directamente a la Biblia en busca del consuelo, el aliento, la fuerza y el amor que tanto necesito para caminar este viaje. He aquí, pues, algunos de los versículos de las Escrituras que mi Padre Celestial me ha revelado, todo para que me aferre, y que me dan valor para enfrentar las pruebas y tentaciones de este mundo:

"Estas cosas os he hablado para que en mí tengáis paz. En el mundo tendréis aflicción, pero confiad; He vencido al mundo". (Juan 16:33). "Nadie te podrá hacer frente en todos los días de tu vida. Como estuve con Moisés, así estaré contigo, nunca te dejaré ni te desampararé. Sé fuerte y valiente, porque tú llevarás a este pueblo a heredar la tierra que juré a sus antepasados que les daría. Sé fuerte y muy valiente! Cuidaos de obedecer todo lo que mi siervo Moisés os dio; no te desvíes de ella ni a la derecha ni a la izquierda, para que tengas éxito dondequiera que vayas. Tened este Libro de la Ley siempre en vuestros labios; meditad en él día y noche, para que cuidéis de hacer todo lo que en él está escrito. Entonces serás próspero y exitoso. No he mandado? Se fuerte y valiente. No tengas miedo; no te desanimes, porque el Señor tu Dios estará contigo

dondequiera que vayas" (Josué 1:5-9). **"Por tanto, acerquémonos con confianza al trono de la gracia, para que recibamos misericordia y hallemos gracia para el oportuno socorro"***. (Hebreos 4:16). **"La paz os dejo; mi paz os doy; Yo no os la doy como el mundo la da. No se turbe vuestro corazón, ni tenga miedo"** *(Juan 14:27).*

"Os escribo estas cosas a vosotros que creéis en el nombre del Hijo de Dios, para que sepáis que tenéis Vida Eterna. Esta es la confianza que tenemos al acercarnos a Dios; que si pedimos algo conforme a su voluntad, él nos oye. Y si sabemos que Él nos oye, cualquiera que sea nuestra petición, sabemos que tenemos lo que le pedimos" (1 Juan 5:14).

"Espera en el Señor; esfuérzate y anímate y espera en el Señor". (Salmo 27:14).

"Levántate, porque es tu tarea, y nosotros estamos contigo; sé fuerte y hazlo". (Esdras 10:4).

Soledad

Qué es la soledad? La soledad provoca sentimientos de tristeza que provienen de estar separado de otras personas. Las muchas veces que me sentí solo, llené esos momentos de soledad buscando maneras de ocupar mi mente.

Di un paseo al parque; viendo a los patos nadar en el estanque. Estos patos se acostumbraron tanto a que yo viniera y los mirara que se convirtieron en mi compañía en mis momentos de soledad (cuando nadie parecía querer mi compañía). En los días de lluvia cuando no podía ir al parque, coloreaba mis libros para colorear/carteles de terciopelo y hacía sopas de letras. Hice cosas que podía hacer por mí mismo. De alguna manera, cuando hice todas estas cosas, sentí que no estaba solo. Sabía que era mi Señor Jesús quien estaba conmigo. Ha sido mi amigo todos esos momentos de "soledad". Estas Escrituras no son solo acerca de la soledad; son el consuelo que nunca deja de consolar:

"No se turbe vuestro corazón" (Juan 14:1a). **"No os dejaré huérfanos; vendré a vosotros"** (Juan 14:18).

"Ese día os daréis cuenta de que Yo estoy en Mi Padre, y vosotros estáis en Mí, y Yo estoy en vosotros. Quien tiene Mis mandamientos y los guarda es el que Me ama. El que me ama será amado por mi Padre, y yo también los amaré y me manifestaré a ellos" (Juan 14:20-21).

"Se fuerte y valiente. No temas ni te asustes por causa de ellos, porque el Señor tu Dios es el que va contigo. no te dejará ni te desamparará" (Deuteronomio 31:6).

"El Señor mismo va delante de vosotros y estará con vosotros; Él nunca te dejará ni te abandonará. No tengas miedo; No se desanime". (Deuteronomio 31:8).

"Vuélvanse a mí y tengan piedad de mí, porque estoy solo y afligido. Las angustias de mi corazón se agrandan; sácame de mi angustia". (Salmo 25:16-17).

"Porque mi padre y mi madre me han abandonado, el Señor me recibirá. Enséñame tu camino, Señor; guíame por un camino recto a causa de mis opresores" (Salmo 27:10-11).

"Estoy confiado en esto: Veré la bondad del Señor en la tierra de los vivientes. Espera en el Señor; esfuérzate y anímate, y espera en el Señor" (Salmo 27:13-14).

"Dios es nuestro amparo y fortaleza, nuestro pronto auxilio en las tribulaciones. Por tanto, no temeremos, aunque la tierra se desmorone y los montes se hundan en el corazón del mar, aunque bramen y se turben sus aguas, y tiemblen los montes a causa de su bravura" (Salmo 46:1-3).

"Así que no temas, porque yo estoy contigo; no desmayes, porque yo soy tu Dios; Yo te fortaleceré y te ayudaré; te sostendré con la diestra de mi justicia" (Isaías 41:10).

"No te lo he mandado yo? Se fuerte y valiente. No tengas miedo; no te desanimes, porque el Señor tu Dios estará contigo dondequiera que vayas" (Josué 1:9).

"Por causa de su gran nombre, el Señor no rechazará a su pueblo, porque al Señor le agradó hacerte suyo" (1 Samuel 12:22). *"Puede una madre olvidar al bebé que tiene en el pecho y no tener compasión por el hijo que ha dado a luz? Aunque ella lo olvide, yo no te olvidaré!".* (Isaías 49:15).

"El Señor es mi luz y mi salvación, de quién temeré? El Señor es la fortaleza de mi vida, de quién tendré miedo?" (Salmo 27:1).

"Enséñame tu camino, Señor; guíame por un camino recto, a causa de mis opresores" (Salmo 27:11).

"Cuando pases por las aguas, yo estaré contigo; y cuando pases por los ríos, no te anegarán.

Cuando camines por el fuego, no te quemarás; las llamas no te abrasarán. Porque yo soy el Señor tu Dios, el Santo de Israel, tu Salvador". *(Isaías 43:2, 3a).*

"Quién nos separará del amor de Cristo? La tribulación o las penalidades o la persecución o el hambre o la desnudez o el peligro o la espada? Como está escrito: 'Por causa de ti enfrentamos la muerte todo el día; somos considerados como ovejas de matadero.' No, en todas estas cosas somos más que vencedores por medio de Aquel que nos amó. Porque estoy convencido de que ni la muerte ni la vida, ni los ángeles ni los demonios, ni el presente ni el futuro, ni ningún poder, ni lo alto ni lo profundo, ni cosa alguna en toda la creación, podrá separarnos del amor de Dios que esta en cristo Jesús nuestro Señor" (Romanos 8:35-38). "Ciertamente el brazo de Jehová no es demasiado corto para salvar, ni su oído demasiado pesado para oír" (Isaías 59:1).

"Mantengan sus vidas libres del amor al dinero y estén contentos con lo que tienen, porque Dios ha dicho; ***'Nunca te dejaré; nunca te abandonaré'.*** *Entonces decimos con confianza; 'El Señor es mi ayudador; No tendré miedo. Qué me pueden hacer los simples mortales?'". (Hebreos 13:5-6).*

"Quien tiene amigos en los que no se puede confiar pronto se arruina, pero hay un amigo más unido que un hermano". (Proverbios 18:24).

"Él [el Señor] sana a los quebrantados de corazón y venda sus heridas". (Salmo 147:3).

"'Los limpiaré de todo el pecado que han cometido contra Mí y les perdonaré todos sus pecados de rebelión contra Mí'". (Jeremías 33:8).

De estas Escrituras, aprendemos que nuestro Señor Jesús sabe lo que es estar abandonado y solo. También podemos aprender que cada acto de fidelidad es un consuelo para el corazón de Dios. Recuerda, aprende y comprende: que no es hasta que el hombre ha fallado que aprende la verdadera humildad. Sólo los humildes pueden heredar la tierra. Como dice la Biblia: ***Bienaventurados los mansos, porque ellos heredarán la tierra".*** *(Mateo 5:5). "Los mansos heredarán la tierra y disfrutarán de paz y prosperidad". (Salmo 37:11). "Dios nos da más Gracia. Por eso las Escrituras dicen: "Dios se opone a los soberbios, pero* *muestra favor a los humildes". Someteos, pues, a Dios. Resistid al diablo, y huirá de vosotros. Acércate a Dios y Él se acercará a ti. Lavaos las manos, pecadores, y purificad vuestros corazones, vosotros de doble ánimo". (Santiago 4:6-8). "Por tanto, humíllense ante el Señor, y Él los exaltará". (Santiago 4:10). "Él te ha mostrado, oh mortal, lo que es bueno. Y el Señor requiere de ti? Actuar con justicia y amar la misericordia y caminar humildemente con tu Dios". (Miqueas 6:8).*

"Cuando llega el orgullo, llega la desgracia. Pero con la humildad viene la Sabiduría". (Proverbios 11:2).

El momento que más me hizo sentir humilde fue cuando tuve mi accidente de bicicleta, donde me abrí la cabeza y me dieron catorce puntos. No recuerdo mucho del accidente porque no dejaba de desmayarme. Recuerdo que la gente me decía que me salté una roca muy grande por solo unos centímetros y que las enfermeras seguían preguntando si un camión me había atropellado. Por la forma en que me sentí, algo tan grande como un camión debe haberme golpeado. En todo mi dolor, sentí que alguien me tomaba la mano y me limpiaba las lágrimas (incluso cuando no había nadie en la habitación). Ese alguien fue una vez más mi Señor Jesús. Al igual que antes, cuando tenía cinco años, Él me estaba consolando (acunándome en el refugio de Sus alas), ayudándome a lidiar con el dolor, para que no me sintiera sola y asustada. Mi amoroso, compasivo e imponente Padre Celestial escuchó el clamor de mi corazón, vino corriendo a rescatarme y sanó a Su niño herido y solitario, que necesitaba Su sanidad, protección y amor.

Nuestro grito de ayuda llega directo a los oídos de Dios en el momento en que clamamos a Él. Sin embargo, no escuchamos la respuesta de Dios, por lo que tendemos a comenzar a sentirnos amargados, enojados e ir a lugares que creemos que son la cura para nuestro dolor. La armonía perfecta no sucede de esa manera. Comienza con nosotros llamándolo, Él escucha y luego responde. Nosotros hacemos nuestra parte (clamar en oración), y Dios hace Su parte (responder con amor compasivo). Es como estos ejemplos: en el fútbol, el entrenador ordena las jugadas y luego los jugadores responden. En béisbol, el receptor da una señal para un lanzamiento; entonces, el lanzador responde. A este patrón lo llaman trabajo en equipo. Dios obra de la misma manera con nosotros: Dios llama a las jugadas (sus mandamientos) y luego nosotros respondemos. Lo que debemos hacer en tiempos de oración es "estar en silencio y escuchar" a Dios dándonos sus instrucciones. En lugar de hablarle a Dios con los labios, dale tus oídos. Dios siempre nos escucha. Tratemos de escucharlo. Dios siempre nos está hablando. Abre tu Biblia y escucha Sus Palabras que Él habla. Dios nunca está lejos para extender Su mano y ayudarnos a salir de nuestros barrios bajos. Como dice la Biblia: *"Y Dios dice:* **"Estad quietos y sabed que YO SOY Dios. Seré exaltado entre las naciones. Seré exaltado entre la tierra"** (Salmo 46:10).

"Hasta el necio, cuando calla, es tenido por sabio; cuando cierra los labios, es considerado prudente" (Proverbios 17:28).

"Que se siente solo y calle, ya que Él se lo ha impuesto". (Lamentaciones 3:28).

"Mis queridos hermanos y hermanas, tomen nota de esto: todos deben ser prontos para escuchar, lentos para hablar y lentos para enojarse, porque la ira humana no produce la justicia que Dios desea". (Santiago 1:19-20).

Estas cuatro Escrituras son solo los primeros pasos en la búsqueda de saber quién es Dios y cómo obra. Te insto a que continúes construyendo una fe inquebrantable proporcionando un lugar tranquilo en tu alma, donde puedas hablar con Dios sobre todo lo que te preocupa. Ahora es el momento de hacerlo. Porque no sabemos cuándo regresará nuestro Salvador para llevarnos a casa con Su Padre. Cuando llega nuestro Señor, quiere encontrarnos buscando y viviendo los caminos de Su Padre. No hay otra forma de vivir que no sea la manera de vivir de nuestro amoroso, compasivo y pacífico Padre Celestial.

El amor de Dios no tiene precio y siempre está disponible. La Palabra de Dios renueva el corazón y la mente para mantenernos caminando firmes y rectos, dándonos la seguridad de que Jesús caminará a tu lado, en medio de la oscuridad de este mundo. Siempre escucha, confía, obedece y vive abundantemente en la presencia de tu Padre Celestial y Señor Jesucristo. La Biblia explica esto mejor. Medita en estos versículos de las Escrituras y comienza a vivir la vida que tu Padre Celestial creó. en ti para vivir: "Así dice el Señor: **El pueblo que sobreviva a la espada hallará favor en el desierto; vendré a dar descanso a Israel.** *El Señor se nos apareció en el pasado diciendo:* **"Te he amado con un amor eterno; Te he atraído con una bondad inagotable. Yo te edificaré de nuevo, y tú, Virgen Israel, serás reedificada. De nuevo tomaréis vuestros panderos y saldréis a bailar con los alegres. De nuevo, plantarás viñas en los montes de Samaria; los agricultores las**

plantarán y disfrutarán de su fruto. Llegará el día en que los centinelas clamarán sobre los montes de Efraín: Venid, subamos a Sion, al Señor nuestro Dios" *(Jeremías 31:2-6).*

"Me deleito en el Señor; mi alma se regocija en mi Dios. Porque me vistió con vestiduras de salvación y me vistió con el manto de su justicia, como el novio se adorna la cabeza como un sacerdote, y como la novia se adorna con sus joyas. Porque como la tierra hace brotar y un huerto hace brotar semillas, para que el Señor Soberano haga brotar justicia y alabanza delante de todas las naciones". (Isaías 61:10-11).

"Mis tiempos están en tus manos; líbrame de las manos de mis enemigos, de los que me persiguen. Que tu rostro resplandezca sobre tu siervo; sálvame en tu amor inagotable. No sea yo avergonzado, Señor, porque a ti he clamado; pero sean avergonzados los impíos y callen en el reino de los muertos. Que sean silenciados sus labios mentirosos, porque con soberbia y desprecio hablan con arrogancia contra el justo" (Salmo 31:15-18).

"Entonces clamaron al Señor en su angustia, y Él los libró de su angustia, y Él los libró de su angustia. Los condujo por un camino recto a una ciudad donde pudieran establecerse. Que den gracias al Señor por su amor inagotable y sus obras maravillosas por la humanidad, porque Él sacia a los sedientos y colma de bienes a los hambrientos". (Salmo 107:6-9).

"Sin embargo, siempre estoy contigo; Me sostienes de mi mano derecha. Me guías con tu consejo, y después me llevarás a la gloria. A quién tengo en el cielo sino a ti? Y la tierra no tiene nada que desee fuera de Ti. Mi carne y mi corazón pueden desfallecer, pero Dios es la fortaleza de mi corazón y mi porción para siempre. Los que están lejos de ti perecerán; Destruyes a todos los que te son infieles. Pero en cuanto a mí, es bueno estar cerca de Dios. He hecho del Señor Soberano mi refugio; contaré todas tus obras" (Salmo 73:23-28).

"Él dice: **"Estad quietos y sabed que yo soy Dios; Seré exaltado entre las naciones; Seré exaltado en la Tierra".** *(Salmo 46:10).*

"Muchos son los planes en el corazón de una persona, pero es el propósito del Señor el que prevalece" (Proverbios 19:21).

"El temor del Señor conduce a la vida; entonces uno descansa contento, sin ser tocado por problemas". (Proverbios 19:23). "Así que, si el Hijo os libertare, seréis verdaderamente libres". (Juan 8:36).

"Mis ovejas escuchan Mi voz; Yo las conozco y ellas me siguen". *(Juan 10:27).*

Dios siempre está buscando personas que estén dispuestas a ser llenas

Armonía y sabiduría. Belleza y resistencia. Fe y esperanza. Amor y paz. Paciencia y autocontrol. Todo esto se encuentra en el Libro de Gálatas. Donde el Apóstol Pablo explica los frutos del Espíritu, que son el carácter de Dios, los caracteres que vamos a obtener con la ayuda de nuestro Señor y Salvador Jesucristo. Teniendo estos caracteres, estamos viviendo como nuestro Señor Jesús que nos libera de cualquier carga que podamos tener. Cuando nos aferramos a nuestras cargas, retardamos las bendiciones que nuestro Padre Celestial tiene para nosotros. Camino a través de los frutos del Espíritu más adelante en el libro.

Debemos estar listos, dispuestos y confiados todo el tiempo y hasta la última hora. Porque en ese último momento es cuando recibirás la recompensa por vivir a la manera de Dios. La prueba final (y más grande) es caminar por fe y confiar solo en Dios.

Recuerda: cree, confía y no temas. Entonces recibirás la recompensa que nuestro Señor ha prometido. No estamos atravesando este viaje solos. Pertenecemos al mejor equipo: el Equipo Estrella (el equipo de Dios). Para estar en el Equipo Estrella, tienes que exponer constantemente todas las tendencias rebeldes que puedas tener hacia Dios. Porque cuando hacemos esto, le estamos haciendo saber a Dios que realmente queremos vivir a Su manera. Al escucharlo, le mostramos nuestra obediencia.

Vi cómo mi escucha y obediencia a Dios trabajaban para mí. Vi el coraje trabajar en mi vida.

Era el año 1991, a la edad de treinta y un años, cuando recibí la llamada para empacar mis cosas y conducir hasta California. Sí, conduje hasta California. Esto seguro requirió mucho coraje para hacerlo.

Uno de los mayores desafíos que asumí fue conducir por nueve estados. Yo, el conductor, estaba con mi mamá y mi hijo de tres años. Mi hermano y mis hermanas estaban en contra y querían que tomáramos un avión. Pensaron que era demasiado "difícil" y "peligroso" para mí ser el único conductor y una mujer. No pensaron que yo era capaz de manejarlo. Por lo tanto, continuamente le preguntaba a mi Padre Celestial acerca de este desafío y Él me decía que no tuviera miedo, Él estará conmigo y me protegerá en todo el camino. Solo confía en Él. Acepté el desafío y confié en que mi Señor sería mi copiloto para conducir por todo el país. Si hubiéramos tomado un avión, no tendría pruebas de que Dios estuvo conmigo durante todo el viaje.

Íbamos camino a California. Por qué California? Bueno, los médicos le dijeron a mi mamá (que había tenido un accidente) que para evitar el reemplazo de cadera, necesitaba mudarse del clima de Ohio, a Florida o California. Mi mamá decidió ir a California. Si fuera mi elección, habría elegido Florida. Sin embargo, Dios tenía un plan diferente para mí (no es lo que quiero, es lo que Él quiere). Nos fuimos a California.

Sabes, estaba seguro de que tenía a Dios conmigo por todo el país. No estaba conduciendo solo.

Recuerdo un incidente donde Dios me mostró Su presencia y protección. Fue justo antes de hacer mi primera parada para descansar. Estaba llegando a la meta de quinientas millas que me había propuesto, y comencé a buscar un hotel para poder descansar por la noche cuando de repente vi nubes negras muy oscuras acercándose al pueblo por el que atravesábamos. En voz baja susurré una oración a Dios para que me ayudara a llegar a Des Moines, Iowa, antes de que llegara la tormenta. Cien millas después, llegué a salvo a Des Moines. A la mañana siguiente, prendiendo la televisión, para el reporte del tiempo y tráfico para ver cómo iba a ser el día, vi las noticias reportando que tres tornados tocaron justo en el pueblo donde estábamos y dos personas murieron. Esa simple oración susurrada me mostró que Dios escuchó mi grito de ayuda y vino a rescatarme. Dios aún no había terminado conmigo: tenía un plan. Me sentí bendecida y muy valiente, capaz de terminar el viaje. Fui tan valiente que terminé el viaje en cuatro días. Incluso pasé el camión de mudanzas que llevaba nuestras cosas. El camión llegó tres días después.

Más tarde ese año, conocí a mi esposo, Franklin. Fue en un trabajo al que respondí: un trabajo de almacén, un trabajo en el que nunca había trabajado antes. Mi marido empezó en enero y yo en agosto. La reunión fue solo algo que Dios planeó. En mi primer día, me presentaron a todos (como hacen todos los trabajos el primer día); me decían quiénes eran todos. Cuando se trataba de presentar a mi esposo, dijeron; "Ves a ese tipo en la carretilla elevadora, ese es Frank. No es muy simpático [usaron otra palabra que no es muy simpática y que no mencionaré]. Manténte alejado de el." En ese momento, no dije nada y solo hice mi trabajo (mantuve mi distancia con él). Sin embargo, poco a poco, Dios comenzó a unirnos. Me dio coraje para saludarlo. Cuando finalmente me armé de valor, pude hablar con él y me invitó a salir. Han pasado veintitrés años, y todavía estamos juntos. Toda la gloria es para mi Padre Celestial.

Dios me ha estado enseñando Sus caminos desde entonces, lo que me lleva a por qué estoy escribiendo este libro. Se necesita mucho coraje para escribir un libro, porque al hacerlo, despierta muchos recuerdos dolorosos que he soportado en el camino y que he dejado ir desde que le abrí la puerta de mi corazón a Jesús. y le di el control total sobre mi vida. Dios me ha estado llamando para ayudar a otros que sienten que están caminando solos en este camino. Él me dice que conoce todas mis fortalezas y debilidades, y que me proporcionará todo lo que necesito para superar mis pruebas y escribir este libro. Como dice la Biblia: ***"Con Dios todo es posible"***. *(Mateo 19:25)*. Esta promesa siempre me ayudará a superar todos los recuerdos dolorosos y todos los comentarios negativos de Satanás. Mientras permanezca en la Palabra de Dios y confíe en Él con control total, venceré este mundo. Porque mi Señor venció este mundo primero, y Él está justo a mi lado. No puedo equivocarme.

Como puede ver, a lo largo de mi vida, hasta ahora, Dios estuvo y aún está conmigo. Él me habla a lo largo de mi caminar diario en esta tierra. Sí, me encuentro con obstáculos, pero la armadura y el escudo (Su Gracia) que Dios me proporciona es suficiente para combatir esas flechas de destrucción que Satanás me está lanzando. Como dijo el Señor antes, "'Con Dios todo es posible'". Otra promesa que Dios siempre me habla es: ***"Con Dios todo es posible"***. Otra promesa que Dios siempre me habla es: ***"No te lo he mandado***

yo? Se fuerte y valiente. No tengas miedo; no te desanimes, porque el Señor tu Dios estará contigo dondequiera que vayas". *(Josué 1:9).*

29

yo? Se fuerte y valiente. No tengas miedo; no te desanimes, porque el Señor tu Dios estará contigo dondequiera que vayas". *(Josué 1:9).*

Un consuelo (Jesús) disfrazado

Bueno, como pueden ver, Dios escucha mis gritos silenciosos y me da consuelo (Jesús) para caminar a través de todo. Dios también escuchará y verá cuando sufrimos. Por eso nos dio a su Hijo para consolarnos. Mi Señor Jesús siempre está cerca; Puedo sentirme seguro y protegido en cada momento que necesito Su consuelo. El consuelo de Dios llega cuando menos lo esperas. Justo cuando crees que a nadie le importa, bam! Jesús viene y te envuelve en su abrazo amoroso y compasivo. Él nunca deja que me lastimen, y nunca me decepciona. Siempre podía depender de Él. Muchas veces quise rendirme, pero Jesús seguía animándome a seguir adelante y caminar con Él.

Esto es lo que encontré cuando busqué en la Biblia algunas Escrituras reconfortantes que confirman cómo Jesús me ayuda (y a ti también). Léalas y consuélese.

Jesús me ayuda a caminar siempre en Su Luz: *"Porque antes erais tinieblas, pero ahora sois luz en el Señor. Amad como hijos de la luz (porque el fruto de la Luz consiste en toda bondad, justicia y verdad)". (Efesios 5:8-9).*

Jesús me ayuda a caminar en Su Espíritu: *"Los que son de Cristo Jesús han crucificado la carne con sus pasiones y deseos. Puesto que vivimos por el Espíritu, mantengámonos en sintonía con el Espíritu. No nos hagamos engreídos, provocándonos y envidiándonos unos a otros". (Gálatas 5:24-26).*

Jesús me ayuda a caminar en su amor: *"Seguid, pues, el ejemplo de Dios, como hijos muy amados, y andad por el camino del amor, así como Cristo nos amó y se entregó a sí mismo por nosotros como ofrenda y sacrificio de olor fragante a Dios". (Efesios 5:1-2).*

<u>**Jesús me ayuda a caminar en su verdad:**</u> *"No tengo mayor alegría que oír que mis hijos caminan en la verdad… Por lo tanto, debemos mostrar hospitalidad a tales personas para que podamos trabajar juntos por la verdad". (3 Juan 1:4, 8).*

<u>**Jesús me ayuda a caminar en Él:**</u> *"Así que, así como recibisteis a Cristo Jesús como Señor, vivid vuestras vidas en Él, arraigados y sobreedificados en Él, fortalecidos en la fe, como habéis sido enseñados y rebosantes de acción de gracias. Mirad que nadie os lleve cautivos por medio de una filosofía hueca y engañosa, que depende de la tradición humana y de las fuerzas espirituales elementales de este mundo y no de Cristo". (Colosenses 2:6-8).*

Cuando lees estas Escrituras (y hay más), no tienes excusa de que no tienes a nadie que te ayude a superar tus pruebas. En la Palabra de Dios (la Biblia), aprendemos más y más acerca de Dios y sus caminos. Como dice la Biblia: "Así dice el Señor: ***Párate en la encrucijada y mira; pregunta por los caminos antiguos; preguntad cuál es el buen camino, y andad por él, y hallaréis descanso para vuestras almas"***. (Jeremías 6:16).

Yo no sabía temprano en mi vida acerca de Dios. Pero ahora que leo mi Biblia diariamente, Dios me habla y me enseña cómo vivir Su Voluntad y Su Manera y quién es Él. Soy una mujer mejor y más fuerte.

"Escucha mis palabras, Señor, considera mi lamento. Escucha mi grito de auxilio, Rey mío y Dios mío, porque a ti te ruego. Por la mañana, Señor, escuchas mi voz; por la mañana expongo mis peticiones ante ti y espero expectante. Porque tú no eres un Dios que se agrada de la maldad; contigo, los malvados no son bienvenidos. El arrogante no puede estar en tu presencia. Odias a todos los que hacen el mal; destruyes a los que dicen mentiras. El sanguinario y engañoso tú, Señor, detesta. Pero yo, por tu gran amor, puedo entrar en tu casa; con reverencia me inclino hacia tu santo templo. Guíame, Señor, en tu justicia a causa de mis enemigos; endereza tu camino delante de mí". (Salmo 5:1-8).

Después de leer estos versículos, Dios me dijo estas palabras, una vez más: ***"No te lo he mandado yo? Se fuerte y valiente. No tengas miedo; no te desanimes, porque el Señor tu Dios estará contigo dondequiera que vayas"***. *(Josué 1:9).* Las palabras que Dios me habla, estoy convencido de que Él estará conmigo a través de todo. Ahora, mi contentamiento está solamente en el Señor mi Dios, quien es mi refugio para siempre.

Tengo otro momento de un "Jesús disfrazado" que me mostró Su consuelo y poder. Cuando pasé un fin de semana en casa de mis tíos, su perro me quitó el miedo a los perros. Mi prima y yo estábamos jugando con su perro afuera hasta que un fuerte trueno retumbó y asustó al perro (le tenía miedo a los truenos). Agarré a la perra (sin pensar en mi miedo) y la llevé a la casa y me quedé con ella para consolarla. Resultó que ella me había consolado. Como me quedé con la perra hasta que dejó de temblar, me dio coraje para ayudarla y olvidar mi miedo. La miré, y parecía que tenía una gran sonrisa en su rostro. Me sentí tan cómoda ayudándola con su miedo, y salí ileso de toda la situación. Cuando me llevaron a casa (al final de la semana), pregunté si podía caminar con el perro hasta la puerta para que mi familia viera que ya no le tenía miedo a los perros. Resultó que no estaban tan impresionados como yo; simplemente dijeron: "Eso es bueno", y continuaron con lo que estaban haciendo. Se me rompió el corazón y me fui a mi habitación. En mi habitación, me sentía sola y abandonada. Solo quería meterme en un agujero y nunca salir. Sin embargo, Dios vio todo e hizo brillar su amor compasivo y me dijo que me ama. En ese momento estaba en Su presencia y Él me cubrió con Sus alas hasta que me sentí mejor. No había nadie más en la habitación, por cierto. Mi Señor se dio cuenta y me consoló. Ahora sé que el único que estará conmigo es mi Señor Jesús. Jesús siempre estará conmigo para consolarme para que yo pueda consolar a otras personas que están en necesidad. Con Jesús a mi lado, puedo conquistar cualquier cosa que este mundo me depare. Te digo que no debes permitir que nada (ni nadie) se interponga en el camino de seguir a Jesús. Habrá momentos en los que necesite un amigo para hablar sobre sus problemas y no haya nadie cerca para tú. Solo susurra: "Jesús, necesito hablar", y Él será ese amigo. Como dice Jesús en la Biblia: ***Ya no os llamo siervos… os he llamado amigo"***. *(Juan 15:15)*. Esto viene cuando confías y obedeces las instrucciones de Dios. Continuamente agradeceré a mi Señor Jesús y lo alabaré por todas las veces que estuvo conmigo cuando pensé que no tenía a nadie.

Estar en la sombra

Que todos escuchen que el mal acecha en las sombras. Es por eso que a todos no nos gusta caminar solos en las sombras. Recuerda que podemos refugiarnos en la buena sombra de las alas de Dios; así que no tendremos miedo. Por eso, cuando una sombra maligna haga acto de presencia en tu vida, no tengas miedo. Simplemente diga tres palabras sencillas: "Jesús es el Señor", y la sombra malvada pasará de la oscuridad a la Luz, donde Jesús siempre está de pie, listo para intervenir, cuando sea necesario. Los días grises y tranquilos que enfrentamos están hechos para que confiemos en el gran YO SOY, que está con nosotros y nunca nos dejará. Para mí, cuando siento que los días grises y tranquilos vienen sobre mí, abro mi Biblia y empiezo a leer hasta que la Luz de Jesús ahuyenta las nubes grises y siento de nuevo Su sol de alegría.

Nuestro Padre Celestial quiere estar con nosotros y quiere que sepamos todo acerca de Él. Él quiere que vivamos una vida de libertad y paz (Su Paz). Él quiere darnos cosas buenas tanto que escribió Sus leyes en nuestros corazones y mentes para que nunca estemos sin Él. Solo necesitamos reconocerlo en todo momento, incluso en esos días grises que parecen hundirnos. Alguna vez escuchaste la canción 'Eres mi sol'? Bueno, cuando la canto la canto de esta manera como un canto de alabanza a mi Star Team. Aquí va: 'Tú eres mi Hijo-brilla, mi único Hijo-brilla. Me haces feliz cuando el cielo está gris. Padre, siempre sabrás cuánto te amo. Por favor, no te lleves a Tu Hijo, resplandece". Como es que?

Ahora meditemos en algunas Escrituras que nos llenan de aliento y seamos llenos del Glorioso Hijo-Resplandor del Padre:

"Ah, Soberano Señor, tú has hecho los Cielos y la tierra con Tu Gran Poder y tus brazos extendidos. Nada es demasiado complicado para ti. Muestras amor a miles pero traes el castigo por los pecados de los padres al regazo de sus hijos después de ellos. Dios grande y poderoso, cuyo nombre es el Señor Todopoderoso, grandes son tus propósitos y poderosas tus obras, tus ojos están abiertos a los caminos de toda la humanidad; Recompensas a cada uno según su conducta y como merecen sus obras". (Jeremías 32:17-19).

"Entonces vino la palabra del Señor a Jeremías: **'Yo soy el Señor, el Dios de toda la humanidad. Hay algo demasiado difícil para mí?'"** *(Jeremías 32:26-27).*

Confía entonces en el Equipo Estrella (el Padre, el Hijo y el Espíritu Santo) para manejar cualquier problema que enfrentes. Cuando vengas a Él en tu situación difícil, Él te llevará a la victoria. Puede que no sea tan rápido como te gustaría, pero necesitas esperar y confiar en Él que Él cumplirá Sus promesas. Su Hijo Jesús es prueba de Su amor por nosotros. El amor de Dios nunca falla. Cuando los tiempos parezcan derrumbarse a tu alrededor, simplemente vuélvete a Jesús. Él convertirá tus problemas en polvo.

Un viaje espiritual

Qué es un viaje espiritual? Es un llamado a caminar en la Luz de Jesús, a caminar con la fuerza de Jesús, a caminar con el coraje de Jesús, a vencer los caminos de este mundo como Jesús. Cuando Dios llamó a Josué, le dijo: **"Nadie te podrá hacer frente en todos los días de tu vida. Como estuve con Moisés, así estaré contigo. Nunca te dejaré ni te abandonaré'".** (Josué 1:5). Entonces el Señor le dijo a Josué: **"Sé fuerte y muy valiente. Cuídate de cumplir todas las leyes que mi siervo Moisés te dio; NO le des la espalda; a la derecha o a la izquierda para que tengas éxito dondequiera que vayas. Tened este Libro de la Ley siempre en vuestros labios; meditad en él día y noche, para que cuidéis de hacer todo lo que en él está escrito. Entonces serás próspero y exitoso. No te he mandado? Se fuerte y valiente. No tengas miedo; NO te desanimes, porque el Señor tu Dios estará contigo dondequiera que vayas'".** (Josué 1:7-9).

Estas palabras son las mejores palabras de aliento que cualquiera puede escuchar porque provienen de la boca de Dios. Nuestro viaje espiritual es un llamado a luchar continuamente contra los gigantes malvados de este mundo y recuperar a nuestras familias. De vuelta de donde usted pide. De vuelta de las manos malvadas de Satanás (el gigante malvado). La batalla que tenemos con Satanás—de cómo quiere romper la familia—es algo que nuestro Señor Jesús conoce muy bien. Por eso es que Él es el único que puede vencer a Satanás y reparar el hogar familiar. Satanás no puede soportar cuando le gritamos en la cara: "Jesús es el Señor de mi vida!" Esta es la mejor defensa para luchar por nuestras familias. Es por eso que debemos esperar en Dios para hacer Su obra. Mientras esperamos, toma este tiempo como un proceso que te llevará a la victoria, todo para la gloria de nuestro Padre Celestial. Permanece siempre fiel a Él y sabe que Él siempre está a tu lado, caminando con nosotros.

**Para ayudarme a ser fiel a mi Equipo Estrella,
elaboré este pequeño y sencillo poema de pensamiento:**

Dios va delante de mí.
Él está detrás de mí, para nunca dejarme caer.
Dios está justo a mi lado.
Caminando conmigo a través de todo.
Siempre caminaré por Fe, no por vista.
Creer en Aquel que me sostiene fuerte.

Digo este pequeño poema simple cada vez que me enfrento a estas sombras malvadas que siguen tratando de alejarse de vivir la Vida de Amor, Compasión y Gracia.

Enfrentando y Entendiendo el Temor Impío

Qué es el temor impío? Es mundano, y es desobediente a Dios. El temor impío es pecaminoso y conduce a la muerte. Esta muerte no es sólo física (con la que todos estamos familiarizados). Esta muerte es una muerte causada por la ira, la amargura, el egoísmo, el orgullo, los ojos altivos, la lengua mentirosa, el asesinato, los celos y la fornicación. Todos estos son pecaminosos, y todos son detestables para Dios. Por tanto, debéis esforzaros al máximo para no cosechar ninguna de estas cosas pecaminosas; simplemente bloquean cualquier tipo de Bendición que Dios tiene para ti. Esto es lo que nos dice la Palabra de Dios (la Biblia):

"Alborotador y villano, que anda con la boca corrompida, que guiña maliciosamente el ojo, señala con los pies y hace gestos con los dedos, que trama el mal con engaño en su corazón y siempre suscita conflictos. Por lo tanto, el desastre lo alcanzará en un instante; será destruido de repente, sin remedio. Seis cosas aborrece el Señor, y siete le son abominables: los ojos altivos, la lengua mentirosa, las manos derramadoras de sangre inocente, el corazón que maquina planes inicuos, los pies presurosos para precipitarse en el mal, el testigo falso que derrama mentiras y persona que suscita conflictos en la comunidad". (Proverbios 6:12-19).

"De cierto, de cierto os digo; si alguno guarda mi palabra, nunca verá la muerte". *(Juan 8:51).*

Por lo tanto, debes: *"Abstente de la ira y abandona la ira! No te preocupes por ti mismo; tiende sólo al mal". (Salmo 37:8).*

"La ira es cruel, la ira abrumadora, pero quién puede resistir ante los celos?". (Proverbios 27:4).

"Sepan esto, mis amados hermanos: que toda persona sea pronto para oír, tardo para hablar, tardo para airarse; porque la ira del hombre no produce la justicia de Dios". (Santiago 1:19-20). "No digáis: 'Pagaré mal'; Espera en el Señor, y Él te librará". (Proverbios 20:22).

"Esforzaos por vivir en paz con todos y por ser santos; sin santidad nadie verá al Señor. Mirad bien de que ninguno deje de alcanzar la gracia de Dios, y que ninguna raíz amarga crezca y os cause problemas y contamine a muchos" (Hebreos 12:14-15). "Pero si albergan envidia amarga y ambición egoísta en sus corazones, no se jacten de ello ni nieguen la verdad. Tal 'sabiduría' no desciende del cielo sino que es terrenal, no espiritual y demoníaca. Porque donde tienes envidia y ambición egoísta, allí encuentras desorden y toda práctica perversa. Pero la sabiduría que viene del cielo es ante todo pura; luego pacíficos, considerados, sumisos, llenos de misericordia y buenos frutos, imparciales y sinceros. Los pacificadores que siembran en paz recogen una cosecha de justicia". (Santiago 3:14-18). "Cualquiera que dice estar en la luz pero odia a un hermano o hermana todavía está en la oscuridad. El que ama a su hermano y a su hermana vive en la luz, y no hay nada en ellos que los haga tropezar. Pero cualquiera que odia a un hermano o a una hermana está en la oscuridad y anda en la oscuridad. No saben adónde van, porque las tinieblas los han cegado" (1 Juan 2:9-11).

El temor impío (mundano) es un sentimiento de inquietud, y la inquietud es pecaminosa y perversa. Muestra que no crees ni confías en Dios, quien siempre está ahí para consolarte y tiene el control total de todo lo que sucede en tu vida. Cuando tienes esa sensación de inquietud, necesita examinar ese sentimiento más a fondo. Comience con estas tres cosas para recordar:

- La presencia de Dios estará contigo para guardarte del temor impío (mundano):

"Aunque ande en valle de sombra de muerte, no temeré mal alguno; porque tú estás conmigo; tu vara y tu cayado me confortan". (Salmo 23:4).

- Las promesas de Dios le darán poder para rechazar el temor impío (mundano):

"No temas porque yo estoy con vosotros; no desmayes, porque yo soy tu Dios. Te fortaleceré, sí, te ayudaré, te sostendré con mi diestra justa". (Isaías 41:10).

- El amor de Dios quitará el temor impío (mundano):

"No hay miedo en el amor; pero el amor perfecto echa fuera el temor, porque el temor envuelve tormento. Pero el que teme no ha sido perfeccionado en el amor". (1 Juan 4:18).

El temor de Dios:

Estamos llamados a temer al Señor. Como dice en Proverbios 1:7, *"El temor del Señor es el principio del conocimiento, pero los necios desprecian la sabiduría y la instrucción".* El llamado a temer al Señor es un llamado de:

1. Sumisión: una condición de sumisión, humildad o queja.
2. Devoción: el acto de dedicar el objeto de la devoción de uno.
3. Asombro: una maravilla inspirada por la autoridad.
4. Adoración—fuertes sentimientos de amor o admiración.
5. Adoración: el acto de mostrar admiración excesiva por alguien.
6. Abrumada: para cubrir completamente, sumérjase.

Temer al Señor es rechazar el temor y el mal impíos (mundanos), que siempre se encuentran en formas negativas. Un ejemplo de temor impío (mundano) es cuando pasamos la mayor parte de nuestra vida temiendo las cosas que no sucederán: como (1) no tener cáncer, (2) ser traicionado y (3) morir temprano. Estos temores mundanos son los que "el temor del Señor" expulsa. Esto es lo que dice la Escritura:

"Moisés dijo al pueblo; 'No temáis, porque Dios ha venido a probaros para que el temor de Él esté delante de vosotros para que no pequéis'". (Éxodo 20:20).

"No hay temor en el amor, pero el amor perfecto echa fuera el temor". (1 Juan 4:18).

Cuando el temor de Dios está arraigado, en nuestros corazones el temor impío pasa del pavor al deleite.

"Entonces te verás y estarás radiante, tu corazón palpitará y se hinchará de alegría; las riquezas de los mares serán traídas a ti, a ti vendrán las riquezas de las naciones". (Isaías 60:5).

"Quién no te temerá, oh Señor, y glorificará tu nombre? Porque solo tú eres santo. Todas las naciones vendrán y adorarán delante de ti, porque tus justicias han sido reveladas". (Apocalipsis 15:4).

"Vivimos por fe, no por vista. Desde entonces sabemos lo que es temer al Señor. Todo lo que hacemos, es porque el amor de Cristo nos domina" (2 Corintios 5:7, 11a, 14a).

Sopesa tus opciones y elige este día a quién temerás: al Señor tu Dios (y sentirte en paz) o temer el pavor (que Satanás usa para confundirte). La decisión es tuya. En cuanto a mí, elijo y elegiré siempre temer a Dios que me mantiene en su abrazo amoroso.

<u>Razones para temer a Dios:</u>

La Palabra de Dios (la Biblia) deja muy claro que debemos temer al Señor. Dice: *"El temor del Señor es el principio del conocimiento". (Proverbios 1:7).*

Qué significa esto, temer al Señor y adquirir conocimiento? Significa que una vez que trabajes estas siguientes razones en tu vida, obtendrás el conocimiento de nuestro Señor Dios y vivirás una vida próspera que Él ha diseñado para ti. Por lo tanto, debe:

Evita que tu corazón tenga un comportamiento destructivo (evitar el mal).

Manténgase alejado de cualquier pensamiento, acción o palabra tonta (aliente a los demás con amabilidad).

Haz que tu vida funcione de la manera en que Dios lo planeó (enfócate en cosas de verdad y amor).

Cuando el espíritu de temor se apodera de ti, la única manera de romper su control es permanecer firme en la Palabra de Dios y proclamar la Verdad, sabiendo que Dios no nos da el espíritu de temor. Dios nos da amor y Su poder para que podamos tener una mente sana para vivir libremente en Su presencia. Podemos rechazar el espíritu del miedo con un nombre. Señor Jesús es ese nombre que supera todo lo que es malo.

<u>Oración:</u>

Father, I am so in awe of you. Enable me (and my fellow believers) to absorb all your instructions. *"Enséñame tus caminos, oh Señor; caminaré en tu verdad; une mi corazón para temer tu nombre. Te alabaré, oh Señor, Dios mío, con todo mi corazón y glorificaré tu nombre para siempre". (Salmo 86:11-12).*

Pondré todos mis miedos a tus pies para que me los quites y los reemplaces con tu amor y tu fuerza. Eres *"mi luz y mi salvación"* y *"la fuerza de mi vida. De quién tendré miedo?". (Salmo 29:11).*

Ayúdame a hacer de la alabanza mi primera reacción ante el miedo siempre que me sobrevenga. Puedo confiar en tu Palabra y en tu poder para protegerme. *"Aunque un ejército acampe contra mí, mi corazón no temerá (Salmo 27:3). "Busqué al Señor, y Él me respondió; Me libró de todos mis temores". (Salmo 34:4).* Tú traes vida y me alejas del pozo que lleva a la muerte. Permíteme tener siempre en mi corazón el temor de Dios. Gracias por protegerme siempre (y a mi familia). Estoy enamorado de ti. Siempre hablaré tus Palabras de Verdad, Esperanza y sobre todo Amor. En el nombre de Jesús, oro. Amén.

<u>Palabra Poder al Temor del Señor para Adquirir Sabiduría y Conocimiento:</u>

"El que teme al Señor tiene una Fortaleza segura, y para sus hijos será un Refugio. El temor del Señor es manantial de Vida, para apartarnos de los lazos de la muerte". (Proverbios 14:26-27).

"Aunque un ejército acampe contra mí, mi corazón no temerá; aunque contra mí se levante guerra, en esto estaré confiado. Una cosa pido al Señor, esto solamente busco: que esté en la Casa del Señor todos los días de mi vida". (Salmo 27:3-4).

"Por la humildad y el temor del Señor son las riquezas y el honor y la vida". (Proverbios 22:4).

"Como el padre se compadece de los hijos, se compadece Jehová de los que le temen" (Salmo 103:13). "Pero desde la eternidad y hasta la eternidad el amor del Señor está con los que le temen, y su justicia con los hijos de sus hijos, con los que guardan su pacto y se acuerdan de obedecer sus preceptos". (Salmo 103:17-18).

"Para adquirir sabiduría e instrucción; para entender palabras de perspicacia; para recibir instrucción en la conducta prudente, haciendo lo que es correcto, justo y equitativo; para dar prudencia a los sencillos, conocimiento y discreción a los jóvenes, que los sabios escuchen y amplíen su saber, y que los perspicaces obtengan dirección, para entender proverbios y parábolas, dichos y acertijos de sabios". (Proverbios 1:2-6).

"Hijo Mío, no olvides Mi enseñanza, sino guarda Mis mandamientos en tu corazón, porque ellos prolongarán tu vida por muchos años y te traerán paz y prosperidad. Que el amor y la fidelidad nunca te abandonen; átalas a tu cuello, escríbelas en la tabla de tu corazón. Entonces ganarás favor y un buen nombre a la vista de Dios y de los hombres. Confía en el Señor con todo tu corazón y no te apoyes en tu propio entendimiento; Someteos a Él en todos vuestros caminos, y Él enderezará vuestras veredas. No seas sabio en tu propia opinión; teme al Señor y aléjate del mal. Esto traerá salud a tu cuerpo y nutrición a tus huesos". (Proverbios 3:1-8).

"Busqué al Señor, y Él me respondió; Me libró de todos mis temores. Los que lo miran son radiantes; sus rostros nunca están cubiertos de vergüenza". (Salmo 34:4-5).

"El ángel del Señor acampa alrededor de los que le temen, y los salva. Gustad y ved que es bueno el Señor; bienaventurado el que en él se refugia. Temed al Señor, vosotros su pueblo santo, porque a los que le temen nada les falta. Los leones pueden volverse débiles y hambrientos, pero a los que buscan al Señor nada les falta. Venid, hijos Míos, escúchame; Te enseñaré el temor del Señor. Quien de vosotros ame la vida y desee ver muchos días buenos, guarde su lengua del mal y sus labios de decir mentiras. Apartaos del mal y haced el bien; Busca la paz y síguela"'. (Salmo 34:7-14).

Estas son solo algunas de las Escrituras que le recordarán que debe temer al Señor. Tómese el tiempo para abrir su Biblia y comenzar a caminar en la Luz de la Vida, a través de los valles oscuros. Porque es la Palabra de Dios la que trae Luz a la sombra maligna de este mundo; para desvanecerlo.

<u>Caminando por los Valles Oscuros</u>

Esta vida en esta tierra está llena de valles oscuros. Si no estás prestando atención a las palabras de advertencia de Dios, podrías estar caminando en los valles oscuros por mucho, mucho tiempo. El gobernante de este mundo, Satanás, siempre nos está atormentando. Estos son algunos ejemplos que debe tener en cuenta: un cambio repentino en su salud y finanzas, la pérdida inesperada de un ser querido, el abandono de familiares y parientes, su amigo repentinamente deja de llamarlo o estar cerca de usted.

Estas (y muchas más) son solo algunas de las formas en que Satanás nos mantiene en los valles oscuros. Lo sé, porque he estado allí muchas, muchas, muchas veces hasta que mi Equipo Estrella me dio una buena charla. Ahora camino en la Luz de la Vida con mi Señor Jesús.

Cuando soportas una temporada oscura, es por una buena razón. Todas las lecciones de Dios son pruebas de Fe y Confianza, para ver cuánto tiempo caminaremos solos (a través de la oscuridad) sin acudir a Él en busca de ayuda. Ser sostenido en los Brazos del Padre es la única recompensa por la que vale la pena vivir.

Estas lecciones de Fe y Confianza son para que nos mantengamos firmes frente a la adversidad. La única clave para caminar por los valles oscuros es abrazar y creer en nuestro Señor Jesús. Con nuestro Señor Jesús con nosotros, quién puede venir contra ti? Como dice la Biblia: *"Si Dios es por nosotros, quién contra nosotros?" (Romanos 8:31b).*

No importa cuáles sean las circunstancias, los sufrimientos o incluso las pérdidas, nunca estamos solos. Nada puede separarnos del amor y la presencia de Dios. Jesús mismo lo dijo:

"'Por tanto, id y haced discípulos a todas las naciones, bautizándolos en el nombre del Padre y del Hijo y del Espíritu Santo, y enseñándoles a obedecer todo lo que os he mandado. Y ciertamente estaré con vosotros siempre, hasta el fin del mundo'". (Mateo 28:19-20).

Sembrad esta promesa en vuestros corazones, y nada os hará temblar cada vez que Satanás, nuestro enemigo (que ronda buscando a quien devorar), ponga tiempos difíciles a vuestros pies.

<u>Recibir bendiciones: en medio de las pruebas:</u>

Aún en medio de los valles oscuros (pruebas), Dios llevará a cabo Su plan para bendecirte a ti y a tu familia. Para que Dios cumpla Su plan, debes aprender Sus palabras, Su forma de vivir y desarrollar habilidades de liderazgo para madurar espiritualmente. Una vez que aprendas esto, el plan de Dios se cumplirá. Incluso Jesús, Su Hijo Unigénito, había logrado lo que Su Padre quería que hiciera, y ahora está sentado a la derecha de Su Padre.

Todo esto puede ser abrumador, todo lo que tenemos que absorber y aprender. Sin embargo, tiene el recurso más poderoso en su mano (y no me refiero a Internet): es su Biblia. Hay sesenta y seis libros en la Biblia que pueden responder cualquier pregunta que pueda tener. Dios sabe que nos debilitamos cuando las pruebas de este mundo se nos presentan y Dios proporcionó Su Palabra (la Biblia) para ayudarnos a entender nuestras pruebas (y cómo soportarlas) como Jesús les dijo a Sus discípulos: ***"Estas cosas os he dicho para que en mí tengáis paz. En este mundo tendrás problemas, pero anímate! He vencido al mundo'". (Juan 16:33).***

Aquí hay cuatro lecciones que he aprendido y a las que me aferro con fuerza:

<u>Primero</u> —Jesús venció este mundo, y Él es fiel para caminar conmigo a lo largo del viaje en el que estoy, sin apartarse nunca de mi lado.

<u>Segundo</u> —Tener paciencia y esperar que Dios cumpla Su propósito.

<u>Tercero</u> — Confiar en que Dios sabe lo que está pasando en este mundo y que Él tiene el control.

<u>Cuarto</u> — solo creer en el tiempo de Dios que siempre estará a mi lado, sin importar la situación.

Cuando crees y confías en el único Dios verdadero, respiras la vida que te ha sido dada a través de Su Hijo, nuestro Señor Jesucristo. La Biblia dice, *"Porque los que son guiados por el Espíritu de Dios son hijos de Dios. El Espíritu que habéis recibido no os hace esclavos, para que volváis a vivir con miedo; más bien, el Espíritu que recibiste provocó tu adopción a la filiación. Además, por Él clamamos; 'Abba, Padre'. El Espíritu mismo da testimonio a nuestro espíritu de que somos hijos de Dios. Ahora, si somos hijos, entonces somos herederos: herederos de Dios y coherederos con Cristo, si es que participamos de sus sufrimientos para que también podamos participar de su gloria". (Romanos 8:14-17).*

Cuando estamos caminando por los valles oscuros, puede ser doloroso. Sin embargo, con Jesús a nuestro lado, siempre hay victoria. Este es el plan de Dios para ti y para mí. Aquí hay dos pequeños poemas que escribí que me recuerdan el plan de Dios.

<u>Llevándonos a través</u>

Este mundo está lleno de cosas maravillosas, desde grandes hasta muy pequeñas.

Vivimos nuestras vidas tan rápido; apenas los vemos en absoluto.

La mayoría de las cosas que extrañamos están justo delante de nuestros ojos y labios.

Como puestas de sol, gotas de lluvia, arco iris, estrellas que brillan o incluso una sonrisa que

crece como una vid.

En los días en que nos sintamos tristes, solo recuerda que Dios te ama.

Además de Su Amor, Él siempre nos sacará adelante, sin importar lo que el mundo te muestre.

<u>Creer!</u>

Cuando todas las probabilidades están en tu contra — Cree!

Cuando el mundo no sea para ti — Cree!

Cuando las montañas a las que te enfrentas son demasiado grandes para que puedas moverlas a

través de tus ojos — Cree!

Cuando dicen que nunca llegarás a nada — Cree!

Cuando su familia y amigos se vuelvan contra usted — Cree!

Cuando dicen que no pasará mucho tiempo hasta que caigas, de nuevo — Cree!

Cuando te digan que estás loco por creer en un Dios que no puedes ver — Cree!

Cuando todo lo que ves son nubes oscuras — Cree!

Cuando parezca que no hay forma de salir de su situación — Cree!

Cuando la gente te diga que no vales nada — Cree!

Cuando sus hijos han estado tomando las decisiones equivocadas y no lo han escuchado — Cree!

Cuando te hayas extraviado y no haya nadie alrededor que te guíe o te aconseje — Cree!

Cuando creas que no puedes ir ni un día más — Cree!

Cuando lo hayas perdido todo repetidamente — Cree! Cuando el desánimo muestra su fea cabeza — Cree!

Cuando te enfrentes a los gigantes de este mundo que parecen burlarse de ti repetidamente — Cree!

Cuando tengas miedo de dar ese paso de fe en las aguas turbulentas de este mundo — Cree!

Cuando todas las cosas parezcan imposibles — Cree!
"Con dios nada es imposible". (Mateo 19:26).

Entonces, da el Paso de Fe y Cree en el Dios de lo Posible. Jesús venció todo en este mundo, e ilumina el camino para romper las cadenas de la oscuridad. Porque Jesús es la luz que nunca se apaga:
"Lámpara es a mis pies tu Palabra, lumbrera en mi camino". (Salmo 119:105).

Jesús es mi ayudador:

"Mi socorro viene del Señor, Creador del cielo y de la tierra". (Salmo 121:2).

Jesús es mi sanador:

"Bendice al Señor, oh alma mía, y todo lo que está dentro de mí, bendice Su santo nombre! Bendice, alma mía, al Señor, y no olvides todos sus beneficios, que perdona todas tus iniquidades, que sana todas tus enfermedades". (Salmo 103:1-3).

Jesús es mi amigo:

"Nadie tiene mayor amor que este, que uno ponga su vida por sus amigos". (Juan 15:13).

Jesús es mi salvador: Siempre ahí para sacarme de ese pozo de debilidad y desesperación.

"Porque no envió Dios a su Hijo al mundo para condenar al mundo, sino para salvar al mundo por medio de él". (Juan 3:17).

Mi Señor Jesús siempre me levantará y me pondrá sobre sus hombros cuando esté demasiado débil para dar un paso más. Además, Jesús me muestra cuánto le importa. Mi Equipo Estrella endereza mis caminos torcidos y pone esperanza en mi corazón. Mi Equipo Estrella me bendice cada momento que vivo para Él y sólo para Él. Siempre creeré en el amor inagotable de Dios y confío en Su plan para mi vida. Como la paz de Dios siempre está conmigo, también lo está Su Hijo Jesús (tomando mi mano durante todo este viaje). Esto es lo que me mantiene avanzando para cumplir el propósito de Dios para mí.

Os digo, no dejéis de creer y de orar. Dios escucha. Dios ve. a Dios le importa Dios sabe. Dios ama. Dios protege. Sobre todo, Dios nunca nos dejará solos.

*"Jesús respondió,'**Yo soy el Camino, la Verdad y la Vida. Nadie viene al Padre sino por mí'"**. (Juan 14:6).*

"Jesús respondió: **'La obra de Dios es esta: creer en el que ha enviado'"**. *(Juan 6:29).*

"'Ya no los llamaré esclavos, porque el esclavo no sabe lo que hace su amo; pero os he llamado amigos, porque todas las cosas que he oído de mi Padre os las he dado a conocer'". *(Juan 15:15).*

"Acérquense a Dios y Él se acercará a ustedes. Limpiaos las manos, pecadores; y purificad vuestros corazones, vosotros de doble ánimo". (Santiago 4:8). "Sobre todo, sed fervientes en vuestro amor los unos por los otros, porque el amor cubre multitud de pecados". (1 Pedro 4:8).

Aprendiendo de nuestros fracasos:

La obediencia a Dios es un proceso, que es algo que debemos aprender y recordar. Los fracasos suceden cuando no escuchamos las instrucciones y la dirección de Dios para nuestras vidas. A través de nuestros fracasos, podemos iniciar el proceso de aprendizaje que recibimos de Dios y de Su Hijo Jesucristo. Los fracasos son parte de nuestro desarrollo: humillarnos para ceder a las tentaciones del pecado. El pecado es todo lo que te aleja del camino que lleva a la vida. El fracaso es una herramienta excelente y, a través de la prueba y el error, descubrimos que siempre debemos fijar nuestra mirada en Jesús y seguir Sus formas de vivir una vida pacífica, todo para la gloria de Su Padre Celestial.

La única forma en que podemos aprender de nuestros fracasos es enfocarnos en nuestro Señor y Salvador Jesús. Él nos enseñará y nos guiará a través de todo lo que pasemos. Aprende a tener valor y no tener miedo, de estos versículos de las Escrituras. Todo para oponerse a los caminos de este mundo.

Este primer conjunto de versículos de las Escrituras es para enseñarnos lo que sucede cuando quitamos los ojos de Jesús y nos sumergimos en el mundo:

*"Inmediatamente, Jesús hizo subir a los discípulos a la barca y se le adelantó a la otra orilla, mientras Él despedía a la multitud. Después de despedirlos, subió solo a la ladera de una montaña para orar. Más tarde esa noche, Él estaba allí solo, y la barca ya estaba a una distancia considerable de la tierra, golpeada por las olas porque el viento era contrario. Poco antes del amanecer, Jesús salió a ellos, caminando sobre el lago. Cuando los discípulos lo vieron caminando sobre el lago, se aterrorizaron. 'Es un fantasma', dijeron, y gritaron de miedo. Sin embargo, Jesús inmediatamente les dijo; '**Armarse de valor! Soy yo. No tengas miedo**' "Señor, si eres tú", respondió Pedro, "dime que vaya a ti sobre el agua". 'Ven', dijo. Entonces Pedro se bajó de la barca, caminó sobre el agua y se acercó a Jesús. Sin embargo, cuando vio el viento, tuvo miedo y, comenzando a hundirse, gritó: 'Señor, sálvame!'. Inmediatamente, Jesús extendió la mano y lo agarró. '**Hombre de poca fe**', dijo, '**por qué dudaste?**' Y cuando subieron a la barca, el viento cesó. Entonces los que estaban en la barca le adoraron, diciendo: Verdaderamente tú eres el Hijo de Dios'". (Mateo 14:22-33).*

El segundo conjunto de versículos de las Escrituras es para recordarnos lo que sucede cuando moramos en la presencia de Dios Todopoderoso. Porque cuando me refugio en Su amparo, todo dolor me abandona y todo lo que queda es el Amor de Dios. porque lo sé *"Dios es amor". (1 Juan 4:8).*

"El que habita al abrigo del Altísimo; descansará a la sombra del Todopoderoso. Diré del Señor: 'Él es mi refugio y mi fortaleza, mi Dios, en quien confío'". (Salmo 91:1-2).

"El amor es paciente, el amor es amable. No tiene envidia, no se jacta, no es orgulloso. No deshonra a los demás, no es egoísta, no se enoja fácilmente y no lleva registro de los errores. El amor no se deleita en el mal sino que se regocija con la verdad. Siempre protege, siempre confía, siempre espera, y siempre persevera. El amor nunca falla". (1 Corintios 13:4-8a).

El tercer conjunto de versículos de las Escrituras, una vez más, nos enseña que nuestros planes no son nada sin Jesús en ellos. *"Todos los caminos de una persona le parecen puros, pero el Señor pesa los motivos. Encomienda al Señor todo lo que hagas, y Él establecerá tus planes. El Señor dispone todo para su debido fin, incluso los malvados para el día de la calamidad. El Señor detesta a todos los orgullosos de corazón. Asegúrate de esto; no quedarán impunes. A través del amor y la fidelidad, el pecado es expiado. A través del temor del Señor, se evita el mal. Cuando el Señor se complace en el camino de alguien, hace que sus enemigos hagan las paces con él. Más vale poco con justicia que mucha ganancia con injusticia. En su corazón los hombres planean su rumbo, pero el Señor establece sus pasos".* (Proverbios 16:2-9).

Por lo tanto, mantén tus ojos y mentes en Jesús, y toda la confusión se aclarará. Y entonces, la Luz de Dios despejará la niebla de destrucción de esta vida en esta tierra.

<u>Cuando te miras en el espejo, a quién ves?</u>

Antes de invitar a Jesús a mi corazón (hace diez años), siempre me miraba en el espejo y me preguntaba por qué parecía tener una apariencia opaca y sombría en mi rostro. Mis ojos no tenían brillo ni mostraban ningún tipo de vida en ellos. Mi cara no tenía color rosado en mis mejillas. Incluso comencé a maquillarme, pensando que eso me haría sentir mejor (me haría sentir falsa). Ahora, desde que le di a mi Señor el control total sobre mi vida, cuando me miro en el espejo, veo el brillo en mi rostro, el brillo en mis ojos volvió y el sonrojo en mis mejillas apareció. Me sentí vivo!

La Luz que brilla más que el sol, brilla la fe, la confianza, la esperanza, la gracia y el amor que se encuentra en nuestro Señor Jesucristo. La luz y el amor de Jesús vencen todas las tinieblas y luchas. La luz nunca se apaga mientras caminas por el camino que caminó Jesús (el camino de la Rectitud y la Humildad). Este es el Plan de Dios para nosotros, caminar en la Luz de Su Hijo, Cristo Jesús. Caminar en la Luz muestra que creemos en Su Hijo, quien es el Camino, la Verdad y la Vida (ver Juan 14:6). A través de este viaje, la Luz de Jesús nos llevará directamente a las Puertas del Cielo. Mientras caminamos por el Camino Justo y Humilde de nuestro Señor Jesús, estamos seguros de que el Amor de Dios siempre estará con nosotros.

Lea estos versículos de las Escrituras y descanse en la Gracia, la Compasión y el Amor de nuestro Padre Celestial. Sentirás Su Luz fortaleciéndote y Protegiéndote: *"Ha derribado a los gobernantes de los tronos, pero ha exaltado a los humildes. A los hambrientos colmó de bienes, pero a los ricos los despidió vacíos. Ha ayudado a su siervo Israel, acordándose de ser misericordioso".* (Lucas 1:52-54).

"Por tanto, como pueblo elegido de Dios, santo y muy amado, vístanse de compasión, bondad, humildad, mansedumbre y paciencia. Sopórtense unos a otros y perdónense unos a otros si alguno de ustedes tiene queja contra alguien.

Perdona como el Señor te perdonó. Y sobre todas estas virtudes, vestíos de Amor, que las une todas en perfecta unidad". (Colosenses 3:12-14).

"Humillaos delante del Señor y Él os exaltará". (Santiago 4:10).

"Porque los ojos del Señor están sobre los justos y sus oídos atentos a la oración de ellos, pero el rostro del Señor está contra los que hacen el mal". (1 Pedro 3:12).

"Sé completamente humilde y gentil; sed pacientes, soportándoos unos a otros en amor. Esforzaos por conservar la unidad del Espíritu mediante el vínculo de la paz. hay un cuerpo y un Espíritu, así como fuisteis llamados a una misma esperanza cuando fuisteis llamados; un Señor, una fe, un bautismo; un Dios y Padre de todos, que está sobre todos y por todos y en todos. Pero a cada uno de nosotros se nos ha dado la gracia como Cristo la repartió". (Efesios 4:2-7).

"Quién de vosotros es sabio y entendido? Que lo demuestren con su buena vida, con obras hechas en la humildad que proviene de la sabiduría. Pero si albergan envidia amarga y ambición egoísta en sus corazones, no se jacten de ello ni nieguen la verdad. Tal "sabiduría" no desciende del cielo sino que es terrenal, no espiritual y demoníaca. Por donde tienes envidia y egoísmo ambición, allí se encuentra el desorden y toda práctica perversa". (Santiago 3:13-16) "Vosotros jóvenes, igualmente, estad sujetos a vuestros mayores; y todos ustedes revístanse de humildad los unos para con los otros. Porque—DIOS SE OPONE A LOS ORGULLOSOS, PERO DA GRACIA A LOS HUMILDES. Por lo tanto, humíllense bajo la poderosa mano de Dios para que Él los exalte en el momento adecuado. Echad toda vuestra ansiedad sobre Él porque Él cuida de vosotros". (1 Pedro 5:5-7).

"Él guía a los humildes en el bien y les enseña su camino". (Salmo 25:9).

"Él se burla de los escarnecedores orgullosos, pero muestra favor a los humildes y oprimidos. Los sabios heredan honor, pero los necios sólo obtienen vergüenza". (Proverbios 3:34-35).

"La instrucción de la sabiduría es temer al Señor, y la humildad antecede a la honra" (Proverbios 15:33).

"La humildad es el temor del Señor; su salario son riquezas, honra y vida" (Proverbios 22:4).

"Un regalo abre el camino y conduce al dador a la presencia del Grande" (Proverbios 18:16).

"Confía en el Señor con todo tu corazón y no te apoyes en tu propia prudencia; Someteos a Él en todos vuestros caminos, y Él enderezará vuestras veredas. No seas sabio en tu propia opinión; teme al Señor y aléjate del mal. Esto traerá salud a tu cuerpo y nutrición a tus huesos". (Proverbios 3:5-8).

Cada uno de estos versículos son lecciones para que las tomes en serio y te fortalezcas en tu fe, poniendo en práctica Romanos 8:28: *"Y sabemos que Dios dispone todas las cosas para el bien de los que le aman, los que han sido llamados conforme a su propósito".* (Romanos 8:28).

Aprender de nuestros fracasos nos hace deseosos de madurar espiritualmente y servir a Dios de todo corazón. Dios no recompensa la rebelión o las malas acciones. Por Su gracia, Él bendice a aquellos que se vuelven de su pecado. Elegir el arrepentimiento y caminar al paso de Su Hijo Jesús quien nos enseña que es de sabios obedecer a Su Padre. La gracia de Dios es un regalo que no podemos obtener de nadie más sino a través de Su Hijo Jesús. Meditad estas Escrituras de verdad y desde el corazón de nuestra Creador asombroso: *"Poned la mira en las cosas de arriba, no en las de la tierra".* (Colosenses 3:2).

"Tú guardarás en perfecta paz a aquellos cuyo pensamiento es firme, porque en Ti confían". (Isaías 26:3-4).

"Puestos los ojos en Jesús, el iniciador y consumador de la fe. Por el gozo puesto delante de Él, soportó la cruz, menospreciando la vergüenza, y se sentó a la diestra del trono de Dios. Considerad a Aquel que soportó tanta oposición de los pecadores, para que no os canséis ni desmayéis". (Hebreos 12:2-3).

"Tomás le dijo: 'Señor, no sabemos a dónde vas, cómo podemos saber el camino?' Jesús respondió: **'Yo soy el camino y la verdad y la vida. Nadie viene al Padre sino por Mí. Si realmente Me conocéis, conoceréis también a Mi Padre. Desde ahora lo conocéis y lo habéis visto'".** *(Juan 14:5-7).*

"Ciertamente el brazo del Señor no es demasiado corto para salvar, ni su oído demasiado pesado para oír". (Isaías 59:1).

"Si alguien los ataca, no será por culpa mía; el que te ataque se rendirá a ti. Mira, soy yo, quien creó al herrero, quien aviva las brasas

en llamas y forja un arma adecuada para su trabajo. Y soy yo quien ha creado al destructor para causar estragos; ninguna arma forjada contra ti prevalecerá, y refutarás toda lengua que te acuse. Esta es la herencia de los siervos del Señor, y esta es su reivindicación de parte de Mí, dice el Señor'". (Isaías 54:15-17).

"'Os envío como ovejas entre lobos. Por tanto, sed astutos como serpientes y sencillos como palomas. Estén alerta'" (Mateo 10:16-17a).

Este es un recordatorio: Es el Control de Dios, quien nos ayuda a seguir caminando por el Camino Justo de la Vida que Él tanto desea que caminemos. Es Dios quien es Mayor en nosotros y que está por nosotros, que el (Satanás) que está contra nosotros.

El Corazón de Dios es el Corazón del Amor

Cuando das tu corazón a Dios, recibes Su corazón de Amor. Recibir a nuestro Señor Jesús en nuestra vida es recibir el Corazón de Amor y Compasión de Su Padre. Es por eso que Jesús fue a la cruz, para que podamos recibir el Amor de Su Padre. Buscamos conocer más a nuestro Padre Celestial, encontrando que Su amor está en todas partes.

Antes de recibir el corazón de amor de Dios, tuve que limpiar mi corazón de toda la suciedad de este mundo. La suciedad de este mundo es lo que me hizo sentir sucio. El barrido que Dios hizo en mi corazón me quitó cualquier vergüenza que estaba cosechando, que me había arrastrado a un pozo profundo, oscuro y fangoso. En ese hoyo, no estaba muy interesado en leer mi Biblia. Yo era un "lector a tiempo parcial". Cuando estaba angustiado, tuve la sensación de que necesitaba orar, pidiéndole a Dios que me ayudara. Admití todos mis errores (la suciedad de este mundo). Entonces Dios me instruyó a leer más de mi Biblia. Lo que me ayudó a barrer y limpiar la suciedad de este mundo. Estaba en camino a un Corazón de Dios puro y amoroso.

Con el Corazón de Dios, mi corazón se ha convertido en:

lleno de obediencia

"No os limitéis a escuchar la palabra y os engañéis a vosotros mismos. Haz lo que dice". (Santiago 1:22).

"Andad en obediencia a todo lo que os mando para que os vaya bien". (Jeremías 7:23b).

"Andad en la obediencia a todo lo que el Señor vuestro Dios os ha mandado, para que podáis vivir y prosperar y prolongar vuestros días en la tierra que poseeréis". (Deuteronomio 5:33).

*"Jesús respondió, "**El que me ama obedecerá mi enseñanza. Mi Padre los amará, y vendremos a ellos y haremos morada con ellos'"**. (Juan 14:23).*

"Mantén este Libro de la Ley siempre en tus labios; meditad en él día y noche, para que cuidéis de hacer todo lo que en él está escrito. Entonces serás próspero y exitoso'". (Josué 1:8).

"No os conforméis al modelo de este mundo, sino transformaos mediante la renovación de vuestra mente. Entonces podréis probar y aprobar cuál es la voluntad de Dios, su voluntad buena, agradable y perfecta". (Romanos 12:2).

Estar llena de integridad -

"Porque el Señor da sabiduría; de Su boca viene el conocimiento y comprensión; Él tiene reservado el éxito para los rectos, es un escudo para los cuyo andar es irreprochable, pues El guarda la senda de los justos y protege el camino de los Sus fieles". (Proverbios 2:6-8).

"La justicia de los íntegros endereza sus caminos, pero los impíos son derribados por su propia maldad. La justicia de los rectos los libra, pero los infieles son atrapados por los malos deseos". (Proverbios 11:5-6).

Estar llena de honestidad -

"Un testigo honesto dice la verdad, pero un testigo falso dice mentiras. Las palabras de los imprudentes atraviesan como espadas, pero la lengua de los sabios sana. Los labios veraces duran para siempre, pero los mentirosos la lengua dura sólo un momento". (Proverbios 12:17-19).

"Mi sacrificio, oh Dios, es un espíritu quebrantado; un corazón quebrantado y contrito, tú Dios, no despreciarás". (Salmo 51:17).

lleno de pureza -

"Purifícame con hisopo, y seré limpio; lávame, y seré más blanco que la nieve". (Salmo 51:7).

"Crea en mí un corazón puro, oh Dios, y renueva un espíritu firme dentro de mí". (Salmo 51:10).

"Enséñame Tu Camino, Señor, para que pueda confiar en Tu Fidelidad; dame un corazón íntegro, para que pueda temer tu nombre. Te alabaré, Señor mi Dios, con todo mi corazón; Glorificaré tu nombre para siempre. Porque grande es tu amor para conmigo; me has librado de lo profundo, de el reino de los muertos". (Salmo 86:11-13).

"Bienaventurados los limpios de corazón, porque ellos verán a Dios". (Mateo 5:8).

lleno de humildad

"Cuando viene el orgullo, luego viene la desgracia, pero con la humildad viene la sabiduría". (Proverbios 11:2).

"Antes de la caída el corazón es altivo, pero la humildad antecede a la honra" (Proverbios 18:12).

"Tú salvas a los humildes, pero humillas a los de ojos altivos. Tú, Señor, mantén encendida mi lámpara; mi Dios convierte mis tinieblas en luz. Con tu ayuda puedo avanzar contra una tropa; con mi Dios puedo escalar un muro. En cuanto a Dios, perfecto es su camino: La palabra del Señor es perfecta; Él protege a todos los que en Él se refugian". (Salmo 18:27-30).

"Bueno y recto es el Señor; por lo tanto, Él instruye a los pecadores en Sus caminos. Él guía a los humildes en lo que es correcto y les enseña Su camino. Todos los caminos del Señor son amorosos y fieles para con los que guardan las exigencias de su pacto". (Salmo 25:8-10).

Lleno de Su Gracia

"Bienaventurados aquellos cuya fuerza está en Ti, cuyo corazón está dispuesto a peregrinar". (Salmo 84:4-5).

"Mejor es un día en Tus atrios que mil en otros lugares; Prefiero ser portero en la casa de mi Dios, que habitar en las tiendas de los impíos. Porque el Señor Dios es sol y escudo; el Señor otorga favor y honra; nada bueno niega Él a aquellos cuyo andar es intachable. Señor Todopoderoso, bienaventurado el que en Ti confía". (Salmo 84:10-12).

"Tu justicia es como los montes más altos, tu justicia como el gran abismo. Tú, Señor, preservas tanto a las personas como a los animales. Qué inestimable es tu amor inagotable, oh Dios! La gente se refugia a la sombra de tus alas. Se deleitan con la abundancia de tu río de delicias. Porque contigo está la fuente de la vida; en tu luz vemos la luz". (Salmo 36:6-9).

"Ciertamente, Señor, tú bendices a los justos; Los rodeas con tu favor como con un escudo". (Salmo 5:12).

"Escrito está: 'Yo creí; por tanto, he hablado.' Como tenemos ese mismo espíritu de fe, también nosotros creemos y por eso hablamos, porque sabemos que el que resucitó al Señor Jesús de entre los muertos, también nos resucitará con Jesús y nos presentará con vosotros a sí mismo. . Todo esto es para vuestro beneficio, para que la gracia que va alcanzando a cada vez más personas, haga que la acción de gracias sobreabunde para la gloria de Dios". (2 Corintios 4:13-15).

Lleno de fe eterna

"Por lo tanto no perdemos corazón. Aunque por fuera nos vamos desgastando, sin embargo, por dentro nos renovamos de día en día. Porque nuestras ligeras y momentáneas tribulaciones van alcanzando una Gloria Eterna que las supera con creces a todas. Así que no pongamos los ojos en lo que se ve, sino en lo que no se ve, ya que lo que se ve es temporal, pero lo que no se ve es eterno". (2 Corintios 4:16-18).

"Así que en Cristo Jesús, todos sois hijos de Dios por la fe, porque todos los que habéis sido bautizados en Cristo, de Cristo estáis revestidos". (Gálatas 3:26-27).

"Ruego que de las riquezas de su gloria os fortalezca con poder por medio de su Espíritu en vuestro interior, para que Cristo habite en vuestros corazones por la fe. Y ruego que vosotros, arraigados y cimentados en el amor, tengáis poder, junto con todo el pueblo santo del Señor, para comprender cuán ancho, largo, alto y profundo es el amor de Cristo, y conocer este amor que sobrepasa todo conocimiento. para que seáis llenos hasta la medida de toda la plenitud de Dios". (Efesios 3:16-19)

"Por tanto, os digo que todo lo que pidiereis en oración, creed que lo habéis recibido, y será vuestro". (Marcos 11:24).

"Necesitas perseverar para que cuando hayas hecho la voluntad de Dios, recibas lo que Él ha prometido". (Hebreos 10:36).

"Que el Dios de la esperanza os llene de todo gozo y paz a vuestra confianza en Él, para que reboséis de esperanza por el poder del Espíritu Santo". (Romanos 15:13).

"Si a alguno de vosotros le falta sabiduría, pídala a Dios, que da a todos generosamente sin reproche, y se la dará. Sin embargo, cuando pidas, debes creer y no dudar, porque el que duda es como una ola del mar, empujada y sacudida por el viento. Esa persona no debe esperar recibir nada del Señor; tal persona es de doble ánimo e inestables en todo lo que hacen". (Santiago 1:5-7).

"Considérenlo puro gozo, mis hermanos y hermanas, cada vez que enfrenten pruebas de muchas clases, porque saben que la prueba de su fe produce perseverancia". (Santiago 1:2-3).

"Bienaventurado el que persevera en la prueba, porque habiendo pasado la prueba, esa persona recibirá la corona de vida que el Señor ha prometido a los que le aman" (Santiago 1:12).

"Porque vivimos por fe, no por vista. Tenemos confianza, digo, y preferiríamos estar lejos del cuerpo y en casa con el Señor. Por lo tanto, nuestra meta es agradarle a Él, ya sea que estemos en casa en el cuerpo o lejos de él. Porque es necesario que todos nosotros comparezcamos ante el tribunal de Cristo, para que cada uno de nosotros reciba lo que le corresponde por las cosas hechas mientras estaba en el cuerpo, sean buenas o sean malas". (2 Corintios 5:7-9).

"El que creyere y fuere bautizado, será salvo; mas el que no creyere, será condenado". (Marcos 16:16).

"Porque de tal manera amó Dios al mundo que ha dado a su Hijo unigénito, para que todo el que crea en él se pierda, pero tenga vida eterna". (Juan 3:16).

"Os escribo estas cosas a vosotros que creéis en el nombre del Hijo de Dios, para que sepáis que tenéis vida eterna. Esta es la confianza que tenemos al acercarnos a Dios: que si pedimos algo conforme a Su voluntad, Él nos oye. Y si sabemos que Él nos escucha, cualquier cosa que le pidamos, sabemos que tenemos lo que le pedimos". (1 Juan 5:13-15).

Mi Dios ha limpiado mi corazón y ha curado todas mis heridas, de vuelta a donde originalmente me diseñó para estar. Dios ha vuelto mi corazón a la par con el Suyo, haciéndome sentir fuerte y amada, para poder mostrar a los demás la prueba de Su amor y compañía para vivir como Él quiere que vivamos. Esto es lo que me dice la Palabra de Dios y tú cómo vivir: *"Libérense de todas las ofensas que han cometido y adquieran un corazón nuevo y un espíritu nuevo. Por qué moriréis, pueblo de Israel? Porque no me complazco en la muerte de nadie, declara el Señor Soberano. Arrepentíos y vivid!".* (Ezequiel 18:31-32).

"Entonces las naciones que queden a vuestro alrededor sabrán que yo, el Señor, he reconstruido lo que estaba destruido y he replantado lo que estaba desolado. Yo, el Señor, he hablado y lo haré". (Ezequiel 36:26).

Aquí hay algunas Escrituras más reconfortantes para sanar corazones heridos:

"Alabaré al Señor, que me aconseja; aun de noche mi corazón me instruye. Mantengo mis ojos siempre en el Señor. Con Él a mi diestra, no seré sacudido. Por tanto, se alegra mi corazón y se regocija mi lengua; mi cuerpo también descansará seguro, porque no me abandonarás al reino de los muertos, ni dejarás que tu fiel vea corrupción. Tú me haces conocer el camino de la vida; me llenarás de alegría en tu presencia, de placeres eternos a tu diestra". (Salmo 16:7-11).

"Los ojos del Señor están sobre los que le temen, sobre los que esperan en su amor inagotable, para librarlos de la muerte y mantenerlos con vida en medio del hambre. Esperamos con esperanza en el Señor; Él es nuestra ayuda y nuestro corazón se regocija, porque confiamos en su santo nombre. Que tu amor inagotable esté con nosotros, Señor, mientras en ti ponemos nuestra esperanza". (Salmo 33:18-22).

"Señor, te espero; tú responderás, Señor mi Dios". (Salmo 38:15).

"Como el ciervo brama por las corrientes de agua, así mi alma brama por ti, Dios mío". (Salmo 42:1).

"El abismo llama al abismo en el estruendo de tus cascadas; todas tus olas y rompientes han pasado sobre mí. De día el Señor dirige Su amor, de noche Su canción está conmigo, una oración al Dios de mi vida". (Salmo 42:7-8).

"La esperanza que se demora enferma el corazón, pero el anhelo cumplido es árbol de vida. El que menosprecia la instrucción pagará por ella, pero el que

respeta un mandato es recompensado. La enseñanza del sabio es fuente de vida, que aparta al hombre de los lazos de la muerte. El buen juicio gana favor, pero el camino de los infieles lleva a su destrucción". (Proverbios 13:12-15).

"Los que esperan en el Señor renovarán sus fuerzas. Revolotearán con alas como las águilas; correrán y no se cansarán, caminarán y no se fatigarán". (Isaías 40:31).

*"**Porque yo sé los planes que tengo para ustedes'**, dice el Señor, **'planes para prosperarles y no para dañarlos, planes para darles esperanza y un futuro. Entonces me invocarás y vendrás a orarme, y yo te escucharé'**". (Jeremías 29:11).*

"Porque en esta esperanza fuimos salvos. Sin embargo, la esperanza que se ve no es esperanza en absoluto. Quién espera lo que ya tiene? Pero si esperamos lo que aún no tenemos, lo esperamos con paciencia". (Romanos 8:24-25).

"El amor debe ser sincero. Odia lo que es malo; aferrarse a lo que es bueno. Sed devotos unos a otros en amor. Hónrense unos a otros por encima de ustedes mismos. Nunca faltéis de celo, sino conservad vuestro fervor espiritual, sirviendo al Señor. Sé alegre en la esperanza, paciente en la aflicción, fiel en la oración. Comparte con el pueblo del Señor que está en necesidad. Practica la hospitalidad". (Romanos 12:9-13). "Cuánto más, pues, la sangre de Cristo, que por el Espíritu eterno se ofreció a sí mismo sin mancha a Dios, limpiará nuestras conciencias de las obras que llevan a la muerte, para que sirvamos al Dios vivo!" (Hebreos 9:14).

Después de absorber estas Escrituras reparadoras, absorba estas Escrituras para guardar y proteger su corazón: *"Mis hermanos y hermanas, presten atención a lo que digo; vuelve tu oído a mis palabras. No los pierdas de vista; guárdalas en tu corazón, porque son Vida para quien las encuentra y salud para todo el cuerpo. Por encima de todo, cuida tu corazón porque todo lo que haces fluye de él. Mantén tu boca libre de perversidad; mantén las palabras corruptas lejos de tus labios. Deja que tus ojos miren al frente; fije su mirada directamente delante de usted. Piensa cuidadosamente en los caminos para tus pies y sé firme en todos tus caminos. No gire a la derecha ni a la izquierda; guarda tu pie del mal". (Proverbios 4:20-27).*

"Él les dio estas órdenes: 'Deben servir fielmente y de todo corazón en el temor del Señor'". (2 Crónicas 19:9).

"Escucha, hijo mío, y sé sabio, y pon tu corazón en el camino recto: No te unas a los que beben demasiado vino o se atiborran de carne, porque los borrachos y los glotones se empobrecen, y la somnolencia los viste de harapos". (Proverbios 23:19-21).

"Este es el mensaje que hemos oído de Él y os anunciamos: Dios es Luz; en Él no hay oscuridad en absoluto. Si afirmamos tener comunión con Él y, sin embargo, caminamos en la oscuridad, mentimos y no vivimos la verdad. Pero si andamos en la luz, como él es en la luz, tenemos comunión unos con otros, y la sangre de Jesús, su Hijo, nos limpia de todo pecado". (1 Juan 1:5-7).

"Por eso me arrodillo ante el Padre, de quien toma nombre toda familia en el cielo y en la tierra. Ruego que de sus gloriosas riquezas los fortalezca con poder a través de su Espíritu en su ser interior, para que Cristo habite en sus corazones por medio de la fe. Y Ruego que vosotros, arraigados y cimentados en el amor, tengáis poder, junto con todo el pueblo santo del Señor, para comprender cuán ancho, largo, alto y profundo es el amor de Cristo y conocer este amor que sobrepasa todo conocimiento, para que sean llenos hasta la medida de toda la plenitud de Dios. Ahora bien, a Él es poderoso para hacer muchísimo más de lo que pedimos o entendemos, según el poder que actúa en nosotros, a Él sea la gloria en la iglesia y en Cristo Jesús por todas las generaciones, por los siglos de los siglos! Amén". (Efesios 3:14-21).

Para evitar que algo sucio o malo quiera entrar en mi corazón, necesito mantener mis ojos fijos en Jesús, quien me conduce por el camino de las riquezas, el honor y la paz. Todo para la gloria de Su Padre. Con Jesús caminando conmigo, puedo permanecer en el camino recto. Como la Palabra de Dios me dice que: *"Estad atentos y prestad oído a las palabras de los sabios; aplica tu corazón a lo que enseño, porque es agradable cuando lo mantienes en tus labios. Para que vuestra confianza esté en el Señor. Te enseñaré hoy, incluso a ti". (Proverbios 22:17-19).*

<u>Cuando el agotamiento muestra su fea cabeza:</u>

A veces, aprender de mis fracasos me llevó al agotamiento (agotamiento espiritual). Siempre estaba tratando de averiguar las razones por las que me sucedían cosas incómodas. Sé que todos experimentamos algún tipo de agotamiento, de una forma u otra. Me propuse explorar el significado detrás de los agotamientos (y sus causas). Porque a nadie le gusta pasar por agotamiento (a mí seguro que no).

El agotamiento conduce a una salud disminuida, aislamiento social, depresión y vacío espiritual. En nuestra etapa humana, tendemos a asumir más de lo que podemos manejar y tratamos de resolver cada problema por nuestra cuenta. Hacer esto nos mantiene en un estado de agotamiento y le da entrada a Satanás, quien se nutre de nuestras caídas. Porque él es quien nos hace sentir vacíos y agotados. Las luchas y dificultades de este mundo son abrumadoras, haciéndote sentir como si estuvieras girando como un trompo que nunca se detiene. Así me sentía (la mayor parte del tiempo) cuando las cosas de este mundo trataban de derrotarme. Las cosas de este mundo son las armas de Satanás, que nos impiden obedecer los mandatos e instrucciones de Dios, asistir fielmente a una iglesia, pasar tiempo en oración y leer la Biblia (la Palabra de Dios). Finalmente, Satanás realmente ama cuando sus armas nos fatigan demasiado como para agradar a Dios por su aprobación.

Escuchen hermanos y hermanas, Jesús está con nosotros y dice: ***"Yo soy el camino, la verdad y la vida. Nadie viene al Padre sino por Mí"***. *(Juan 14:6)*.

"A través de Él ambos tenemos acceso al mismo Espíritu al Padre". (Efesios 2:18). "Por tanto, puede salvar perpetuamente a los que por él se acercan a Dios, viviendo siempre para interceder por ellos". (Hebreos 7:25).

"Yo soy la puerta. Si alguno entra por Mí, será salvo y entrará y saldrá y hallará pastos"". (Juan 10:9). Descansar en el refugio de la compasión de Dios es suficiente para calmar cualquier situación estresante en este mundo.

La verdadera madurez espiritual es esto: cuando abandonas tu pecado y tus debilidades, vives por fe y confías en que Él te llevará a lo largo de la vida. Pienso en el poder de Dios como un río de amor en el que puedo sumergirme, y descansar en las aguas curativas, y tener la fuerza para soportar todo lo que tengo que enfrentar en el transcurso de mi día. Nuestro enemigo (Satanás) ronda, disparando sus flechas de engaño y destrucción. Sin embargo, cuando Jesús (que siempre está a mi lado) ve lo que Satanás está haciendo para luego me levanta, me coloca sobre sus hombros y me lleva, hasta que estoy lo suficientemente seguro de que las flechas de Satanás se disolverán incluso antes de que se acerquen a mí. Siempre recordaré lo que Jesús me dice cuando estoy abrumado por el cansancio y las cargas:

"'Venid a mí todos los que estáis trabajados y cargados, y yo os haré descansar. Llevad Mi yugo sobre vosotros y aprended de Mí, que soy manso y humilde de corazón, y hallaréis descanso para vuestras almas. porque mi yugo es fácil y mi carga es ligera'". (Mateo 11:28-30).

Las armas de Satanás son venenosas. Estas son sus armas más usadas: amargura, ira y quejas. La amargura es una expresión de dolor intenso, pena o arrepentimiento. Satanás se propone clavar esta raíz venenosa de amargura en nuestras almas, y una vez que planta amargura, comienza enconándose en nuestros corazones, llenándonos de ira y arrepentimiento. Cuando Dios me mostró la amargura que tenía en mí, dijo que me estaba lastimando a mí ya todos los que me rodeaban. Por eso me sentía tan feo y vacío por dentro. Tenía que deshacerme de este veneno, antes de perder a todos los que me importan.

Así es como me deshice de la amargura: fui directamente a la Biblia y busqué todas las Escrituras que me decían cómo deshacerme de la amargura. Esto es lo que encontré que la Palabra de Dios (la Biblia) dice que debo hacer: *"Deshágase de toda amargura, ira e ira, peleas y calumnias, junto con toda forma de malicia. Sed bondadosos y misericordiosos unos con otros, perdonándoos unos a otros, así como Dios os perdonó a vosotros en Cristo". (Efesios 4:31-32). "Mirad que ninguno deje de alcanzar la Gracia de Dios y que ninguna raíz amarga crezca para causar problemas y contaminar a muchos". (Hebreos 12:15). "Porque mejor es, si es Voluntad de Dios, sufrir por hacer el bien, que por hacer el mal". (1 Pedro 3:17).*

Aferrarse a la amargura también puede llevarlo a dudar de su relación con Jesús (que es lo que Satanás quiere), lo que lo lleva a alejarse de vivir los mandamientos e instrucciones de Dios, lo que lo lleva al pecado, lo que lo lleva a lastimarse a sí mismo y a los demás. (familiares y amigos), que luego los aleja de ser la sal de la tierra para nuestro Padre Celestial. Siendo la sal de la tierra, debemos permanecer cerca de nuestro Señor Jesús para que Él pueda enseñarnos cómo podemos predicar el evangelio y ser la sal para los necesitados. La Biblia dice: "Él les dijo: *'Id por el mundo y predicad el evangelio a toda creación. El que creyere y fuere bautizado, será salvo; mas el que no creyere, será condenado'". (Marcos 16:15-16). "Entonces los discípulos salieron y predicaron por todas partes, y el Señor obró con ellos y confirmó Su Palabra con las señales que la acompañaban". (Marcos 16:20).*

Para ser la sal de la tierra, debemos prestar mucha atención a los Atributos y las Características de nuestro Señor Jesús. La amargura no está en ninguna parte en nuestro Padre Celestial y Su Hijo Jesús. Este mundo es lo que nos da amargura. Demasiada amargura pasa desapercibida y muchas veces no vemos cómo nos aleja de nuestro caminar con Jesús. La amargura, cuando no se detecta, nos impide contar las buenas nuevas del Evangelio y todo lo que Dios puede hacer y darnos.

Cuando recibimos a nuestro Señor Jesús, recibimos la sal que necesitamos para preservar nuestras vidas y vivir en paz con Su Padre. Cuando permitimos que la amargura invada nuestras vidas, le damos el control a Satanás (que está lleno de amargura). Satanás siempre está merodeando, esperando la oportunidad de meterse en nuestras vidas. Nunca pensé que tenía amargura hasta que fui a la Biblia (la Palabra de Dios) para descubrir que estaba cosechando amargura. Seguí leyendo todas las Escrituras que se referían a la amargura y cómo liberarme de ella. Jesús me dijo que no me estresara demasiado.

Mientras siga Su ejemplo, todo irá bien con Su Padre Celestial.

Antes de que Jesús viniera a mi vida, mi vida parecía estar insípida y vacía, así como la comida no tiene sazón (sal). Los alimentos preparados sin sal son insípidos, amargos e insípidos y no son agradables de comer. Incluso cuando la comida tiene demasiada sal, no puedes comerla y tienes que tirarla. Sin embargo, cuando tenemos a Jesús, siempre tenemos la cantidad justa de sazón (sal) para vivir una vida pacífica y amorosa. No hay tal cosa como demasiado Jesús. Necesitamos todo de Jesús para tener todo el Amor de Su Padre. En el momento en que nuestros corazones acepten a Jesús como Señor y Salvador, nunca más podremos caminar en la oscuridad. Nuestro Señor Jesús no es sólo nuestra luz; Él es nuestra sal. Sin Él, nos volvemos insípidos y amargos, como la comida sin sal, y nos convertimos en grandes objetivos para Satanás. Porque Satanás quiere que seamos suaves y amargos, porque él es suave, frío y amargo. Satanás es la causa de nosotros perdiendo nuestra salinidad. Sin embargo, cuanto más nos saturamos con la Palabra de Dios, más difícil es para Satanás alejarnos de caminar por el camino recto con Jesús. La Palabra de Dios nos da sabiduría, esperanza, gozo y amor para llevar luz a aquellos que todavía caminan en la oscuridad de este mundo. En la Biblia, Jesús nos dice, "*'Tú eres la sal de la tierra. Sin embargo, si la sal pierde su salinidad, cómo se puede volver a salar? Ya no sirve para nada más que para ser arrojado y pisoteado. Eres la luz del mundo. Un pueblo construido sobre una colina, no se puede ocultar. Tampoco se enciende una lámpara y se pone debajo de un cuenco. En cambio, lo ponen en su candelero, y alumbra a todos en la casa. Así mismo, que vuestra luz brille ante los demás para que vean vuestras buenas obras y glorifiquen a vuestro Padre que está en los cielos'*". (Mateo 5:13-16).

Aquí hay algunas formas en que Satanás trata de hacer que perdamos nuestra salinidad. Lea cada versículo de las Escrituras y comience a deshacerse de la amargura, la ira o la ira, el egoísmo, el orgullo o la arrogancia y la falta de perdón.

<u>La amargura es lo que usa Satanás</u>. Debemos tomar nota de esta arma (la amargura) que usa Satanás. Porque la amargura no resuelta conduce al odio, la ira, los celos y la venganza. La amargura nos impide tener comunión con nuestro Padre y Creador Celestial, Su Hijo Jesús y otros hermanos en la fe. La amargura nos ciega a las bendiciones que Dios tiene para nosotros. Estudie estos versículos de las Escrituras para vencer la amargura.

"*Arrepiéntete de esta maldad y ora al Señor con la esperanza de que te perdone por tener tal pensamiento en tu corazón. Porque veo que estás lleno de amargura y cautivo del pecado*". (Hechos 8:22-23).

"*'Estas cosas os he dicho para que en mí tengáis paz. En este mundo, tendrás problemas, pero anímate! He vencido al mundo'*". (Juan 16:33).

"*Crea en mí un corazón puro, oh Dios, y renueva un espíritu firme dentro de mí. No me eches de tu presencia ni quites de mí tu Espíritu Santo. Devuélveme el gozo de tu salvación y concédeme un espíritu dispuesto que me sustente*". (Salmo 51:10-12).

"*Quien encubre sus pecados no prospera, pero quien los confiesa y renuncia a ellos, encuentra Misericordia. Bienaventurado el que ante Dios siempre tiembla, pero el que endurece su corazón cae en la angustia*". (Proverbios 28:13-14).

"Desháganse de toda amargura, ira e ira, peleas y calumnias, junto con toda forma de malicia. Sed bondadosos y misericordiosos unos con otros, perdonándoos unos a otros, así como Dios os perdonó a vosotros en Cristo". (Efesios 4:31-32).

"Por tanto, como pueblo elegido de Dios, santo y muy amado, vístanse de compasión, bondad, humildad, mansedumbre y paciencia. Sopórtense unos a otros y perdónense unos a otros si alguno de ustedes tiene queja contra alguien. Perdona como el Señor te perdonó. Además, sobre todas estas virtudes vestíos de amor, que las une a todas en perfecta unidad. Dejen que la paz de Cristo reine en sus corazones, ya que como miembros de un solo cuerpo fueron llamados a la paz, y sean agradecidos. Que el mensaje de Cristo more ricamente entre vosotros, enseñándoos y amonestándoos unos a otros con toda sabiduría por medio de salmos, himnos y cánticos del Espíritu, cantando a Dios con gratitud en vuestros corazones. Y todo lo que hacéis, sea de palabra o de hecho, hacedlo todo en el nombre del Señor Jesús, dando gracias a Dios Padre por medio de él". (Colosenses 3:12-17).

"Cada corazón conoce su propia amargura, y nadie más puede compartir su alegría". La casa de los impíos será destruida, pero la tienda de los rectos florecerá". (Proverbios 14:10-11).

<u>La ira o la ira son el resultado de la amargura;</u> debemos tratar la ira o la ira rápidamente antes de que se convierta en amargura, odio o venganza. También debemos buscar la raíz de nuestro enojo o rabia. Una herramienta que descubrí que era la raíz de mi ira resulta ser lo mismo que la amargura: Satanás. Una vez más, les digo, Satanás prospera en traernos a sus caminos bajos e inmundos. Era amable y de voz suave, sin querer lastimar a nadie, lo que me convertía en el blanco perfecto para que Satanás me moldeara como uno de sus seguidores. Satanás comenzó a hacer que mis compañeros de clase, amigos y sí, incluso mi familia dijera y hiciera cosas que me harían enojar y como yo era tímido y nunca quise herir los sentimientos de nadie, contuve mi enojo en mi interior y lo convertí en amargura. Mi Equipo Estrella vio lo que me estaba pasando y vino a ayudarme a cambiar esa amargura en bondad y me hizo alejarme antes de arremeter contra ellos. Ahora saco fuerzas de mi Equipo Estrella para seguir caminando a través del dolor en lugar de enfadarme. Jesús me da la fuerza para vivir como Él lo hace: con amor, alegría, paz y bondad. Por supuesto, no era tan popular (estaba callado y todo eso), pero era popular con mi Equipo Estrella, que siempre está conmigo para hacerme compañía

hasta el día de hoy. Mientras mantenga la mano de Jesús, nunca estaré sin compañía.

Aquí hay algunos versículos de las Escrituras que leo todo el tiempo para vencer la ira o la ira y no caer en el pozo de la amargura. El camino que conduce a mi Padre Celestial, Aquel que me dio a su Hijo Jesús para caminar con él, no tiene amargura.

"En vuestro enojo no pequéis: no dejéis que el sol se ponga estando aún enojados, y no dejéis lugar al diablo". (Efesios 4:26-27).

"No dejéis que de vuestra boca salga ninguna palabra profana, sino sólo la que sea útil para la edificación de otros según sus necesidades; que pueda beneficiar a los que escuchan. Además, no contristéis al Espíritu Santo de Dios, con quien fuisteis sellados para el día de la redención. Deshazte de toda amargura, ira e ira, peleas y calumnias, junto con toda forma de malicia. Sed bondadosos y misericordiosos unos con otros, perdonándoos unos a otros, así como Dios os perdonó a vosotros en Cristo". (Efesios 4:29-32).

"Estad quietos ante el Señor y esperad en Él con paciencia; no te inquietes cuando la gente tenga éxito en sus caminos, cuando lleven a cabo sus perversos planes. Abstente de la ira, y apártate de la ira; no te preocupes, sólo conduce al mal. Porque los malos serán destruidos, pero los que esperan en el Señor heredará la tierra". (Salmo 37:7-9).

"Mi escudo es el Dios Altísimo, que salva a los rectos de corazón. Dios es un juez justo, un Dios que muestra su ira todos los días". (Salmo 7:10-11).

"El que teme al Señor anda en integridad, pero los que lo desprecian son torcidos en sus caminos". (Proverbios 14:2).

"El hombre irascible hace locuras, y el que maquina planes perversos es odiado". (Proverbios 14:17).

"El que es paciente tiene gran entendimiento, pero el que es irascible muestra necedad. El corazón en paz da vida al cuerpo, pero la envidia pudre los huesos". (Proverbios 14:29-30).

"Mis queridos hermanos y hermanas, tomen nota de esto: todos deben ser prontos para escuchar, lentos para hablar y lentos para enojarse, porque la ira humana no produce la justicia que Dios desea. Por tanto, despojaos de toda

inmundicia moral y de la maldad que tanto prevalece y aceptad con humildad la palabra plantada en vosotros, que os puede salvar". (Santiago 1:19-21).

"Sométanse, pues, a Dios. Resistid al diablo, y huirá de vosotros". (Santiago 4:7).

"Hermanos y hermanas; no calumniéis unos a otros. Cualquiera que hable contra un hermano o una hermana o los juzgue, habla contra la ley y la juzga. Cuando juzgáis la ley, no la guardáis, sino que la juzgáis". (Santiago 4:11).

"Ustedes, mis hermanos y hermanas, fueron llamados a ser libres. Sin embargo, no uses tu libertad para complacer la carne; antes bien, servíos unos a otros con humildad y amor. Porque toda la ley se cumple en guardar este mandato: "Ama a tu prójimo como a ti mismo". Si os muerdes y os devoráis unos a otros, tened cuidado o seréis destruidos unos por otros. Por eso digo, andad por el Espíritu, y vosotros no satisfará los deseos de la carne". (Gálatas 5:13-16).

"He sido crucificado con Cristo y ya no vivo yo, pero Cristo vive en mí. La vida que ahora vivo en el cuerpo, la vivo en la fe del Hijo de Dios, que me amó y se entregó a sí mismo por mí". (Gálatas 2:20). 29:11).

"Los necios dan rienda suelta a su ira, pero los sabios al final traen la calma". (Proverbios 29:11).

"Una persona de mal genio debe pagar la pena; rescátalos, y tendrás que hacerlo de nuevo". (Proverbios 19:19).

"La respuesta amable quita la ira, pero la palabra áspera hace subir la ira". (Proverbios 15:1). *"Los ojos del Señor están en todas partes, vigilando a los malos y a los buenos. La lengua consoladora es árbol de vida, pero la lengua perversa quebranta el espíritu".* (Proverbios 15:3-4). *"La persona irascible provoca conflictos, pero el paciente calma la riña".* (Proverbios 15:18).

"Más vale el paciente que el guerrero, el que tiene dominio propio que el que toma una ciudad". (Proverbios 16:32).

"No te hagas amigo de una persona de mal genio, no te asocies con uno que se enoja fácilmente, o puedes aprender sus maneras y quedar atrapado". (Proverbios 22:24-25).

"No os provoquéis pronto en vuestro espíritu, porque la ira reside en el regazo de los necios". (Eclesiastés 7:9).

"Pero ahora también debéis deshaceros de todas estas cosas como estas: la ira, la ira, la malicia, la calumnia y el lenguaje soez de vuestros labios". *(Colosenses 3:8).*

"Oísteis que fue dicho al pueblo hace mucho tiempo: No matarás, y cualquiera que mate será juzgado. Pero yo os digo que cualquiera que se enoje con un hermano o una hermana será juzgado". *(Mateo 5:22a).*

Las emociones que se vinculan con la ira o la ira son la falta de perdón, el egoísmo y el orgullo o la arrogancia. Estas son toxinas para tu cuerpo, haciéndote perder la fuerza y la voluntad de obedecer a Dios, lo que a su vez te lleva al pecado ya la muerte. Para asegurarse de no perder su voluntad de obedecer a Dios, debe leer Su palabra: la Biblia (la Palabra de Dios). Mantén tus ojos fijos en Su Hijo Jesús y, sobre todo, mantén tus oídos abiertos a las instrucciones de Dios, porque Él siempre está hablando. Debes obedecer las instrucciones de Dios si quieres vivir una vida pacífica y alegre. Por tanto, escuchad y haced lo que vuestro Padre Celestial os pida; Entonces Él te sazonará con Su amor (sal), gozo y paz. Entonces podemos esparcirlos entre todos Sus hijos. Servimos a un Dios maravilloso que siempre estará con nosotros y nos protegerá, sin importar qué tipo de flechas destructivas nos lance Satanás. Caminando al paso de Jesús y viviendo como Él vive, nunca perderemos nuestra salinidad. Solo recuerda estos versículos y no te equivocarás:

"Lámpara es a mis pies tu palabra, lumbrera en mi camino". *(Salmo 119:105).*

"Para iluminar a los que viven en tinieblas y en sombra de muerte, para guiar nuestros pasos por el camino de la paz". *(Lucas 1:79).*

"Mi corazón está puesto en guardar tus decretos hasta el final". *(Salmo 119:112).*

"Mi carne y mi corazón pueden desfallecer, pero Dios es la fortaleza de mi corazón y mi porción para siempre". *(Salmo 73:26).*

<u>Una oración de agradecimiento a Dios:</u>

Gracias, Padre, por mostrarme Tu Corazón. Y por cambiar mi corazón enojado en Tu Corazón Amoroso. Te alabaré todos los días de mi vida. Oro esto en el Glorioso Nombre de Tu Hijo, Jesús. Amén.

Escrita por René K. Gutiérrez

Gracias, Padre, por mostrarme Tu Corazón. Y por cambiar mi corazón enojado en Tu Corazón Amoroso. Te alabaré todos los días de mi vida. Oro esto en el Glorioso Nombre de Tu Hijo, Jesús. Amén.

Pruebas — prueba de fe

Las pruebas son inevitables en este mundo en el que estamos viajando. Las pruebas prueban nuestra fe. Cómo sé que esto es verdad? Porque cada vez que empiezo a sentir esa "nube negra" flotando sobre mi cabeza, sé que no estoy confiando en Dios para que me ayude a pasar el día. Sin embargo, en el momento en que llamé a mi Equipo Estrella en busca de ayuda, la nube negra se convirtió en un rayo de fuerza, lo que me permitió seguir caminando a través de esa prueba (situación) que tanto me llenó de miedo.

Dios usa estas terribles pruebas para probar mi fe y enseñarme a confiar en Él, tener paciencia y amarlo por encima de todo en este mundo. Es muy importante para mí mantenerme firme en mi Fe, porque mantiene alejado al enemigo. También pone una sonrisa en el rostro de Dios y lo glorifica. Para mí, todo lo que hago es para glorificar a mi Padre Celestial; para esto vivo para hacer brillar Su gloria y que Él me escuche decir: "Te alabaré en esta tormenta, no importa lo que Satanás intente arrojarme para desviarme del camino de la justicia".

Mi Señor Jesús es más poderoso que cualquier flecha destructiva que tenga Satanás. Jesús vive en mí y me defiende siempre que le parece bien interceder. Creer que Dios está trabajando a través de mí en los problemas que enfrento es lo suficientemente satisfactorio para mí. Siempre encontraré gozo en medio de mis pruebas. Este gozo siempre sucederá mientras mantengo mis ojos fijos en Él y no en mis problemas. Jesús es mi Señor sobre mi vida; no hay nada en esta tierra que pueda cambiar eso. Siempre recordaré dejar que Aquel que calma las tormentas en mi vida y que escucha mi grito de ayuda tenga el control total. Le debo mucho a Jesús por todo lo que pasó por mí.

Tengo Fe en mi Señor Jesús! La fe es no importa por lo que estés pasando, crees que Jesús está a tu lado caminando por el fuego sin quemarte. La Biblia dice, *"Ahora bien, la fe es confianza en lo que esperamos y seguridad en lo que no vemos". (Hebreos 11:1).*

Las pruebas fortalecen nuestra Fe. Necesitamos Fe porque las pruebas están llenas de sufrimiento, angustia, aflicción, miseria y dolor. Esto es lo que la Palabra de Dios nos dice que hagamos con respecto a las pruebas:

"Considérenlo puro gozo, mis hermanos y hermanas, cada vez que enfrenten pruebas de muchas clases, porque saben que la prueba de su fe produce perseverancia. Que la perseverancia termine su obra para que seáis maduros y completos, sin que os falte nada". (Santiago 1:2-4).

"Bienaventurado el que persevera en la prueba porque, habiendo superado la prueba, recibirá la corona de vida que el Señor ha prometido a los que le aman". (Santiago 1:12).

"El amor es paciente, el amor es amable. No tiene envidia, no se jacta, no es orgulloso". (1 Corintios 13:4).

"Toda dádiva buena y perfecta desciende de lo alto, del Padre de las luces celestiales, que no cambia como las sombras que se mueven. Él escogió darnos a luz a través de la Palabra de Verdad para que fuésemos una especie de primicias de todo lo que Él creó". (Santiago 1:17-18).

En estos tiempos de angustias de este mundo, tener a Jesús caminando con nosotros, nos da la fuerza para aguantar. El Libro de Santiago hizo que mi mente fuera mucho más clara y menos confusa, lista para enfrentar la próxima prueba de fe. Considero mis pruebas como un "examen sorpresa" constante. Al igual que cuando estaba en la escuela, solía hacerle estas preguntas a Dios cuando mi mente estaba nublada y confundida; y Él por supuesto me respondió a través de Su Palabra. Esto es lo que respondió:

1.) Cómo cuento el "dolor" que duele tanto, como alegría? Porque cuando lo hago, estoy *"Bienaventurado el que persevera en la prueba porque, habiendo superado la prueba, esa persona recibirá la corona de vida que el Señor ha prometido a los que le aman". (Santiago 1:12). "Y el Dios de toda gracia, que os llamó a su gloria eterna en Cristo, después de haber padecido un poco de tiempo, él mismo os restaurará y os hará fuertes, firmes y constantes". (1 Pedro 5:10).*

2.) Qué necesito aprender de esta prueba? Para aprender que—

"sabiendo que la prueba de vuestra fe produce perseverancia. Dejad que la perseverancia termine su obra para que seáis maduros y completos, sin que os falte nada". (Santiago 1:3-4).

3.) Cuál es el propósito de que yo sea paciente? Para deshacerse del orgullo. La impaciencia es causada por el orgullo y la paciencia quema el orgullo fuera de tu vida. Como dice la Biblia*: "Mejor es el fin de un asunto que su principio, y mejor la paciencia que la soberbia". (Eclesiastés 7:8).*

4.) Cómo la paciencia me hace perfecto y completo y sin que me falte nada? Al recibir a nuestro Señor Jesucristo. *"Si a alguno le falta sabiduría, pídala a Dios, que da a todos con generosidad y sin reproche, y le será dada". (Santiago 1:5).* Dios nos da sabiduría y paciencia para poder enseñar a otros quién es Él. A veces no nos damos cuenta de que tenemos orgullo hasta que Dios nos revela una situación que muestra que tenemos orgullo en nosotros. La Biblia dice: *"El orgullo va antes de la destrucción y el espíritu altivo antes de la caída. Es mejor ser humilde de espíritu con los oprimidos que compartir el botín con los soberbios". (Proverbios 16:18-19).*

Siempre que pasemos por el tiempo de prueba, debemos arrepentirnos de cualquier orgullo que pueda estar involucrado; porque el orgullo puede hacernos pensar que merecemos algo mejor y enojarnos con Dios por lo que nos está pasando. El orgullo puede hacernos desarrollar una actitud que no es aceptable para Dios. El orgullo puede hacernos mostrar ira a los demás en lugar de amar a los demás.

Dios nos prueba para ver lo que hay en nuestros corazones. Sin embargo, Satanás usa el orgullo para alejarnos de seguir la forma de vida de Dios. Por mi parte, no quiero ser como Satanás, porque Satanás es oscuro y deprimente. quiero ser como Jesús, el Hijo de Dios; porque Jesús es Luz y Gozo. Cuando vivo como Jesús en la Luz, estoy viviendo en el Amor de Su Padre.

La enseñanza de la paciencia te perfecciona, y la paciencia es el proceso de perfección. Alabar a Dios es lo mejor que puedes hacer cuando las pruebas se te presenten. Un corazón gozoso y agradecido es todo lo que Dios quiere que tengamos. Además, recuerda esto: Dios siempre nos está cuidando y siempre está con nosotros. Siempre debemos reconocer a Dios en todo lo que pasa.

He aprendido que tenía que (y aún lo hago) encontrar formas de animarme, de mantenerme fijo en Jesús. El Espíritu Santo me dio estos dichos para sacarme de mi desesperación. Digo esto cada vez que necesito aliento para superar las pruebas de fuego que tengo por delante.

"Yo no soy mi pasado."

"Yo no soy mis fracasos."

"Soy una hija del Único Dios Verdadero".

"Soy listo."

"Soy importante".

"Soy valiente y valiente".

"Estoy terrible y maravillosamente hecho".

"Soy hermosa."

"Soy llamado por Dios para hacer grandes cosas."

"Soy fuerte."

"Soy un finalizador".

"Soy un ganador."

"Soy un vencedor".

"Mayor es Él que el que está en el mundo".

"Soy importante para Dios".

"Soy fuerte ante la adversidad".

"Soy paciente y amable."

"Yo soy honesto." "Soy humilde".

"Estoy escondido en Cristo".

"Soy sabio al usar la Gracia de Dios".

"Soy quien mi Padre Celestial dice que soy, y haré todo lo que Él diga que haga".

"Soy amado."

"Estoy bendecido con la Gracia de Dios." "Pertenezco."

"Estoy arraigado y cimentado en mi Señor". "Soy un tesoro".

"No voy a renunciar. No soy un desertor". "Lo haré."

"Soy una obra maestra".

Ahora, aquí hay algunas Escrituras alentadoras para sacarlo del pozo de la autocompasión. Estos y muchos más de la Biblia son mi aliento. Siempre y para siempre!

"Mi carne y mi corazón pueden desfallecer. Pero Dios es la fortaleza de mi corazón y mi porción para siempre". (Salmo 73:26).

"Y Dios dice: **Estad quietos y sabed que yo soy Dios. Seré exaltado entre las naciones. Seré exaltado en la Tierra**". *(Salmo 46:10).*

"El nombre del Señor es una torre fortificada; los justos corren a él y están a salvo". (Proverbios 18:10).

Llamo a estas las palabras que Dios habla:

*"'***No temas, porque yo estoy contigo; no desmayes, porque yo soy tu Dios. Yo te fortaleceré y te ayudaré; Te sostendré con mi diestra justa***". (Isaías 41:10).*

"No dejéis que de vuestra boca salga ninguna palabra profana, sino sólo la que sea útil para la edificación de los demás según sus necesidades, a fin de que beneficie a los que escuchan". (Efesios 4:29).

*"***La paz os dejo; Mi Paz os doy. Yo no os doy como da el mundo. No se turbe vuestro corazón y no tengáis miedo***". (Juan 14:27).*

*"***Estas cosas os he dicho para que en mí tengáis paz. En este mundo tendrás problemas. Sin embargo, ánimo! He vencido al mundo***". (Juan 16:33).*

"Dios es nuestro amparo y fortaleza, nuestro pronto auxilio en las tribulaciones. Por tanto, no temeremos, aunque la tierra se desmorone, y los montes se hundan en el corazón del mar, aunque bramen y se turben sus aguas, y tiemblen los montes a causa de su bravura". (Salmo 46:1-3).

"Porque el Espíritu que Dios nos ha dado no nos hace oportunos, sino que nos da poder, amor y dominio propio". (2 Timoteo 1:7).

"Mantengo mis ojos siempre en el Señor. Con Él a mi diestra, no seré sacudido. Por tanto, se alegra mi corazón y se regocija mi lengua; mi cuerpo también descansará seguro, porque no me abandonarás en el reino de los muertos, ni dejarás que tu fiel vea corrupción. Tú me haces conocer el camino de la vida; me llenarás de alegría en tu presencia, de placeres eternos a tu diestra". (Salmo 16:8-11).

"Echa tus cargas sobre el Señor y Él te sustentará; Él nunca permitirá que el justo sea sacudido". (Salmo 55:22).

"*Humíllense, pues, bajo la poderosa mano de Dios, para que Él los exalte cuando fuere tiempo. Echad toda vuestra ansiedad sobre Él porque Él cuida de vosotros*". (1 Pedro 5:6-7).

"*Tú guardarás en perfecta paz a aquellos cuya mente es firme, porque en ti confían. Confía en el Señor para siempre, porque el Señor, el Señor mismo, es la Roca eterna*". (Isaías 26:3-4).

"*Fui empujado hacia atrás ya punto de caer, pero el Señor me ayudó. El Señor es mi fortaleza y mi amparo; Él se ha convertido en mi salvación*". (Salmo 118:13-14).

"*Tú eres mi refugio y mi escudo; He puesto mi esperanza en tu palabra.*" *Apartaos de mí, malhechores, para que guarde los mandamientos de mi Dios!*" (Salmo 119:114-115).

"*Estoy postrado en el polvo; preserva mi vida conforme a tu palabra. te di cuenta de mis caminos y me respondiste; enséñame tus decretos. Hazme entender el camino de tus preceptos para que pueda meditar en tus obras maravillosas. Mi alma está cansada de dolor; fortaléceme conforme a tu palabra. Guárdame de caminos engañosos; ten piedad de mí y enséñame tu ley. He escogido el camino de la fidelidad; He puesto mi corazón en tus leyes. Me aferro a tus estatutos, Señor; no me dejes ser avergonzado. Por la senda de tus mandamientos corro, porque has ensanchado mi entendimiento*". (Salmo 119:25-32).

"*Acuérdate de Tu Palabra a Tu siervo, porque Tú me has dado esperanza. Mi consuelo en mi sufrimiento es este: Tu promesa preserva mi vida*". (Salmo 119:49-50).

"*Bueno me fue ser afligido, para que aprendiera tus decretos. La ley de tu boca es más preciosa para mí que millares de piezas de plata y oro*". (Salmo 119:71-72).

"*Invoco al Señor en mi angustia, y Él me responde*". (Salmo 120:1).

"*Solo Tú eres a quien se debe temer. Quién puede estar delante de ti cuando estás enojado?* (Salmo 76:7).

"*Haz votos al Señor tu Dios y cúmplelos; que todas las tierras vecinas traigan regalos a Aquel que debe ser temido. Él quebranta el espíritu de los gobernantes; Es temido por los reyes de la tierra*". (Salmo 76:11-12).

"Mi carne y mi corazón pueden desfallecer, pero Dios es la fortaleza de mi corazón y mi porción para siempre. Los que están lejos de ti perecerán; Destruyes a todos los que te son infieles. Pero en cuanto a mí, es bueno estar cerca de Dios. He hecho del Señor Soberano mi refugio; contaré todas tus obras". (Salmo 73:26-28).

*"Él dice: **'Estad quietos y sabed que yo soy Dios; Seré exaltado entre las naciones; Seré exaltado en la Tierra'"**. (Salmo 46:10).*

DUDA—Todos la experimentamos

Cómo debo acercarme a Dios? Esta pregunta siempre ha plagado mis pensamientos. Sin embargo, un día, cuando descubrí lo que significaba esta pregunta, tuve dudas sobre mi relación con Dios.

Entonces, se lo llevé a mi Star Team (mi Consejero) y descubrí la verdad de tener una pequeña duda, que no era tan poca; era mucho más grande de lo que pensaba. La duda es una palabra que le dice a Dios que no confías en Él. Dudando estás pecando contra Dios; y eso es exactamente lo que el enemigo (Satanás) quiere que hagas.

Qué es la "duda" de todos modos? La duda es un arma explosiva de Satanás, el creador de tales armas destructivas. La duda nos aleja de acercarnos a Dios (lo que Satanás quiere). La duda no es solo un arma de una sola palabra; es un arma de cinco palabras. Todas las cinco palabras que usa Satanás para alejarnos de nuestro caminar con Jesús.

Aquí está mi explicación de la DUDA en las cinco palabras que usa Satanás para hacernos tropezar:

D—Engañar—para hacernos creer algo que no es verdad.

O—Obstáculo—para bloquear el camino que conduce a la justicia.

U—Inseguro—para quitarnos la confianza de que Dios nos ama.

B—Desconcertado—para confundirnos, haciéndonos perder el rumbo (fuerza).

T—Derribado—la acción o acto de derribar y apartarnos de vivir en Paz.

Estaba muy consciente de estas cinco palabras, porque eran palabras que el enemigo usó durante toda mi vida. He sido engañado no solo por extraños sino por mi propia familia. Tuve obstáculos que encontré para dar la vuelta, para completar el trabajo que se me asignó. No estaba seguro de que mis seres queridos no estuvieran diciendo la verdad, lo que me dejaba desconcertado (confundido); lo que me llevó a un nivel del que era difícil salir para recibir la Paz de Dios. Sin embargo, hace diez años, encontré la salida y los disolví lo suficiente como para caminar a través de ellos. Respondí al llamado que estaba en mi corazón, dejando entrar a Jesús en mi vida. Luego me absorbí en la Palabra de Dios cuando las cosas se pusieron difíciles. Esto fue lo mejor que he hecho. La Biblia (la Palabra de Dios) era el lugar al que acudía cuando no había nadie alrededor para pedir consejo. Hoy, soy más fuerte que nunca antes.

Aquí hay algunos versículos de las Escrituras que me ayudaron a disolver todas las dudas que Satanás trató de usar para derribarme. Ellos pueden y seguramente lo ayudarán a usted también.

"Me levanto antes del amanecer y clamo por ayuda; He puesto mi esperanza en Tu Palabra". (Salmo 119:147).

*"Sosténme, Dios mío, conforme a Tu Promesa, y viviré; no dejes que mis esperanzas se desvanezcan". (Salmo 119:116). Y el Señor dice: "**Yo estoy contigo y te cuidaré dondequiera que vayas, y te traeré de vuelta a esta tierra. No te dejaré hasta que haya hecho lo que te prometí**"". (Génesis 28:15).:*

"Si a alguno de vosotros le falta sabiduría, pídala a Dios, que da a todos generosamente sin reproche, y se la dará. Sin embargo, cuando pidas, debes creer y no dudar, porque el que duda es como una ola del mar, empujada y sacudida por el viento. Esa persona no debe esperar recibir nada del Señor. Tal persona es de doble ánimo e inestable en todo lo que hace". (Santiago 1:5-8).

"El que creyere y fuere bautizado, será salvo; mas el que no creyere, será condenado". (Marcos 16:16).

"Entonces dirás: 'Las ramas fueron desgajadas para que yo pudiera ser injertado'. Otorgada. Pero por causa de la incredulidad fueron desgajadas, y vosotros estáis por la fe. No seas arrogante, sino tiembla. Porque si Dios no perdonó a las ramas naturales, tampoco te perdonará a ti. Considerar". (Romanos 11:19-22).

"Jesús inmediatamente alargó la mano y lo agarró, diciéndole: **'Hombre de poca fe, por qué dudaste?'"** *(Mateo 14:31).* Jesús siempre estará con nosotros cuando comencemos a ser tragados por las olas del mal de este mundo enojado y apresurado. Entonces, cuando necesites confianza y aliento, acude a las Escrituras, la fuente de prueba de que Dios siempre estará ahí para ti, sin importar qué o quién venga en tu contra. Tómate un tiempo ahora mismo y deja que la Palabra de Dios te hable para animarte y acercarte más a tu Padre Celestial, quien siempre estará ahí para ti y te ama incondicionalmente.

"Todo lo puedo en Cristo que me fortalece". (Filipenses 4:13).

"Por tanto, no os fijéis en lo que comeréis o beberéis; No se preocupe. Porque el mundo pagano corre tras todas esas cosas, y vuestro Padre sabe que las necesitáis. Sin embargo, buscad Su reino y estas cosas os serán dadas también. No temáis, manada pequeña, porque a vuestro Padre le ha placido daros el reino". (Lucas 12:29-32).

"Para que podamos decir con valentía: 'El Señor es mi ayudador; no temeré Qué puede hacerme el hombre?'". (Hebreos 13:6).

"Estad seguros de esto, que el que comenzó en vosotros la buena obra, la perfeccionará hasta el día de Cristo Jesús". (Filipenses 1:6).

"El Señor Dios es mi fortaleza; Él hará mis pies como los pies de un ciervo, Él me permite caminar en las alturas". (Habacuc 3:19).

"Sin embargo, en todas estas cosas somos más que vencedores por medio de Aquel que nos amó". (Romanos 8:37).

*"***Cuando pases por las aguas, yo estaré contigo; y los ríos, no te anegarán. Cuando camines por el fuego, no te quemarás, ni las llamas te quemarán***". (Isaías 43:2).*

"Porque el Señor será vuestra confianza, y guardará vuestro pie de ser atrapado". (Proverbios 3:26).

Debemos optar por rechazar la duda si queremos vivir nuestras vidas de la manera en que Dios quiere que vivamos. No debemos tener ninguna duda; porque cada vez que la duda comienza a infiltrarse en nuestras vidas, debemos ir directamente a la Biblia y descubrir el Poder de la Palabra de Dios y decir: "Me niego a permitir que la duda establezca un campamento en mi alma". Luego lee la Palabra de Dios hasta que sientas que la duda desaparece de tus pensamientos. Las Escrituras son la mejor medicina para mantener tu alma y tu mente libres de dudas y cualquier otro pensamiento negativo. La fe es una elección espiritual. La duda es una elección de la carne. Podemos elegir tener Fe en Dios y Su Palabra. Cuando tengas dudas en cualquier momento, arrodíllate y confiésalo a Dios como pecado. Pídele, en el nombre de Jesús, que elimine esa duda y te dé fuerzas para rechazar la duda.

Mire este gráfico de cómo las Escrituras cambiaron mi razón para tener dudas a la razón de Dios para tener fe en Él.

<u>Mi razón para tener dudas</u>

- Me siento débil y dudo que pueda manejar lo que estoy haciendo.
- Lo que me acaba de pasar es un desastre; y dudo que pueda recuperarme de ello.
- Tengo miedo de lo que pueda pasar.
- Sin saber si Dios contestará mis oraciones.

<u>La razón de Dios para tener fe en Él</u>

- *"Todo lo puedo en Cristo que me fortalece". (Filipenses 4:3).*
- *"A los que aman a Dios, todas las cosas les ayudan a bien, los que conforme a su propósito son llamados". (Romanos 8:28).*
- *"El amor perfecto echa fuera el miedo". (1 Juan 4:18).*
- *"Si algo pidiereis en mi nombre, yo lo haré". (Juan 14:14).*

<u>Oración:</u>

Padre, aumenta mi fe cada día que leo tu Palabra. Dame una fe fuerte, suficiente para ayudar a cualquier persona con la que me cruce, a creer que Tú eres todo lo que dices que eres. Ayúdame a confiar en Ti con todo mi corazón y no confiar en mi propio entendimiento. Reconoceré Tus caminos y dependeré de Ti para dirigir mi camino. Ayúdame a confiar en Ti todos los días y a evitar que dude de Ti y de Tu Palabra. Gracias, Padre, por ayudarme a reflejar quién eres Tú, a mostrarle a este mundo la prueba de Tu Amor. Gracias por mantenerme enfocado en vivir Tu Palabra y guardar Tu Palabra en mi corazón. En el Nombre de Tu Glorioso Hijo Jesús, oro. Amén.

Siempre continuaré fortaleciendo mi fe en Dios, para poder tener la fuerza y el discernimiento para luchar contra cualquier pecado que se me presente. Quiero mostrar y enseñar a otros que ser fiel a Dios y sus promesas romperá las cadenas de la duda. Todos debemos vivir la Palabra de Dios. Esto le agradará y le traerá Gloria. Dios es todo para mí. Gracias a Él, nunca estaré sin Su Amor, Alegría, Paz, Esperanza, Poder, Coraje y Protección. Dios me levanta por encima de mis situaciones para que pueda vivir en paz a la sombra de Sus alas. Dios me ha abierto los ojos a Su Verdad y me ha ayudado a vivir Sus Caminos y Su Palabra.

Siempre debemos reflexionar sobre todos los caracteres de Dios. El único lugar para buscar el carácter de Dios es abrir su Biblia. El lugar para comenzar a leer y buscar los Caracteres de Dios se encuentra en el Libro 1 de Corintios, que describe quién es Dios y cómo obra.

"El amor es paciente, el amor es amable. El [Amor] no tiene envidia, el [Amor] no se jacta, el [Amor] no es orgulloso. [El amor] no deshonra a los demás; [Amor] no es egoísta, [Amor] no se enoja fácilmente, y [Amor] no guarda registro de errores. El amor no se deleita en el mal sino que se regocija con la verdad. [El amor] siempre protege, siempre confía, siempre espera, siempre persevera; el amor nunca falla. Sin embargo, donde hay profetas, cesarán; donde haya lenguas, serán calladas; donde hay conocimiento, pasará. Porque en parte conocemos y en parte profetizamos, pero cuando llega la plenitud, lo que es en parte desaparece. Cuando yo era niño, hablaba como un niño; Pensé como un niño, razoné como un niño. Cuando me hice hombre, dejé atrás los caminos de la niñez. Porque ahora vemos sólo un reflejo como en un espejo; entonces nos veremos cara a cara. Ahora sé en parte; entonces conoceré plenamente, como soy plenamente conocido. Sin embargo, estos tres permanecen: la fe, la esperanza y el amor. Pero el mayor de ellos es el amor". (1 Corintios 13:4-13).

Además: *"El Fruto del Espíritu es Amor, Alegría, Paz, Paciencia, Bondad, Bondad, Fidelidad, Mansedumbre y Templanza. Contra tales cosas no hay ley. Los que son de Cristo Jesús han crucificado la carne con sus pasiones y deseos. Ya que vivimos por el Espíritu. No nos hagamos engreídos, provocándonos y envidiándonos unos a otros". (Gálatas 5"22-26).*

Estos nueve caracteres deben ser recordados y usados cuando sean necesarios en esta vida en esta tierra. La Biblia es el mejor lugar para conocer el carácter de Dios y aprender a vivirlo en este mundo frío y oscuro. Vale la pena repetirlos: amor, alegría, paz, paciencia, amabilidad, bondad, mansedumbre, fidelidad y dominio propio. El carácter más importante para trabajar en tu vida es el amor. Si no tienes el amor de Dios, no tienes a Jesús viviendo en ti, y no podrás amar a los demás como Su Padre nos manda amar a los demás. Sin estos caracteres (frutos) de Dios en nosotros, no seremos capaz de soportar las colinas y los valles de este mundo oscuro y frío que estamos caminando. El amor de Dios es lo que nos fortalece cuando nos cansamos y queremos darnos por vencidos. Tener a Jesús caminando con nosotros en cada momento de nuestra vida es esa fuerza de amor que necesitamos.

La vida con Jesús es tener paz en las dificultades que estamos enfrentando. El gozo es el resultado de una vida fiel y obediente. La confianza es aceptar la voluntad de Dios, incluso en esos momentos difíciles. He aprendido a confiar en Dios en todas mis dificultades, para que me enseñe a vivir y depender de Él, siempre. Con Dios teniendo control total sobre mi vida, puedo mantener la calma y recibir el gozo de Su presencia. Estar tranquilo, sin importar lo que se me presente, es como vive Jesús. Yo (nosotros) se lo debemos a Jesús, porque nuestro Señor Jesús murió por nosotros, una muerte que Él (el Hijo de Dios) no merecía.

Esta vida en esta tierra está llena de dificultades (colinas y valles), pero Dios fue, es y siempre será fiel con nosotros. Dios creó un camino especial para nosotros, ese es Su Hijo Jesucristo. Porque la Biblia dice:

"'Yo soy el camino, la verdad, y la Vida. Nadie viene al Padre sino por Mí'". *(Juan 14:6)*.

"'No os dejaré huérfanos; Vendré a ti. Dentro de poco, el mundo no me verá más, pero vosotros me veréis. Porque yo vivo, vosotros también viviréis. En ese día, se darán cuenta de que Yo estoy en Mi Padre, y ustedes están en Mí, y Yo estoy en ustedes. Quien tiene Mis mandamientos y los guarda es el que Me ama. El que me ama será amado por mi Padre, y yo también los amaré y me mostraré a ellos'". *(Juan 14:18-21)*.

"'Soy la luz del mundo. El que me sigue, nunca andará en tinieblas, sino que tendrá la Luz de la vida'". *(Juan 8:12)*.

Estamos seguros (con estas Escrituras) de que no estamos caminando solos por el camino. Cada paso que demos debe estar en sintonía con Jesús, enseñándonos, instruyéndonos y dirigiéndonos el curso de la vida, que nos lleva a la victoria. Así que toma la mano de Jesús y abre tus oídos. Porque Dios nos está hablando siempre Sus instrucciones, todo el tiempo y en cada paso que damos con Él.

En este mundo, tenemos a nuestro enemigo—Satanás y sus "títeres"—levantándose contra nosotros. Sin embargo, no temas y confía en el Señor. Quién es nuestro escudo y protector y nos sacará de nuestro pozo fangoso en el que parece que siempre conseguimos caer. Ten fe y sigue creyendo que Dios se está manifestando en tu vida. Hable en voz alta y muy claro (para que Satanás pueda escucharlo): "Jesús es el Señor, y veré el bien que Él está haciendo en mi vida. Satanás, no puedes evitar que siga a mi Señor y Salvador Jesucristo". Entonces mira a Satanás huir de ti con el rabo entre las piernas.

Si nos mantenemos conectados y enfocados en Jesús, leyendo nuestras Biblias y orando continuamente, recibiremos fortaleza y discernimiento para hacer todo lo que nuestro Padre Celestial nos pide que hagamos. Dando gloria a Dios que tanto se merece. Nuestro maravilloso Dios está mirando todo el tiempo.

Como saben, Dios conoce cada movimiento que hace Satanás, y Satanás no puede vencer a Dios. Satanás está ahí afuera, merodeando, esperando que nos desenredemos, para poder poner su pie en la puerta, para vernos caer en sus planes. Jesús es el Señor, y Él nunca se apartará de nuestro lado. Jesús derrotó a Satanás, y Satanás le tiene miedo. Aquí es donde entra el fruto de la paciencia: esperar y caminar junto a Jesús y verlo derrotar las flechas de Satanás que nos ha estado lanzando. Dios (que te ama) está mirando; y Él nunca permitirá que Satanás te lastime con sus mentiras y destrucciones. Jesús está contigo todo el tiempo; no tienes necesidad de sentir la tensión de esta vida, porque Jesús venció este mundo.

Aquí hay algunas Escrituras que me ayudan a sentir el Gozo de Dios:

"Oh Dios, tú eres mi Dios, desesperadamente te busco, mi alma tiene sed de ti, mi cuerpo te anhela, en una tierra seca y árida, donde no hay agua. Te he visto en el santuario y he visto tu poder y tu gloria". (Salmo 63:1-2).

"Dios es nuestro amparo y fortaleza, nuestro pronto auxilio en las tribulaciones. Por tanto, no temáis, aunque la tierra se desmorone y los montes se hundan en el corazón del mar, aunque bramen y se turben sus aguas, y tiemblen los montes a causa de su bravura". (Salmo 46:1-3).

"Dios dice: **'Estad quietos, y sabed que yo soy Dios; Seré exaltado en todas las naciones. Seré exaltado entre la tierra'"**. *(Salmo 46:10).*

"Mira, el Señor Soberano viene con poder y Su brazo gobierna por Él. Mira, Su recompensa está con Él, y Su recompensa lo acompaña. Él atiende a su rebaño como un pastor: recoge a los corderos en sus brazos y los lleva cerca de su corazón; Con dulzura conduce a los que tienen crías". (Isaías 40:10-11).

"Aun los jóvenes se cansan y se fatigan, y los jóvenes tropiezan y caen; pero los que esperan en el Señor renovarán sus fuerzas. Revolotearán con alas como las águilas; correrán y no se cansarán, caminarán y no se cansarán". (Isaías 40:30-31).

"Porque tú has sido mi esperanza, oh Soberano Señor, mi confianza desde mi juventud. Desde mi nacimiento he confiado en ti; me sacaste del vientre de mi madre. siempre te alabaré". (Salmo 71:5-6).

"Mi corazón y mi carne pueden desfallecer, pero Dios es la fortaleza de mi corazón y mi porción para siempre". (Salmo 73:26).

Estas cinco Escrituras son solo algunos ejemplos que me muestran cómo pasar tiempo en la Palabra de Dios es tan refrescante y edificante. La Biblia es el único lugar al que puedo acudir cuando necesito ser consolado. Esta Escritura Única realmente me dio consuelo en una situación que estaba mal a los ojos de Dios. Me volví hacia Él, me puse de rodillas, confesé el pecado y le pedí: "Por favor, perdóname, Padre, vengo a ti para: *"Borra mi transgresión. Lávame completamente de mi iniquidad y límpiame de mi pecado". (Salmo 51:1-2).* En el Nombre de Jesús, oro. Amén".

Este versículo es parte de una oración que el rey David hizo cuando buscó a la esposa de otro hombre, Betsabé. No solo se acostó con ella, sino que también hizo matar a su esposo para tratar de encubrir su pecado. Dios todavía usó a David. Lee por ti mismo los detalles de las acciones de David. Está en 2 Samuel 11 y 12.

No he hecho nada de eso, pero a veces, cuando las cosas salen mal, siento un dolor en el corazón que se siente como diez mil alfileres, lo que me hace volverme a Dios y decir: "Lo siento. Perdóname," incluso si no fue mi culpa. Dios conoce mi corazón, y si el pecado que le confesé es de mi culpa, entonces Él me dirá mi castigo. Si no es obra mía, entonces Él me dirá que no debo preocuparme por eso y dejar que se desvanezca para que pueda volver a donde vino.

Solo Dios conoce nuestros corazones. Cuando confesamos algo que hicimos mal, Dios sabrá si realmente lo hacemos en serio. Cómo puede saberlo? Una cosa es que Dios es omnisciente, sabiendo todo lo que sucede en nuestras vidas. Lo segundo es que Él tiene a Su Hijo Jesús para decirle si eres sincero en tu confesión. Este es el poder del perdón, como le dijo Jesús a la mujer adúltera, "Hasta que solo quedó Jesús, con la mujer aún de pie allí. Jesús se enderezó y le preguntó: *'Mujer, dónde están? Nadie te ha condenado?* "Nadie, señor", dijo ella. *'Entonces yo tampoco te condeno',* Jesús declaró. *'Vete ahora y deja tu vida de pecado'''.* (Juan 8:8-11). Jesús sabía que ella estaba profundamente arrepentida. Dios es el único que puede ver y limpiar el corazón del pecado. Dios es el único que puede restaurar el corazón del pecado. Dios es el único que puede bendecir el corazón con misericordia y gracia. Cuando confiesas tu pecado, le estás afirmando a Dios que pecaste contra Él. Por eso es muy, muy importante tener una buena relación con Jesús.

En este momento, tengo esta dirección del Espíritu Santo, para orar esta oración por todos los que no se dan cuenta de que el pecado (orgullo y duda) anda rondando por dentro.

<u>Oración</u>

Querido Padre Celestial, vengo a ti para agradecerte por cuidarnos. Gracias por protegernos, perdonarnos y sobre todo amarnos. Continúe escudriñando nuestros corazones, mentes y almas, eliminando todo mal que se cuela en nuestros corazones. Muéstranos lo que es, para que podamos confesarlo, arrepentirnos y alejarnos de él. Mantén nuestros corazones humildes y fuertes para soportar todo lo que Satanás nos está lanzando en este mundo oscuro y corrupto. Haznos capaces de reprender cualquier orgullo y duda que esté esperando entrar en nuestras vidas. Les agradezco siempre por su fidelidad y amor. Permítenos vivir Tu mandato de amar con todo nuestro corazón, amando a los demás como Tú nos amas. Gracias. En el Nombre de Jesús, oro. Amén!

<u>Mentores, — quiénes son?</u>

Quiénes son los mentores? Son amigos leales, sabios consejeros, maestros, padres y tutores. Todos necesitamos mentores. Por qué? Porque ellos son de los que tomamos ejemplos y los buscamos en busca de consejo. Estos mentores están caminando entre nosotros, viviendo lo que han <u>aprendido</u>.

<u>Aprendieron</u> a afrontar los retos y los han superado.

<u>Aprendieron</u> a crecer a través de las luchas ya perseverar.

<u>Aprendieron</u> a ver a Dios obrando en sus vidas.

<u>Aprendieron</u> a superar tiempos difíciles y experimentaron la presencia de Dios.

<u>Aprendieron</u> a transmitir la Palabra activa de Dios y demostrar que Él camina entre nosotros.

<u>Aprendieron</u> a recorrer los caminos de la vida ya transmitir el Conocimiento que habían adquirido.

Estas son personas que nunca conocí hasta que le abrí la puerta a mi Señor. Cuanto más profundo leo mi Biblia, más descubro que mi Señor Jesús es, fue y siempre será mi Mentor. Cuando Jesús habla, tú escuchas. Por el Poder de Su Padre en el Cielo, Jesús caminó en esta tierra sin pecado. Jesús es el mejor ejemplo de un mentor, mostrando cómo perdonar, amar y vivir una vida pacífica.

Las Escrituras confirman mi búsqueda de cómo Jesús es el mejor ejemplo (mentor):

"Sabemos que hemos llegado a conocerlo si guardamos sus mandamientos. Cualquiera que diga: 'Yo lo conozco', pero no hace lo que Él manda, es un mentiroso, y la Verdad no está en esa persona. Sin embargo, si alguien obedece Su Palabra, el amor a Dios se completa verdaderamente en ellos. En esto conocemos que estamos en Él: Quien pretenda vivir en Él, que viva como Jesús". (1 Juan 2:3-6).

"A esto fuisteis llamados, porque también Cristo padeció por vosotros, dejándoos ejemplo para que sigáis sus pasos. No cometió pecado, ni se halló engaño en su boca". (1 Pedro 2:21-22).

Os digo hermanos y hermanas: *"Seguid, pues, el ejemplo de Dios como hijos muy amados y andad por el camino del Amor, así como Cristo nos amó y se entregó por nosotros como Ofrenda y Sacrificio fragante a Dios". (Efesios 5:1-2).*

"En vuestras relaciones unos con otros, tened la misma mentalidad que Cristo Jesús: Quien, siendo en toda naturaleza de Dios, no consideró el ser igual a Dios como algo para su propio beneficio; más bien, se despojó a sí mismo al tomar la naturaleza misma de un siervo, haciéndose en semejanza humana. Y estando en la condición de hombre, se humilló a sí mismo haciéndose obediente hasta la muerte, y muerte de cruz!" (Filipenses 2:5-8).

"Os he dado ejemplo para que hagáis como yo he hecho por vosotros. De cierto os digo que ningún siervo es mayor que su señor, ni mensajero mayor que el que lo envió. Ahora que sabes estas cosas, serás bendecido si las haces". (Juan 13:15-17).

Nuestro Señor Manda: **"'Un mandamiento nuevo os doy: Amaos los unos a los otros. Como yo os he amado, así debéis amaros los unos a los otros. En esto conocerán todos que sois mis discípulos, si os amáis los unos a los otros'".** *(Juan 13:34-35).*

"En esto conocemos lo que es el amor: Jesucristo dio su vida por nosotros. Además, debemos dar la vida por nuestros hermanos y hermanas". (1 Juan 3:16).

"Que el Dios que da paciencia y consuelo os dé la misma actitud mental hacia los demás que tuvo Cristo Jesús, para que unánimemente y una sola voz glorifiquéis al Dios y Padre de nuestro Señor Jesucristo. Acéptense, pues, unos a otros, como Cristo los aceptó a ustedes, para gloria de Dios". (Romanos 15:5-7).

"Por tanto, como pueblo escogido de Dios, santo y muy amado, vístanse de compasión, bondad, humildad, mansedumbre y paciencia. Sopórtense unos a otros y perdónense unos a otros si alguno de ustedes tiene queja contra alguien. Perdona como el Señor te perdonó. Además, sobre todas estas virtudes vestíos de amor, que las une a todas en perfecta unidad. Que la paz de Cristo reine en vuestros corazones. Ya que como miembros de un solo cuerpo fuisteis llamados a la paz y ser agradecidos. Que el mensaje de Cristo more ricamente entre vosotros, enseñándoos y amonestándoos unos a otros con toda sabiduría por medio de salmos, himnos y cánticos del Espíritu, cantando a Dios con gratitud en vuestros corazones. Y todo lo que hacéis, sea de palabra o de hecho, hacedlo todo en el nombre del Señor Jesús, dando gracias a Dios Padre por medio de Él". (Colosenses 3:12-17).

"Esforzaos por vivir en paz con todos y por ser santos; sin santidad nadie verá al Señor. Mirad bien de que ninguno deje de alcanzar la gracia de Dios, y de

que ninguna raíz amarga crezca para causar problemas y contaminar a muchos".
(Hebreos 12:14-15).

Estas Escrituras fueron (y aún son) lo que me mantiene fijo en quién fue, es y siempre será Jesús. Aún así, hoy, no tengo un mentor físico al que admirar, pero estoy de acuerdo con eso, porque tengo mi Equipo Estrella para mostrarme cómo mantenerme fiel y fuerte para soportar todo el caos que ofrece este mundo. Siempre admiraré el ejemplo de Jesús de cómo vivir la Voluntad y el Propósito de Dios.

Mientras mantengo mis ojos fijos en Jesús, siempre estoy revisando continuamente cómo hablo. Esto fue difícil para mí, ya que era callada y tímida, sin amigos ni familiares con quienes hablar, lo que me hacía sentir muy sola. Me sentaba, muchas veces, en el parque a hablar con los gansos que nadaban en el estanque. Esto me consoló mucho. Sabía que la presencia de los gansos era Dios enseñándome Sus métodos calmantes. La Palabra de Dios (la Biblia) no es la única forma de aliviar el caos de este mundo, solo mirar a todo lo que Él creó es lo más tranquilizador y vivificante. Cuando hablamos las Palabras de Dios, hablamos Vida y cuando respiramos la Creación de Dios, vivimos Su Vida.

Tendemos a decir las palabras del mundo: duda, feo, tonto y perdedor. Nos metemos en la oscuridad (un lugar donde a Satanás le encanta vernos). Hablar continuamente estas palabras del mundo es lo que nos mantiene en el mundo de las tinieblas; y entonces contristamos al Espíritu de Dios (que por cierto está pecando contra Dios). Para sacarnos de esa oscuridad, debemos hablar las Palabras de Dios: esperanza, amor, consuelo y aliento. Dios quiere que pronunciemos estas palabras, haciendo que Su Corazón sonría de Amor, para que el mundo entero vea que Su Amor está en nosotros; haciéndolo vivo en nosotros.

Sentir el Amor de Dios siempre me levantará; y levantará a cualquier persona que esté desesperada e incómoda.

Mi Señor Jesús se agachó y me sacó del pozo en el que estaba cuando era más joven. Jesús me tomó de la mano y me dijo que Él no solo sería mi mentor, sino que también me enseñaría cómo ser mentor de alguien que necesita ser mentor. Durante cuarenta y cinco años, creí que no tenía amigo, ni ayuda, ni mentor para seguir el ejemplo. Sin embargo, tuve el mentor más grande: mi Señor y Salvador Jesucristo.

Todo este tiempo, Jesús estuvo conmigo, amándome y enseñándome los caminos de Su Padre. Desde que tenía cinco años hasta mi edad actual de cincuenta y cinco, parecía que siempre estaba buscando amor, compañía, consuelo y compasión en los lugares equivocados. Siempre encontré vacío y odio. Jesús estuvo tocando a la puerta de mi corazón, todo este tiempo, pero no reconocí el golpe. Estaba distraído por los caminos de Satanás. Entonces Dios comenzó a llamar mi nombre para ver si eso funcionaba. Lo escuché llamar, pero siempre pensé que era mi familia o alguien en mi trabajo que me deseaba. Luego, en 2005, Jesús pronunció mi nombre y brilló con la luz más brillante que jamás haya visto, solo para llamar mi atención. Funcionó, y nunca más busqué a ese mentor. A través de esa luz, escuché mi nombre, con una voz suave y gentil, y cuando me volví para ver quién me llamaba, vi una mano que se extendía hacia mí. Era la mano de Jesús que quería que me agarrara de él mientras me sacaba del pozo de este mundo y me introducía en un mundo de aprendizaje de la vida lleno de amor, consuelo y compasión.

Mientras me agarraba de la mano de Jesús, Él me levantó y me puso sobre la roca, donde en esa roca podía permanecer firme: el fundamento de la Gracia, la Verdad y el Amor de Su Padre. Yo ahora, hasta el día de hoy, estoy de pie sobre esa Roca de confianza para soportar la batalla que está delante de mí cada mañana, tarde y noche. Ese día, cuando Dios derramó Su Luz en mí, envolviéndome en Su Abrazo Amoroso, supe que nunca más caminaría en las tinieblas de este mundo. No hay nada más hermoso que el Amor, la Compasión y el Compañerismo de mi Señor y Salvador Jesucristo. Hoy, me agarro muy fuerte de la mano de Jesús y camino con Él a través de las sombras de este mundo. Prospero para vivir esta promesa: *"Todo lo puedo con Cristo que me fortalece". (Filipenses 4:13).* Juntos, Jesús y yo, podemos atraer a otros a caminar con confianza en la Luz de Dios. Y meditar en estas Escrituras de verdad siempre hará que tú y yo sintamos ese amor, compasión y compañía de nuestro Señor y Salvador Jesucristo:

"El Señor se nos apareció en el pasado diciendo; 'Amé con un amor eterno; Te he atraído con una bondad inagotable'". (Jeremías 31:3).

"Me deleito mucho en el Señor; mi alma se regocija en mi Dios. Porque Él me vistió con vestiduras de salvación y me vistió con un manto de justicia como

un novio adorna su cabeza; como un sacerdote y como una novia se adorna con sus joyas. Porque como la tierra hace brotar y el huerto hace brotar la semilla, así el Señor Soberano hará brotar la justicia y la alabanza delante de todas las naciones". (Isaías 61:10-11). "Mas vosotros sois linaje escogido, real sacerdocio, nación santa, heredero especial de Dios, para que anunciéis las virtudes de aquel que os llamó de las tinieblas a su luz admirable". (2 Pedro 2:9).

Cuando me acerqué a Dios en quietud y confianza, Dios me fortaleció y me protegió. Con la protección que me rodea ahora, me ayuda a mantenerme enfocado en las cosas que no se ven y están en el Cielo. Manteniendo mis ojos en el premio: la Gloria de Dios, que se refleja en los ojos de Sus hijos que ven, oyen y obedecen Sus Mandamientos. La mejor manera de abrir los ojos y los oídos a la Gloria de Dios es pasar tiempo en Su presencia. Nada es más satisfactorio que descansar en Su Presencia.

Mientras vivimos en este mundo de caos, necesitamos enfocarnos más en lo invisible. Para que podamos sentir el gozo del Señor y poder estar firmes en Su roca de fortaleza. Dios nos capacita con esa fuerza, para que llevemos a cabo Su tarea. Mientras camino en este viaje con Jesús, enfrento todo tipo de caos en el que se ha convertido este mundo. Jesús está conmigo siempre y nunca me dejará. "No seré movido!" Es la Palabra de Dios (la Biblia) la que me dice a mí y a ti que no seamos sacudidos por los malos caminos de este mundo malvado en el que tú y yo estamos viajando actualmente. – *"No estando puestos los ojos en lo que se ve, sino en lo que no se ve, ya que lo que se ve es temporal, pero lo que no se ve es Eterno". (2 Corintios 4:18). Llamándose unos a otros: 'Santo, Santo, Santo es el Señor Todopoderoso; toda la tierra está llena de su gloria'". (Isaías 6:3). Por eso: "Espero en el Señor, todo mi ser espera, y en Su Palabra pongo mi esperanza. Yo espero al Señor más que los centinelas a la mañana". (Salmo 130:5-6).*

Las herramientas de 'nuestra parte' para que un cristiano viva en la libertad de nuestro Padre Celestial son estas ocho cosas que debemos hacer para seguir el paso de Jesús y traer descanso a nuestras almas:

El amor– objeto de apego, devoción o admiración –

"Ama al Señor tu Dios con todo tu corazón, y con toda tu alma, y con toda tu mente, y con todas tus fuerzas. La segunda es esta: Ama a tu prójimo como a ti mismo. No hay mandamiento mayor que estos". (Marcos 12:30-31).

Generosidad – *la calidad o el hecho de ser abundantemente generoso* –

"A los ricos de este mundo manda que no sean arrogantes ni pongan su esperanza en las riquezas, que son inciertas, sino en Dios, que nos da todo en abundancia para que lo disfrutemos. Mandadles a hacer el bien, a ser ricos en buenas obras, a ser generosos y dispuestos a compartir. De esta manera se atesoran tesoros como fundamento firme para el siglo venidero, a fin de que puedan echar mano de la vida que es verdaderamente vida". (1 Timoteo 6:17-19).

Adoración—*reverencia a un ser divino: un acto de expresar tal reverencia*—

"Pero yo, por la abundancia de tu misericordia, entraré en tu casa. Me postraré ante tu santo templo por temor a ti". (Salmo 5:7).

"Pero se acerca la hora, y ya está aquí, cuando los verdaderos adoradores adorarán al Padre en espíritu y en verdad, porque el Padre busca a tales personas para que lo adoren". (Juan 4:23).

Servicio — *el trabajo realizado por alguien que sirve: en acción o adoración* —

"Nadie puede servir a dos señores; porque o aborrecerá al uno y amará al otro, o estimará al uno y menospreciará al otro. No se puede servir a Dios ya las riquezas". (Mateo 6:24).

Dar—*regalar, otorgar o otorgar por acción formal*—

"Dad a todo el que os pida, y si alguno toma lo que os pertenece, no se lo devolváis. Haz a los demás lo que te gustaría que te hicieran a ti". (Lucas 6:30-31).

"A los que dan a los pobres nada les faltará; pero los que cierran los ojos a ellos, recibirán muchas maldiciones". (Proverbios 28:27).

Contemplación—*concentración en las cosas espirituales como una forma de devoción privada*—

"Sino que en la Ley del Señor está su delicia, y en Su Ley medita de día y de noche". (Salmos 1:2).

"Temblad y no pequéis; cuando estéis en vuestro lecho, escudriñad vuestros corazones y guardad silencio". (Salmo 4:4).

"Estad quietos y sabed que yo soy Dios. Seré exaltado entre las naciones. Seré exaltado en la Tierra". (Salmo 46:10).

"Grandes son las obras del Señor; son estudiadas por todos los que se deleitan en ellas". (Salmo 111:2).

<u>Gratitud</u> — *el estado de estar agradecido, agradecimiento. —*

"Por medio de Él, ofrezcamos continuamente a Dios sacrificio de alabanza, es decir, fruto de labios que reconozcan su nombre". (Hebreos 13:15).

"El Señor lo ha hecho hoy mismo, alegrémonos y alegrémonos hoy". (Salmo 118:24).

"Alegraos siempre, orad continuamente; dar gracias en todas las circunstancias; porque esta es la voluntad de Dios para vosotros en Cristo Jesús. No apaguéis el Espíritu". (1 Tesalonicenses 5:16-19).

"Y todo lo que hacéis, sea de palabra o de hecho, hacedlo todo en el Nombre del Señor Jesús; dando gracias a Dios Padre por medio de El". (Colosenses 3:17).

"No he dejado de dar gracias por vosotros, recordándoos en mis oraciones". (Efesios 1:16).

"Hablando unos a otros con salmos, himnos y cánticos del Espíritu. Canten y hagan música de corazón al Señor, dando siempre gracias a Dios Padre por todo, en el nombre de nuestro Señor Jesucristo". (Efesios 5:20).

"Acerquémonos ante Él con acción de gracias y alabemos con música y cánticos. Porque el Señor es el gran Dios, el gran Rey sobre todos los dioses". (Salmo 95:2-3).

"Daré gracias al Señor por su justicia; cantaré alabanzas al nombre del Señor Altísimo". (Salmo 7:17).

"El Señor es mi fuerza y mi escudo; mi corazón confía en Él y Él me ayuda". (Salmo 28:7).

<u>Enseñanza</u>—*algo enseñado, especialmente; doctrina –*

"Toda la Escritura es inspirada por Dios y útil para enseñar, reprender, corregir e instruir en la justicia, a fin de que el siervo de Dios esté enteramente preparado para toda buena obra". (2 Timoteo 3:16-17).

<u>Compañerismo</u>—*una compañía de iguales o amigos: una organización de personas que tienen un interés común—*

"Pero si andamos en luz, como él es en luz, tenemos comunión unos con otros, y la sangre de Jesús su Hijo nos limpia de todo pecado". (1 Juan 1:7).

<u>*Oración*</u> — *una dirección, una petición a Dios en palabra o pensamiento; el acto de orar* —

"El Señor está cerca de todos los que le invocan, de todos los que le invocan de verdad". (Salmo 145:18).

"Jehová está lejos de los impíos, pero escucha la oración de los justos". (Proverbios 15:29). *"Me buscaréis y me encontraréis. Cuando me busques de todo tu corazón".* (Jeremías 29:13).

"Cuando mi vida desfallecía, me acordé del Señor, y mi oración llegó hasta ti, en tu santo templo". (Jonás 2:7).

"Todo lo que pidáis en mi nombre, lo haré para que el Padre sea glorificado en el Hijo". (Juan 14:13).

A medida que tejemos estas ocho cosas (nuestra parte) en nuestra vida diaria; nuestro Padre Celestial hace Su Parte para que recibamos Su Gracia.

<u>Qué hace Dios (su parte)?</u>

Las cosas que Dios hace por nosotros son las mismas cosas que acabo de mencionar antes. Pero hay mucho, mucho más que Él hace, todo porque creemos en Su Hijo Jesucristo:

<u>Dios libera</u> —

"Los justos claman, y el Señor los escucha; Él los libra de todos sus problemas. El Señor está cerca de los quebrantados de corazón y salva a los que están abatidos en el espíritu. El justo puede tener muchas aflicciones, pero de todas ellas lo libra el Señor; Él protege todos sus huesos, ninguno de ellos se romperá. El mal matará a los impíos; los enemigos de los justos serán condenados. El Señor rescatará a sus siervos; nadie que se acoja a Él será condenado". (Salmo 34:17-22).

"Considérenlo puro gozo, mis hermanos y hermanas, cada vez que enfrenten pruebas de muchas clases, porque saben que la prueba de su fe produce perseverancia. Dejad que la perseverancia termine su obra para que seáis maduros y completos, sin que os falte nada". (Santiago 1:2-4).

"Tú, Señor, prepara una mesa delante de mí en presencia de mi enemigo. Tú, Señor, unge mi cabeza con aceite; mi copa se desborda. Seguramente Tu Bondad y Tu Amor me seguirán todos los días de mi vida, y en la Casa del Señor moraré por siempre". (Salmo 23:5-6).

"Los ojos del Señor están sobre los que le temen, sobre los que esperan en su amor inagotable, para librarlos de la muerte y darles vida en medio del hambre". (Salmo 33:18-19).

<u>*Dios cubre -*</u>

"El odio suscita conflictos, pero el Amor [Dios] cubre todos los males". Proverbios 10:12).

"El que habita al abrigo Del Altísimo descansará a la sombra Del Omnipotente. Diré Del Señor: 'Él es mi Refugio y mi Fortaleza, mi Dios, en quien confío'. Ciertamente, Él os salvará Del lazo Del cazador y de la pestilencia mortal. Él Te cubrirá con Sus Plumas, y bajo Sus alas encontrarás refugio; Su Fidelidad será vuestro escudo y baluarte. No temerás el terror de la noche, Ni saeta que vuele de día, Ni pestilencia que ande en las tinieblas, Ni mortandad que destruya a mediodía. Caerán a tu lado mil, y diez mil a tu diestra, pero a ti no llegará. Sólo observarás con tus ojos y verás el castigo de los impíos". (Salmo 91:1-8).

"El Señor es mi Pastor, nada me falta. En verdes pastos me hace descansar, junto a aguas de reposo me conduce, refresca mi alma. Él me guía por los caminos correctos por amor a Su Nombre. Aunque camine por el valle más tenebroso, no temeré mal alguno, porque tú estarás conmigo; Tu vara y tu cayado me consuelan". (Salmo 23:1-4).

Y el Señor dice: ***"Puesto que habéis guardado Mi Mandato de ser pacientes, Yo también os guardaré de la hora de la prueba que ha de venir sobre el mundo entero para probar a los habitantes de la tierra"***. (Apocalipsis 3:10).

<u>**Dios protege -**</u>

"Tú, Señor, eres UN escudo a mi alrededor, mi gloria, el que levanta en alto mi cabeza. Clamo al Señor, y Él me responde desde Su Monte Sagrado". (Salmo 3:3-4).

"Alabado sea el Señor, porque ha oído mi clamor por misericordia. El Señor es mi fuerza y mi escudo; mi corazón confía en Él, y Él me ayuda. Mi

corazón Salta de alegría, y con mi canto lo alabo. El Señor es la Fortaleza de Su pueblo, una Fortaleza de salvación para Su ungido. Salva a tu pueblo y bendice tu heredad; sé su Pastor y llévalos para siempre". (Salmo 28:6-9).

"Esperamos en la esperanza del Señor; Él es nuestra ayuda y nuestro escudo. En Él se regocija nuestro corazón, porque confiamos en Su Santo Nombre. Que tu amor inagotable esté con nosotros, Señor, incluso cuando ponemos nuestra esperanza en ti". (Salmo 33:20-22).

"Escucha mi oración, Señor Dios Todopoderoso; escúchame, Dios de Jacob. Mira nuestro escudo, oh Dios; mira con favor a tu ungido. Mejor es un día en Tus Atrios que mil en otros lugares; Prefiero ser portero en la casa de mi Dios que habitar en las tiendas de los impíos. Porque el Señor Dios es sol y escudo; el Señor otorga favor y honra; nada bueno niega Él a aquellos cuyo andar es intachable. Señor Todopoderoso, bendito el que en Ti confía". (Salmo 84:8-12). Y Él, el Señor, habla y dice: **"No temas, porque yo soy tu escudo, tu galardón muy grande".** *(Génesis 15:1).*

Dios ama -

"Así es como sabemos que vivimos en Él y Él en nosotros nos ha dado de Su Espíritu. Y hemos visto y testificamos que el Padre ha enviado a Su Hijo para ser el Salvador del mundo. Si alguno reconoce que Jesús es el Hijo de Dios, Dios vive en él y está en Dios. Y así conocemos y confiamos en el Amor que Dios tiene por nosotros. Dios es amor. Quien vive en el Amor vive en Dios, y Dios vive en ellos. Así se completa el Amor entre nosotros para que tengamos confianza en el Día del Juicio: En este mundo somos como Jesús. No hay miedo en el amor. Pero el Amor Perfecto expulsa el miedo, porque el miedo tiene que ver con el castigo. El que teme no se perfecciona en el Amor". (1 Juan 4:13-18).

"El que tiene Mis Mandamientos y los guarda, ése es el que Me ama. El que me ama será amado por mi Padre, y yo también los amaré y me mostraré a ellos"*. (Juan 14:21).*

"Como el Padre me ha amado, así os he amado yo. Ahora permanecerán en mi amor"*. (Juan 15:9).*

"El Padre mismo os ama porque vosotros me habéis amado y habéis creído que salí de Él"*. (Juan 16:27).*

"Por lo tanto, estoy convencido de que ni la muerte ni la vida, ni los ángeles ni los demonios, ni el presente ni el futuro, ni ningún poder, ni lo alto ni lo profundo, ni cosa alguna en toda la creación, podrá separarnos del Amor de Dios que es en Cristo Jesús Señor nuestro". (Romanos 8:38-39).

"Muy raramente alguien morirá por una persona justa, aunque alguien posiblemente se atreva a morir por una buena persona. Pero Dios demuestra su amor por nosotros en esto: en que siendo aún pecadores, Cristo murió por nosotros". (Romanos 5:7-8).

"Por su gran amor por nosotros, Dios, que es rico en misericordia, nos dio vida juntamente con Cristo, aun cuando estábamos muertos en pecados, por gracia sois salvos". (Efesios 2:4-5).

Ahora, todo lo que tenemos que hacer es creer y aceptar a Su Hijo Jesús en nuestras vidas. Trabajar en equipo con Jesús fue el mejor movimiento que he hecho. Me tomó diez años darme cuenta de que Jesús estaba conmigo, todo el tiempo y durante todo el tiempo. Es nuestro Padre Celestial y Creador quien es el dueño y proveedor de todo. Entonces, como todo le pertenece a Él, debemos estar listos para ser usados para Su propósito, esperando y listos para ese llamado que viene tan de repente y tan rápido que si sus oídos no están abiertos a Su voz, se perderán de servirle y cualquier bendición que viene con él. Siempre estamos buscando la mente y la voluntad de Dios para cada decisión, preocupación financiera, propiedad, tiempo o influencia. Dios espera que usemos todo lo que tenemos para Su gloria.

"Acordaos de esto: el que siembra escasamente, también segará escasamente, y el que siembra generosamente, generosamente también segará. Cada uno de ustedes debe dar lo que debe dar lo que ha decidido en su corazón dar, no de mala gana ni por obligación, porque Dios ama la alegría. dotante. Y poderoso es Dios para bendeciros abundantemente, a fin de que en todas las cosas y en todo tiempo, teniendo todo lo que necesitéis, abundéis para toda buena obra". (2 Corintios 9:6-8).

"Hagan lo que hagan, háganlo con todo su corazón, como si trabajaran para el Señor, no para los amos humanos. Ya que sabéis eso, recibiréis una herencia del Señor como recompensa. Estás sirviendo al Señor Cristo. Cualquiera que haga el mal será recompensado por sus errores, y no hay favoritismo". (Colosenses 3:23-25).

"No os hagáis tesoros en la tierra, donde la polilla y las alimañas destruyen, y donde ladrones minan y hurtan. Mas haceos tesoros en el cielo, donde ni la polilla ni las alimañas corrompen, y donde los ladrones no minan ni hurtan. Porque donde esté vuestro tesoro, allí estará también vuestro corazón". *(Mateo 6:19-21).*

"Dad y se os dará. Una buena medida, apretada, remecida y rebosante, se derramará en vuestro regazo. Porque con la medida con que midáis, se os volverá a medir". *(Lucas 6:38).*

"Querido amigo, te pido que goces de buena salud y que todo te vaya bien, así como tu alma va bien". (3 Juan 1:2). "Buscad, pues, primeramente su reino y su justicia, y todas estas cosas os serán añadidas". (Mateo 6:33).

Tiempo para una oración

Gracias, Equipo Estrella por estar conmigo y brindarme la sabiduría y la fuerza para hacer todo lo que Tú quieres que haga. Siempre estaré agradecido por Ti por hacer Tu parte de este esfuerzo de equipo que me mantiene caminando en Tus Pasos de Gracia; y manteniéndome protegido de las armas de destrucción de Satanás. Cuando vivo Tu Palabra, te agradezco por aceptarme en Tu Equipo (el lugar de refugio) que nunca me dejará ni me abandonará. En el Nombre de Tu Hijo oro para que todos Tus pueblos se vuelvan a Ti cuando necesiten Amor, Compasión, Gracia y Guía. Gracias, siempre y para siempre. Amén.

La 'enfermedad de mí' — qué es?

La 'enfermedad del yo' es un virus del egocentrismo que se propaga como un reguero de pólvora a través de nuestra alma, infectando todo a su paso. Sus síntomas son los siguientes: un comportamiento grosero, conversaciones egoístas y pura indiferencia hacia las necesidades de los demás. Lo sé, probablemente estés diciendo: "No lo tengo. Ayudo a las personas que necesitan ayuda". Esto es exactamente lo que es la "enfermedad del yo": una negación total de la enfermedad que brilla tanto a través de la persona que afecta. La gente piensa que nunca actuaría de manera egoísta, pero las noticias son de última hora: el egoísmo es lo que posee este mundo. Satanás busca a estas personas egoístas para convertirlos en los principales candidatos para que los use en su búsqueda para "intentar" derrotar a Dios.

Muchos de nosotros caemos presa de los caminos de Satanás, asumiendo una actitud de sus propios caminos egoístas, pensando que "su" camino es el camino correcto, queriendo toda la atención y jactándose de lo "justos" que son. También comienzan a enojarse con Dios y tienen dudas acerca de Él y Su poder. Sobre todo, comienzan a escuchar al mundo y, por lo tanto, abren una brecha entre ellos y Dios.

La gente olvida que cuando Jesús estaba predicando las Palabras de Su Padre, nunca mostró ningún tipo de arrogancia (un sabelotodo para esta gente mundana). Nunca víctima de las circunstancias (en camino a la cruz). Nunca quiso ser el centro de atención (esa gloria era para Su Padre). Si Jesús hubiera hecho todas estas cosas, Él habría pecado y por lo tanto no sería el sacrificio por nuestros pecados que nos reavivó a Su Padre. Jesús solo estaba siguiendo las instrucciones de Su Padre: Jesús se convirtió en un hombre sin pecado que tomó nuestros pecados y luego soportó la cruz para que podamos caminar en la confianza y el amor que Su Padre le da. Jesús fue ese amigo que murió por ti y por mí. Le agradezco cada momento que puedo.

El único antídoto para esta "enfermedad de mí" no es tan difícil de lograr. Es ya no "vivir para ti mismo", sino vivir para Jesús que murió por ti y da la vida eterna. Vivir para Jesús es una tarea simple y fácil que podemos lograr, que no es nada en comparación con lo que pasó Jesús, y Él era el único Hijo de Dios. Que alguien muera por mí es la prueba más grande de amor, resistencia y amistad que solo el Hijo de Dios puede lograr. Jesús me salvó (a nosotros) de una castigo por el que nadie debería pasar jamás. La vida vale la pena vivirla para Jesús. Como dice la Biblia:

"Jesus dijo; **"En verdad os digo que todo lo que hicisteis por uno de estos hermanos Míos más pequeños, lo hicisteis por Mí".** *(Mateo 25:40).*

Mi meta, antes de dejar esta tierra, es vivir para Jesús, haciendo las cosas que Él hizo. Vivir como lo hizo Jesús es:

1. Ayuda a un amigo oa una persona para que pueda descansar un poco.

2. Dar respeto y dignidad a cualquiera que se sienta inútil y avergonzado, pronunciando esas palabras de aliento.

3. Escuche a ese alguien que necesita que ese amigo reconfortante lo escuche y no le responda con dureza.

4. Dejar de vivir para el "yo" ("yo") y vivir para Jesús. Siempre!

El simple hecho de hacer una de estas cosas puede evitar la "enfermedad del yo".

Tenemos el mejor ejemplo de cómo actuar (en este mundo loco y revuelto), y ese es nuestro Señor Jesucristo. Esto abrirá esa puerta para que la 'enfermedad del yo' pueda flotar y regresar al lugar de donde vino: Satanás, el origen de la 'enfermedad del yo'.

Esto es lo que dice la Biblia acerca de esta "enfermedad del yo" (egoísmo). Medita en estas Escrituras y vívelas compartiéndolas con todos los que van por ese camino de comportamiento egoísta y arrogante. Yo mismo leí estas Escrituras repetidamente para poder pasar por este camino del egoísmo y caminar por el Camino Humilde con mi Equipo Estelar.

"A los ricos de este mundo manda que no sean arrogantes ni pongan su esperanza en las riquezas; lo cual es tan incierto, sino poner su esperanza en Dios, quien nos provee de todo en abundancia para nuestro disfrute. Mandadles a hacer el bien, a ser ricos en buenas obras y a ser generosos y dispuestos a compartir. De esta manera se atesoran como cimiento firme para el siglo venidero, a fin de que se apoderen de la Vida que es verdaderamente Vida. Guarda lo que ha sido confiado a tu cuidado. Apartaos de la cháchara impía y de las ideas opuestas de lo que falsamente se llama ciencia, que algunos han profesado y al hacerlo se han desviado de la fe. La gracia esté con todos ustedes". (1 Timoteo 6:17-21).

"Puesto que a un capataz se le ha confiado la obra de Dios, debe ser irreprensible, no arrogante, no irascible, no dado a la borrachera, no violento, no buscando ganancias deshonestas. Al contrario, debe ser hospitalario, amante del bien, sobrio, recto, santo y disciplinado. Debe aferrarse firmemente al mensaje fiel tal como ha sido enseñado, para que pueda animar a otros con la sana doctrina y refutar a los que se le oponen". (Tito 1:7-9).

"Recordad al pueblo que se sujete a los gobernantes y autoridades, que sea obediente, que esté listo, que haga todo lo bueno, que no calumnie a nadie, que sea pacífico y considerado y que muestre verdadera humildad hacia todos los hombres". (Tito 3:1-2).

"Quién puede subir al monte del Señor? Quién puede estar en su lugar santo? El de manos limpias y corazón puro; el que no eleva su alma a un ídolo ni jura por lo falso. Recibirá bendición del Señor y vindicación de Dios su Salvador". (Salmo 24:3-5).

"Él da fuerzas al cansado y aumenta las fuerzas de los débiles... pero los que esperan en el Señor renovarán sus fuerzas. Revolotearán con alas como las águilas; correrán y no se cansarán, caminarán y no se fatigarán". (Isaías 40:29, 31).

"No hagas nada por ambición egoísta o vanidad. Más bien, con humildad, valorad a los demás por encima de vosotros mismos, no mirando vuestros propios intereses, sino cada uno de vosotros los intereses de los demás". (Filipenses 2:3-4). "Porque donde hay envidia y ambición egoísta, allí se encuentra el desorden y toda práctica perversa". (Santiago 3:16).

"Los que viven conforme a la carne, tienen la mente puesta en los deseos de la carne; pero los que viven de acuerdo con el Espíritu, tienen la mente puesta

en lo que el Espíritu desea. La mente gobernada por la carne es muerte, pero la mente gobernada por el Espíritu es Vida y Paz. La mente gobernado por la carne es hostil a Dios; no se somete a la Ley de Dios, ni puede hacerlo. Los que están en el ámbito de la carne no pueden agradar a Dios". (Romanos 8:5-8).

"Una persona hostil persigue fines egoístas y contra todo buen juicio comienza peleas. Los necios no encuentran placer en comprender, sino que se deleitan en ventilar sus propias opiniones". (Proverbios 18:1-2).

"Ay de vosotros, maestros de la ley y fariseos, hipócritas! Limpias el exterior de la copa y del plato, pero por dentro están llenos de codicia y desenfreno. Fariseos ciegos! Limpia primero lo de dentro del vaso y del plato, y entonces también lo de fuera quedará limpio". (Mateo 23:25-26).

"Quién es sabio y entendido entre vosotros? Que lo demuestren con su buena vida, con obras hechas en la humildad que proviene de la sabiduría. Sin embargo, si albergan envidia amarga y ambición egoísta en sus corazones, no se jacten de ello ni nieguen la verdad. Tal 'sabiduría' no desciende del cielo sino que es terrenal, no espiritual y demoníaca. Porque donde tienes envidia y ambición egoísta, allí encuentras desorden y toda práctica perversa. Sin embargo, la sabiduría que viene del cielo es primeramente pura; luego pacíficos, considerados, sumisos, llenos de misericordia y buenos frutos, imparciales y sinceros. Los pacificadores que siembran en paz recogen una cosecha de justicia". (Santiago 3:13-18).

Cuando meditaba en estas Escrituras, tenía sed de conocer más a Dios. Espero con ansias el día en que todo lo que haga sea sentarme a los pies de Jesús y escuchar todo lo que Él tiene para decirme. Ese será un día glorioso! Aquí hay ocho cosas más que debe saber acerca de nuestro Dios; estas podrían ser ocho cosas, pero si pusiera por escrito todas las cosas acerca de nuestro Dios, este libro nunca terminaría.

1.) Dios es bueno y está lleno de bondad:

"Bueno y recto es el Señor". (Salmo 25:8).

"Ciertamente Dios es bueno con Israel, con los puros de corazón!" (Salmo 73:1). "Eres bueno, y lo que haces es bueno; enséñame tus decretos". (Salmo 119:68).

2.) Dios siempre está de tu lado:

"El Señor está conmigo; No tendré miedo. Qué puede hacerme el hombre? El Señor está conmigo; Él es mi ayudante. Miraré triunfante a mis enemigos. Mejor es refugiarse en el Señor que confiar en el hombre. Mejor es refugiarse en el Señor que confiar en los príncipes". (Salmo 118:6-9).

"Entonces mis enemigos retrocederán cuando pida ayuda. En esto sabré que Dios está por mí". (Salmo 56:9).

3.) Las Leyes y los Caminos de Dios son para nuestro beneficio:

"El temor del Señor es puro, perdura para siempre. Las ordenanzas del Señor son seguras y totalmente justas". (Salmo 19:9).

"Por ellos es advertido tu siervo; en guardarlos hay gran recompensa". (Salmo 19:11).

4.) Dios siempre está contigo:

"Manténganse libres del amor al dinero y estén contentos con lo que tienen, porque Dios ha dicho: 'Nunca los dejaré; nunca te abandonaré". (Hebreos 13:5).

5.) Dios te restaurará a cosas nuevas:

"Porque tú, oh Señor, has librado mi alma de la muerte, mis ojos de las lágrimas, mis pies de tropezar, para que pueda andar delante del Señor en la tierra de los vivientes". (Salmo 116:8-9).

6.) Las promesas de Dios nunca fallarán:

"La tierra está llena de tu amor, oh Señor; enséñame tus decretos". (Salmo 119:64).

"Eres bueno, y lo que haces es bueno; enséñame tus decretos". (Salmo 119:68).

"Tu palabra, oh Señor, es eterna; se mantiene firme en los Cielos. Tu fidelidad continúa por todas las generaciones; tú estableciste la tierra, y perdura. Tus leyes perduran hasta el día de hoy, porque todas las cosas te sirven". (Salmo 119:89-91).

7.) Dios siempre gana cada batalla:

"El Señor marchará como un valiente, como un guerrero despertará Su celo; con un grito levantará el grito de guerra y triunfará sobre sus enemigos". (Isaías 42:13).

8.) Dios es Amor:

"Queridos amigos, amémonos unos a otros, porque el amor viene de Dios. Todo el que ama, ha nacido de Dios y conoce a Dios. Quien no ama, no conoce el amor, no conoce a Dios, porque Dios es amor. Así mostró Dios su amor entre nosotros; Envió a su Hijo unigénito al mundo para que vivamos por él". (1 Juan 4:7-9).

"Esto es amor: no que amemos a Dios, sino que Él nos amó y envió a su Hijo como sacrificio expiatorio por nuestros pecados". (1 Juan 4:10).

La Voluntad Deseada de Dios

Nuestro Creador y Padre Celestial diseña un plan específico para nuestras vidas que es único en cada creyente y se muestra en los dones, los talentos y hasta las situaciones en las que nos pone. Todo para el bien de Su Reino. En Su Presencia, Dios comparte Su voluntad deseada para que podamos vivir exitosamente, para Su Gloria. Como dice Jeremías 29:11-14, *"'Porque yo sé los planes que tengo para ustedes,' declara el Señor, 'planes para prosperarlos y no para dañarlos, planes para darles esperanza y un futuro. Entonces me invocaréis y vendréis a orarme, y yo os escucharé. Me buscaréis y me encontraréis cuando me busquéis de todo vuestro corazón. Seré hallado por vosotros, dice el Señor'". (Jeremías 29:11-14).*

Hay tres deseos imprescindibles que Dios quiere que hagamos (y son necesarios):

<u>Primero</u>, debemos seguir las leyes morales, como los Diez Mandamientos. Estos son para que todos los apliquen en su vida para que podamos tener alegría, paz y significado en nuestras vidas.

<u>Segundo</u>, debemos descubrir las intenciones de Dios para su vida personal. Un buen ejemplo es la vocación (sus habilidades, talentos y dones espirituales específicos); que Dios ha puesto en ti. Tu vocación puede cambiar, pero con la guía del Espíritu Santo, tu vocación te capacitará perfectamente para la gloria de tu Padre Celestial.

<u>Tercero</u>, debemos poner en acción la voluntad deseada de Dios en nuestra vida diaria. Lo que le interesa a Dios debe interesarte a ti. En tus oraciones, encuentras satisfacción en los brazos de tu cariñoso y amoroso Padre

Celestial, quien te da descanso y te lleva justo al lugar donde Él quiere que estés: justo en Su presencia y en Sus amorosos y reconfortantes brazos de amor.

Aquí está ahora lo que la Palabra de Dios dice de lo que Dios desea. Pon estos en acción y vive:

"Estén siempre gozosos; orar continuamente; dad gracias en todo, porque esta es la voluntad de Dios para vosotros en Cristo Jesús. No apaguéis el fuego del Espíritu. Evita toda clase de mal". (1 Tesalonicenses 5:16-19, 22).

"Desháganse de toda amargura, ira e ira, peleas y calumnias, junto con toda forma de malicia. Sed bondadosos y compasivos unos con otros, perdonándoos unos a otros, así como Dios os perdonó a vosotros en Cristo. Sed, pues, imitadores de Dios como hijos muy amados y vivid una vida de amor, así como Cristo nos amó y se entregó a sí mismo por nosotros como ofrenda y sacrificio fragante a Dios". (Efesios 4:31-32 y 5:1-2).

"Abrid las puertas para que entre la nación justa, la nación que guarda la fe. Tú guardarás en perfecta paz a aquellos cuya mente es firme, porque en ti confían. Confía en el Señor para siempre, porque el Señor, el Señor mismo, es la Roca eterna. El humilla a los que habitan en lo alto; El abate la ciudad encumbrada; La allana por tierra y la arroja al polvo". (Isaías 26:2-5).

"Porque cualquiera que entra en el reposo de Dios, también descansa de sus obras, así como Dios de las Suyas. Esforcémonos, pues, por entrar en ese reposo, para que nadie perezca siguiendo su ejemplo de desobediencia". (Hebreos 4:10-11).

"Porque Cristo no entró en un santuario hecho por manos humanas que era solo una copia del verdadero; Entró en el mismo Cielo, ahora para presentarse por nosotros en la presencia de Dios". (Hebreos 9:24).

"En paz me acostaré y dormiré, porque tú, Señor, me haces habitar seguro". (Salmo 4:8).

"El Señor es mi pastor, nada me falta. En verdes pastos me hace descansar; Me conduce junto a aguas tranquilas; Él refresca mi alma. Él me guía por los caminos correctos por amor a Su Nombre. Aunque camine por el valle más tenebroso, no temeré mal alguno, porque Tú estarás conmigo; Tu Vara y Tu Bastón me confortan". (Salmo 23:1-4).

"*Sí, alma mía, encuentra descanso en Dios; mi esperanza viene de El. En verdad, Él es mi Roca y mi Salvación; Él es mi fortaleza, no seré sacudido*". (Salmo 62:5-6).

"*Que tu mansedumbre sea evidente para todos. El Señor está cerca. No se inquieten por nada, sino que en toda situación, con oración y ruego, presenten sus peticiones a Dios con acción de gracias. Y la paz de Dios, que sobrepasa todo entendimiento, guardará vuestros corazones y vuestros pensamientos en Cristo Jesús*". (Filipenses 4:5-7).

"*El temor del Señor conduce a la vida; entonces uno descansa contento, sin ser tocado por problemas*". (Proverbios 19:23).

"*Mi carne y mi corazón pueden desfallecer, pero Dios es la fortaleza de mi corazón y mi porción para siempre*". (Salmo 73:26).

"Dios dice: ***Estad quietos y sabed que yo soy Dios. Seré exaltado entre las naciones. Seré exaltado en la Tierra***". (Salmo 46:10).

El Señor quiere obrar Sus deseos en nuestras vidas y tener una relación amorosa con cada uno de nosotros. Dios enviará bendiciones a aquellos que siguen Su Camino. Es imposible obtener menos que lo mejor cuando hacemos las cosas a la manera de Dios. La mejor manera de conocer lo mejor de Dios es creer y seguir a Su Hijo, Jesús. Además, leyendo Su Palabra (la Biblia). Nunca más te sentirás solo.

Nuestros deseos se convierten en formas arrogantes y egoístas

Nuestros deseos conducen al egoísmo, que se convierte en arrogancia. La arrogancia es una actitud de una manera prepotente, confiando en su propio poder. A Dios no le gusta que tengamos una actitud arrogante y egoísta. Porque esto lleva a no confiar en Él. Cuando no confiamos en el Señor, estamos siendo arrogantes y orgullosos, pensando que sabemos más que el Señor. Esto nunca funciona; simplemente prolonga la bendición que Dios tiene para nosotros y aparentemente nos mantiene parados en un lugar, impidiéndonos avanzar. Como nos dice la Biblia:

"Confía en el Señor con todo tu corazón y no te apoyes en tu propia prudencia; sométanse a Él en todos sus caminos". (Proverbios 3:5-6).

"No seas sabio en tu propia opinión; teme al Señor y aléjate del mal. Esto traerá salud a tu cuerpo y nutrición a tus huesos". (Proverbios 3:7-8).

Ser sabio es ponernos totalmente dedicados a buscar saber que Dios siempre nos guardará de cualquier tipo de actitud inoportuna que podamos (sin darnos cuenta) poseer. Debemos revisarnos continuamente si estamos hablando palabras amables (Palabras de Dios). Porque una palabra amable (incluso una simple sonrisa) puede levantar a la persona más deprimida. Les muestra (a través de ti) que Dios realmente los ama.

Dios permite que experimentemos fracasos para mostrarnos cuán dependientes somos realmente de Él. Encontré esto muy cierto en mi vida. Cuando fallaba en una tarea en la que estaba trabajando y la tarea me estaba frustrando, haciéndome sentir débil, triste y vacío. Le preguntaría a Dios: "Qué salió mal y cuál es la lección que debo aprender de esto?" Luego, suavemente levantaba mi cabeza, me miraba a los ojos y me decía; *'Te amo; no debes desanimarte, yo estoy contigo. Tengo todo esto bajo Mi control. Mantente fuerte en Mí y todo resultará para bien'.* Ninguna persona en esta tierra jamás me mostró este tipo de compasión. Me quedé en silencio y asimilaba todo lo que me estaba diciendo. Este momento que pasé escuchando a Jesús no tuvo precio. Realmente cambió mi vida para siempre. Ver mis problemas en la Luz de Dios me hizo ver más claramente las lecciones que necesitaba aprender y no el dolor que me hacía sentir débil. Necesitaba escuchar todo lo que Jesús me estaba diciendo y ponerlo en acción. Escuchar las Instrucciones de Dios abrió mis oídos, haciéndolos más conscientes de Su voz, dando a todas esas "otras voces" ninguna voz, solo un montón de palabras vacías de destrucción.

Hoy en día, solo escucho la Voz de Dios: 'la Voz de la Verdad'. Las otras voces no son más que un recuerdo lejano, desechadas para no volver a escucharse nunca más. Bueno, a veces escuchaba esas otras voces, pero solo escuchaba el aire vacío que fluía de sus bocas malvadas. Todo agradecimiento y gloria a mi Padre Dios, mi Señor, mi Salvador, mi Amigo, mi Maestro, mi Luz, mi Libertador, mi Redentor – mi Equipo Estelar – en quien agradezco cada día. La Biblia (Palabra de Dios) dice:

"Porque somos hechura de Dios, creados en Cristo Jesús para buenas obras, las cuales Dios dispuso de antemano a fin de que las pongamos en práctica". *(Efesios 2:10).*

"Él te ha mostrado, oh mortal, lo que es bueno. Además, qué requiere el Señor de ti? Actuar con justicia y amar la misericordia y caminar humildemente con vuestro Dios". (Miqueas 6:8).

Cuando sigues la Voz de Dios y obedeces Sus Instrucciones, estás edificando sobre la Roca de Su enseñanza diaria y Su voluntad perfecta. Como dice la Palabra de Dios (la Biblia):

"'Por tanto, todo el que oye estas Palabras Mías y las pone en práctica es como un hombre sabio que edificó su casa sobre la Roca'". *(Mateo 7:24).*

Cuando abrimos nuestros oídos a la Voz de Dios, podemos escuchar las respuestas a nuestras situaciones problemáticas. No hay nada más reconfortante que refugiarse en la Presencia de nuestro Padre Celestial. Es por eso que continuaré absorbiendo las Escrituras en mi corazón y mi cerebro para poder animar a otros y a mí mismo a descansar en la presencia de Dios. Este es también un acto de obedecer a Dios y hacernos disponibles para Su obra en nosotros.

<u>Obedeciendo la Palabra escrita de Dios, encontrarás las Instrucciones de cómo vivir tu vida en esta tierra:</u>

Obedecer cómo Dios dice que debes tratar a las personas es –

"Sed devotos unos a otros en amor. Hónrense unos a otros por encima de ustedes mismos. Nunca faltéis de celo, sino conservad vuestro fervor espiritual, sirviendo al Señor. Sé alegre en la esperanza, paciente en la aflicción y fiel en la oración. Comparte con el pueblo del Señor que está en necesidad. Practica la hospitalidad". (Romanos 12:10-13).

"Finalmente, todos ustedes, sean de ideas afines, sean compasivos, ámense unos a otros, y sean compasivos y humildes. No devolváis mal por mal ni insulto por insulto. Al contrario, devolved el mal con bendición, porque a esto fuisteis llamados para heredar bendición. Porque el que quiera amar la vida y ver días buenos, que guarde su lengua del mal y sus labios de las palabras engañosas. Deben apartarse del mal y hacer el bien y deben buscar la paz y perseguirla. Porque los ojos del Señor están sobre los justos y sus oídos atentos a la oración de ellos, pero el rostro del Señor está contra los que hacen el mal". (1 Pedro 3:8-12).

Obedecer cómo Dios dice que debes huir del pecado sexual es hacer lo siguiente –

"Huid de la inmoralidad sexual. Todos los demás pecados que una persona comete están fuera del cuerpo, pero el que peca sexualmente, peca contra su propio cuerpo. No sabéis que vuestros cuerpos son templos del Espíritu Santo, que está en vosotros, que habéis recibido de Dios? No eres tuyo; fuiste comprado por un precio. Por tanto, honren a Dios con sus cuerpos". (1 Corintios 6:18-20).

"Un hombre que comete adulterio no tiene sentido; el que así lo hace, se destruye a sí mismo". (Proverbios 6:32).

Obedecer cómo Dios dice que debes ser una luz en un mundo oscuro es –

*"Porque esto es lo que el Señor nos ha mandado: **'Te he puesto como luz para los gentiles, para que lleves la salvación hasta los confines de la tierra'**". (Hechos 13:47).*

"Porque antes erais tinieblas, pero ahora sois luz en el Señor. Vivan como hijos de la luz (porque el fruto de la luz consiste en toda bondad, justicia y verdad) y busquen lo que agrada al Señor. No tengas nada que ver con los hechos infructuosos de sino más bien descúbrelos". (Efesios 5:8-11).

"Tú eres la sal de la tierra. Sin embargo, si la sal pierde su salinidad, cómo puede volver a ser salada? Ya no sirve para nada, excepto para ser arrojado y pisoteado. Eres la luz del mundo. Un pueblo construido sobre una colina no se puede ocultar. Ni la gente enciende una lámpara y ponlo debajo de un bol. En cambio, lo ponen en su candelero, y alumbra a todos en la casa. Del mismo modo, que vuestra luz brille ante los demás para que vean vuestras buenas obras y glorifiquen a vuestro Padre que está en los Cielos". (Mateo 5:13-16).

Obedecer cómo Dios dice que debes perdonar a los que te lastiman es –

"Por tanto, como pueblo elegido de Dios, santo y muy amado, vístanse de compasión, bondad, humildad, mansedumbre y paciencia. Sopórtense unos a otros y perdónense unos a otros si alguno de ustedes tiene queja contra alguien. Perdona como el Señor te perdonó. Además, sobre todo

estas virtudes se revisten de amor, que las une a todas en perfecta unidad. Que la paz de Cristo reine en vuestros corazones, ya que como miembros de un solo cuerpo fuisteis llamados a la paz y a la gratitud". (Colosenses 3:13-15).

"No juzguéis y no seréis juzgados. No condenes y no seras condenado. Perdona, y serás perdonado". (Lucas 6:37).

"Desháganse de toda amargura, ira e ira, peleas y calumnias, junto con toda forma de malicia. Sed bondadosos y misericordiosos unos con otros, perdonándoos unos a otros, así como Dios os perdonó a vosotros en Cristo". (Efesios 4:31-32).

Obedecer cómo Dios dice que debes compartirlo con los demás es –

*"Él les dijo, **'Id por todo el mundo y predicad el evangelio a toda creación. El que creyere y fuere bautizado, será salvo, pero el que no creyere, será condenado'**". (Marcos 16:15-16).*

"Cantad al Señor un cántico nuevo; Cantad al Señor, toda la tierra. Cantad al Señor, alabad su nombre; proclamar su salvación día tras día. Contad su gloria entre las naciones, sus maravillas entre todos los pueblos. Porque grande es el Señor y muy digno de alabanza; Debe ser temido sobre todos los dioses". (Salmo 96:1-4).

"Por medio de Jesús, por lo tanto, ofrezcamos continuamente a Dios un sacrificio de alabanza, el fruto de labios que abiertamente profesan Su nombre. Sin embargo, no os olvidéis de hacer el bien y de compartir con los demás, porque de tales sacrificios se agrada Dios". (Hebreos 13:15).

En nuestra obediencia para vivir la Palabra de Dios, nos dará grandes resultados en Su reino. Además, nuestro Padre Celestial hará resplandecer Su sonrisa de gracia para fortalecernos para caminar a través de las tribulaciones de esta tierra. Para obedecer a Dios, debes escuchar (y para) Su suave voz que te habla continuamente a lo largo de tu vida diaria. Abrid vuestros oídos y vuestros corazones para dejar entrar el poder de Dios (Él se derrama tan libremente) para fortaleceros y daros la sabiduría y el discernimiento para soportar todo lo que atraveséis en el camino que Él pone delante de vosotros. Decir sí a las instrucciones y consejos de Dios trae bendiciones a tu vida que no puedes obtener de nadie más que de Él. Vive por la Palabra de Dios (la Biblia), y vivirás mucho tiempo. Ignorando la Palabra de Dios, no vivirás mucho tiempo. En otras palabras, escucha a Dios y vive; dale la espalda (y las orejas), te mueres. Como dice la Biblia:

"Bienaventurados los de camino perfecto, los que andan conforme a la Ley del Señor. Bienaventurados los que guardan sus estatutos y lo buscan de todo corazón; no hacen nada malo sino que siguen sus caminos. Has establecido preceptos que deben ser cumplidos plenamente". (Salmo 119:1-4).

Esto es lo que dice la Biblia (la Palabra de Dios) acerca de los problemas que enfrentamos:

"El Señor es un refugio para los oprimidos, una fortaleza en tiempos de angustia. En ti confiarán los que conocen tu nombre, porque tú, Señor, nunca has abandonado a los que te buscan". (Salmo 9:9-10).

"La salvación de los justos viene del Señor; Él es su baluarte en tiempo de angustia. El Señor los ayuda y los libra; Él los libra de los impíos y los salva, porque en Él se refugian". (Salmo 37:39-40).

"Dios es nuestro amparo y fortaleza; una ayuda siempre presente en los problemas. Por tanto, no temeremos, aunque la tierra se desmorone, y los montes se hundan en el corazón del mar, aunque bramen y se turben sus aguas, y tiemblen los montes a causa de su bravura". (Salmo 46:1-2).

"Estad quietos y sabed que yo soy Dios; Seré exaltado entre las naciones. Seré exaltado en la Tierra". (Salmo 46:10).

"Escucha y ven a mí; escúchame para que viva tu alma. Haré contigo un pacto eterno, mi amor fiel prometido a David". (Isaías 55:3).

*"Buscad al Señor mientras pueda ser hallado; llámalo mientras está cerca". (Isaías 55:6). **Estas cosas os he dicho para que en mí tengáis paz. En este mundo tendrás problemas. Sin embargo, ánimo! He vencido al mundo"**. (Juan 16:33).*

"Que tu mansedumbre sea evidente para todos. El Señor está cerca. No se inquieten por nada, sino que en toda situación, con oración y ruego, presenten sus peticiones a Dios con acción de gracias". (Filipenses 4:5-6).

"Porque de tal manera amó Dios al mundo que ha dado a su Hijo unigénito, para que todo aquel que en él cree no se pierda, mas tenga vida eterna". (Juan 3:16).

"Humíllense, pues, bajo la poderosa mano de Dios, para que Él los exalte cuando fuere tiempo. Echa toda tu ansiedad sobre Él porque Él se preocupa por ti. Esté alerta y de una mente sobria. Vuestro enemigo, el diablo, ronda como león rugiente buscando a quien devorar. Resístanlo, manteniéndose firmes en la fe, porque saben que la familia de los creyentes en todo el mundo está pasando por la misma clase de sufrimientos. Además, el Dios de toda gracia, que os llamó a su eterna gloria en Cristo, después de haber padecido un poco de tiempo, él mismo os restaurará y os hará fuertes, firmes y constantes. A Él sea el poder por los siglos de los siglos. Amén". (1 Pedro 5:6-11).

"No os conforméis al modelo de este mundo, sino transformaos mediante la renovación de vuestra mente. Entonces podréis probar y aprobar cuál es la voluntad de Dios, su voluntad buena, agradable y perfecta". (Romanos 12:2).

Cuando no entiendas por qué las cosas están pasando en tu vida, puedes ir al Padre para entender por medio de Su Hijo Jesús. No debemos tener miedo de entrar en la Presencia de Dios, porque nuestro Señor Jesús está a nuestro lado, ayudándonos a ser fuertes. Porque Jesús nos ama. No necesitamos entender por qué suceden las cosas (buenas o malas) si confiamos en la obra de Dios. Sé que Dios está haciendo todas las cosas para mi bien. Él ha estado resolviendo las cosas para mí durante cincuenta años (y contando). A veces, esas preguntas de "por qué" se deslizan en mi mente (a través de Satanás), y tan pronto como entran, me recuerda leer estos versículos de las Escrituras de mi Biblia para deshacerme de todos los pensamientos negativos.

*"**Porque mis pensamientos no son vuestros pensamientos, ni vuestros caminos mis caminos**, dice el Señor. '**Como los Cielos son más altos que la tierra, así Mis Caminos son más altos que vuestros caminos y Mis Pensamientos que vuestros pensamientos'**". (Isaías 55:8-9).*

"Por el gran amor del Señor, no somos consumidos, porque nunca decaen sus misericordias. son nuevas cada mañana, grande es tu fidelidad". (Lamentaciones 3:22-24).

"Humíllense, pues, bajo la poderosa mano de Dios, para que Él los exalte a su debido tiempo. Echa toda tu ansiedad sobre Él porque Él se preocupa por ti. Sea autocontrolado y alerta. Vuestro enemigo, el diablo, ronda como león rugiente buscando a quien devorar. Resístanlo, manteniéndose firmes en la fe, porque saben que sus hermanos en todo el mundo están pasando por la misma clase de sufrimientos. Y el Dios de toda gracia, que os llamó a su gloria eterna en Cristo, después de haber padecido un poco de tiempo, él mismo os restaurará y os hará fuertes, firmes y constantes". (1 Pedro 5:6-10).

"Estén siempre gozosos; orar continuamente; dad gracias en todo, porque esta es la voluntad de Dios para vosotros en Cristo Jesús. No apaguéis el fuego del Espíritu". (1 Tesalonicenses 5:16-19).

"Y sabemos que Dios dispone todas las cosas para el bien de los que le aman, los que han sido llamados conforme a su propósito". (Romanos 8:28).

"Finalmente, sean fuertes en el Señor y en Su gran poder. Vestíos de toda la Armadura de Dios, para que podáis estar firmes contra las asechanzas del diablo". (Efesios 6:10-11).

Pasar por las pruebas nos acerca a Dios, que es el primer paso para hacernos más fuertes para manejar las pruebas y todas las cosas que Satanás pone en nuestro camino. Satanás intentará cualquier cosa para desviarnos del camino de la vida pacífica, que nos lleva a la puerta de nuestro Padre Celestial. Estoy muy agradecida por tener la oportunidad de leer la Palabra de Dios, la Biblia. En muchos lugares de este mundo, las personas ni siquiera tienen una Biblia (sin mencionar que la leen). Si no tuviera mi Biblia para leer, todavía sería esa niña débil y confundida, incapaz de luchar contra las flechas destructivas que Satanás arroja en mi camino.

En mi Biblia, descubro más y más acerca de quién es Dios y cómo quiere que viva una vida fuerte y pacífica y cuánto me ama. Tener mi Biblia, junto con mi Equipo Estrella, me da fuerza y entendimiento para vivir la Vida que mi Padre Celestial quiere que viva. Puedo enfrentarme a los gigantes malvados y escalar las montañas malvadas que ofrece esta tierra. Nunca estoy solo en esta escalada y batalla con estos gigantes. Porque tengo a Jesús aquí a mi lado, brindándome sus alentadoras palabras de amor, confianza, consuelo y fortaleza.

Así como Jesús mora en mi corazón durante todo el camino hasta la montaña, yo también habito en Su poder victorioso para vencer todo lo que pueda estar impidiéndome seguirlo. Puedo seguir adelante y enfrentar esas luchas con toda seguridad de la guía de mi Señor Jesucristo quien me guía con la Luz de Vida que Él tanto posee. Jesús me lleva sobre sus hombros cuando estoy demasiado débil y me siento débil. Nunca tengo que recordar los fracasos del pasado, nunca preocuparme por el mañana, porque la guía de Jesús es para las luchas de hoy. Las luchas del mañana tendrán diferentes pautas propias. Así como dice la Biblia: *"Por tanto, no os preocupéis por el mañana, porque el mañana se preocupará por sí mismo. Cada día tiene suficientes problemas propios". (Mateo 6:34).*

"Por esta razón os digo, no os preocupéis por vuestra vida, en cuanto a qué comeréis o qué beberéis; ni por vuestro cuerpo, en cuanto a qué vestiréis. No es la vida más que el alimento y el cuerpo más que el vestido? Miren las aves del cielo que no siembran, ni siegan, ni recogen en graneros, y sin embargo, su Padre Celestial las alimenta. No vales mucho más que ellos? (Mateo 6:25-26).

Aprendí a reír libremente al no tomarme la situación ni a mí mismo tan en serio, porque estoy relajado y confío en que mi Señor Jesús está conmigo en todo momento. Esta declaración es una declaración de cómo deseo la Voluntad de Dios por encima de cualquier cosa que este mundo pueda ofrecer. Dejar que Dios tenga el control de mi vida se vuelve mucho menos amenazante cuando dejo de tratar de monitorear las responsabilidades de Dios (las cosas que están fuera de mi control). La responsabilidad de Dios es enseñarnos, advertirnos e instruirnos sobre el camino que debemos seguir, a quién seguir y cómo debemos vivir. Muchas veces olvidamos que Dios es el único que lo sabe todo; y el único que puede cambiar las cosas en bien.

Tenemos la intención de hacer a un lado Sus enseñanzas e instrucciones. Este es nuestro problema: "pensamos" que lo sabemos todo, así que "tratamos" de decirle a Dios qué hacer. No funciona de esa manera. He aprendido que sin la ayuda y la enseñanza de Dios, solo estoy caminando en un círculo continuo de niebla densa y oscura. Aprendí que la risa aligera mi corazón y me eleva a lugares a los que nunca podría llegar sin la ayuda y el aliento de Jesús. Dios se deleita en hacer brillar Su Luz en mi vida, abriendo un camino para ti y para mí, para salir de esa continua niebla oscura y dejar de tratar de hacer las cosas en nuestros propios términos y comenzar a hacer las cosas a Su manera (la mejor manera). Dios sonríe con alegría, cuando disfrutamos la vida, alegremente. Sé que nunca voy a dejar de estar en el gozo de la Presencia de Dios, porque nunca voy a soltar la mano de Jesús, ya que Él es quien me está llevando al mundo de Su Padre. Dios sabe que no somos tan fuertes, así que quiere que le entreguemos esas cargas pesadas, y Él nos dará una vida de gozo y consuelo. Como dice la Biblia: *"El corazón alegre es buen remedio, pero el espíritu triste seca los huesos"* *(Proverbios 17:20, 22).*

"Está revestida de fuerza y dignidad; ella puede reírse de los días venideros". *(Proverbios 31:25).*

"Venid a mí todos los que estáis trabajados y cargados, y yo os haré descansar. Llevad Mi yugo sobre vosotros y aprended de Mí, que soy manso y humilde de corazón, y hallaréis descanso para vuestras almas. Porque mi yugo es fácil y ligera mi carga"*. (Mateo 11:28-30).*

La única forma de recibir la calma de Dios en tu vida es estar quieto y saber que Él es Dios. Tu mente y tu cuerpo se vuelven más fuertes para conquistar todo lo que Dios te dice que conquistes. Así que respire esa quietud de la presencia de Dios cada vez que tenga la oportunidad y sienta que el peso y la niebla de su carga se quitan de sus hombros y los pone en Sus hombros.

Busca siempre a Dios y camina en sus caminos, confiando en Él en todo lo que haces. El descanso de Dios es verdadero y puro y puede cesar toda lucha, haciéndote tranquilo, fuerte y confiado. Sabiendo que Él siempre te cubrirá las espaldas, entonces puedes descansar en Su presencia y Su abrazo tierno y amoroso en el que Él te tiene todo el tiempo. Deja que la Presencia de Dios purifique tu vida.

Todo lo que Dios quiere que hagamos es contemplarlo en cada oportunidad que tengamos. Contemplar significa pensar profunda o cuidadosamente sobre alguien o algo. Bingo! Eso es! Dios quiere que pensemos profundamente en Él, todo el tiempo y en todo lo que hacemos y decimos! Nada es más importante que reconocer a Dios con asombro y reverencia. Nada!

Aquí hay algunos versículos de las Escrituras que puedes usar para contemplar a nuestro Padre Celestial:

"En paz me acostaré y dormiré, porque solo tú, Señor, me haces habitar seguro". (Salmo 4:8).

"Consideraré todas tus obras y meditaré en todas tus proezas. Tus caminos, Dios, son santos. Qué dios es nuestro Dios? Tú eres el Dios que hace milagros; despliegas tu poder entre los pueblos". (Salmo 77:12-14).

"Hermanos y hermanas, todavía no me considero haberme apoderado de ella. Pero una cosa hago: olvidar lo que queda atrás y esforzarme hacia lo que está delante. Sigo adelante hacia la meta para ganar el premio por el cual Dios me ha llamado al cielo en Cristo Jesús". (Filipenses 3:13-14).

"Tened este Libro de la Ley siempre en vuestros labios; meditad en él día y noche, para que cuidéis de hacer todo lo que en él está escrito. Entonces serás próspero y exitoso". (Josué 1:8).

"Finalmente, hermanos y hermanas, todo lo que es verdadero, lo que es noble, lo que es justo, lo que es puro, lo que es amable, lo que es admirable, si algo es excelente o digno de alabanza, pensad en tales cosas". (Filipenses 4:8).

Después de meditar en estas Escrituras y absorber cada palabra en tu corazón, contempla cuán poderoso es el Equipo Estelar. Cuando me siento débil y no sé adónde ir o qué decir para volverme más fuerte, empiezo a gritar: 'Equipo estrella, ayúdenme', y tan pronto como pronuncio Su nombre, siento una oleada de la energía entra en mi cuerpo; haciéndome capaz de hacer las cosas. El Poder Todopoderoso del Star Team solo proviene de Aquel que me ayuda en mi momento de necesidad. Aquí hay siete cosas que me recuerdan lo que sucede con el Poder Todopoderoso del Equipo Estelar (Jesús):

1. Los milagros suceden, cuando todo parece sombrío.

2. Aleja el mal y me aleja de las tentaciones.

3. Me consuela en la soledad y tristeza de este mundo.

4. Me ayuda a vencer todas mis fallas y errores.

5. Él me da Palabra Poder para orar por otros.

6. Me trae ternura y misericordia, acercándome a Él.

7. Y, finalmente, siempre está conmigo todo este tiempo, a través de todo lo que me sucede.

Estas son solo algunas de las cosas que me ayudan a recordar que mi Equipo Estrella está trabajando en mi vida. Todo esto comenzó conmigo diciendo cuatro palabras simples: 'Equipo estrella, ayúdame'. En el momento en que dije esas cuatro palabras, la nube de confusión se disipó y mi mente se aclaró para escucharlo y seguirlo en los momentos difíciles y en los buenos. Esta es la verdadera ayuda de mi Equipo Estrella.

Una oración de agradecimiento:

Mi querido Equipo Estrella, quiero agradecerte por dejarme descansar un rato en Tu maravilloso abrazo. Mientras descanso, en tu protección que me brindas, soy bendito. Padre, mientras me cuidas, refréscame con Tu Amor y Fortaleza. Porque Satanás está lanzando esas flechas de duda e indignidad en mi dirección. Sé que me ves digno y fuerte. Te agradezco también por no soltarme, porque Tú eres mi Ancla para permanecer en Tu Camino Justo. Te amo y estoy comprometido contigo para completar el trabajo que me pusiste. Siempre te agradeceré, Padre, por todo lo que has estado haciendo y sigues haciendo en y a través de mí. No tengo otra fuente, por la fuerza y la sabiduría que me das para caminar este camino. *"Que la mañana me traiga noticias de Tu Amor Inagotable, porque en Ti he puesto mi confianza. Muéstrame el camino que debo seguir, porque a Ti encomiendo mi vida. Rescátame de mis enemigos, Señor, porque en Ti me escondo". (Salmo 149:8-9).* En Tu Nombre, oro siempre. Amén.

<u>Una oración para pronunciar palabras que dan vida:</u>

Mi querido Equipo Estelar, Tú estás allá en el Cielo, y yo estoy aquí abajo en la tierra. Deja que mis palabras hablen de Tu Preciosa Vida. Ayuda a condenar toda palabra negativa y destructiva que el enemigo (Satanás) ha estado soltando contra mí. Ayúdame a contar esos pensamientos y palabras como polvo. Los reprendo en Tu Precioso Nombre de tu precioso Jesucristo. Ayúdame a reprender el espíritu de temor y confusión. No tienen lugar en mi corazón y mente. Padre, no me has dado ese espíritu de temor, pero me has dado valor, amor, esperanza y dominio propio. Tus Palabras son de victoria y fortaleza en mi vida. No voy a dejar que Satanás me derribe cuando tengo mi Equipo Estrella para sacarme de cualquier obstáculo. Viviré y veré Tu Gloria manifestarse en mi vida. Te agradezco por Tu poder dador de vida dentro de mí y por caminar a mi lado para ayudarme a alejarme de cualquier tentación. Cuando me sienta tentado a hablar o incluso a pensar cosas negativas, ayúdame a sacudirlas con tus Palabras positivas y dadoras de vida, no con palabras negativas y malvadas. Tus palabras, Padre, Satanás no puede soportar. Porque Tus Palabras dan Vida a todos los que creen. En Nombre, siempre oro. Amén.

Al pronunciar estas dos oraciones, me arrepentí de cualquier mala acción o pensamiento que pudiera haber cometido. Ahora proclamo en la Presencia de Dios caminar la vida piadosa que Él ha diseñado para que yo viva. Estas son las palabras que Dios me dice cuando me siento abandonado por familiares y amigos: ***"Yo estoy contigo y te cuidaré dondequiera que vayas, y te traeré de regreso a esta tierra. No te dejaré hasta que haya hecho lo que te prometí"***. *(Génesis 25:15).*

Dios siempre me está hablando. Ya sea a través de cosas de: canciones cristianas, en la radio, las nubes en el cielo, las hojas, en los árboles, y por supuesto Su Palabra (la Biblia). Encuentro a Jesús siempre a mi lado en todo lo que hago y en todo lo que veo.

Los momentos en que busco a Dios son los momentos en que encuentro a Dios. Los momentos en que encuentro a Dios son los momentos en que amo a Dios. En estos momentos de Dios, encuentro el descanso que necesito para mi alma. Y cuando mi alma está en reposo, encuentro la Paz de Dios que supera todo el mal que hay en este mundo.

"Señor, Señor nuestro, cuán majestuoso es tu nombre en toda la tierra! Tú has puesto Tu Gloria en los Cielos". (Salmo 8:1).

"Los Cielos cuentan la gloria de Dios; y el firmamento [el cielo] muestra la obra de sus manos. El día al día habla, y la noche a la noche manifiesta el conocimiento". (Salmos 19:1-2).

"Cuando considero Tus Cielos, obra de Tus dedos, la luna y las estrellas, que tú has puesto en su lugar. Qué es la humanidad de la que eres consciente, los seres humanos que te importan?" (Salmo 8:3-4).

"No sabéis que vuestros cuerpos son templos del Espíritu Santo, que está en vosotros, a quien habéis recibido de Dios? No eres tuyo; fuiste comprado por un precio. Por tanto, honren a Dios con sus cuerpos". (1 Corintios 6:19-20). Por lo tanto: "Busquen al Señor mientras puedan encontrarlo. Llámalo ahora que está cerca". (Isaías 55:6).

"Me buscaréis y me hallaréis, cuando me busquéis de todo vuestro corazón. Seré hallado por ti' *declara el Señor,* ***'y os haré volver del cautiverio. os recogeré de todas las naciones y lugares donde os he desterrado',*** *declara el Señor,* ***'y os haré volver al lugar de donde os llevé al destierro'".*** *(Jeremías 29:13-14).*

"Escucha mi voz por la mañana, Señor. Cada mañana os traigo mis peticiones y espero expectantes". (Salmo 5:3).

A medida que nos acercamos a Dios, estamos construyendo la base que puede resistir cualquier cosa. Verás, Dios nos llama todos los días a acercarnos a Él, a descansar sobre Su fundamento firme. Jesús es ese fundamento firme. Cuando acepté a Jesús en mi vida, pude relajarme y regocijarme en Su presencia. En Su presencia, Dios me señala en la dirección correcta, donde el miedo no puede intimidarme. En esta tierra, no hay nadie que pueda llevarme a la gloria de Dios. Es solamente Su Hijo Jesús, quien es el Camino a la Verdad, a la vida ya la Gloria de Su Padre en el Cielo.

Aquí hay algunos versículos de la Biblia para leer y meditar para acercarte aún más al Padre Celestial; y disfruta de Su Paz:

"Alégrense todos los que en ti se refugian; que siempre canten de alegría. Extiende sobre ellos tu protección para que en ti se regocijen los que aman tu nombre". (Salmo 5:11).

"Descendió desde lo alto y me agarró; Me sacó de aguas profundas. Me rescató de mi poderoso enemigo, de mis enemigos, que eran demasiado fuertes para mí. Me confrontaron el día de mi calamidad, pero el Señor fue mi apoyo. Me sacó a un lugar espacioso; Me rescató porque se agradó de mí". (2 Samuel 22:17-20).

"Y a Aquel que es poderoso para hacer muchísimo más que todo lo que pedimos o entendemos, según la obra que hizo en nosotros, a Él sea la gloria en la iglesia y en Cristo Jesús; por todas las generaciones, por los siglos de los siglos. Amén". (Efesios 3:20-21).

"Al que es poderoso para guardaros sin tropiezo y presentaros sin mancha y con gran gozo ante su gloriosa presencia, al único Dios nuestro Salvador sea la gloria, la majestad, el poder y la autoridad, por Jesucristo nuestro Señor, desde antes de los siglos. y para siempre Amén". (Judas 24-25).

La mayor parte de nuestro camino de fe es probar y ver la Bondad de Dios en todo lo que Él hace por nosotros. Experimenté ese sabor de vivir en la presencia de Dios. Ahora, me siento confiado en Su Amor y Bondad; que está conmigo siempre y para siempre. Creo que todos tendemos a dudar de la obra de Dios en nuestras vidas. Porque la mayoría de nosotros queremos ver los resultados rápidamente. Esto es lo que quiere nuestro enemigo (Satanás): hacer que dudemos de Dios. Entonces Satanás se cuela en nuestras vidas y hace de nuestras vidas un infierno (un lugar donde solo Satanás es feliz), alejándonos de seguir a nuestro Señor Jesús. En lugar de dudar, debes pasar tanto tiempo como puedas en la Palabra de Dios, disfrutando de todo lo que Él es. Deja de tratar de sondear los caminos de Dios. Solo absorbe todas las Promesas de Dios, y él hará el resto. Como dice la Palabra de Dios:

"Gustad y ved que es bueno el Señor; bienaventurado el que en él se refugia. Temed al Señor, vosotros su pueblo santo, porque a los que le temen nada les falta". (Salmo 34:8-9).

"Porque mis pensamientos no son vuestros pensamientos, ni vuestros caminos mis caminos, dice el Señor. "Como los cielos son más altos que la tierra, así mis caminos son más altos que vuestros caminos y mis pensamientos más que vuestros pensamientos". *(Isaías 55:8-9).*

"En ti, Señor, me he refugiado; que nunca me avergüencen; líbrame en tu justicia. Vuelve a mí tu oído; ven pronto a mi rescate; sé mi roca de refugio, una fortaleza fuerte para salvarme". (Salmo 31:1-2).

"Cuán abundantes son los bienes que has reservado para los que te temen, que a la vista de todos concedes a los que en ti se refugian. Al amparo de tu presencia los escondes de todas las intrigas humanas; los proteges en tu morada de las lenguas acusadoras". (Salmo 31:19-20).

"Amad al Señor, todo su pueblo fiel! El Señor preserva a los que le son fieles, pero a los soberbios les paga en su totalidad. Esforzaos y cobrad ánimo todos los que esperáis en el Señor". (Salmo 31:23-24).

"Soy como un olivo que florece en la casa de Dios; Confío en el amor inagotable de Dios por los siglos de los siglos. Por lo que has hecho, siempre te alabaré en presencia de tu pueblo fiel. Y en tu nombre esperaré, porque tu nombre es bueno". (Salmo 52:8-9).

"Y no contristéis al Espíritu Santo de Dios, con el cual sellasteis para el día de la redención. Deshazte de toda amargura, ira e ira, peleas y calumnias, junto con toda forma de malicia. Sed bondadosos y compasivos unos con otros, perdonándoos unos a otros, así como Cristo Dios os perdonó a vosotros". (Efesios 4:30-32).

"Sé completamente humilde y gentil; sed pacientes, soportándoos unos a otros en amor. Esforzaos por conservar la unidad del Espíritu por el vínculo de la paz". (Efesios 4:2-3).

Acércate a Dios a través de Su Palabra, y deja que Su Amor fluya a través de ti. Entonces eliminará todo temor y duda. La presencia de Dios siempre estará contigo, siempre y cuando lo reconozcas en todo lo que veas. Depender de Dios, a lo largo de tu día, trae una sonrisa a Su rostro y bendiciones a tu corazón. Camina de la mano con Jesús y toda oscuridad se convertirá en Luz.

Sostener la mano de Jesús con confianza y compasión mientras camino por el valle de las sombras de este mundo me dará (y a ti también) la fuerza que necesito para no tropezar. Porque es la Luz de Jesús la que llena mi corazón de alegría y seguridad de que no estoy solo. Puedo depender de mi único amigo, el Señor Jesús, para que me ayude cuando necesito esa ayuda. No hay nada (ni nadie) en esta tierra que me satisfaga tanto como mi Señor Jesús. Y mi Señor me dice: ***"Así que no temas, porque yo estoy contigo; no desmayes, porque yo soy tu Dios. Yo te fortaleceré y te ayudaré; Te sostendré con mi diestra justa. Todos los que se enfurecen contra ti***

ciertamente serán avergonzados y avergonzados; los que se te opongan serán como nada y perecerán'". *(Isaías 41:10-11).*

"Sí, alma mía, encuentra descanso en Dios; mi esperanza viene de El. Verdaderamente, Él es mi Salvación; El es mi Fortaleza. No seré sacudido. Mi salvación y mi honor dependen de Dios; Él es mi Roca Poderosa, mi Refugio. Confía en Él en todo momento, pueblo; derramad vuestros corazones a Él, porque Dios es nuestro Refugio". (Salmo 62:5-8).

Cuando extiendes tu mano y abres tu corazón para recibir el precioso regalo de Dios que Él te da cada día (cuando te levantas), puedes sentir la presión de este mundo, simplemente desvanecerte. Muchas veces en mi vida, tuve que quedarme quieto y respirar el amor refrescante que Dios muestra. Usar la Palabra de Dios y Su creación son las claves para la Paz (la Paz de Dios) que supera todo. Sé que hay gente por ahí que no me cree, pero es verdad. Jesús se encontró con lo mismo: se alejaría de los discípulos y de la multitud donde pudiera estar a solas con su Padre y refrescar sus fuerzas. Como dice en estas Escrituras: *"Muy temprano en la mañana, cuando aún estaba oscuro, Jesús se levantó, salió de la casa y se fue a un lugar solitario, donde oraba". (Marcos 1:35).*

"Después de que los despidió, subió solo a la ladera de una montaña para orar. Cuando llegó la noche, estaba solo". (Mateo 14:23).

"Uno de esos días salió Jesús a la ladera de un monte a orar, y pasó la noche orando a Dios". (Lucas 6:12).

"Ahora mi alma está turbada, y qué diré? 'Padre, sálvame de esta hora'? No, precisamente por eso vine a esta hora. Padre, glorifica tu nombre'! Entonces vino una voz del cielo: Yo lo he glorificado y lo glorificaré otra vez" (Juan 12:27-28).

Aquí hay algunos versículos bíblicos más para meditar y aprender:

"El Señor lo ha hecho hoy mismo; regocijémonos hoy y alegrémonos. Señor, sálvanos, Señor, concédenos el éxito". (Salmo 118:24-25).

"Acerquémonos ante Él con acción de gracias y alabemos con música y cánticos. Porque el Señor es el gran Dios, el gran Rey sobre todos los dioses". (Salmos 95:2-3)

"El Señor tu Dios está contigo, el poderoso guerrero que salva. Él se deleitará en ti; en este amor, ya no os reprochará, sino que se regocijará sobre vosotros con cánticos. (Sofonías 3:17)

"No os conforméis al modelo de este mundo, sino transformaos mediante la renovación de vuestra mente. Entonces podréis probar y aprobar cuál es la voluntad de Dios, su voluntad buena, agradable y perfecta". (Romanos 12:2). ***"Porque yo sé los planes que tengo para ustedes,' declara el Señor, 'planes para prosperarlos y no para dañarlos, planes para darles esperanza y un futuro. Entonces me invocaréis y vendréis a orarme, y yo os escucharé'".*** *(Jeremías 29:11-12).*

*"El amor debe ser sincero. Odia lo que es malo; aferrarse a lo que es bueno. Sed devotos unos a otros en amor. Hónrense unos a otros por encima de ustedes mismos. Nunca faltéis de celo, sino conservad vuestro fervor espiritual, sirviendo al Señor. Sé alegre en la esperanza, paciente en la aflicción, fiel en la oración. Comparte con el pueblo del Señor que está en necesidad. Practica la hospitalidad. Bendecid a los que os persiguen; bendiga y no maldiga. Gozaos con los que se gozan; llorar con los que lloran. Vivir en armonía unos con otros. No seas orgulloso, sino que estés dispuesto a asociarte con personas de baja posición. No seas engreído. No devolváis a nadie mal por mal. Tenga cuidado de hacer lo que es correcto a los ojos de todos. Si es posible, en cuanto dependa de vosotros, vivid en paz con todos. No os venguéis, mis queridos amigos, sino dejad lugar a la Ira de Dios, porque escrito está: **Mía es la venganza; yo pagaré**". (Romanos 12:9-19).*

Mantener la calma y enfocarnos en Jesús (sin importar lo que se te presente) es una tarea simple que nuestro Padre Celestial quiere que hagamos. Sin embargo, tendemos a hacerlo más difícil. Todo lo que Dios nos pide a ti y a mí que hagamos es (1) leer la Biblia para absorberla en nuestros corazones y mentes, (2) creer en Su Hijo Jesús y dejar que Él te ayude a enfrentar tus problemas diarios para recibir Sus bendiciones que superan cualquier tipo. de problemas, y (3) estar siempre conscientes de la Presencia de Dios que trae gozo y fortaleza para soportar todas las flechas ardientes que Satanás lanza en nuestro camino. Como dice la Biblia:

"*El Señor es mi pastor, nada me falta. Me hace descansar en verdes pastos. Me conduce junto a aguas tranquilas. Él refresca mi alma. Él me guía por los caminos correctos para su tocayo. Incluso a través del valle más oscuro, no temeré mal alguno; porque tú estás conmigo; tu vara y tu cayado me consuelan*". (Salmo 23:1-4).

"*Por lo tanto no perdemos corazón. Aunque por fuera nos vamos desgastando, interiormente nos renovamos día tras día. Porque las tribulaciones ligeras y momentáneas están logrando para nosotros una gloria eterna que supera con creces a todas ellas. Así pues, no fijamos nuestros ojos en lo que se ve, sino en lo que no se ve; ya que lo que se ve es temporal, pero lo que no se ve es eterno*". (2 Corintios 4:16-17).

Qué es la gracia de Dios?

La Gracia de Dios es Su Amor-Luz que nunca se apaga.

<u>Es Su Gracia</u> la que ilumina el camino a través de la oscuridad de este mundo presente.

<u>Es Su Gracia</u> la que te mantiene deseando obedecerle.

<u>Es Su Gracia</u> la que te permite tener una relación con Él.

<u>Es Su Gracia</u> la que te enseña a permanecer cerca de Él.

<u>Es Su Gracia</u> la que nunca se aparta de vosotros.

<u>Es Su Gracia</u> la que muestra que Él te ama y te protege en todo lo que haces.

<u>Es Su Gracia</u> la que te da descanso de las heridas de este mundo.

<u>Es Su Gracia</u> que es un regalo, envuelto en Su Amor.

<u>Es por Su Gracia</u> que somos salvos de las cadenas que nos atan a este malvado mundo material.

<u>Es por Su Gracia</u> que puedo decir: *"Esperé pacientemente a que el Señor me ayudara, y Él se volvió hacia mí y escuchó mi clamor". (Salmo 40:1).*

Obedeciendo los mandamientos de Dios y confiando en Él en todo lo que dice y hace, Él te colmará de Su Gracia, Paz y Amor. Sea consciente de todas las formas de la Presencia de Dios y la Gracia que Él le otorga; desde el momento en que te despiertas por la mañana hasta el momento en que acuestas la cabeza por la noche. No olvides agradecerle por cada momento que respiras en Su Gloriosa Gracia y Amor. Tómese el tiempo para reconocerlo en todo lo que ve, hace y dice. Dios te recompensará por hacerlo. En la Presencia de Dios vivirás humildemente con Su Hijo Jesús; la forma en que Dios quiso que vivieras.

Cuando confío mis pensamientos a Dios, mi viaje se convierte en un escenario hermoso y pacífico de luces brillantes, brillando con colores brillantes. Cualquier temor que tenga simplemente se desvanece, dejándome más fuerte para seguir avanzando hasta la línea de meta, donde Jesús está parado allí, esperando con la llave de mi casa que Él preparó para mí.

Cuando respiro profundamente la Gracia de Dios, puedo ver todos los colores del arcoíris en el cielo (incluso en los días nublados), lo que me da seguridad de Su Presencia y Amor por mí (un Amor Eterno). Esta seguridad fue (y sigue siendo) el viento bajo mis alas, permitiéndome volar como un águila, a través de este viaje en esta tierra.

Estas son algunas de mis Promesas de Dios favoritas que guardo en lo profundo de mi corazón cuando siento que se acercan los momentos de debilidad:

"Dios es nuestro amparo y fortaleza, nuestro pronto auxilio en las tribulaciones". (Salmos 46:1).

"Y Dios dice: 'Estad quietos y sabed que yo soy Dios. Seré exaltado entre las naciones. Seré exaltado en la Tierra'". (Salmo 46:10).

"Mi carne y mi corazón pueden desfallecer, pero Dios es la fortaleza de mi corazón y mi porción para siempre". (Salmo 73:26).

"Él es tu escudo y tu ayuda y tu espada gloriosa. Tus enemigos se acobardarán ante ti, y tú pisarás sus alturas" (Deuteronomio 33:29b).

"Escucha mi grito de auxilio, Rey mío y Dios mío, por Ti oro. Por la mañana, Señor, escuchas mi voz; por la mañana, expongo mis peticiones ante ti y espero expectante. Porque tú no eres un Dios que se agrada de la maldad, en ti no son bienvenidos los malvados. El arrogante no puede estar en Tu Presencia. Odias a todos los que hacen el mal; Tú destruyes a los que dicen mentiras. Los sanguinarios y engañosos; Señor, aborrece". (Salmo 5:2-6).

"Oh, Dios, tú eres mi Dios, con fervor te busco; mi alma tiene sed de ti, mi cuerpo te anhela, en una tierra seca y árida donde no hay agua". (Salmo 63:1).

"Entrad por sus puertas con acción de gracias y por sus atrios con alabanza; dadle gracias y alabad su nombre. Porque el Señor es Bueno y Su Amor es para siempre; Su fidelidad continúa a través de todas las generaciones". (Salmo 100:4-5).

"Sin embargo, el tiempo viene y ya ha llegado cuando los verdaderos adoradores adorarán al Padre, en Espíritu y en verdad; porque ellos son la clase de adoradores que el Padre busca. Dios es espíritu y sus adoradores deben adorar en espíritu y en verdad" (Juan 4:23-24).

"Todo lo puedo en Cristo que me fortalece". (Filipenses 4:13).

"Y mi Dios suplirá todas vuestras necesidades conforme a sus riquezas en gloria en Cristo Jesús. A nuestro Dios y Padre sea la gloria por los siglos de los siglos. Amén". (Filipenses 4:19-20).

Y de nuevo Dios dice: "No te lo he mandado yo? Se fuerte y valiente. No tengas miedo; no te desanimes, porque el Señor tu Dios estará contigo dondequiera que vayas"'. (Josué 1:9).

"La Gracia del Señor Jesucristo sea con vuestro espíritu. Amén". (Filipenses 4:23).

Construir la Verdad de Dios en tu vida es muy importante. Crea en ti todo lo que Dios es. Además, la veracidad es una cualidad de carácter esencial que deben tener los creyentes. La veracidad es uno de los caracteres de Dios que conforman quién es Dios. Para establecer el carácter de Dios de Veracidad, debes saber cómo hablar Su Verdad. La Palabra de Dios dice: "Porque la ley dada por medio de Moisés; *La gracia y la verdad vinieron por medio de Jesucristo". (Juan 1:17).*

"Santifícalos en la verdad; tu palabra es verdad". (Juan 17:17).

"Jesús le dijo: Yo soy el camino, la verdad y la vida. Nadie viene al Padre sino por Mí". (Juan 14:6).

Para saber y entender la Verdad, debes estar dispuesto a aceptar la Verdad y hablar la Verdad como Jesús habla la Verdad. Incluso cuando la Verdad causa malestar. La Verdad de Dios nunca causa incomodidad: son las mentiras de Satanás las que causan incomodidad.

Dios es la verdad. Se basa en Sus deseos y Sus caminos: la Verdadera realidad. Además, la realidad de hablar honestamente es una cualidad que supera cualquier situación incómoda o costosa.

Después de tener una conversación honesta con mi Equipo Estrella sobre esto, me dijeron los beneficios de conocer y tener la Verdad de Dios en mi vida. Los anoté y los memoricé. Estos son los que creo que son esenciales para que todo creyente los posea. Estos son muy importantes:

El primer beneficio es que tengo un cimiento firme sobre el cual edificar, para mantenerme en la Palabra de Dios y recibir Su Gracia y Misericordia, para fortalecerme en medio de la angustia y la desesperación. La Biblia es la única fuente para encontrar cómo construir un fundamento de verdad.

El segundo beneficio es conocer la Verdad de Dios asegurándome que Su Protección está continuamente conmigo, cada vez que me enfrento a cualquier tipo de peligro que surja en esta tierra.

El tercer beneficio es cuando estoy enfermo y débil, cuando clamo a Él, Él viene a sanarme y fortalecerme. Jesús me pone sobre sus hombros y me lleva hasta que estoy lo suficientemente fuerte para caminar de nuevo.

Jesús es el Ancla de la Verdad de Su Padre, porque Él es Aquel que está caminando conmigo a través de estos tiempos cruciales en esta tierra. Sabiendo que Jesús superó estos momentos cruciales, puedo caminar con confianza. La vida en esta tierra está distorsionada, pero Jesús aclara todas las cosas para que yo pueda seguirlo y no desviarme y perderme las bendiciones que su Padre tiene para mí (y para ti también).

La verdad de Dios provee:

Las Escrituras hablan de los beneficios de conocer y vivir la Verdad de Dios. Hubo muchos momentos en los que simplemente no sabía a dónde ir para encontrar las respuestas a las preguntas que estaba cosechando en mi mente. Hasta que empecé a leer la Biblia. No puedo enfatizar lo suficiente que la Biblia (que es Dios hablándonos) tiene todas las respuestas a todas las preguntas que estamos cosechando en nuestras mentes. Cuando abrí mi Biblia, encendí la Luz de Dios. Esa Luz iluminó todas las respuestas que necesitaba.

Estas son algunas de las Escrituras que me alentaron por la ayuda que necesitaba en mi momento de desesperación. Cuando comiences con estas Escrituras, Dios te revelará más que Él ve que necesitas leer, tal como lo hizo conmigo.

<u>Para orientación</u> para saber el mejor camino a seguir y qué hacer:

"Buscad al Señor y su fuerza; buscar su presencia continuamente". (1 Crónicas 16:11).

"Él guía a los humildes en la justicia, y enseña a los humildes su camino". (Salmo 25:9).

"Yo te instruiré y te enseñaré el camino en que debes andar; Yo te aconsejaré con mi ojo en'". *(Salmo 32:8).*

<u>Para que la Sabiduría</u> conozca la diferencia entre el bien y el mal:

"Si a alguno de vosotros le falta sabiduría, pídala a Dios, que da a todos abundantemente y sin reproche, y le será dada". (Santiago 1:5).

"Porque nuestra gloria es esta: el testimonio de nuestra conciencia de que nos comportamos en el mundo con sencillez y sinceridad piadosa, no con sabiduría terrenal, sino con la gracia de Dios, y sobre todo con vosotros". (2 Corintios 1:12).

"Escucha los consejos y acepta la instrucción, para que puedas adquirir sabiduría en el futuro". (Proverbios 19:20).

"Si uno da una respuesta antes de escuchar, es su locura y vergüenza". (Proverbios 18:13).

"Para conocer sabiduría e instrucción, para entender palabras de sabiduría". (Proverbios 1:2).

"La boca del justo profiere sabiduría, y su lengua habla justicia". (Salmos 37:30).

<u>Fortaleza que te permita</u> soportar todo lo que el enemigo (Satanás) te está lanzando:

"Dios es nuestro amparo y fortaleza, nuestro pronto auxilio en las tribulaciones". (Salmo 46:1).

"Porque el Señor tu Dios es el que va contigo para pelear por ti contra tus enemigos, para darte la victoria". (Deuteronomio 20:4).

"El día que llamé, me respondisteis; mi fuerza de alma aumentaste". (Salmo 138:3).

"No temas, porque yo soy tú; no desmayes, porque yo soy tu Dios; Te fortaleceré, te ayudaré, te sostendré con mi diestra justa"'. *(Isaías 41:10).*

"Dios, el Señor, es mi fortaleza; Él hace mis pies como los de los ciervos; Él me hace pisar mis lugares altos. Al maestro de coro: con instrumentos de cuerda". (Habacuc 3:9).

"Venid a mí todos los que estáis trabajados y cargados, y yo os haré descansar". (Mateo 11:28).

"Mantén tu vida libre del amor al dinero y conténtate con lo que tienes, porque Él ha dicho: 'Nunca te dejaré ni te desampararé'". (Hebreos 13:5).

"Todo lo puedo en Cristo que me fortalece". (Filipenses 4:13).

"Tened por sumo gozo, hermanos míos, cuando os halléis en diversas pruebas, porque sabéis que la prueba de vuestra fe produce constancia. Y que la constancia tenga su pleno efecto, para que seáis perfectos y completos, sin que os falte nada". (Santiago 1:2-4).

<u>Para que Coraje</u> te motive a seguir adelante:

"'Se fuerte y valiente. No temáis ni tengáis miedo de ellos, porque el Señor vuestro Dios es el que va con vosotros. Él no te dejará ni te desamparará"'. *(Deuteronomio 31:6).*

"'Solamente sé fuerte y muy valiente, teniendo cuidado de hacer conforme a toda la Ley que mi siervo Moisés te mandó. No te desvíes de ella ni a la derecha ni a la izquierda, para que tengas buen éxito dondequiera que vayas"'. *(Josué 1:7).*

"No te lo he mandado yo? Se fuerte y valiente. No temas, ni desmayes porque el Señor tu Dios estará contigo dondequiera que vayas"'. *(Josué 1:9),*

"Esfuércense y tome valor su corazón, todos los que esperan en el Señor!" (Salmo 31:24).

"Por tanto, no temeremos aunque la tierra sea removida, aunque los montes se trasladen al corazón del mar". (Salmo 46:2).

"En Dios, cuya palabra alabo, en Dios confío; no tendré miedo. Qué puede hacerme la carne? (Salmo 56:4).

"El Señor está de mi parte; no temeré Qué puede hacerme el hombre?". (Salmo 118:6).

"Confía en el Señor con todo tu corazón, y no Te apoyes en tu propia prudencia". (Proverbios 3:5).

"Porque Dios no nos ha dado espíritu de temor, sino de poder, de amor y de dominio propio". (2 Timoteo 1:7).

"Por tanto, levantad vuestras manos caídas y fortaleced vuestras débiles rodillas". (Hebreos 12:12).

"Espera en el Señor; sé fuerte, y deja que tu corazón tome valor; espera en el Señor!" (Salmos 27:14).

<u>Para Confort y Confianza de saber</u> que Dios está trabajando en su situación:

"Señor, tú conoces las esperanzas de los desvalidos. Seguramente escucharás sus gritos y los consolarás". (Salmo 10:17).

"El que habita a la sombra del Altísimo, a la sombra del Todopoderoso reposará. Diré al Señor: 'Refugio mío y fortaleza mía, Dios mío, en quien confío'". (Salmo 91:1-2).

"Cuando las dudas llenaron mi mente, Tu Consuelo me dio renovada esperanza y alegría". (Salmo 94:19).

"He aquí, Dios es mi salvación; Confiaré y no temeré; porque el Señor Dios es mi fortaleza y mi canción, y Él se ha convertido en mi salvación". (Isaías 12:2).

"Mi consuelo en mi sufrimiento es este: Tu Promesa preserva mi vida". (Salmo 119:50). "Confía en el Señor para siempre, porque el Señor Dios es una roca eterna". (Isaías 26:4).

"Que ahora me consuele tu amor inagotable, tal como me lo prometiste a mí, tu siervo". (Salmo 119:76).

"Ay, Señor Dios! Eres tú, que has hecho los Cielos y la tierra con Tu Gran Poder y con Tu brazo extendido! Nada es demasiado complicado para ti". (Jeremías 32:17).

"Jehová es bueno, baluarte en el día de la angustia; Él conoce a los que en Él se refugian". (Nahum 1:7).

<u>Para que la Fe te</u> ayude a actuar en la Verdad de Dios:

"He aquí, su alma está hinchada; no es recto dentro de él, pero el justo por la fe vivirá". (Habacuc 2:4).

"Jesús se volvió y, al verla, le dijo: 'Ten ánimo, hija, tu fe te ha salvado'. Y al instante la mujer quedó sana". (Mateo 9:22).

"Entonces les tocó los ojos, diciendo: 'Conforme a vuestra fe os sea hecho'". (Mateo 9:29).

"Él les dijo: 'Por qué tienen tanto miedo? Aún no tenéis fe?'" (Marcos 4:10).

"Y Jesús les respondió: Tened fe en Dios" (Marcos 11:22).

"Porque por fe andamos, no por vista". (2 Corintios 5:7).

"Porque en Cristo Jesús todos sois hijos de Dios por la fe". (Gálatas 3:26).

"Y los frutos del Espíritu son Amor, Alegría, Paz, Paciencia, Bondad, Bondad, Mansedumbre, Fidelidad y Dominio propio". (Gálatas 5:22).

"Porque por gracia sois salvos por medio de la fe. Y esto no es obra tuya; es el don de Dios". (Efesios 2:8).

"Es, pues, la fe la certeza de lo que se espera, la convicción de lo que no se ve". (Hebreos 11:1).

La lista sigue y sigue de todas las verdades que Dios provee. Oro para que tomes estos versículos de las Escrituras y sientas que el Espíritu de Dios se mueve a través de ti, animándote a vivir la Palabra y los caminos de Dios, porque este mundo tiene caminos que solo duran un momento y luego se convierten en polvo. Hay un gran estímulo más que nuestro Padre Celestial nos brinda: Su Hijo Jesucristo.

Esto es algo que preparé para recordarme todo lo que representa nuestro Señor Jesús: Jesús representa el Amor: Para amarme como ningún otro.

Jesús significa Guía: Para guiarme con la Luz de la Vida.

Jesús significa Compañero: Para caminar conmigo cuando me siento solo.

Jesús representa Obediencia: Para enseñarme los Mandamientos y caminos de Su Padre.

Jesús significa Escudo: Para protegerme de las flechas de fuego de Satanás.

Jesús representa Coraje: luchar por mí cuando la batalla es demasiado dura.

Jesús significa Oración: Para escucharme cuando nadie más lo haría.

Jesús representa la Fuerza: Para llevarme cuando me siento débil por la desesperación.

Jesús representa Seguridad: Para agarrarme cuando tropiezo y caigo.

Con todas las cosas que nuestro Padre Celestial nos provee y nos da, no tenemos por qué desobedecerlo. Cuando nos dio a Su Hijo Jesús, nos dio Consuelo para todos los momentos en que necesitamos ser consolados y renovar nuestra relación que nuestro pecado nos había separado de Él.

Sabes lo que sucede cuando no le abres la puerta a Jesús? Bueno, déjame contarte lo que me pasó cuando seguí negando haber escuchado ese golpe. Yo empecé:

Creer en los consejos mundanos; en lugar de la Palabra de Dios (la Biblia) por el consejo verdadero y justo para vivir, que me llevó directamente al pozo de la desesperación.

>>>Lo que luego me llevó a desarrollar malos hábitos, donde cedí a las acciones de Satanás y sus formas engañosas.

>>>Lo que luego me llevó a vivir en cautiverio emocional, donde absorbí todas las mentiras que Satanás colgaba frente a mí y que convirtieron mi autoestima en una toxina mortal que ennegreció mi alma. Además, Satanás usó a amigos, compañeros de trabajo y familiares para mantener esas mentiras sobre mí hasta que me envolví tanto en ellas que me convertí en ellas, en lugar de convertirme en lo que Dios me diseñó para ser. Ahora veo que no existe tal cosa como una mentira inofensiva o incluso una pequeña mentira, porque todas las mentiras me convirtieron en un desastre emocional, impidiéndome vivir en la Luz de la Paz de Dios y alejándome de seguir a Jesús.

>>>Lo que luego me llevó a la falta de crecimiento espiritual: estar envuelto en mentiras emocionales me cegó a la Verdad de Dios y me impidió madurar en el Señor.

>>>Lo que luego me llevó a perder el equilibrio, emocional y físicamente. La deshonestidad siempre conduce al conflicto, dándote una sensación de indignidad y viviendo en ese estado de mentir siempre. Lo que luego llevó a destruir cualquier tipo de buena reputación.

>>>Cuando vives una vida de mentiras, las mentiras hacen que los demás no te crean, cuando les dices algo que les haría daño. La gente tiende a recordarte más cuando dices mentiras]. Esta vida de mentiras siempre conducirá a entristecer el corazón de Dios. A los ojos de Dios, decir mentiras no es aceptable. Dios quiere que siempre hablemos de Su verdad y, a su vez, traigamos a otros a Él. Si dices mentiras, eso te impide hacer la obra de Dios, lo cual lo entristece terriblemente. Entonces sufres continuamente en la desilusión. No puedes mentir y esperar tener paz en tu corazón, simplemente nunca puede suceder.

Siempre te sentirás insatisfecho.

>>>Lo que luego conduce a malas relaciones con los demás y con Dios. Decir mentiras siempre te dará problemas para hacer amigos. La gente se mantendrá

lo más lejos posible de ti. Aunque Jesús te diera la espalda, nunca te dejaría, pero se decepcionaría de ti.

>>>Esto entonces te lleva a dañar tu propia imagen. Hablar y escuchar mentiras hará que comiences a ceder ante ellas y a parecerte a ellas.

>>>Lo que luego lleva a insistir en los fracasos del pasado. Cuando sigues recordando tus fracasos pasados, te apartas del camino de seguir adelante y no vivir la verdad, el camino y la Vida de Dios.

>>>Lo que luego conduce al fracaso en alcanzar su máximo potencial. Evitando que logres todos los planes que Dios tiene para ti. Haciéndote sentir que estás parado en un profundo charco de lodo, incapaz de moverte en ninguna dirección.

Las tentaciones y mentiras de Satanás siempre conducen a hablar y hacer cosas malas. Sin embargo, el Espíritu Santo te guiará a hablar y hacer cosas buenas. Por eso es muy importante que mantengas los oídos abiertos en todo momento y escuches con mucha atención esa Voz de la Verdad, que es Dios susurrando instrucciones sobre cómo seguir la dirección del Espíritu Santo y vivir en la Paz que supera todo. Todo para la Gloria y la Victoria de Dios. Las Palabras de Dios de la Verdad hablan de Vida, y Su dirección te saca de los lugares oscuros y fríos que este mundo ofrece.

<u>Aquí ahora está lo que dice la Palabra de Dios (la Biblia) acerca de hablar mentiras:</u>

"No darás falso testimonio contra tu prójimo". (Éxodo 20:16).

"Quién es el hombre que desea la vida y ama la longitud de los días para poder ver bien? Guarda tu lengua del mal y tus labios de hablar engaño". (Salmo 34:12-13).

"Por tanto, dejando a un lado la mentira, hablad VERDAD, cada uno de vosotros, con vuestro prójimo, porque somos miembros los unos de los otros". (Efesios 4:25).

"Los labios mentirosos son abominación a Jehová, pero los que obran fielmente son su deleite". (Proverbios 12:22).

"No robes. No mientas. No os engañéis unos a otros". (Levítico 19:11).

"El testigo falso no quedará sin castigo, y el que dice mentiras perecerá". (Salmo 19:9).

"Pero tú, oh Dios, los harás descender al pozo de la destrucción; los hombres sanguinarios y engañosos no vivirán la mitad de sus días. Pero en Ti confiaré". (Salmo 55:23).

"Los enemigos se disfrazan con sus labios, pero en su corazón albergan engaño. Aunque su discurso sea encantador, no les creáis, porque siete abominaciones llenan sus corazones. Su malicia puede ser ocultada por el engaño, pero su maldad será expuesta en la asamblea. El que cava un hoyo caerá en él; si alguien hace rodar una piedra, le volverá a caer. La lengua mentirosa odia a los que hiere, y la boca lisonjera obra la ruina". (Proverbios 26:24-28).

"El Espíritu dice claramente que en los últimos tiempos algunos abandonarán la fe y seguirán espíritus engañadores y cosas enseñadas por demonios. Tales enseñanzas provienen de hipócritas mentirosos, cuyas conciencias han sido cauterizadas con hierro candente". (1 Timoteo 4:1-2).

"Sabemos que hemos llegado a conocerlo si guardamos Sus mandamientos. El que dice: 'Yo le conozco', pero no hace lo que Él manda, es un mentiroso y la Verdad no está en esa persona". (1 Juan 2:3-4).

"Quién es un mentiroso? Es quien niega que Jesús es el Cristo. Tal persona es el anticristo, que niega al Padre y al Hijo. Ninguno que niega al Hijo tiene al Padre; el que reconoce al Hijo tiene también al Padre". (1 Juan 2:22-23).

"Nos amamos porque Él nos amó primero. Cualquiera que dice amar a Dios pero odia a un hermano o hermana es un mentiroso. Porque el que no ama a su hermano y a su hermana, a quienes ha visto, no puede amar a Dios, a quien no ha visto. Y Él nos ha dado este Mandamiento: 'Quien ama a Dios, debe amar también a su hermano y a su hermana'". (1 Juan 4:19-21).

"El testigo honesto no engaña, pero el testigo falso derrama mentiras. El escarnecedor busca sabiduría y no la encuentra, pero el conocimiento llega fácilmente al discernidor. Aléjate del necio, porque no hallarás conocimiento en sus labios". (Proverbios 14:5-7).

"Seis cosas aborrece el Señor, y siete le son abominables: los ojos altivos, la lengua mentirosa, las manos derramadoras de sangre inocente, el corazón que maquina planes inicuos, los pies presurosos para precipitarse en el mal, el testigo

falso que derrama miente y persona que suscita conflictos en la Comunidad".
(Proverbios 6:16-20).

"Que estas palabras de mi boca y esta meditación de mi corazón sean
agradables a tus ojos, Señor, mi Roca y mi Redentor". (Salmo 19:14).

"Si yo hablara lenguas humanas o angélicas, pero no tengo amor, vengo
a ser como metal que resuena o címbalo que retiñe. Si tengo el don de profecía
y puedo sondear todos los misterios y todo el conocimiento, y si tengo una fe que
puede mover montañas, pero no tengo amor, nada soy. Si doy todo lo que poseo
a los pobres y entrego mi cuerpo a las tribulaciones para gloriarme, pero no tengo
amor, nada gano". (1 Corintios 13:1-3).

"Mirad, pues, con mucho cuidado cómo vivís; no como necios, sino como
sabios, aprovechando al máximo toda oportunidad, porque los días son malos. Por
tanto, no seáis insensatos, sino entendidos de cuál sea la voluntad del Señor. No te
emborraches con vino, que lleva al libertinaje. En cambio, sed llenos del Espíritu,
hablando entre vosotros con salmos, himnos y cánticos del Espíritu. Canten y hagan
música desde su corazón al Señor, dando siempre gracias a Dios Padre por todo,
en el nombre de nuestro Señor Jesucristo". (Efesios 5:15-21).

"No dejéis que de vuestra boca salga ninguna palabra profana, sino sólo
la que sea útil para la edificación de los demás según sus necesidades, a fin de que
beneficie a los que escuchan". (Efesios 4:29).

"Bienaventurados los que lavan sus ropas, para tener derecho al árbol de
la vida y para entrar por las puertas de la ciudad. Fuera están los perros, los que
practican artes mágicas, los inmorales sexuales, los homicidas, los idólatras y todo
aquel que ama y practica la mentira". (Apocalipsis 22:14-15).

Estas Escrituras de la Biblia son las Palabras de la Verdad de Dios
que sanan y destruyen las flechas ardientes de Satanás que continuamente
vuelan por los aires de este mundo; derecho a todos los que están siguiendo
a Jesús. Reconocer y hablar la Verdad de Dios ayudará a construir sobre los
cimientos para vivir y respirar la Vida que Dios creó para que vivamos. Por eso,
les digo, una verdad que aprendí a hacer, para seguir avanzando y logrando
todos los planes que Dios tiene para mí; y esquivando esas flechas de las
mentiras de Satanás: Durante los primeros años de mi vida, siempre caminaba
sintiéndome solo y envidiando a otras personas que parecían estar viviendo
una "vida glamorosa", que pensé que era la forma en que necesitaba vivir.

Desde entonces, dejé entrar a Jesús en mi vida, y Él me mostró que vivir esa "vida glamorosa" (vida mundana) era vivir una vida de mentiras (como leíste en las Escrituras de arriba). Jesús también me mostró que cuando viviera con Él, todos los deseos mundanos desaparecerían y encontraría una vida mejor en el Amor y la Paz de Su Padre que Él me creó para vivir, dejando atrás los caminos de este "mundo glamoroso en el polvo".

La vida que otras personas estaban viviendo era lo que este mundo quería que yo viviera (que es temporal, no eterna). Sin embargo, vivir en la Verdad de Dios es Vida Eterna. La Palabra de Dios comenzó a absorberse en mi mente y corazón, dándome una fuerza que estaba más allá de lo que podría haber imaginado.

Encontré la veracidad de Dios para mi vida en la Biblia, y la acepté y creo en ella por ser mi guía para vivir los caminos de Dios. Por lo tanto, elegí hablar las palabras que construyen en lugar de las palabras que derriban. Empecé a examinar mis fracasos pasados, pidiéndole a Dios que identificara cualquier área de debilidad. Dios reveló Escrituras que me levantaron del abismo y detuvieron la acción resbaladiza en la que comencé a progresar. He estado leyendo todo lo que Él me reveló (y algo más), absorbiéndolo todo en mi mente y corazón. Dios puso en mi corazón ser una persona confiable, confiable, cuyas palabras hablen verdad, recordando siempre que Jesús es el Camino, La Verdad y la Vida. Él me ha hecho libre en verdad. Libre de cualquier deseo de este mundo. Dios hace Su mejor obra en nosotros cuando nos sentamos en la quietud de Su Presencia; donde podamos enfocar nuestra mirada en Él y sólo en Él. En el tiempo que pasas con Dios, ganas Su perspectiva por tu vida, las cargas pesadas se llevan, los pensamientos desenredados se suavizan, y sientes Su Amor y Consuelo que Él da tan libremente a aquellos que lo aman.

Medita en estas Escrituras de la Veracidad de Dios:

"Asegúrense de temer al Señor y de servirle fielmente, con todo su corazón; considerad las grandes cosas que Él ha hecho por vosotros". (1 Samuel 12:25).

"Que toda la creación se regocije delante del Señor, porque Él viene, Él viene a juzgar la tierra. Él juzgará al mundo con justicia ya los pueblos con su fidelidad". (Salmo 96:13).

"El Señor detesta los labios mentirosos, pero se deleita en las personas dignas de confianza". (Proverbios 12:22).

"El Verbo se hizo carne y habitó entre nosotros. Hemos visto su gloria del Hijo unigénito, que vino del Padre, lleno de gracia y de verdad... Porque la ley fue dada por medio de Moisés; la gracia y la verdad vinieron por medio de Jesucristo. Nadie ha visto jamás a Dios, pero el Hijo unigénito, que es Él mismo Dios y está en la más estrecha relación con el Padre, lo ha dado a conocer". (Juan 1:14, 17).

"Dios es espíritu y sus adoradores deben adorarlo en espíritu y en verdad". (Juan 4:24).

"Mantente firme entonces, con el Cinturón de la Verdad, abrochado alrededor de tu cintura; con la Coraza de Justicia puesta". (Efesios 6:14).

"Todas Tus palabras son verdaderas; todas tus justas leyes son eternas". (Salmo 119:160).

"Él escogió darnos a luz por medio de la palabra de verdad para que fuésemos como las primicias de todo lo que Él creó. Mis queridos hermanos y hermanas, tomen nota de esto: Todos deben ser prontos para escuchar, lentos para hablar y lentos para enojarse, porque la ira humana no produce la Justicia que Dios desea. Por lo tanto, despójense de toda inmundicia moral y de la maldad que prevalece y acepten humildemente la palabra plantada en ustedes, que los puede salvar. No os limitéis a escuchar la palabra, y así os engañéis a vosotros mismos. Haz lo que dice". (Santiago 1:18-22).

"Muéstrame Tus Caminos, Señor, enséñame Tus Sendas. Guíame en Tu Verdad y enséñame, porque Tú eres Dios mi Salvador, y mi esperanza está en Ti todo el día". (Salmo 25:4-5).

"Por tanto, cada uno de vosotros debe desechar la mentira y hablar con la verdad a su prójimo, porque todos somos miembros de un solo cuerpo". (Efesios 4:25).

"No dejéis que de vuestra boca salga ninguna palabra profana, sino sólo la que sea útil para la edificación de otros según sus necesidades; que pueda beneficiar a los que escuchan. Además, no contristéis al Espíritu Santo de Dios, con quien fuisteis sellados para el día de la redención. Deshazte de toda amargura, ira e ira, peleas y calumnias, junto con toda forma de malicia. Sed bondadosos y misericordiosos unos con otros, perdonándoos unos a otros, así como Dios os perdonó a vosotros en Cristo". (Efesios 4:29-32).

La Biblia es un gran lugar para ir cuando estás en un estado de confusión y te falta conocimiento sobre cómo manejar los caminos de este mundo oscuro, frío y confuso. Las situaciones van y vienen, pero la Palabra de Dios vivirá para siempre. Es cómo los soportas lo que importa. La mejor manera de soportar tu situación, que parece estar agobiándote, es clamar a Jesús, y Él se acercará y te dará esa mano amiga. Porque Jesús sabe todo lo que estás pasando; y Él superó todo lo que estás pasando. Jesús es el Camino a la Vida Justa con Su Padre en el Cielo. Jesús te enseñará todo lo que sabe y te protegerá y defenderá al mismo tiempo. No tienes por qué temer; porque el miedo es mentira. Solo confíe en el Señor que Él está con nosotros y nunca nos dejará. Esta es la Voluntad de Dios: Confiesa cualquier pecado que puedas estar escondiendo y arrepiéntete de él. Porque el arrepentimiento te lleva por el camino del gozo, todo en las alas del Amor y la Gracia.

El arrepentimiento es el cambio de mente para alejarse de su pecado y salir de la oscuridad (sus deseos) de este mundo. La decisión de confesar y arrepentirse es la decisión bien tomada de caminar en la Luz del Amor, la Alegría y la Gracia: el Equipo Estelar.

Me alejé completamente de mis malas acciones (pecado) y se las entregué a Aquel en el Cielo, quien venció a este mundo y pelea mis batallas por mí. La Biblia dice: "Bienaventurado aquel cuyas transgresiones son perdonadas, cuyos pecados son cubiertos.

Bienaventurado el hombre cuyo pecado el Señor no le imputa y en cuyo espíritu no hay engaño. Mientras callaba, mis huesos se envejecían en mi gemir todo el día. Porque de día y de noche tu mano se agravó sobre mí; mi fuerza se agotó como en el calor del verano. Entonces, te reconocí mi pecado y no encubrí mi iniquidad. Dije:

'Confesaré mis transgresiones al Señor', y perdonaste la culpa de mi pecado. Por tanto, que todos los fieles oren a Ti, mientras puedes ser hallado; ciertamente no los alcanzará la rebelión de las aguas impetuosas. Eres mi escondite; Me protegerás de los problemas y me rodearás con canciones de liberación. Yo te instruiré y te enseñaré el camino en que debes andar; Te aconsejaré con Mi ojo amoroso sobre ti'. No seáis como el caballo o el mulo, que no tienen entendimiento, sino que hay que controlarlos con freno y freno, o no vendrán a vosotros. Muchas son las aflicciones de los impíos, pero el Amor Inagotable del Señor rodea al que

confía en Él. Alegraos en el Señor y alegraos, justos; Cantad, todos los rectos de corazón! (Salmo 32:1-11).

Hay muchas batallas que debemos pelear en esta tierra que están tratando de alejarnos de seguir a Jesús. Aquí están tres de las batallas que estoy luchando continuamente:

<u>La batalla uno</u> es de su propio deseo de holgazanear y no hacer lo que Dios nos dice que hagamos.

<u>La batalla dos</u> se trata de lidiar con las flechas ardientes diarias de Satanás (que ocurren repetidamente) para distraernos de caminar con Jesús.

<u>La batalla tres</u> es la presión de los miembros de tu familia, tus amigos y, sí, incluso de tu propio ser interior.

Pelear estas batallas (y muchas otras) me debilitó mucho porque estaba tratando de hacerlo solo, pensando que podía enfrentar a estos 'gigantes'. Entonces, recordé lo que dijo el Señor en Su Palabra:

"'Se fuerte y valiente. No temas ni te asustes por causa de ellos, porque el Señor tu Dios va contigo; Él nunca te dejará ni te abandonará'". (Deuteronomio 31:6).

"No te lo he mandado yo? Se fuerte y valiente. No tengas miedo; no te desanimes, porque el Señor tu Dios estará contigo dondequiera que vayas'". (Josué 1:9).

Instantáneamente sentí que me volvía más fuerte y debilitaba a esos 'gigantes'. La entrega total a Dios me dio confianza para enfrentar las batallas de este mundo; esto le agradó e hizo huir a Satanás de mí. Desde que agarré la mano de Jesús, obtuve la fuerza para soportar la lucha y confiar en Él para ayudarme en estas batallas. Todo esto sucedió cuando respondí a Su llamado a la puerta de mi corazón y le di la bienvenida a Jesús a mi vida (dándole el control total). Mi relación con Él se ha fortalecido, por lo que es muy imposible que algo me aleje de Él. Como dice la Biblia: *"Porque nada será imposible para Dios". (Lucas 1:37).*

"Todo lo puedo en Cristo que me fortalece". (Filipenses 4:13).

No hay nadie en la tierra que pueda siquiera acercarse a ser más digno de confianza que Dios. He aprendido a estar relajada y disfrutar de todas las bendiciones que Dios está poniendo delante de mí. No tengo que preocuparme por las flechas ardientes de Satanás, porque Dios colocó un escudo protector a mi alrededor, para que esas flechas no puedan pasar. Os digo que la confianza y la obediencia son la clave para la protección eterna de nuestro Padre Dios, Creador y Salvador. Puedo caminar con una sonrisa en mi rostro y amor en mi corazón que mi Señor estará conmigo siempre y para siempre. Siempre tendré estas Escrituras (y muchas otras) de la Biblia en mi corazón para poder hablar y recordarlas cuando necesite ánimo:

"Porque estoy convencido de que ni la muerte ni la vida, ni los ángeles ni los demonios, ni el presente ni el futuro, ni ningún poder, ni lo alto ni lo profundo, ni cosa alguna en toda la creación, podrá separarnos del amor de Dios que es en Cristo Jesús Señor nuestro". (Romanos 8:38-39).

"Cuando tengo miedo, en ti confío, en Dios cuya palabra alabo, en Dios confío y no tengo miedo. Qué pueden hacerme los simples mortales? (Salmo 56:3-4).

"Mira, estoy haciendo algo nuevo! Ahora brota; no lo percibes? Voy a abrir un camino en el desierto y arroyos en la tierra baldía". (Isaías 46:19).

Ahora confío en Dios con todas mis batallas. El mundo intenta que yo los acompañe en sus formas de vivir, pero yo sé que Jesús es el camino para mí. Además, sé que Jesús nunca me dejará ni dejará que me lastimen. Porque Él siempre está conmigo en todos los momentos de mi vida.

Todo comenzó hace cincuenta años cuando no sabía todo lo que sé ahora acerca de Dios. Cuando pensé que estaba solo, asustado y confundido. Cuando pensé que no tenía a quién ir y enseñarme cómo vivir de la manera correcta (la manera de Dios). Sin las pautas e instrucciones de Dios sobre cómo vivir mi vida, estaba perdido. Todo esto fue cuando mi relación con mi Padre Celestial (o incluso cualquier relación con alguien) era bastante escasa. Sin embargo, cuando leo mi Biblia más y más Acepté a Jesús en mi vida como mi Señor y Salvador, encontré el verdadero yo que Dios me creó para ser. Ahora estoy buscando (cada oportunidad que tengo) para saber todo acerca de Dios el Padre y Creador y Su Hijo Jesús. En esta búsqueda, necesitaba dejar de lado todos los pensamientos de este mundo y poner a Dios por encima de todo (aunque me doliera hacerlo).

Haciendo esto encontré las bendiciones que Dios tenía para mí. Ahora, algunas personas tomarían esta declaración y pensarían que Dios los bendecirá con cosas materiales. Yo era uno de esas personas. Dios no bendice de esa manera. Él bendice con Su Gracia, Amor y Paz (lo invisible). Bueno, si eso conduce a la riqueza, entonces eso es una bonificación adicional.

Es Dios quien dirige mi vida. Esta es la única manera de caminar este viaje en esta tierra. Dios ve cómo está tu corazón. Si tu corazón tiene algo que Dios no aprueba, entonces Él te lo dirá. Por eso es importante tener esa relación con Él (a través de Su Hijo Jesús).

Debes abrir tu corazón y tu mente para que Dios pueda escudriñarlos y quitar todo lo que no sea de Él. Abrirle la puerta a Jesús fue lo mejor que he hecho. Ahora tengo a alguien con quien caminar y hablar cuando necesito un amigo que pueda fortalecerme en lugar de destruirme.

Hacer equipo con Jesús crea aquí en la tierra las bendiciones que conducen a la Gloria que me espera en el Cielo. Además, cuando me miro al espejo, no veo esa pobre imagen de mí mismo; el espejo ahora refleja el nuevo yo que soy en Cristo. Lea estas Escrituras de la Biblia que leo para recordar quién confía en mí, me ama y me da refugio en Él:

"Si permanecéis en Mí y Mis Palabras permanecen en vosotros, pedid lo que queráis y os será hecho. Es para la gloria de mi Padre que deis mucho fruto, mostrándoos discípulos míos". *(Juan 15:7-8).*

"El Señor es un refugio para los oprimidos, una fortaleza en tiempos de angustia. En ti confían los que conocen tu nombre, porque tú, Señor, nunca desamparas a los que te buscan". (Salmo 9:9-10).

"Gustad y ved que es bueno el Señor; bienaventurado el que en él se refugia. Temed al Señor, vosotros su pueblo santo, porque a los que le temen nada les falta". (Salmo 34:8-9).

"Qué invaluable es tu Amor Inagotable, oh Dios! La gente se refugia en la Sombra de Tus Alas. Se deleitan con la abundancia de Tu Casa; Les das de beber de Tu río de Delicias. Porque contigo está la Fuente de la Vida; en Tu Luz vemos Luz". (Salmo 36:7-9).

"Soy como un olivo que florece en la casa de Dios; Confío en el amor inagotable de Dios por los siglos de los siglos. Por lo que has hecho siempre te

alabaré en presencia de tu pueblo fiel, y esperaré en tu nombre, porque tu nombre es bueno". (Salmo 52:8-9).

"El que habita al abrigo del Altísimo descansará a la sombra del Omnipotente. Diré del Señor: 'Él es mi refugio y mi fortaleza, mi Dios, en quien confío. Ciertamente, Él os salvará del lazo del cazador y de la pestilencia mortal. Él te cubrirá con Sus Plumas, y bajo Sus Alas encontrarás refugio; Su Fidelidad será vuestro escudo y baluarte. No temerás el terror de la noche, ni saeta que vuele de día, ni pestilencia que ande en las tinieblas, ni mortandad que destruya a mediodía. Caerán a tu lado mil, y diez mil a tu diestra, pero a ti no llegará". (Salmo 91:1-7).

"Los que confían en el Señor son como el monte de Sión, que no se conmueve sino que permanece para siempre. Como los montes rodean a Jerusalén, así el Señor rodea a su pueblo desde ahora y para siempre". (Salmo 125:1-2).

"Que el amor y la fidelidad nunca te abandonen; átalas a tu cuello, escríbelas en la tabla de tu corazón. Entonces ganarás favor y un buen nombre a la vista de Dios y de los hombres. Confía en el Señor con todo tu corazón y no te apoyes en tu propio entendimiento; sométanse a él en todos sus caminos, y él enderezará sus veredas. No seas sabio en tu propia opinión; teme al Señor y aléjate del mal. Esto traerá salud a tu cuerpo y nutrición a tus huesos. Honra al Seño con tus riquezas, con las primicias de todos tus frutos; entonces vuestros graneros se llenarán hasta rebosar, y sus tinajas rebosarán de vino nuevo". (Proverbios 3:3-10).

"El que presta atención a la instrucción prospera, y es bienaventurado el que confía en el Señor. Los sabios de corazón son llamados entendidos, y las palabras amables promueven la instrucción. La prudencia es fuente de vida para los prudentes, pero la necedad trae castigo a los necios. El corazón de los sabios hace que su boca sea prudente, y sus labios promuevan la instrucción". (Proverbios 16:20-23).

"El que teme al Señor tiene una fortaleza segura, y para sus hijos será un refugio. El temor del Señor es manantial de vida, que aparta al hombre de los lazos de la muerte". (Proverbios 14:26-27).

"Confía en el Señor para siempre, porque el Señor, el Señor mismo, es la Roca eterna". (Isaías 26:4).

"El Señor es bueno, un refugio en tiempos de angustia. Él cuida de los que confían en Él". (Nahum 1:7).

"Y Dios dice: **Estad quietos y sabed que yo soy Dios. Seré exaltado entre las naciones. Seré exaltado en la Tierra'".** *(Salmo 46:10).*

Así es como paso mi tiempo libre, absorbiendo la Palabra de Dios, para recortdar que nunca estoy solo frente a lo que este mundo me viene; todo para derribarme. Puede que no sea un experto en solucionar problemas, pero les digo esto: aprendí de mi Equipo Estrella que tenía que dejar de preocuparme y quejarme y comenzar a relajarme en la Fuerza, la Compasión y el Refugio de Dios; que es estar en Su Gloriosa Presencia.

No toda esa preocupación y queja soluciona nada; simplemente retrasan las bendiciones que Dios tiene para ti. Entonces, cuando entren a la Presencia de Dios, dejen las preocupaciones y se quejen afuera en el frío. Trae solo a ti mismo, listo para escuchar y recibir todo lo que Dios tiene para decirte. Cuando estés en la Presencia de Dios, no hables demasiadas palabras. Simplemente te hace parecer un tonto, y no podrás escucharlo hablar contigo. Dios siempre está hablando con una voz suave y gentil, y es muy difícil escucharlo cuando continuamente hablas muchas palabras. Este fue mi mayor pecado. Siempre 'pensé' que cuando oraba, tenía que seguir hablando para que Dios me escuchara.

Entonces, una vez mientras oraba, no tenía palabras para hablarle. Estaba sin palabras. me quede sin palabras Todo lo que pude decirle fue: 'Gracias por tu protección y te amo'. Amén'. Entonces, lo escuché decirme: 'No temas ni te preocupes, porque yo estoy contigo. Te estoy despejando el camino. Tomad Mi mano y andad Conmigo, y Yo seré vuestro guía y escudo". Después de pronunciar estas palabras, mis oídos se sintonizaron con Su Voz cada vez que oraba. Nunca, de nuevo, hablé demasiadas palabras. La Palabra de Dios me dice: *"Cuida tus pasos cuando vayas a la Casa de Dios. Acercaos a escuchar antes que a ofrecer el sacrificio de los necios, que no saben que hacen mal. No te apresures con tu boca, no te apresures en tu corazón a proferir nada delante de Dios. Dios está en el Cielo y vosotros en la tierra, así que sean pocas vuestras palabras. Un sueño viene cuando hay muchas preocupaciones, y muchas palabras marcan el discurso de un necio". (Eclesiastés 5:1-3).* Entonces, hice exactamente lo que Él dijo y cambié mis formas de ser una 'persona de oración hablada' a una 'persona de oración que escucha' cada vez que estaba en Su Presencia dándole el Respeto, el Amor y la Gloria que Él tanto merece.

Tus palabras y pensamientos no se comparan con las palabras y los pensamientos de Dios. Dios vence cada vez: es Él quien limpia el aire de nuestras muchas palabras; para que podamos escuchar Sus Palabras de Verdad que traen Sabiduría, Conocimiento y Victoria a nuestras vidas. Las palabras de Dios son lo que necesitas para superar los caminos de este mundo que está lleno de "personas parlanchinas". Cuando tu mente está tranquila, todos los pensamientos de este mundo se transforman en Pensamientos de Dios. Este es el primer paso de la transformación y renovación que Dios (nuestro Creador) hace para que vivas Su Manera de vivir y pensar como Él. Como Dios cambió mis palabras y pensamientos por los Suyos, tengo más confianza para realizar la obra que Él me ha encomendado. Hoy, ahora le agradezco todos los días por Su Enseñanza, Consuelo y, sobre todo, Su Amor/Gracia. Descubrí que cuando oro, no debo mencionar ninguna de las presiones de mi desempeño, porque Él mira mi corazón, no mis obras. Tu corazón dice todo sobre ti, por eso debes tener pensamientos buenos y puros en tu corazón.

Esto te beneficiará en tu viaje por este mundo. Un beneficio es el Gozo de una Verdadera Amistad con Alguien en quien puedes confiar completamente; para sentirte libre de ser el verdadero tú que Dios te creó para ser. Jesús, Su Hijo, es ese Alguien en quien confiar: Él sabe lo peor y lo mejor de ti. Y todavía desea ser su Verdadero Amigo. Jesús saca lo mejor de mí (y de ti también) para que yo pueda vivir y amar lo mejor de Él. Solo eche un vistazo a estas Escrituras que respaldan lo que acabo de decir:

"No os conforméis más al modelo de este mundo, sino transformaos mediante la renovación de vuestra mente. Entonces podréis probar y aprobar cuál es la voluntad de Dios, su voluntad buena, agradable y perfecta". (Romanos 12:2).

"Mi mandamiento es este: Amaos los unos a los otros como yo os he amado. Nadie tiene mayor amor que éste; que dio su vida por sus amigos. Sois mis amigos si hacéis lo que os mando. Ya no os llamaré siervos, porque el siervo no sabe los negocios de su señor. En cambio, te he llamado amigo, porque todo lo que aprendí de mi Padre, te lo he dado a conocer. Ustedes no me eligieron a mí, pero yo los elegí a ustedes y los designé para que vayan y den fruto, fruto que perdure. Entonces el Padre les dará todo lo que pidan en Mi Nombre. Este es Mi Mandamiento: Amaos los unos a los otros'". (Juan 15:12-17).

"El amor es paciente, el amor es amable. El amor no tiene envidia, el amor no se jacta, el amor no es orgulloso. El amor no deshonra a los demás, el amor no es egoísta; El amor no se enoja fácilmente. No guarda ningún registro de errores. El amor no se deleita en el mal sino que se regocija con la Verdad. El amor siempre protege, siempre confía, siempre espera y siempre persevera. El amor nunca falla... Y ahora quedan estos tres: Fe, Esperanza y Amor. Pero el Mayor de estos tres es el Amor". (1 Corintios 13:4-7, 8a, 13).

*Estos versículos describen la naturaleza y el carácter de Dios. Quiero vivir (y amar) estos versículos y llegar a ser como Jesús. No hay otro ejemplo que Jesús para caminar como Él camina y hablar como Él habla. Jesús bajó de lo alto para mostrarnos cómo vivir y respirar los caminos de Su Padre. Viviendo los caminos de este mundo, te quedas confundido y caminando en círculos. Sin embargo, viviendo el Camino de Dios, puedes caminar con confianza, por el Camino recto del Amor que Dios preparó antes que tú. **"Entonces Jesús les habló de nuevo diciendo: 'Yo soy la luz del mundo; el que me sigue no andará en tinieblas, sino que tendrá la luz de la vida' ".** (Juan 8:12).*

Y luego recé este Salmo: *"Sean gratas las palabras de mi boca y la meditación de mi corazón delante de ti, oh Señor, Roca mía y Redentor mío". (Salmo 19:14).* Amén*!*

Sigo aferrándome a estas dos promesas. Dios nos dirá "cuándo" y "cómo" que Él ve mejor para nosotros para vivir sus caminos. Así que siempre escucharé a Dios hablar y seguiré Sus Mandamientos en todas las cosas. Entonces tendré la Paz de Dios que supera todo. El camino del pecado definitivamente terminará en dolor. La mayoría de las personas que viven en este mundo de alguna manera han perdido la conciencia de cómo el pecado y la culpa pueden traer las consecuencias de perder la vida al vivir en la pureza de la que habla la Biblia:

"Bienaventurados los limpios de corazón, porque ellos verán a Dios". (Mateo 5:8).

"He aquí, Tú deseas la verdad en lo más profundo de tu ser, y en lo oculto Me harás conocer la sabiduría". (Salmo 51:6).

"Ciertamente Dios es bueno con Israel, con los limpios de corazón!" (Salmo 73:1).

"Mi carne y mi corazón pueden desfallecer, pero Dios es la fortaleza de mi corazón y mi porción para siempre". (Salmo 73:26). "Considerad, pues, los miembros de vuestro cuerpo terrenal como muertos a la fornicación, a la impureza, a las pasiones, a los malos deseos y a la avaricia, que es idolatría". (Colosenses 3:5).

"Crea en mí un corazón limpio, oh Dios, y renueva un espíritu firme dentro de mí". (Salmo 51:10).

"Este es el mensaje que hemos oído de Él y os anunciamos, que Dios es Luz, y en Él no hay oscuridad alguna". (1 Juan 1:5). "Y todo aquel que tiene esta esperanza puesta en Él, se purifica a sí mismo, así como Él es Puro". (1 Juan 3:3).

Una de las formas que trae la muerte a tu alma es cuando comienzas a quejarte de cómo los demás hacen o dicen cosas y ni siquiera te das cuenta de que estás lastimando a las personas que te rodean. Descubrí que esto era cierto cuando escuché que algunas personas se quejaban de mí; me hizo sentir mal por dentro, una enfermedad que me hizo sentir vergüenza. No tenía a quién ir (así lo pensé) para preguntar qué hacer. Fui al único lugar que sabía que me haría sentir mejor y me diría todo lo que estaba haciendo mal: mi Biblia (las palabras de sanidad de Dios). Mientras abría mi Biblia, le pregunté a mi Padre Celestial: "Qué debo hacer en lugar de quejarme de los demás que me están lastimando?" Entonces, Él me guió a estas Escrituras, en las cuales contestó mi pregunta, y ahora cuando tengo la necesidad de quejarme, las leo hasta que el sentimiento de queja desaparezca.

"Continúen trabajando en su salvación con temor y temblor, porque es Dios quien produce en ustedes el querer y el hacer para cumplir Su buen propósito. Haced todo sin murmuraciones ni discusiones, para que seáis irreprensibles y puros, "hijos de Dios sin mancha en una generación torcida y torcida". Entonces resplandeceréis entre ellos como estrellas en el cielo mientras os aferráis firmemente a la Palabra de Vida. Y entonces podré gloriarme en el Día de Cristo de que no corrí ni trabajé en vano". (Filipenses 2:12b-16).

"Por qué deberían quejarse los vivos cuando son castigados por sus pecados? Examinemos nuestros caminos y examinémoslos, y volvamos al Señor". (Lamentaciones 3:39-40).

"No juzguéis y no seréis juzgados. No condenes y no seras condenado. Perdona, y serás perdonado. Dad, y se os dará: una medida buena, apretada, remecida y rebosante, se derramará en vuestro regazo. Porque con la medida usas,

te será medido. También les contó esta parábola: Puede un ciego guiar a otro ciego? No caerán ambos en un pozo? El estudiante no está por encima del Maestro, pero todo el que esté completamente capacitado será como su Maestro. Por qué miras la aserrín en el ojo de tu hermano y no prestas atención a la viga en tu propio ojo? (Lucas 6:37-41).

"No dejéis que de vuestra boca salga ninguna palabra profana, sino sólo la que sea útil para la edificación de otros según sus necesidades, para que beneficie a los que escuchan. Además, no contristéis al Espíritu Santo de Dios, con quien fuisteis sellados para el día de la redención. Deshazte de toda amargura, ira e ira, peleas y calumnias, junto con toda forma de malicia. Sed bondadosos y misericordiosos unos con otros, perdonándoos unos a otros, así como Dios os perdonó a vosotros en Cristo". (Efesios 4:29-32).

Al final, quejarse lastima a los demás, y a nadie (pero a nadie) le gusta estar cerca de los que se quejan. Especialmente, nuestro Padre Celestial—simplemente le rompe el corazón. Quejarse lleva a la calumnia, al chismorreo, a la amargura, a la duda y a la ira, lo que nos aleja de nuestro Señor Jesús y de una Vida de Amor y Paz. Esto es lo que dice la Biblia: "Dios nos da más Gracia. Por eso dice la Escritura: *"Dios se opone a los soberbios, pero muestra favor a los humildes". Someteos, pues, a Dios. Resistid al diablo, y huirá de vosotros. Acércate a Dios y Él se acercará a ti. Lavaos las manos, pecadores, y purificad vuestros corazones, vosotros de doble ánimo. Llorar, llorar y gemir. Cambia tu risa en luto y tu alegría en tristeza. Humillaos ante el Señor, y Él os exaltará. Los hermanos y las hermanas no se calumnian unos a otros. Cualquiera que hable contra un hermano o una hermana o los juzgue, habla contra la ley y la juzga. Cuando juzgas la ley, no la guardas, sino que la juzgas. Sólo hay un Legislador y Juez, Aquel que puede salvar y destruir. Pero tú, quién eres tú para juzgar a tu prójimo? (Santiago 4:6-12).*

"Tened paciencia y estad firmes, porque la venida del Señor está cerca. No os quejéis unos de otros, hermanos y hermanas, o seréis juzgados. El juez está parado en la puerta! (Santiago 5:8-9).

"Como saben, contamos como bienaventurados a los que han perseverado. Has oído hablar de la perseverancia de Job y has visto lo que finalmente hizo el Señor. El Señor está lleno de compasión y misericordia. Sobre todo, mis hermanos y hermanas no juran, ni por el cielo ni por la tierra ni por ninguna otra cosa. Todo

lo que necesitas decir es un simple 'Sí' o 'No'. De lo contrario, serás condenado". (Santiago 5:11-12).

El toque consolador de Dios está cerca todo el tiempo para todos los que sufren y se sienten solos. Dios sabe y ve todo, porque Él se cierne sobre nuestras vidas y nos renueva todo el tiempo. Dios sabe que somos débiles y no podemos manejar los caminos corruptos de este mundo. Porque el enemigo (Satanás) está continuamente al acecho disparándonos esas flechas de tentaciones y engaños, tratando de desviarnos del camino que lleva a la Vida Eterna que Dios tiene para nosotros. Sin embargo, si continuamos fijando nuestra mirada en Jesús y agarrados de Su mano, podemos esquivar esas flechas y caminar a través del fuego sin sentir el calor. La Biblia dice:

"Mira, el Señor Soberano viene con poder, y gobierna con brazo poderoso. Mira, Su recompensa está con Él, y Su recompensa lo acompaña. Él atiende a su rebaño como un pastor: recoge a los corderos en sus brazos y los lleva cerca de su corazón; Con dulzura conduce a los que tienen crías". (Isaías 40:10-11).

"Alzad vuestros ojos y mirad a los cielos: Quién creó todo esto? El que saca la hueste de estrellas una por una y llama a cada una de ellas por su nombre. Debido a Su gran poder y gran fuerza, ninguno de ellos falta. Por qué te quejas, Jacob? Por qué dices, Israel,

'Mi camino está escondido del Señor; mi causa es desatendida por mi Dios'? No sabes? No has oído? El Señor es el Dios eterno, el Creador de los confines de la tierra. No se cansará ni se cansará, y nadie podrá sondear su entendimiento. Él da fuerza al cansado y aumenta el poder del débil. Incluso los jóvenes se cansan y se fatigan, y los jóvenes tropiezan y caen; pero los que esperan en el Señor renovarán sus fuerzas. Revolotearán con alas como las águilas; correrán y no se cansarán, caminarán y no se fatigarán". (Isaías 40:26-31).

Perdón

Debemos perseverar en todo lo que Dios nos dice que hagamos, y Dios nos dice que amemos y perdonemos a los demás. El perdón era (y sigue siendo) lo único que parecía hacer bien. Aquí hay dos momentos en los que necesitaba liberarme de la agitación emocional; diciendo como dijo Jesús cuando estaba siendo calumniado. He estado diciendo esto a lo largo de mi vida: "Jesús dijo: *'Padre, perdónalos, porque no saben lo que hacen'*". *(Lucas 23:34a)*.

El primer momento: Durante toda mi etapa escolar, mis compañeros de clase no fueron muy amables conmigo y me lastimaron mucho (emocionalmente). Se burlaban de mi apariencia: mi ropa, mi apariencia, la forma en que hablaba y no hablaba. Sin embargo, todavía los perdoné, porque sabía que guardar cualquier tipo de rencor hacia alguien me lastimaría más de lo que ellos me lastimaron, así que los perdoné.

La segunda: Estaba al lado de la cama de mi padre moribundo; me pidió que lo perdonara por no haber sido el padre para mí, como debería haber sido. Pensé por un momento, y en ese momento, recordé todos los momentos en que mi papá estuvo ahí para mí y todas las veces que no estuvo ahí para mí. La única vez que realmente me quedó fue la vez que mi padre me decepcionó cuando me mintió justo en frente de mi cara. Le pregunté sobre ese tiempo, y luego me explicó, con todo detalle. Le di un abrazo y le dije que lo perdonaba. Más tarde esa noche, fui a casa y le dije a mi hijo que el abuelo había muerto, y mientras señalaba la única estrella que estaba apagada, antes de que pudiera terminar mi oración, se volvió hacia mí y dijo estas palabras (que nunca olvidaré): 'El abuelo está atado en alguna parte'. Yo no entendía lo que decía mi hijo (tenía sólo tres años), hasta diez años después cuando respondí a la llamada de mi

Señor Jesús y lo dejé entrar en mi vida. Mi Señor se sentó conmigo y me explicó lo que me dijo mi hijo. Me dijo que no era mi hijo diciéndome que mi papá está amarrado en algún lado; fue Él diciéndome que no he perdonado a mi papá de todo corazón y que yo era el que estaba encadenado. Mientras estaba sentado allí con Él, estaba tan asombrado por Su presencia que mi voz no emitía ningún sonido, y seguí escuchando todo lo que Él me estaba hablando. Pronto me encontré de rodillas, perdonando a todos los que Él me mostró que no he perdonado de todo corazón, que incluían: mi papá, mi mamá, mi abuela, mis compañeros de clase, mis compañeros de trabajo, mi esposo y su familia, mis hermanos y hermanas, y mis hijos

Una vez que terminé, sentí una sensación de Gracia y Paz fluir por todo mi cuerpo y esa enorme nube gris desapareció. Mientras las lágrimas rodaban por mi rostro, sentí el toque sanador y el consuelo de Dios que me había consolado antes, y ahora lo estaba haciendo de nuevo. Les digo, siempre estaré agradecido con mi Señor por estar conmigo todo este tiempo. Ahora reconozco a mi Padre Celestial ya mi Señor Jesús y al Espíritu Santo (Equipo Estrella) en todo lo que veo y en cada situación que sucede. Es muy importante a los ojos de Dios ver a Sus hijos amándose y perdonándose unos a otros, incluso si duele demasiado hacerlo.

Lea estas Escrituras y sabrá por qué es importante perdonar.

"Perdónanos nuestras deudas, como también nosotros hemos perdonado a nuestros deudores". (Mateo 6:12).

"Porque si perdonáis a los demás cuando pecan contra vosotros, vuestro Padre Celestial también os perdonará a vosotros. Pero, si no perdonáis a los demás sus pecados, vuestro Padre no perdonará vuestros pecados". (Mateo 6:14-15).

"Bienaventurados los misericordiosos, porque a ellos se les mostrará misericordia". (Mateo 5:7).

"Pedro se acercó a Jesús y le preguntó: 'Señor, cuántas veces perdonaré a mi hermano o hermana que peca contra mí? Hasta siete veces?'. Jesús le respondió: **'No te digo siete veces, sino setenta y siete veces siete'".** *(Mateo 18:21-22).*

"Así tratará mi Padre celestial a cada uno de vosotros, a menos que perdonéis de corazón a vuestro hermano o hermana". (Mateo 18:35).

"No juzguéis y no seréis juzgados. No condenes y no seras condenado. Perdona, y serás perdonado". (Lucas 6:37).

"Así que cuídense". (Lucas 17:3).

"Os exhorto, por tanto, a reafirmar vuestro amor por Él. Otra razón por la que te escribí fue para ver si resistirías la prueba y serías obediente en todo. A quien perdones, yo también lo perdono. Y lo que he perdonado, si había algo que perdonar, lo he perdonado a los ojos de Cristo por vosotros, para que Satanás no se burle de nosotros. Porque no ignoramos sus maquinaciones" (2 Corintios 2:8-11).

Os digo hermanos y hermanas, debéis: *"Deshaceros de toda amargura, ira e ira, peleas y calumnias, junto con toda forma de malicia. Sed bondadosos y misericordiosos unos con otros, perdonándoos unos a otros, así como Dios os perdonó a vosotros en Cristo". (Efesios 4:31-32).*

<u>Hora de rezar:</u>

A mi Impresionante Padre Celestial:

Quiero agradecerte por perdonarme. Con Tu perdón puedo perdonar, de todo corazón, a todos los que me han lastimado en el pasado y en el presente. Para que pueda continuar mi caminar contigo. Te agradezco también por caminar conmigo a través de este camino que has hecho por mí. Me encanta caminar a la Luz de Tus Huellas de Gracia. Ruego esto en el Gracioso Nombre de Tu Hijo, Jesús. Amén.

Relaciones—Amistades

Una vez que nuestro Padre Celestial perdona nuestros pecados y nos da la bienvenida a Su Presencia, comenzamos nuestra relación con Él. Aquí es donde finalmente me sentí amado y aceptado, donde encontré la amistad. Verás, cuando era niño, nunca fui aceptado y realmente nunca tuve mucho de lo que este mundo llama amigos. Ni siquiera sabía cómo hacer amigos. De hecho, nunca tuve ese "mejor amigo" que la mayoría de la gente tiene cuando está creciendo.

Conmigo, mis habilidades sociales no eran muy agudas (no saber cómo ser social), lo que me dificultaba mucho hablar con la gente. Siempre tenía que hacer que la otra persona iniciara la conversación (si hubiera encontrado a alguien con quien hablar). Siempre mezclaba mis palabras y siempre me hacía tartamudear, dándoles la oportunidad de reírse y burlarse de mí. Por lo tanto, solo me callé y solo hablé cuando me hablaban, por eso me consideraba un observador; viendo cómo se comportaba la gente.

Luego me convertí en camarera a la edad de dieciséis años, para poder aprender a hablar con la gente (pensando que eso me enseñaría). Me convertí en una buena camarera; porque todo lo que tenía que hacer era tomar su orden y luego servirles. Me encanta servir a la gente. Pero ser camarera no me enseñó a hablar con la gente. Incluso con mi familia, mis habilidades para hablar eran deficientes. Pensé que tu familia debería ser la más fácil para hablar. Supongo que me equivoqué al pensar que ser camarera me enseñaría a hablar con la gente y hacer amigos.

Cuando no estaba trabajando, me quedaba en mi propio espacio en silencio; no dejar entrar a nadie para no lastimarme. Para todos, mi opinión no parecía importar para ningún tipo de tema de preocupación. Todos todavía pensaban en mí como un idiota (un nombre que me hace añicos cada vez que lo digo o lo escucho). Luego me ponía en la esquina de la habitación sin entrar en el tema que se estaba discutiendo. Oh, no me malinterpreten, tenía personas que me hablaban pero con sus problemas, solo como una caja de resonancia, una caja de ventilación, un buen tipo de trato para escuchar; que nunca respondió para que la otra persona pueda sacar de su pecho lo que necesitaba, para que se sienta mejor. En otras palabras, un consejero no remunerado. Como puedes decir, me estaban usando para sus propios beneficios. Mientras no hablara de mis problemas. La gente pensaba que como yo era callado y un buen oyente, no tenía ningún problema. Sin embargo, cuando extendí la mano y abrí esa puerta para que Jesús entrara en mi vida, encontré al único amigo que siempre estuvo ahí para mí, listo para escucharme y ayudarme. Mi amigo, Señor y Salvador Jesucristo, Él me ha estado enseñando desde ese Glorioso Día.

Ahora, leo mi Biblia todo el tiempo; para ayudarme a superar todos los momentos en que me sentía solo y vacío por dentro y abandonado.

Cuando era niño, no leía mucho de la Biblia. Sin embargo, de alguna manera me atrajo la lectura de los cuatro libros del Evangelio (los libros del mensaje de Dios). Estos Libros del Evangelio son Mateo, Marcos, Lucas y Juan. Principalmente leí el Evangelio de Juan, porque de alguna manera sentí la conexión que Juan tenía entre él y Jesús.

Cuando estaba leyendo el Evangelio de Juan, en el capítulo 15, donde Jesús enseñaba sobre la vid y los pámpanos, llegué a comprender la conexión que Juan y los otros discípulos tenían con Jesús. Aquí está la explicación de cómo tú y yo podemos tener esa misma conexión que tenían los discípulos:

*"Yo soy la Vid Verdadera, y Mi Padre es el Labrador. Él corta en Mí toda rama que no da fruto, mientras que toda rama que da fruto la poda para que sea aún más fructífera. Ya estáis **limpios por las Palabras que os he hablado. Permaneced en Mí, y Yo permaneceré en vosotros. Ninguna rama puede dar fruto por sí misma; debe permanecer en la Vid. Ni podéis dar fruto si no permanecéis en Mí. Yo soy la Vid, ustedes son las ramas. Si el hombre permanece en Mí y Yo en él, dará mucho fruto; separados de Mí no podéis hacer nada. Si permanecéis en Mí y Mis Palabras permanecen en vosotros, pedid lo que queráis y os será dado. Esto es para la Gloria***

de Mi Padre, que den mucho fruto, mostrándose como Mis discípulos. Si obedecéis Mis Mandatos, permaneceréis en Mi amor, así como Yo he obedecido los Mandamientos de mi Padre y permanezco en Su Amor. Mi Mandato es este: Amaos los unos a los otros como Yo os he amado. Amor más grande no tiene nadie que éste; que Él dio Su Vida por Sus amigos. Vosotros sois Mis amigos si hacéis lo que Yo Mando. Ya no os llamaré siervos, porque el siervo no sabe los negocios de su señor. En cambio, os he llamado amigos, porque todo lo que aprendí de mi Padre, os lo he dado a conocer. Ustedes no me eligieron a mí, pero yo los elegí a ustedes y los designé para que vayan y den fruto, fruto que perdure. Entonces el Padre les dará todo lo que pidan en Mi Nombre. Este es Mi Mandamiento: ÁMENSE LOS UNO A LOS OTROS! Si el mundo os odia, tened presente que a Mí me odió primero'". (Juan 15:1-17).

Después de leer estos versículos, sentí la conexión de que Jesús, quien fue, es y siempre será mi Amigo, estará allí para mí cuando necesite un amigo con quien hablar sobre los problemas. Mientras me aferro a la mano de Jesús, sé que podría caminar este viaje (nunca solo), con la fuerza y la sabiduría (y el discernimiento) que solo mi Equipo Estrella puede proporcionar. Mientras camino por el camino que se supone que debo caminar, lograré todo lo que necesito lograr para recibir esa recompensa que me espera en la línea de meta en el Cielo. Porque la Biblia dice: *"Por último, sean fuertes en el Señor y en su gran poder. Pónganse toda la Armadura de Dios, para que puedan resistir las asechanzas del diablo. Porque nuestra lucha no es contra sangre y carne, sino contra principados, contra autoridades, contra los poderes de este mundo tenebroso y contra las fuerzas espirituales del mal en los lugares celestiales. Por lo tanto, pónganse toda la Armadura de Dios, para que cuando llegue el día del mal, puedan mantenerse firmes, y después de haber hecho todo, mantenerse firmes. Estad, pues, firmes, con el Cinturón de la Verdad ceñido a vuestra cintura, con el Pectoral de Justicia puesto, y con los pies calzados con la Prontitud que viene del Evangelio de la Paz. Además de todo esto, empuñad el Escudo de la Fe, con el que podréis apagar todos los dardos de fuego del maligno. Tomad el Yelmo de la Salvación y la Espada del Espíritu, que es la Palabra de Dios. Además, oren en el Espíritu en toda ocasión con todo tipo de oraciones y peticiones. Con esto en mente, estad alerta y seguid orando siempre por todo el pueblo del Señor". (Efesios 6:10-18).*

Esta es mi mejor defensa (ponerme toda esa Armadura de Dios); el cual nunca saldrá, mientras siga leyendo mi Biblia y pasando tiempo en Su Presencia (orando), reuniendo la fuerza que necesito para los días de destrucción y desesperación que me esperan. Mientras camino por estos caminos de dolor, culpa, soledad e ira; no son tan malos cuando tengo a mi lado a Aquel que venció al mundo y me está dando Su Gracia que es suficiente para alcanzar Su Victoria.

Después de adornarme con toda la Armadura de Dios, comencé a caminar por la mejor ruta (siguiendo a Jesús) para evitar cualquier piedra de tropiezo que me hiciera caer. Cada mañana voy directamente a mi Biblia para todas las pautas y rutas que llenarán mi vacío y me fortalecerán para el camino por delante. Me inspiro y animo al leer mi Biblia. Me ayuda a discernir toda la confusión que me rodea. Limpia el aire y endereza el camino que me lleva a vivir la vida que mi Padre Celestial diseñó para mí. La Biblia es el mejor lugar donde puedes encontrar la mayor cantidad de 'mapas' y 'directrices' para un camino claro para tu viaje en esta tierra. Yo creo que esto es cierto. Porque he buscado la mayor parte de mi vida un camino hacia un lugar alegre, pacífico, de ritmo lento y amoroso para descansar de las prisas de este mundo. Y el único camino a través de las heridas, la culpa, las prisas y las alegrías es a través de la Biblia, donde Jesús está dirigiendo y enseñando la ruta hacia la Presencia de Su Padre, donde el Amor, la Alegría y la Paz fluyen como la miel que fluye por el costado del árbol. . Como dice la Biblia: *"Te dije; 'Tú poseerás su tierra; Te la daré en herencia, una tierra que mana leche y miel. Yo soy el Señor tu Dios, que te ha apartado de las naciones"*. *(Levítico 20:24).*

Este mundo es la tierra de la confianza inquebrantable, la confusión y la incomprensión. Además, este mundo es una tormenta furiosa que está llena de ira, amargura, egoísmo y prisas que parecen girar en un solo lugar (como un tornado), dejando destrucción a medida que avanza. Esto es lo que sucede cuando nos preocupamos y apuramos en nuestro caminar diario por este mundo frío y oscuro. Nada sale de las prisas por la vida. Simplemente nos ciega a la Verdad de quién es Dios.

En algún momento de este viaje, dejé de mirar a Jesús por un momento y me encontré a la deriva hacia el mar, muy, muy lejos de la costa. Jesús estaba esperando mi regreso. Esta deriva fue el resultado de mi enemigo (Satanás), quien me debilitó y me distrajo lo suficiente como para alejarme de mi enfoque en Jesús. Eventualmente hice mi camino de regreso (con muchos saltos de obstáculos y escalada de montañas), pero más tarde de lo que lo haría con Jesús guiando el camino. Este tiempo perdido es energía perdida, haciéndome débil para enfrentar a los gigantes que vinieron hacia mí. Tan pronto como me di cuenta de lo que estaba sucediendo (mi deriva hacia el mar salvaje abierto), grité: "Te necesito, Jesús!" (diciéndolo con una confianza de todo corazón), y Jesús apareció con la mano extendida diciendo: 'No temas, porque yo estoy contigo. Agárrate de Mi mano y camina Conmigo'.

Mi Señor Jesús me ha estado guiando desde entonces. Oh, sí, mis pies todavía resbalan a veces, pero Jesús siempre está ahí para evitar que me caiga y me aleje (Él es mi ancla). Tengo el mejor Guía y el Mejor Amigo que una persona puede tener. Siempre estaré tan agradecida por Su Amor, Protección y Consuelo que nunca me dejará ni me abandonará. Gracias, Jesús, mi Equipo Estrella, por estar conmigo todo este tiempo.

Mi Equipo Estelar siempre está disponible para mí donde y cuando lo llamo. La Biblia está llena de Sus promesas de estar conmigo (nosotros), cuidándome (nosotros). No importa lo que pierda (perdamos) en esta vida, ganaré Gracia y Amor en mi relación con mi Padre Celestial mientras me aferre firmemente a la mano de Su Hijo y confíe en que Él tiene el control de todo. Abrir la puerta a Jesús y dejarlo entrar en mi vida es el mejor movimiento que he hecho. No me malinterpreten, mi familia es muy importante para mí, pero mi relación con Dios es mucho más importante. Cada día, cuando despierto a la Luz de Dios que brilla en mi vida, sé que Su Gracia y Amor están conmigo, para consolarme en los momentos en que lo necesito. Esta es Grace ganando cada vez! Ahora me doy cuenta y proclamo que Jesús ha estado conmigo en las buenas y en las malas, dándome ese consuelo especial que solo Él posee. Siempre me regocijaré por todo lo que Dios ha hecho por mí. Incluso en esos momentos difíciles (cuando pensé que estaba solo) cuando más lo necesitaba. Este mundo me lanza las flechas de la distracción, para alejarme del seguimiento de Jesús y refugiarme en Su Abrazo Compasivo. Mi Dios es real, y Él está conmigo (nosotros) siempre y para siempre. No puedo dejar de sonreír cuando veo las obras de Dios en mi vida, brillando el sol sobre toda Su creación. El Amor de Dios siempre me ayuda a superar los días buenos y los días malos que enfrento en esta tierra. Estoy muy agradecido por el precioso regalo de Su Hijo, Señor y Salvador Jesucristo. Porque Jesús es la paz que sobrepasa todo.

En la quietud de la Presencia de Dios, recibo Su Paz para demoler cualquier fortaleza que Satanás me esté lanzando, para evitar que me acerque a Dios. Mi mejor defensa contra Satanás es el poder de Jesús que vive en mi corazón. Jesús es mi muro de piedra que Satanás no puede atravesar.

Aquí hay algunas Escrituras para meditar, aferrarse y alentarlos a fijar sus ojos en Aquel que puede guiarlos con Amor, Alegría y Paz que supera todo. Dios quiere que confiemos en Él, incluso cuando estamos bajos en la fe de la presencia de Dios. La fe es nunca apartar la mirada de Jesús y confiar en que Él siempre estará a nuestro lado. Dios nos advierte que no elijamos el camino equivocado (el camino de Satanás) porque lleva a la destrucción. Las Palabras de Dios son de sanación y fortaleza y sobre todo Amor que refresca nuestros corazones, mentes y almas. Las Palabras de Dios son la espada y el escudo que necesitamos para luchar contra el enemigo que ronda en este mundo.

"Hijo mío, no olvides mi enseñanza, sino guarda mis mandamientos en tu corazón, porque ellos prolongarán tu vida por muchos años y te traerán paz y prosperidad. Que el amor y la fidelidad nunca te abandonen; átalas a tu cuello, escríbelas en la tabla de tu corazón. Entonces ganarás favor y un buen nombre a la vista de Dios y de los hombres. Confía en el Señor con todo tu corazón y no te apoyes en tu propio entendimiento; Someteos a Él en todos vuestros caminos, y Él enderezará vuestras veredas. No seas sabio en tu propia opinión; teme al Señor y aléjate del mal. Esto traerá salud a tu cuerpo y nutrición a tus huesos". (Proverbios 3:1-8).

"Como la nieve en el verano o la lluvia en la siega, la honra no conviene al necio". (Proverbios 26:1).

"Como el perro vuelve a su vómito, así los necios repiten su locura". (Proverbios 26:11). *"Ves a una persona sabia en su propia opinión? Hay más esperanza para un tonto que para ellos".* (Proverbios 26:12).

"Aunque se estremezcan los montes y se desmoronen los collados, no se estremecerá mi amor por vosotros, ni se romperá mi pacto de paz, dice el Señor, que tiene compasión de vosotros". (Isaías 54:10).

"Yo estoy contigo y te cuidaré dondequiera que vayas, y te traeré de vuelta a esta tierra. No te dejaré hasta que haya hecho lo que te prometí"". *(Génesis 28:15).*

"Por tanto, id y haced discípulos a todas las naciones, bautizándolos en el nombre del Padre y del Hijo y del Espíritu Santo, y enseñándoles a obedecer todo lo que os he mandado. Y ciertamente estaré con vosotros siempre, hasta el fin del mundo". (Mateo 28:19-20).

"Regocijaos en el Señor siempre. Lo diré de nuevo: Alégrate! Que tu mansedumbre sea evidente para todos. El Señor está cerca. No se inquieten por nada, sino que en toda situación, con oración y ruego, presenten sus peticiones a Dios con acción de gracias. Además, la paz de Dios, que sobrepasa todo entendimiento, guardará vuestros corazones y vuestros pensamientos en Cristo Jesús. Finalmente, hermanos y hermanas, todo lo que es verdadero, lo que es noble, lo que es justo, lo que es puro, lo que es amable, lo que es admirable, si algo es excelente o digno de alabanza, pensad en tales cosas. Lo que hayas aprendido, recibido, oído de mí o visto en mí, ponlo en práctica. Y el Dios de la paz estará con vosotros". (Filipenses 4:4-9).

"No digo esto porque esté en necesidad, porque he aprendido a estar contento en cualquier circunstancia. Sé lo que es estar en necesidad, y sé lo que es tener mucho. He aprendido el secreto de estar contento en todas y cada una de las situaciones, ya sea que esté bien alimentado o hambriento, ya sea que viva en la abundancia o en la miseria. Todo lo puedo en Cristo que me fortalece". (Filipenses 4:11-13).

"Sigues siendo el mismo, y tus años nunca terminarán". (Salmo 102:27).

"Jesús respondió: **'Yo soy el Camino, la Verdad y la Vida. Nadie viene al Padre sino por mí'".** *(Juan 14:6).* **Por lo tanto: "No se turbe vuestro corazón. Tu crees en Dios; creed también en Mí. La casa de mi Padre tiene muchas habitaciones; si no fuera así, os habría dicho que voy allá a prepararos un lugar? Además, si me voy y os preparo un lugar, volveré y os llevaré a estar conmigo para que también vosotros estéis donde yo estoy. Tú conoces el camino al lugar a donde voy'".** *(Juan 14:1-4).*

"'Todo esto lo he dicho estando aún con ustedes. Sin embargo, el Abogado, el Espíritu Santo, que el Padre enviará en Mi Nombre, os enseñará todas las cosas y os recordará todo lo que Yo os he dicho. La paz os dejo; Mi Paz os doy. Yo no os doy como da el mundo. No dejen que sus corazones se turben y no tengan miedo. Me escuchaste decir; 'Me voy y

vuelvo a ti". Si me amáis, os alegraríais de que voy al Padre, porque el Padre es más grande que yo". (Juan 14:25-28).

"Así dice el Señor Soberano, el Santo de Israel: 'En el arrepentimiento y el descanso está vuestra salvación, en la quietud y la confianza está vuestra fortaleza'". (Isaías 30:15).

"Las armas con las que luchamos no son las armas del mundo. Por el contrario, tienen poder divino para demoler fortalezas. Derribamos argumentos y toda altivez que se levanta contra el conocimiento de Dios, y llevamos cautivo todo pensamiento para hacerlo obediente a Cristo. Y estaremos listos para castigar todo acto de desobediencia, una vez que vuestra obediencia sea completa". (2 Corintios 10:4-6).

Deje que estos versículos se absorban en su corazón y mente para que pueda inspirar a otros que simplemente no tienen ni idea de cómo superar su día problemático. No hay nadie más que tenga la experiencia que tiene nuestro Padre Celestial. Dios es el Único (y único) que creó todo el conocimiento. Dios tiene Sabiduría Infinita y Amor Infinito; y Él está dispuesto a compartirlo contigo y conmigo.

No corras hacia Dios como una ocurrencia tardía. Comience con Él. Él es todo lo que siempre querrás y necesitarás. Dios controla el resultado de cada situación y el resultado de cada individuo. Por lo tanto, también podría acudir a Él para obtener todos los consejos que necesita. Lo hice, y soy una mejor persona por hacerlo. Mientras viva, viviré Su Palabra y no temeré lo que este mundo tiene para ofrecer. Porque lo que Dios ofrece durará y lo que este mundo ofrece se desvanecerá y se derretirá.

<u>Aquí hay algunas Escrituras más de la Verdad para absorber en sus corazones y mentes:</u>

"Bienaventurados aquellos cuya ayuda es el Dios de Jacob, cuya esperanza está en el Señor su Dios. Él es el Hacedor del cielo y la tierra, el mar y todo lo que hay en ellos; Él permanece fiel para siempre. Sostiene a los oprimidos y da de comer a los hambrientos. El Señor libera a los presos, el Señor da la vista a los ciegos, el Señor levanta a los oprimidos, y el Señor ama a los justos. El Señor guarda al extranjero y sustenta al huérfano y a la viuda, pero frustra los caminos de los impíos. El Señor reina para siempre tu Dios, oh Sion, por todas las generaciones. Alabado sea el Señor". (Salmo 146:5-10).

"Dios es nuestro amparo y fortaleza, nuestro pronto auxilio en las tribulaciones. Por tanto, no temeremos, aunque la tierra se desmorone, y los montes se hundan en el corazón del mar, aunque bramen y se turben sus aguas, y tiemblen los montes a causa de su bravura. Hay un río cuyas corrientes forman la Ciudad de Dios, el Lugar Santo donde mora el Altísimo. Dios está dentro de ella, ella no caerá; Dios la ayudará al amanecer. Las naciones se alborotan, los reinos caen; El levanta Su voz, la tierra se derrite. El Señor Todopoderoso está con nosotros; el Dios de Jacob es nuestra fortaleza. Venid y ved lo que ha hecho el Señor, las desolaciones que ha traído sobre la tierra. Él hace cesar las guerras hasta los confines de la tierra. El quebranta el arco y hace añicos la lanza; Quema los escudos con fuego. Él dice, 'Estad quietos y sabed que yo soy Dios; Seré exaltado entre las naciones, seré exaltado en la tierra'. El Señor Todopoderoso está con nosotros; el Dios de Jacob es nuestra fortaleza". (Salmo 46:1-11).

"Cuán preciosos son para mí Tus Pensamientos, Dios! Cuán grande es la suma de ellos! Si tuviera que contarlos, superarían en número a los granos de arena. Cuando me despierto, todavía estoy contigo". (Salmo 139:17-18).

"Pero Él nos da más gracia. Por eso dice la Escritura: 'Dios se opone a los soberbios, pero muestra favor a los humildes'". (Santiago 4:6).

Orad ahora con perseverancia para fortaleceros; aplastará el poder de Satanás y lo hará correr con el rabo entre las piernas. Para que esto suceda, debéis: "Someteos, pues, a Dios. *Resistid al diablo, y huirá de vosotros. Acércate a Dios y Él se acercará a ti. Lavaos las manos, pecadores, y purificad vuestros corazones, vosotros de doble ánimo".* (Santiago 4:7-8).

<u>Una forma sencilla de Honrar a Nuestro Padre Celestial.</u>

La manera más sencilla de Honrar al Padre es traer Vida, Amor y Alegría y alejar cualquier mal que esté dando vueltas. Sólo recuerda al hijo de Dios, Jesús. Como dice la Biblia: *"Porque de tal manera amó Dios al mundo que ha dado a su Hijo unigénito para que todo aquel que en él cree no se pierda, sino que tenga vida eterna".* (Juan 3:16). Recordar esta única Escritura y obedecer todos los Mandamientos de Dios (y vivirlos) le da Honor y Gloria. Sin embargo, tendemos a olvidar estas cuatro formas sencillas que también honran a Dios. Ellos son:

<u>*Número 1*</u>: *Amar a Dios incondicionalmente (así como a todos los demás):*

"Ama al Señor tu Dios con todo tu corazón y con toda tu alma y con todas tus fuerzas". (Deuteronomio 6:5).

"Dios demuestra su amor por nosotros en que siendo aún pecadores, Cristo murió por nosotros" (Romanos 5:8).

"El Señor se nos apareció en el pasado, diciendo: **'Con amor eterno os he amado; Te he atraído con una bondad inagotable'"**. *(Jeremías 31:3).*
"Ama al Señor tu Dios con todo tu corazón, y con toda tu alma, y con toda tu mente, y con todas tus fuerzas". El segundo es este: 'Ama a tu prójimo como a ti mismo. No hay mandamiento mayor que estos'" *(Marcos 12:30-31).*

<u>*Número 2*</u>: *Perdonar compasivamente (como te perdona tu Padre Celestial):*

"Deshágganse de toda amargura, ira e ira, peleas y calumnias, junto con toda forma de malicia. Sed bondadosos y misericordiosos unos con otros, perdonándoos unos a otros, así como Dios os perdonó a vosotros en Cristo". (Efesios 4:31-32).

"Por tanto, así como una transgresión resultó en condenación para todos, así también un solo acto de justicia resultó en justificación y vida para todos". (Romanos 5:18).

"Así que cuídense. Si tu hermano o hermana peca contra ti, repréndelo; y si se arrepienten, perdónales. Incluso si pecan contra ti siete veces en un día y siete veces vuelven a ti diciendo: "Me arrepiento", debes perdonarlos". (Lucas 17:3-4).

"Porque si perdonáis a los demás cuando pecan contra vosotros, vuestro Padre Celestial también os perdonará a vosotros. Pero si no perdonáis a los demás sus pecados, vuestro Padre no perdonará vuestros pecados". (Mateo 6:14-15).

<u>*Número 3*</u>: *Recordar estar eternamente agradecido a Dios (con todo el corazón):*

"Alabaré el nombre de Dios con cánticos y lo glorificaré con acción de gracias. Esto agradará al Señor más que un buey, más que un toro con sus cuernos y pezuñas". (Salmo 69:30-31).

"Venid, cantemos de júbilo al Señor; aclamemos con fuerza a la Roca de nuestra salvación. Acerquémonos ante Él con acción de gracias y alabemos con música y cánticos". (Salmo 95:1-2).

"Entrad por sus puertas con acción de gracias y por sus atrios con alabanza; dadle gracias y alabad su nombre. Porque el Señor es Bueno y Su Amor es para siempre; Su fidelidad continúa a través de todas las generaciones". (Salmo 100:4-5).

"Dad gracias al Señor, porque Él es bueno. Su amor es para siempre". (Salmo 136:1).

"El aguijón de la muerte es el pecado, y el poder del pecado es la ley. Sin embargo, gracias a Dios! Él nos da la victoria por medio de nuestro Señor Jesucristo. Por lo tanto, mis queridos hermanos y hermanas, manténganse firmes. Que nada te mueva. Entregaos siempre de lleno a la obra del Señor, porque sabéis que vuestro trabajo en el Señor no es en vano". (1 Corintios 15:56-58).

"No se inquieten por nada, sino que en toda situación, con oración y ruego, presenten sus peticiones a Dios con acción de gracias. Y la paz de Dios, que sobrepasa todo entendimiento, guardará vuestros corazones y vuestros pensamientos en Cristo Jesús". (Filipenses 4:6-7).

"Estad siempre gozosos, orad continuamente, y dad gracias en todas las circunstancias; porque esta es la voluntad de Dios para vosotros en Cristo Jesús. No apaguéis el Espíritu". (1 Tesalonicenses 5:16-19).

<u>*Número 4*</u>*: Tratar a Dios con bondad y amor (lo que te permite tratar a los demás con bondad):*

"No dejéis que de vuestra boca salga ninguna palabra profana, sino sólo la que sea útil para la edificación de los demás según sus necesidades, a fin de que beneficie a los que escuchan". (Efesios 4:29).

"Sed bondadosos y compasivos unos con otros, perdonándoos unos a otros, así como Dios os perdonó a vosotros en Cristo". (Efesios 4:32).

"No te regocijes cuando caiga tu enemigo; cuando tropiecen, no se alegre vuestro corazón, porque el Señor verá y desaprobará y apartará de ellos su ira". (Proverbios 24:17-18).

"El amor debe ser sincero. Odia lo que es malo; aferrarse a lo que es bueno. Sed devotos unos a otros en amor. Hónrense unos a otros por encima de ustedes mismos. Nunca faltéis de celo, sino conservad vuestro fervor espiritual, sirviendo al Señor. Sé alegre en la esperanza, paciente en la aflicción y fiel en la oración. Compartir con el pueblo del Señor que está en necesidad. Practica la hospitalidad". (Romanos 12:9-13).

"Por tanto, como pueblo elegido de Dios, santo y muy amado, vístanse de compasión, bondad, humildad, mansedumbre y paciencia. Sopórtense unos a otros y perdónense unos a otros si alguno de ustedes tiene queja contra alguien. Perdona como el Señor te perdonó. Y sobre todas estas virtudes vestíos de amor, que las une a todas en perfecta unidad". (Colosenses 3:1-14).

"Muestra el debido respeto a todos, ama a la familia de los creyentes, teme a Dios y honra al emperador". (1 Pedro 2:17).

"Mis hermanos y hermanas, los creyentes en nuestro glorioso Señor Jesucristo no deben mostrar favoritismo". (Santiago 2:1).

"Si realmente guardas la ley real que se encuentra en las Escrituras, 'Ama a tu prójimo como a ti mismo', estás haciendo lo correcto. Pero si mostráis favoritismo, pequéis y sois condenados por la ley como infractores de la ley". (Santiago 2:8-9).

"No reprendas con dureza al anciano, sino exhortalo como si fuera tu padre. Tratad a los jóvenes como hermanos, a las ancianas como madres y a las jóvenes como hermanas, con absoluta pureza". (1 Timoteo 5:1-2).

Cuando honramos a Dios en todo lo que hacemos, nos mantiene fuertes para soportar cualquier lucha que enfrentemos a lo largo de este viaje que debemos caminar en esta tierra, todo para Su gloria.

La adversidad es algo por lo que todos tenemos que pasar.

Dios escoge la adversidad para edificar el carácter espiritual (nuestra fe) en nuestras vidas. Hasta que experimentemos angustias, desilusión y dolor, no estaremos equipados para el servicio.

Así que tuve que hacerme estas tres preguntas (tú también puedes):

Pregunta (1) He experimentado un dolor de corazón?

Pregunta (2) He experimentado decepción?

Pregunta (3) He experimentado dolor?

Antes de darte mis respuestas a estas preguntas, tengo que explicarte el significado detrás de cada una de estas palabras: angustia, desilusión y dolor. Porque tenía que descubrir por mí mismo los significados, antes de saber si los experimentaba.

<u>La angustia</u> es un fuerte sentimiento de tristeza, angustia de la mente (dolor).

<u>La decepción</u> es un sentimiento de estar disgustado con alguien o algo.

<u>El dolor</u> es un sentimiento causado por una enfermedad, lesión y algo (o alguien) que lastima el cuerpo o la mente. El dolor también es el resultado de la angustia o el sufrimiento emocional.

Después de leer los significados de angustia, desilusión y dolor, mi respuesta a las tres preguntas anteriores es un sí: he pasado por la angustia, la decepción y el dolor. Cuando pienso en las situaciones, eran muy confusas. Eran situaciones que nadie puede manejar por sí solo. Por más que lo intenté no pude curarme de estas situaciones de angustia, desilusión y dolor; Tuve un momento difícil. Antes de ser salvado por Jesús, siempre pensé que no tenía a nadie que me ayudara. Pero entonces mi Señor encontró el método que me ayudó a soportar las pruebas (adversidades) de este mundo que me hicieron tropezar: la Biblia. El método que dice la Biblia es este: *"Considérenlo puro gozo, mis hermanos y hermanas, cada vez que enfrenten pruebas de muchas clases, porque saben que la prueba de su fe produce perseverancia. Deja que la perseverancia termine tu trabajo para que puedas ser maduro y completo, sin que te falte nada. Si alguno de vosotros tiene falta de sabiduría, que la pida a Dios, que da a todos generosamente sin reproche, y se la dará, pero cuando pida; debes creer y no dudar, porque el que duda es como una ola del mar, empujada y sacudida por el viento. Esa persona no debe esperar recibir nada del Señor. Tal persona es de doble ánimo e inestable en todo lo que hace". (Santiago 1:2-8).*

Cuando leí esto por primera vez y donde decía: "Considérenlo todo gozo", no podía comprender el hecho de considerar algo hiriente como gozoso. Esta Escritura muchas veces no es tan fácil de discernir cualquier tipo de beneficio del sufrimiento, por no decir considerando el gozo en el sufrimiento. Porque muchas veces las pruebas por las que pasamos son tan dolorosas de sobrellevar que solo queremos aliviarnos de ellas. Debemos entender que cuando consideramos nuestras pruebas como gozo, no estamos felices en el dolor, estamos viendo el propósito de Dios en el dolor. Considerar significa evaluar, mirar algo o alguien desde una perspectiva diferente a la propia. La mejor perspectiva a considerar es la Perspectiva de Dios, poniendo el valor apropiado en las dificultades, para lograr un mejor resultado que lo que ve la perspectiva humana, incluso si esa dificultad es dolorosa.

Nuestro Padre Celestial sabe que somos débiles y quiere que acudamos a Él para obtener la fortaleza que necesitamos para superar esa prueba. Medita en esta declaración: Las pruebas duelen, pero el Señor aliviará el dolor con un solo toque de consuelo, compasión y, sobre todo, amor.

Dios está esperando que le pidamos ayuda. Porque la prueba de nuestra Fe cumple Su propósito a través de las adversidades de este mundo, lo cual produce perseverancia y madurez espiritual. Descubrí, a mis cincuenta años, que Dios esconde preciosas gemas de carácter, entre mis luchas, que recibiré de la respuesta que cumpla en medio de esa lucha. Esto es lo que dice Jesús: ***"Sigue pidiendo, y recibirás lo que pides. Sigue buscando y hallarás. Sigan llamando, y la puerta se les abrirá"***. *(Mateo 7:7)*.

El mayor beneficio de soportar las pruebas es que nos acercamos más a nuestro Padre Celestial, mientras somos transformados a la semejanza de Su Hijo Jesús. Entonces, comencemos a profundizar para encontrar esa preciosa gema de carácter que nuestro Padre Celestial ha escondido en las luchas por las que estamos pasando. Tome un momento precioso de su ajetreado día y descubra el gozo de Dios. Las pruebas vendrán y se irán; son inevitables en este mundo corrupto y caído. Sin embargo, mientras tengas a Jesús a tu lado, puedes soportar cualquier cosa y todo. Como dice la Biblia:

"En verdad, Él es mi roca y mi salvación; Él es mi fortaleza, nunca seré sacudido". *(Salmo 62:2)*.

"Los cerrojos de tus puertas serán de hierro y bronce, y tu fuerza será igual a tus días". *(Deuteronomio 33:25)*.

Para sacar provecho de nuestras luchas (pruebas) con Alegría y Victoria (Equipo Estelar), debemos entender la Verdad que hay en ellos. Por lo tanto:

<u>Debemos entender</u> - que Dios tiene el control total del tiempo y la intensidad de nuestras pruebas.

<u>Debemos entender</u> - que Dios tiene un Propósito para nuestro sufrimiento que es para nuestro beneficio en nuestra relación con Él.

<u>Debemos entender</u> - cómo someterse a Dios es confiar en que Él nos ayudará a superar nuestras luchas (pruebas).

<u>Debemos entender</u> - que muchas luchas (pruebas) son momentos para que nuestra Fe crezca más fuerte y genuina.

<u>Debemos entender</u> - que Dios siempre está demostrando Su Poder al mundo que observa.

<u>Debemos entender</u> - que Dios usa nuestras dificultades (pruebas) para producir un carácter como el de Cristo.

<u>Debemos entender</u> - que Dios caminará con nosotros a través de las luchas (pruebas). Dar cada paso que damos, nos asegura que nunca estamos solos.

<u>Debemos entender</u> - que el Espíritu Santo siempre nos ayudará a sobrevivir en este mundo cruel y corrupto en el que vivimos; para conquistar hasta el final.

Consulte las Escrituras que podrían ayudarlo a comprender por qué debemos pasar por las luchas de este mundo:

"No os conforméis al modelo de este mundo, sino transformaos mediante la renovación de vuestra mente. Entonces podrás probar y aprobar cuál es la voluntad de Dios: Su voluntad buena, agradable y perfecta. Porque por la gracia que me ha sido dada, os digo a cada uno de vosotros: No os consideréis más alto de lo que debéis, sino más bien pensad en vosotros mismos con juicio sobrio, conforme a la fe que Dios ha repartido en cada uno de vosotros". (Romanos 12:2-3).

"La fe y el conocimiento que descansan en la esperanza de la vida eterna, la cual Dios, que no miente, prometió antes del principio de los tiempos, y en su tiempo señalado sacó a luz su palabra mediante la predicación que me fue encomendada por mandato de Dios nuestro Salvador". (Tito 1:2-3).

Al postrarme al pie de la Cruz, entregándolo todo hasta la muerte, de mi propia voluntad a la voluntad de Dios, proclamaré esta Verdad de la Biblia: "Espero ansiosamente y espero que de ninguna manera me avergonzaré, sino que tendré el suficiente valor, para que ahora como siempre, Cristo sea exaltado en mi cuerpo, ya sea por la vida o por la muerte" (Filipenses 1:20). Cederé a Jesús las áreas de mi vida que me impiden caminar con Él. Este "ceder" es un acto de querer hacer lo que otras personas quieren. En otras palabras, una cuestión de entregar mi voluntad por la voluntad de Dios. Sabes lo que me impidió tomar la decisión de rendirme a Dios. Me estaba poniendo demasiado cómodo en la vida aquí en esta tierra (que había pensado que era una vida maravillosa). Qué cambió mi mente? No es "qué" lo que me hizo cambiar de opinión, sino "quién" me hizo cambiar de opinión. Dios abrió mi corazón y mis ojos a la destrucción que me esperaba. Cuanto más vivía la vida de este mundo, más lastimaba a Dios. Estaba siendo desobediente al que me dio la vida y al que me salvó la vida. Tuve que dejar de lado todo pensamiento que Satanás estaba arrojando en mi camino y colocarme delante de Dios, determinada a ser absoluta y enteramente solo suya, haciendo que las distracciones de Satanás se convirtieran en polvo. En el momento en que tomé la decisión de hacer exactamente lo que Dios quiere que haga, sentí que me quitaba un gran peso de encima; mi corazón se volvió puro y mi mente se despejó. Así que te digo que te asegures de hacer todo lo que puedas para que nada te impida hacer exactamente lo que Dios quiere que hagas para promover Su reino. Cuando suceda una crisis en tu vida que te lleve a la encrucijada, entrégala a Dios, total y absolutamente. Estarás más limpio que la blancura de la primera nieve caída. Como dice la Biblia:

"'Porque yo sé los planes que tengo para ustedes,' declara el Señor, 'planes para prosperarlos y no para dañarlos, planes para darles esperanza y un futuro. Entonces me invocarás y vendrás a orarme, y yo te escucharé'". *(Jeremías 29:11-12).*

"Esperamos en la esperanza del Señor; Él es nuestra Ayuda y nuestro Escudo. En Él se regocija nuestro corazón, porque confiamos en Su Santo Nombre. Que tu amor inagotable esté con nosotros, Señor, incluso cuando ponemos nuestra esperanza en ti". (Salmo 33:20-22).

Lo único que necesitamos saber es que Dios está a cargo y sabe lo que está haciendo. Debemos examinar continuamente nuestra actitud hacia Dios, asegurándonos de que no haya nada que se interponga en el camino de "salir" para Su propósito. Asegúrate de examinar cada área de tu vida. Si no está seguro de lo que debe buscar, pídale a Dios que se lo muestre para que pueda entregarlo correctamente. Sigue confiando y dependiendo completamente de Dios. Hacer esto evita que yo (y tú) nos alejemos de vivir en el amor de Dios. No os preocupéis por las cosas que conciernen a los caminos del mundo. Solo pon tu confianza en Dios quien siempre está en control de cada situación y lo resolverá para nuestro bien. Créele a Dios siempre! Cree que Jesús siempre está a tu lado ayudándote a combatir las flechas ardientes de Satanás. Sigan creyendo que pasar por el valle de las tinieblas es llegar a la cima de la montaña de la gloria. Deja de preocuparte y deja que Dios pelee las batallas que son demasiado difíciles para ti. Que la actitud de vuestro corazón quiera continuamente hacer la Voluntad de Dios. Recuerda, que depender de Dios no significa que seas débil. Porque la Biblia dice: *"Por eso, por amor de Cristo, me deleito en las debilidades, en los insultos, en las penalidades, en las persecuciones, en las dificultades. Porque cuando soy débil, entonces soy fuerte".* (2 Corintios 12:10).

Llega al punto en tu fe donde no hay nada entre tú y Dios. Relájate en la presencia de Dios sabiendo que nada puede separarte de su amor. Porque el amor de Dios es un don puro que fluye como un río desde su corazón hasta el tuyo. Cuando lo creas, lo lograrás. Eso es lo que vence todas las luchas. Cuando enfrentes a los gigantes en tu vida, recuerda siempre alabar a Dios en la tormenta. La alabanza puede recorrer un largo camino. Además, recuerda que Jesús venció este mundo, y Su fuerza y compasión están disponibles en cualquier momento que las necesites. Cada vez que leo mi Biblia, Dios señala las Escrituras que pertenecen a la situación con la que estoy lidiando actualmente. Aquí están algunas de las Escrituras que me hablan y me mantienen firme en la presencia de Dios:

"Mirad al Señor y su fuerza; busca siempre su rostro". (Salmo 105:4).

"Cantadle, cantadle alabanzas; hablar de todos sus actos maravillosos". (Salmo 105:2).

"Porque estoy convencido de que ni la muerte ni la vida, ni los ángeles ni los demonios, ni el presente ni el futuro, ni ningún poder, ni lo alto ni lo profundo, ni cosa alguna en toda la creación, podrá separarnos del amor de Dios que es en Cristo Jesús Señor nuestro". (Romanos 8:38-39).

"'El ladrón no viene sino para hurtar y matar y destruir; Yo he venido para que tengan Vida, y la tengan en plenitud'". (Juan 10:10).

"Estas cosas os he dicho para que en mí tengáis paz. En este mundo tendrás problemas. Sin embargo, ánimo! He vencido al mundo'". (Juan 16:33).

"Entonces Jesús dijo a sus discípulos: 'Por tanto, os digo, no os preocupéis por vuestra vida, qué comeréis; o sobre tu cuerpo, lo que te pondrás. Porque la vida es más que el alimento y el cuerpo más que la ropa". (Lucas 12:22-23).

llamado por dios

Hay batallas que están en este mundo que necesitan la atención de Dios. Sí, probablemente estés diciendo: "Dios ve todo lo que está sucediendo. Él puede arreglarlo. Sí, tienes razón, pero Dios nos llama a ser sus manos y sus pies. Para hacer el trabajo preliminar, como pueden llamarlo. El llamado de Dios no es solo para unos pocos elegidos, sino también para todos los que lo escuchan pronunciar su nombre. Durante mucho tiempo, Dios estuvo llamando mi nombre, y siempre fue cuando me vio a punto de hacer algo que no aprobaba. Nunca completé eso. Escuchar la Voz de Dios depende de la condición de tus oídos (sin obstrucción de las otras voces de este mundo) y la condición de tu actitud espiritual del corazón para Dios. Porque Dios lo ve todo, y sobre todo ve la condición de nuestros corazones. Podemos parecer que estamos siendo obedientes a Él, pero si nuestros corazones tienen algo malo en ellos, Dios lo sabrá. Nada se le escapa a Dios; no puedes ocultarle nada. Dios sabe todo y ve todo. Como dice la Biblia: *"Muchos son llamados, pero pocos son escogidos".* (Mateo 22:14).

Los elegidos son aquellos que tienen una relación íntima con Dios a través de Su Hijo Jesucristo. Nuestros oídos se abren en el momento en que aceptamos a Jesús en nuestras vidas, encendiendo la llama del condicionamiento espiritual que se necesita para edificarnos para hacer la obra de Dios. Debemos permitir que el Espíritu Santo nos lleve cara a cara con Dios, para escucharlo hablar a nuestros corazones. Por lo tanto, podemos decir como dijo Isaías, *"Aquí estoy. Envíame!".* (Isaías 6:8b). La primera vez que escuché la Voz de Dios gritando mi nombre, pensé que era un miembro de la familia diciendo mi nombre; queriendo que haga algo por ellos. Dios tardó tres veces en decir mi nombre hasta que finalmente me arrodillé y reconocí que era Dios llamándome a Su Presencia. Una vez que estuve allí en Su Presencia, pude escucharlo claramente. Recibí su mensaje y le agradecí por elegirme para la tarea.

Cuando escuchas a Dios llamándote por tu nombre, debes lidiar con eso, no ir a otras personas y preguntarles qué hacer. Cuando Dios dice tu nombre, te está llamando con un propósito: tener una relación íntima contigo y que salgas y le hables al mundo incrédulo acerca de Él.

Las asignaciones que Dios quiere que hagas para Él traerán a Sus hijos que están perdidos de vuelta a Él oa Él. Por eso es necesario leer la Biblia (Palabra de Dios) y orar para distinguir entre la Voz de Dios y la voz del enemigo. Satanás intentará cualquier cosa para distraer nuestras mentes. Pelear esta batalla es mantenerse firme en todas las Promesas de Dios y mantener los ojos fijos en Jesús.

Personalmente, me gusta sentarme en silencio y hablar sobre todo lo que me preocupa con mi Equipo Estrella (el Padre, Jesús y el Espíritu Santo). Esta es la mejor manera para mí de sacar fuerzas para las batallas de este mundo frío, enojado, egoísta y apresurado. La comunicación con el Padre (a través de Su Hijo Jesús) es el arma más importante que me ayuda a caminar en esta jornada en esta tierra. Porque quitar mis ojos de Jesús y no hablar con Él me debilita y deja la puerta abierta para que Satanás se deslice con todas sus distracciones. Solo Jesús puede ayudarme a mantenerme fijo en el Premio que me espera en el Cielo. Cada paso que se aleja de Jesús es un paso hacia la destrucción.

Debemos negarnos a preocuparnos por los caminos de este mundo; y manténgase alerta al hecho de que Satanás está esperando ese momento débil (preocupante) para alejarnos de la Vida de Paz que Dios da tan libremente a aquellos que siguen los Pasos de Su Hijo Jesucristo.

Lea ahora estos versículos de las Escrituras que leo para mantenerme fijo en mi equipo estrella:

"Dios nos resucitó con Cristo y nos sentó con Él en los lugares celestiales en Cristo Jesús". (Efesios 2:6).

"Mi corazón te dice: Busca su rostro! Tu rostro, Señor, buscaré". (Salmo 27:8).

"La mente del hombre pecador es muerte, pero la mente controlada por el Espíritu es Vida y Paz". (Romanos 8:6).

"Porque la ley fue dada por medio de Moisés; La gracia y la verdad vinieron por medio de Jesucristo". (Juan 1:17).

Las Verdades que Jesús enseñó a Sus discípulos son para enseñarles a los discípulos (y a nosotros) dónde pueden encontrar alegría. Además, cualquier desbordamiento de alegría que encontraran caería sobre nosotros. Esto nos enseña que dondequiera que esté Jesús, allí hay alegría. Jesús nos espera siempre para compartir Su Sabiduría, Compasión y Alegría (porque estos son quienes Él es). Todo lo que tenemos que hacer es tender la mano y agarrar Su mano, y Él nos guiará hasta la Casa de Su Padre. Esta es una garantía de que nunca se perderá en la confusión de este mundo loco y confuso. Así que, tómalo de mí, que caminé en la amargura de este mundo oscuro durante tanto tiempo; es mejor vivir en la Vida de Amor, Alegría y Paz – el Equipo Estrella.

Estas Escrituras te recordarán que Jesús es la única Vid Verdadera. Son las Palabras del Equipo Estelar (Jesús) que nos habla todo el tiempo:

"Yo soy la Vid Verdadera y Mi Padre es el Jardinero. Él corta en Mí toda rama que no da fruto, mientras que toda rama que da fruto la poda para que sea aún más fructífera. Ya estáis limpios por la Palabra que os he hablado. Permaneced en Mí, como Yo también permanezco en vosotros. Ninguna rama puede dar fruto por sí misma; debe permanecer en la Vid. Ni podéis dar fruto si no permanecéis en Mí. Yo soy la Vid; ustedes son las ramas. Si permanecéis en Mí y Yo en vosotros, daréis mucho fruto; separados de Mí no podéis hacer nada. Si no permanecéis en Mí, sois como una rama que se tira y se seca; tales ramas se recogen, se echan al fuego y se queman. Si permanecéis en Mí y Mis Palabras permanecen en vosotros, pedid lo que queráis y os será hecho. Esto es para la gloria de mi Padre, que deis mucho fruto, mostrándoos que sois mis discípulos". (Juan 15:1-8).

<u>Qué hace por mí servir a Mi Equipo Estrella?</u>

— desborda mi vida, con Amor, Compasión y devoción a Él.

— me lleva a una relación propia más cercana con el Padre; por medio de su Hijo Jesucristo.

— se vuelve parte de mi vida; todo por Su Voluntad y Propósito.

– hace que el Hijo de Dios viva en mí.

Por lo tanto, cuando recibes el Llamado del Padre para servir, te unes a Su Hijo Jesús y te vuelves uno con Él. A esto se le llama Devoción y Amor total al Padre. Desde que acepté a Jesús en mi vida he podido hacer del servicio a mi Equipo Estrella un hábito diario y una forma de vida, todo para Su Gloria. Que me trajo la Paz que derriba todas las flechas llameantes del enemigo. Estar en paz (a través del servicio) es como Dios me hizo ser. Soy un siervo de Dios que servirá a los demás, con Su Amor y Compasión.

Este mundo quiere que tenga un corazón frío, que es todo lo contrario de cómo mi Creador me hizo ser. La Biblia dice, *"Porque somos hechura de Dios, creados en Cristo Jesús para buenas obras, las cuales Dios dispuso de antemano a fin de que las pongamos en práctica". (Efesios 2:10). "Porque Él mismo es la paz, que hizo los dos grupos y destruyó la barrera, el muro divisorio de enemistad, anulando en su carne la ley con sus mandamientos y reglamentos. Su propósito fue crear en sí mismo una nueva humanidad de los dos, haciendo así la paz, y reconciliarlos a ambos con Dios en un solo cuerpo a través de la cruz, por la cual Él dio muerte a su enemistad. Vino y predicó la paz a vosotros que estabais lejos y la paz a los que estaban cerca. Porque por medio de Él ambos tenemos acceso al Padre por un mismo Espíritu". (Efesios 2:14-18).*

En mis años de juventud, cuando tenía una situación que me causaba dolor, intentaba encontrar a alguien que hubiera pasado por la misma situación (y sobrevivido). Sin embargo, todo lo que encontré fue gente que me decía palabras clave o que estaban demasiado ocupados y me dijeron que volviera en otro momento. cuando estaban menos ocupados (ese día nunca llegó), lo que hizo que me doliera más que me hundiera más en mi caparazón de oscuridad, sin volver a pedir consejo a nadie.

Los compañeros (e incluso la familia) pueden ser crueles cuando lanzan palabras que creen que ayudan a una persona pero que en realidad la menosprecian. Sin embargo, una noche, cuando estaba sentado allí pensando en formas de resolver mi problema, de repente tuve el sentido de abrir mi Biblia y comenzar a leer. Justo donde lo abrí, el Espíritu Santo me llevó a las Escrituras sobre defectos y fallas, donde me dijeron cómo corregir mis defectos y fallas y no me menospreciaron. Estos son algunos de los versículos de las Escrituras que leí; y me ayudó a caminar justo a través de las llamas de mis defectos y fracasos (sin quemarme): *"En cuanto a vosotros, estabais muertos en vuestros delitos y pecados, en los cuales vivíais cuando seguisteis los caminos de este mundo y del gobernante del reino del aire, el espíritu que ahora opera en los que están desobediente. Todos nosotros también vivimos entre ellos alguna vez, satisfaciendo los deseos de nuestra carne y siguiendo sus deseos y pensamientos. Como los demás, éramos por naturaleza merecedores de la ira. Pero debido a Su Gran Amor por nosotros, Dios, que es rico en Misericordia, nos dio vida con Cristo aun cuando estábamos muertos en pecados—es por gracia que habéis sido salvados. Y Dios nos resucitó con Cristo y nos hizo sentar con Él en los lugares celestiales en Cristo Jesús". (Efesios 2:2-7).*

"Estas personas son manantiales sin agua y nieblas arrastradas por una tormenta. Las tinieblas más negras están reservadas para ellos, porque hablan con palabras vacías y jactanciosas y, apelando a los deseos lujuriosos de la carne, seducen a las personas que apenas están escapando de los que viven en el error. Les prometen libertad, mientras que ellos mismos son esclavos de la depravación, porque 'las personas son esclavas de lo que sea que las haya dominado'". (2 Pedro 2:17-19).

"Pero, ¿quién puede discernir sus propios errores? Perdona mis faltas ocultas. Guarda también a tu siervo de los pecados voluntarios; que no se enseñoreen de mí. Entonces seré íntegro, limpio de gran transgresión. Que estas palabras de mi boca y esta meditación de mi corazón sean agradables a tus ojos,

Señor, mi Roca y mi Redentor". (Salmo 19:12-14).

"No os engañéis: Dios no puede ser burlado. Cada uno cosecha lo que siembra. El que siembra para complacer su carne, de la carne segará destrucción; el que siembra para agradar al Espíritu, del Espíritu segará Vida Eterna. No nos cansemos, pues, de hacer el bien, porque en el momento oportuno tiempo recogeremos una cosecha si no nos damos por vencidos. Por tanto, según tengamos oportunidad, hagamos bien a todos, y mayormente a los de la familia de los creyentes". (Gálatas 6:7-10).

"Por tanto, confesaos vuestros pecados unos a otros y orad unos por otros para que seáis sanados. La oración del justo es poderosa y eficaz". (Santiago 5:16).

"Hermanos míos, si alguno de vosotros se desvía de la verdad y alguno lo hace volver, acordaos de esto: El que haga volver a un pecador del error de su camino, lo salvará de la muerte y cubrirá multitud de pecados". (Santiago 5:19-20).

"Y el que escudriña nuestros corazones conoce la mente del Espíritu, porque el Espíritu intercede por el pueblo de Dios de acuerdo con la voluntad de Dios. Además, sabemos que Dios dispone todas las cosas para el bien de los que le aman, los que han sido llamados conforme a su propósito. Porque a los que Dios conoció de antemano, también los predestinó a ser hechos conformes a la imagen de su Hijo, para que él sea el primogénito entre muchos hermanos y hermanas. Y a los que predestinó, a ésos también llamó; a los que llamó, también los justificó; a los que justificó, a éstos también glorificó" (Romanos 8:27-30).

"Sométanse, pues, a Dios. Resistid al diablo, y huirá de vosotros" (Santiago 4:7).

"Humillaos delante del Señor, y Él os exaltará. Los hermanos y las hermanas no se calumnian unos a otros. Cualquiera que hable contra un hermano o una hermana o los juzgue, habla contra la ley y la juzga. Cuando juzgas la ley, no la guardas, sino que la juzgas. Sólo hay un Legislador y Juez, el que puede salvar y destruir. Pero tú, quién eres tú para juzgar a tu prójimo? (Santiago 4:10-12).

"Así que, ya que hemos sido justificados por la fe, tenemos paz para con Dios por medio de nuestro Señor Jesucristo, por quien tenemos acceso por la fe a esta gracia en la cual ahora estamos firmes. Además, nos gloriamos en la esperanza de la gloria de Dios. No sólo eso, sino que también nos gloriamos en nuestros sufrimientos, porque sabemos que el sufrimiento produce perseverancia; perseverancia, carácter; y carácter, esperanza. Además, la esperanza no nos avergüenza, porque el amor de Dios ha sido derramado en nuestros corazones por medio del Espíritu Santo que nos ha sido dado. Verás, en el momento justo, cuando todavía éramos impotentes, Cristo murió por los impíos. Muy raramente alguien morirá por una persona justa, aunque alguien posiblemente se atreva a morir por una buena persona. Sin embargo, Dios demuestra su propio amor por nosotros en esto: cuando aún éramos pecadores, Cristo murió por nosotros. Puesto que ahora hemos sido justificados por Su sangre, cuánto más seremos salvos de la ira de Dios por medio de Él! Porque si siendo enemigos de Dios, fuimos reconciliados con él por la muerte de su Hijo, cuánto más, estando reconciliados, seremos salvos por su vida! No sólo es esto así, sino que también nos gloriamos en Dios por el Señor nuestro Jesucristo, por quien hemos recibido ahora la reconciliación". (Romanos 5:1-11).

Después de leer todas las Escrituras que mi Padre habló a mi corazón, tomé mi dolor y sentimiento de soledad (incluso con seres queridos alrededor) y comencé a corregir mis defectos. Entonces escuché el sonido de un golpe en la puerta de mi corazón, junto con la Voz de Jesús llamando mi nombre. Me di la vuelta y abrí esa puerta, y he aquí, allí estaba Jesús, y me estaba extendiendo la mano. Cuando me acerqué a Él, caí de rodillas con asombro. Jesús levantó mi cabeza y dijo: 'No tengas miedo. Siempre estoy contigo. Sé fuerte. Ven, te mostraré una Vida de Paz. No la paz que ofrece el mundo, sino la Paz de mi Padre que estará siempre con vosotros. La Paz que nunca te hará daño, sino que te hará más fuerte y seguro, para seguir adelante". Mientras una lágrima corría por mi rostro, Jesús tomó Su dedo y tomó esa lágrima de dolor y la convirtió en una lágrima de alegría. En ese momento, obtuve la respuesta a mi oración. Solo tenía que dejar que Jesús entrara en mi vida y me ayudara. *mejor yo mismo.*

Tenía la radio encendida; la radio se quedó en silencio (mientras Jesús hablaba), pero tan pronto como dejé que Jesús entrara en mi vida, la radio comenzó a tocar la canción "I Will Rise" de Chris Tomlin. Las lágrimas comenzaron a caer y nuevamente caí de rodillas con asombro y agradecimiento. En ese momento, esa nube oscura que estaba sobre mí se convirtió en sol, todo se iluminó. A partir de ese momento, la Paz de Dios y mi Equipo Estrella estuvieron conmigo, dondequiera que fuera. Hasta el día de hoy, cuando los problemas se me presenten, recuerdo aquella vez que Jesús me rescató de debajo de esa nube oscura de desesperación y dolor. Jesús ha estado conmigo desde entonces. Ahora leo mi Biblia y oro continuamente por fortaleza para enfrentar a los gigantes de este mundo frío y malvado. Soy una mejor persona porque siempre me tomo el tiempo para pasar tiempo de calidad con mi Equipo Estrella: el Padre, Su Hijo Jesús y el Espíritu Santo. En este tiempo que paso con mi Equipo Estrella, me conozco a mí mismo, a los ojos de mi Padre Celestial. Solo Dios puede revelar mi verdadero yo, porque Él es quien me diseñó. Dios es el único que me amará, aún con todos mis defectos. Y Dios es el único que puede convertir mi dolor en Alegría (Jesús).

Este fue el momento en que morí a mí mismo y gané un Amigo Eterno, mi Señor y Salvador Jesús, el Amigo que me hizo impecable, convirtiéndolo en fortaleza, consuelo y, sobre todo, amor. Estoy eternamente agradecido a mi Señor.

<u>Morir a uno mismo.</u>

Acabo de hablar de esto un poco antes cuando estaba hablando de la "enfermedad de mí". Cada persona tiene un "yo" que pensamos que deberíamos ser y ese "yo" siempre está luchando con Dios. Debido a que ese 'yo' es lo opuesto a 'quiénes' Dios nos hizo ser, puede ser difícil dejar de lado el yo al que estás tan acostumbrado y que este mundo posee. La mayoría de las veces, dejar ir se siente como la muerte. Exactamente! Porque hay que morir para vivir en la Vida que nuestro Creador diseñó para nosotros. Morir al yo es morir al orgullo, la ira, la lujuria y los deseos de este mundo. Cuando sueltas estas cosas y las pones a los pies de Dios, Él las toma y comienza el proceso de reemplazarlas con equipo para vivir en Su libertad.

A lo largo del viaje en el que estoy, necesitaba enterrar ese 'viejo yo' y concentrarme en escuchar Su Voz de Verdad que me susurra al oído: "Este es el camino; caminar en él'". (Isaías 30:21b). Sin embargo, no puedo escuchar Su voz si todavía estoy viviendo en el "yo" de este mundo. Por eso es muy importante leer la Biblia (la Palabra de Dios), para que las voces de este mundo se ahoguen y se desvanezcan. Mantener la Palabra de Dios en mi corazón me ayuda a estar preparado para defenderme de las palabras de Satanás, que son palabras que me convierten en la persona con la que nadie quiere estar.

<u>Dios está obrando por dentro y por fuera.</u>

Nuestro cuerpo exterior está siendo moldeado por la forma en que comemos, bebemos, dormimos, hacemos ejercicio y vivimos. Tu interior está siendo moldeado por lo que ves, lees, escuchas, piensas y haces. El yo exterior (carne) se rebela continuamente contra el yo interior (espiritual) por el control. Esto es lo que la Biblia llama *"luchar con Dios" (ver Génesis 32:22-32)*. Cuanto más nos rebelamos contra Dios, más tiempo lleva recibir sus bendiciones. Solo puedes florecer cuando estás arraigado en la Palabra de Dios y formado por Dios. Porque Dios quiere ser el único que nos moldea y diseña, que se adecua para cumplir Su propósito. Dios nos aclara que debemos hacer Su voluntad. La dependencia de Dios conduce a un espíritu tranquilo y confiado. Leemos en la Biblia:

"Más vale vivir en un rincón de la azotea que compartir mujer pendenciera". (Proverbios 25:24).

"En la quietud y la confianza estará vuestra fortaleza" (Isaías 30:15).

"Tus oídos oirán una palabra detrás de ti, diciendo: 'Este es el camino; andad en ella' (Isaías 30:21b).

"Los pasos del hombre son dirigidos por el Señor. Cómo puede alguien entender Su Camino?" (Proverbios 20:24).

"Espera en el Señor, y Él te librará" (Proverbios 20:22b).

"Escucha, oh Señor, mis palabras, considera mi suspiro. Escucha mi grito de auxilio, Rey mío y Dios mío, porque a ti te ruego. Por la mañana, oh Señor, escuchas mi voz; por la mañana pongo mis peticiones delante de ti, y espero con expectación". (Salmo 5:1-3).

Cuál es mi 'Egipto' o 'Fuente' a la que me dirijo?

En la Biblia, 'Egipto' es un lugar de refugio y una amenaza para el pueblo del Señor. Además, 'Egipto' era un lugar de importante (refinamiento) cultural para los israelitas, un lugar donde dependía de la riqueza para hacerlos felices. Los israelitas se acostumbraron tanto que cuando lo dejaron, lo extrañaron. Porque no sabían cómo sobrevivir en el desierto sin él (los medios de dinero o cosas materiales).

Hoy, todos hacemos algo como lo hicieron los israelitas: aceptar los caminos de este mundo. Por qué? Porque es todo lo que parece que sabemos, sin conocer a Dios, sin darnos cuenta de que los caminos de este mundo no durarán; que se desvanecería como el sol, cuando se pone. Los caminos del mundo son los caminos que pueden oscurecer nuestros corazones y matar nuestras almas, abriendo la puerta para que Satanás nos refine en la semejanza de él. Sin embargo, cuando buscamos a Dios y permitimos que Él provea para nuestras necesidades, entonces Él nos colma de Su gracia para refinarnos de nuevo a la Gloria que nos llevará a la Eternidad, donde Satanás no puede entrar y alejarnos de Él.

A veces, cuando estoy caminando por el camino que Dios me ha provisto para caminar, me lleva a una encrucijada o empinada, una colina empinada que parece bastante aterradora y resbaladiza, un lugar donde mi carga era pesada y cargada de culpa (agobiándome); que lo estaba haciendo difícil para subir esas colinas empinadas, haciendo que mis pies resbalen y no enfrenten a mis gigantes. Sin embargo, recordé de repente que tenía a mi Equipo Estrella a mi lado. Mientras gritaba Su Nombre, sentí que Su mano tomaba la mía, permitiéndome caminar con pasos firmes. Me aferré a la mano de Jesús tan fuerte como pude, y Jesús tomó esa culpa que cargaba y la enterró tan profundamente que se convirtió en polvo.

Mi acto de acercarme a Jesús realmente me enderezó de esa joroba que comenzaba a caminar. Miré a mi Señor y le di mi confianza para llevar mi carga, convirtiendo mi vergüenza y oscuridad en Amor y Luz. Ahora, puedo seguir adelante con Amor y Bondad. La Biblia (Palabra de Dios) dice:

"Alabado sea el Señor, Dios nuestro Salvador, que cada día lleva nuestras cargas". (Salmo 68:19).

"Este es el mensaje que hemos oído de Él y os anunciamos: Dios es Luz; en Él no hay oscuridad en absoluto. Si afirmamos tener comunión con Él y, sin embargo, caminamos en la oscuridad, mentimos y no vivimos la Verdad. Sin embargo, si caminamos en la Luz, como Él está en la Luz, tenemos comunión unos con otros, y la sangre de Jesús, Su Hijo, nos limpia de todo pecado. Si pretendemos estar sin pecado, nos engañamos a nosotros mismos y la Verdad no está en nosotros. Si confesamos nuestros pecados, Él es fiel y justo y nos perdonará nuestros pecados y nos limpiará de toda maldad. Si decimos que no hemos pecado, lo hacemos pasar por mentiroso y su Palabra no está en nosotros". (1 Juan 1:1-10).

"No hay miedo en el amor. Sin embargo, el amor perfecto expulsa el miedo, porque el miedo tiene que ver con el castigo. El que teme no se perfecciona en el Amor. Amamos porque el nos amo primero". (1 Juan 4:18-19).

Para redescubrir la Vida Buena (Pura) que Dios nos ha ofrecido, tenemos que cumplir lo que dice Jesús en el Evangelio de Juan: *"En el último y más grande día de la Fiesta, Jesús se puso de pie y dijo en voz alta;* **"Si alguno tiene sed, que venga a Mí y beba. El que cree en mí, como dice la Escritura, de su interior correrán ríos de agua viva"".** *(Juan 7:37-38).*

Cuando nos alimentamos de la Palabra de Dios, llenaremos nuestro estómago con Su agua viva y nunca más tendremos que sentirnos vacíos, con desilusión y desánimo (porque esto es lo que trae este mundo). Prosperamos cuando escuchamos y vivimos los caminos de Dios. Por lo tanto, en cuanto a mí, buscaré más a Dios y seré lleno del agua viva que Él me da para vivir en Su paz. Estoy muy agradecido por el agua viva que mi Padre Celestial me da. Cuanto más leo mi Biblia (Palabra de Dios y agua viva), descubro esto: Cuanto más lo busco, más lo conozco; cuanto más lo conozco, más lo amo, y cuanto más lo amo, más entiendo sus caminos. Leer la Palabra de Dios (la Biblia) y orar continuamente mantiene mi Fe fuerte y lista para enfrentar las luchas de este mundo.

Antes, cuando no leía mucho la Biblia, luchaba mucho con los caminos de este mundo; dejando mi vida vacía y perdida. Pero ahora, desde que abrí más mi Biblia, también abrí mi corazón y mi mente al Amor más grande de todos:

El Amor que siempre estuvo conmigo.

El Amor que murió por mí y me hizo impecable.

El amor que nunca me dejará.

El Amor de mi Equipo Estrella.

No hay otro amor que se acerque más que el Amor de Dios.

"Entonces conocemos y confiamos en el Amor que Dios tiene por nosotros. Dios es amor. Quien vive en el Amor vive en Dios, y Dios en ellos". (1 Juan 4:16).

The Landmines of Discouragement, Despair, Dismayed, Belittling, Complaining, Guilt and Shame

Las minas terrestres estaban en la Guerra de Corea y en la Primera y Segunda Guerra Mundial. Las minas terrestres son explosivos escondidos bajo tierra, dispersos en los campos de guerra; muchas vidas se perdieron con estas minas terrestres. En este mundo también hay muchas minas terrestres escondidas; y no están escondidos en la tierra. El desánimo y la desesperación son dos de las muchas minas terrestres que se encuentran esparcidas por este mundo. Elegí estos dos porque son los que más he experimentado en mi vida. Sé que siempre estarán ahí afuera, porque Satanás sabe que puede usarlos en mi contra para hacerme sentir menospreciado y consternado y para que me queje y me sienta culpable de todas mis malas acciones. Satanás usa estas minas terrestres contra todos nosotros, porque nada más funciona para él.

Estas siete minas terrestres son las minas terrestres que pueden perforar un agujero en su corazón y atormentarlo durante mucho tiempo, es decir, si no tiene a Jesús (el Equipo Estrella) caminando a su lado para consolarlo y ayudarlo:

Desánimo - sentimiento de haber perdido la esperanza o la confianza (desconfianza).

Desesperación - no tener esperanza ni creer en una situación que cambiará o mejorará (sin esperanza).

Consternado - hacer que (alguien) se sienta muy preocupado o molesto (inseguro). Menospreciado - describir (a alguien o algo) como poco o sin importancia (vergonzoso). Quejarse - para expresar pena, dolor o descontento (malhumorado).

Culpa - el estado de alguien que ha cometido una ofensa, especialmente conscientemente (culpable).

Vergüenza - una condición de humillante desgracia o desprestigio (lástima).

Si nota, estos significados son todos iguales pero redactados de manera diferente.

Debemos aprender a reconocer y lidiar con cada uno de estos pensamientos y reacciones negativas. Porque cuando se enconan dentro de tu corazón, nos convierten en almas amargas. Porque cuando estamos amargados, somos los principales objetivos de los ataques del enemigo, que es exactamente el plan de Satanás (querer que nos sintamos amargados como él). Satanás tiene muchos ataques, dispersos por este mundo, siempre disparando estas flechas de pensamientos negativos en nuestro camino.

A lo largo de mi vida, tuve que tratar con personas que me hacían sentir lo que yo llamo las palabras 'no': sin importancia, desconfiado e inseguro. Estas palabras me estaban haciendo muy indigno y sin amor (dos palabras 'no' más). Sin embargo, cuando tomé la Mano de mi Señor Jesús y comencé a caminar con Él, todas estas palabras negativas se hicieron más fáciles de manejar. Cada momento que me siento con mi Equipo Estrella, estoy sentado en Comodidad y Amor. En estas Sesiones de Consuelo y Amor, Jesús siempre me está diciendo que no tengo que temer estas palabras 'no' o incluso tener que lidiar con ellas solo. Por eso tomó la cruz por mí (y por ti también). Nunca estoy solo para lidiar con mi vergüenza. Jesús superó la vergüenza y la reemplazó con Compasión, Alegría, Esperanza, Paz y, por supuesto, Amor. Sin el Amor de Dios, somos demasiado débiles para soportar todo lo que ofrece este mundo. Seguir a Jesús es la mejor decisión que yo (nosotros) podemos tomar. Créanme, cuando no estoy enfocado en Jesús, todas las cosas parecen estar fuera de lugar. Tan pronto como me concentro de nuevo en mi Señor, la niebla se disipa y el sol (Hijo) brilla con tanta fuerza.

Cuando el desánimo toque a tu puerta, imagina que es como conducir a través de un túnel: solo temporal, un breve período en la oscuridad. Aferrarse a la Mano de Jesús hace que ese desánimo y cualquier otro pensamiento negativo y fracaso se desvanezca. Al salir del túnel, puedes dejar ir todos esos pensamientos negativos y seguir adelante con Gozo (Jesús).

En la Palabra de Dios (la Biblia), encontré ocho versículos (hay muchos más) que me ayudan a atravesar este mundo de oscuridad y miedo. El último es el Salmo 46 que Dios había plantado en mi corazón para memorizar durante todos los días que camine por el túnel del desánimo (muchos de mis días 'grises' son iluminados por este Salmo).

"A los ricos de este mundo manda que no sean arrogantes ni pongan su esperanza en las riquezas, que son tan inciertas, sino en Dios, que nos da todas las cosas en abundancia para que las disfrutemos. Encomiéndalos a hacer el bien, a ser ricos en buenas obras y a Sea generoso y esté dispuesto a compartir. De esta manera se atesoran tesoros como cimiento firme para el siglo venidero, a fin de que puedan echar mano de la vida que es verdaderamente vida". (1 Timoteo 6:17-19).

"Por eso os recuerdo que avivéis el fuego del don de Dios, que está en vosotros por la imposición de mis manos. Porque el Espíritu de Dios no nos hace tímidos, sino que nos da poder, amor y dominio propio". (2 Timoteo 1:6-7).

"Y la esperanza no nos avergüenza, porque el amor de Dios ha sido derramado en nuestros corazones por el Espíritu Santo que nos ha sido dado". (Romanos 5:5).

"El amor nunca falla. Sin embargo, donde hay profecías, cesarán; donde haya lenguas, serán calladas; donde hay conocimiento, éste pasará. Porque en parte ahora profetizamos y en parte profetizamos, pero cuando llega la plenitud, lo que es en parte desaparece. Cuando yo era niño, hablaba como un niño; Pensé como un niño, razoné como un niño. Cuando me hice hombre, dejé atrás los caminos de la niñez. Por ahora, vemos solo un reflejo como en un espejo; entonces nos veremos cara a cara. Ahora sé en parte; entonces conoceré plenamente, como soy plenamente conocido". (1 Corintios 13:8-13).

"Yo soy la puerta; el que por mí entre, será salvo. Entrarán y saldrán, y encontrarán pastos. El ladrón no viene sino para hurtar y matar y destruir; Yo he venido para que tengan vida, y para que la tengan en abundancia"". (Juan 10:9-11).

*"**No deje que se angustien. Tu crees en Dios; creed también en Mí. La Casa de Mi Padre tiene muchas habitaciones; si no fuera así, os habría dicho que voy allá a prepararos un lugar? Además, si me voy y os preparo un lugar, volveré y os llevaré a estar conmigo para que también vosotros estéis donde yo estoy. Tú conoces el camino al lugar adonde voy*"* (Juan 14:1-4).

"Por lo tanto, deshazte de toda amargura, ira e ira, peleas y calumnias, junto con toda forma de malicia. Sed bondadosos y misericordiosos unos con otros, perdonándoos unos a otros, así como Dios os perdonó a vosotros en Cristo". (Efesios 4:31-32).

*"Dios es nuestro amparo y fortaleza, nuestro pronto auxilio en las tribulaciones. Por tanto, no temeremos, aunque la tierra se desmorone, y los montes se hundan en el corazón del mar, aunque bramen y se turben sus aguas, y tiemblen los montes a causa de su bravura. Hay un río cuyas corrientes alegran la ciudad de Dios, el Lugar Santo donde mora el Altísimo. Dios está dentro de ella, ella no caerá; Dios la ayudará al amanecer. Las naciones se alborotan, los reinos caen; El levanta Su voz, la tierra se derrite. El Señor Todopoderoso está con nosotros; el Dios de Jacob es nuestra fortaleza. Venid y ved lo que ha hecho el Señor, las desolaciones que ha traído sobre la tierra. Él hace cesar las guerras hasta los confines de la tierra. El quebranta el arco y hace añicos la lanza; Quema los escudos con fuego. Dios dice, **'Estad quietos y sabed que yo soy Dios; Seré exaltado entre las naciones, seré exaltado en la tierra'. El Señor Todopoderoso está con nosotros; el Dios de Jacob es nuestra fortaleza".** (Salmo 46:1-11).*

La victoria sobre el desánimo es encontrar su origen y hablar la Verdad de Dios sobre él, para disolverlo. En el momento en que levantamos la cabeza y decimos: "Padre", Él interviene y nos saca del lodo del desánimo. Entonces, cuando el desánimo se apodere de su vida, abra su Biblia en el Salmo 42. Léalo; medita en él y deja que te enseñe cómo lidiar con el desánimo, el miedo y la decepción.

"Como el ciervo brama por las corrientes de las aguas, así suspira por ti, Dios mío, el alma mía.

Mi alma tiene sed de Dios, del Dios vivo. Cuándo puedo ir a encontrarme con Dios?

Mis lágrimas han sido mi alimento de día y de noche, mientras la gente me dice todo el día: 'Dónde está tu Dios?'

Estas cosas recuerdo mientras derramo mi alma: cómo solía ir a la casa de Dios bajo la protección del Poderoso con gritos de alegría y alabanza entre la multitud festiva.

Por qué, alma mía, estás abatida? Por qué tan perturbado dentro de mí? Pon tu esperanza en Dios, porque yo le alabaré, mi Salvador y mi Dios.

Mi alma está abatida dentro de mí; por tanto, me acordaré de ti desde la tierra del Jordán, desde las alturas de Herman, desde el monte Mizar.

Profundo llama a profundo en el estruendo de tus cascadas, todas tus olas y rompientes me han barrido.

De día el Señor dirige Su amor, de noche Su canción está conmigo, una oración al Dios de mi vida,

Digo a Dios mi Roca: Por qué me has olvidado? Por qué debo andar de luto, oprimido por el enemigo?

Mis huesos sufren una agonía mortal mientras mis enemigos me insultan, diciéndome todo el día: "Dónde está tu Dios?"

Por qué, alma mía, estás abatida? Por qué tan perturbado dentro de mí?

Poned vuestra esperanza en Dios, porque aún he de alabarle, mi Salvador y mi Dios". (Salmo 42:1-11).

Mientras escribía este Salmo, Dios me mostró Su Gloria y Su sonrisa que hizo que mi corazón dijera: 'Impresionante!' y 'Gracias!' En este momento, me siento tan maravillosamente que mi Dios está complacido conmigo y me refresca. cada momento que busco amarlo y conocerlo. La sonrisa que acabo de recibir de Él es el mejor regalo que pude haber recibido. Llevaré esta sonrisa donde quiera que vaya y para siempre en mi corazón. Es el "te amo" de mi Dios, mi Padre y mi roca.

"Andad como es digno del Señor, agradándole en todo, siendo fecundos en toda buena obra y creciendo en el conocimiento de Dios". (Colosenses 1:10).

Cuando empiezo a alejarme de mi enfoque en Jesús, parezco recibir un empujón para decirme que estoy yendo por el camino equivocado y que no busco Su consejo, para aumentar Su conocimiento de cómo vivir y cómo agradarle a Él (y solo a Él).), dejando todas las cosas y pensamientos mundanos en el polvo. Dios es quien tiene el control de mi vida, y es Su Hijo Jesús quien me guía a través de este viaje que conduce a Su Reino. Estos versículos de las Escrituras te recordarán a Aquel que está en control:

"Muchos son los planes en el corazón de una persona, pero es el Propósito del Señor el que prevalece". (Proverbios 19:21).

"Y mi Dios suplirá todas vuestras necesidades conforme a las riquezas de su gloria en Cristo Jesús", (Filipenses 4:19).

"El temor del Señor conduce a la vida; entonces uno descansa contento, sin ser tocado por problemas". (Proverbios 19:23).

"Y sabemos que Dios dispone todas las cosas para el bien de los que le aman, los que han sido llamados conforme a su Propósito". (Romanos 8:28).

"'Porque yo sé los planes que tengo para ti', declara el Señor, 'planes para prosperarte y no para dañarte; planes para darte esperanza y un futuro. Entonces me invocarás, y vendrás a orarme, y te escucharé. Me buscaréis y me encontraréis cuando me busquéis de todo vuestro corazón'". (Jeremías 29:11-13).

"No te lo he mandado yo? Se fuerte y valiente. No tengas miedo; no te desanimes, porque el Señor tu Dios estará contigo dondequiera que vayas'" (Josué 1:9).

"En su corazón, el hombre traza su rumbo, pero el Señor establece sus pasos". (Proverbios 16:9).

"El Señor es mi pastor, nada me falta. En verdes pastos me hace descansar, junto a aguas de reposo me conduce, y refresca mi alma. Me guía por sendas de justicia por amor de su nombre. Aunque camine por el valle más tenebroso, no temeré mal alguno, porque Tú estarás conmigo; Tu vara y tu cayado me confortan". (Salmo 23:1-4).

"El Señor es mi luz y mi salvación, de quién temeré? El Señor es la fortaleza de mi vida, de quién tendré miedo?". (Salmo 27:1).

"Dios es nuestro amparo y fortaleza, nuestro pronto auxilio en las tribulaciones". (Salmo 46:1).

"Él te cubrirá con Sus plumas, y debajo de Sus alas encontrarás refugio; Su fidelidad será vuestro escudo y baluarte". (Salmo 91:4).

Estas Escrituras son a las que me refiero cuando la gente de este mundo sigue dudando de las obras de Dios. La duda nos aleja de Dios. Dios nos promete que nunca nos dejará ni nos abandonará. La prueba está en Su Hijo Jesús. Dios sacrificó a Su Hijo para que podamos tener una relación con Él. Por eso, cuando dudamos de cualquier obra de Sus Manos, dudamos de Su existencia y de Su Amor por nosotros. Cuando buscamos a Dios primero, y luego en el momento adecuado, Él revelará las respuestas a nuestras oraciones y preguntas. El tiempo y la perspectiva de Dios son lo que importa. Dios siempre tendrá tiempo para nosotros; si pudiéramos tener tiempo para Él. Cuando Él ve que somos fieles a Él y vivimos Su Palabra y Sus Mandamientos, Él nos colmará de Sus Bendiciones.

Un día, me encontré con esta cita que pone todo esto en perspectiva:

"Un árbol se conoce por su fruto; un hombre por sus obras; una buena acción nunca se pierde; el que siembra cortesía cosecha amistad; y el que siembra bondad recoge amor". (Autor desconocido).

Dios Desea que siempre mires a través de Su Perspectiva, y hacer esto es leer continuamente Su Palabra y siempre buscar más profundamente para conocerlo mejor. Al leer la Palabra de Dios, recibo mi esperanza, fe y amor. Porque mi esperanza en Él, siempre me fortalecerá para seguir avanzando por los oscuros valles de las sombras y subir al monte a la Gloria de mi Padre Celestial.

<u>Tener esperanza que dura:</u>

Siempre me pregunté qué significaba cuando la gente decía: 'Mantén viva la esperanza'. Por lo tanto, comencé a investigarlo. El primer lugar al que fui fue a mi Biblia, donde encontré todas las respuestas a mis preguntas. Déjame decirte el significado de la esperanza.

La esperanza es querer que algo suceda o sea verdad y creer que podría suceder. Para mí, la esperanza es para una persona lo que el agua es para un pez. La esperanza es esencial para nuestra supervivencia en esta tierra. Mi esperanza es mi Equipo Estrella. Cuando no tienes Esperanza (el Equipo Estrella), caes en la depresión y la desesperación (no es un buen lugar para estar). Entonces todo lo que conoces es esa depresión y desesperación; que por cierto son armas de satanás. Satanás puede ser manipulador en sus formas de cambiar nuestra mente para vivir una vida injusta, en lugar de vivir la Vida Justa que está en el Equipo Estelar; y quién es el que nos enseña cómo vivir esa Vida Justa.

La esperanza proviene de confiar en el Equipo Estrella que nos saca de nuestro dolor y nos ayuda a vivir positivamente. Esto es vivir una vida que Jesús vive. Entonces, dónde estás buscando esperanza si no estás mirando a Jesús? Serán las cosas de este mundo (automóviles, trabajos, fama en televisión y cine)? Las cosas de este mundo no durarán, y no podrás llevarlas al Cielo, ni hablar de tener una relación con Dios. Las cosas de este mundo nos alejan de Dios, impidiéndonos caminar por el camino de la justicia.

La esperanza está en Jesús. No hay otro camino al Padre sino a través de Su Hijo. Hacer esto es buscar más de la Palabra de Dios y prosperar para vivir Su Palabra. Y la Palabra de Dios dice: *"Humíllense, pues, bajo la poderosa mano de Dios, para que Él los exalte a su debido tiempo. Echad toda ansiedad sobre Él porque Él cuida de vosotros". (1 Pedro 5:6-7).*

Aquí hay más de lo que la Biblia dice acerca de la esperanza. Lee estos versículos y medita en ellos, convirtiéndolos en tu forma de vida para vivir. Cuando sientes que se acerca la depresión y la desesperación, la Palabra de Dios es el mejor consuelo que puede hacer retroceder las armas de Satanás. No dejes que Satanás tenga la ventaja en tu vida. Deja que sea Jesús quien camine cada paso del camino contigo.

"Que tu amor inagotable esté con nosotros, Señor, aun cuando en ti ponemos nuestra esperanza". (Salmo 33:22).

"Muchos dicen de mí: 'Dios no lo librará'. Sin embargo, tú, Señor, eres un escudo alrededor de mí, mi gloria, el que levanta mi cabeza en alto. Clamo al Señor, y Él me responde desde Su santo monte. me acuesto y duermo; Vuelvo a despertar, porque el Señor me sostiene. No haré miedo aunque decenas de miles me asalten por todos lados". (Salmo 3:2-6).

"Por eso se alegra mi corazón y se regocija mi lengua; mi cuerpo también estará seguro, porque no me abandonarás en el reino de los muertos, ni dejarás que tu fiel vea corrupción. Tú me haces conocer el camino de la vida; me llenarás de alegría en tu presencia, de eterna delicias a tu diestra". (Salmo 16:9-11).

"Señor, te espero; tú responderás, Señor mi Dios". (Salmo 38:15).

"Por qué, alma mía, estás abatida? Por qué tan perturbado dentro de mí? Poned vuestra esperanza en Dios, porque aún he de alabarle, mi Salvador y mi Dios". (Salmo 42:11).

"La esperanza que se demora enferma el corazón, pero el anhelo cumplido es árbol de vida". (Proverbios 13:12).

"Aun los jóvenes se cansan y se fatigan, y los jóvenes tropiezan y caen; pero los que esperan en el Señor renovarán sus fuerzas; vuelan con alas como las águilas; correrán y no se cansarán, caminarán y no se fatigarán". (Isaías 40:30-31).

"Bienaventurado el que confía en el Señor, cuya confianza está en Él". (Jeremías 17:7). ***"Porque yo sé los planes que tengo para ustedes,' declara el Señor, 'planes para prosperarles y no para dañarlos, planes para darles esperanza y un futuro'". (Jeremías 29:11).***

"El Señor es bueno para aquellos que esperan en Él, para el que lo busca; bueno es esperar en silencio la salvación del Señor". (Lamentaciones 3:25-26).

"Mantengamos firmes la esperanza que profesamos, porque fiel es el que prometió". (Hebreos 10:23).

"Porque por gracia sois salvos por medio de la fe; y esto no de vosotros, pues es don de Dios". (Efesios 2:8).

"El Señor se deleita en los que le temen, en los que ponen su esperanza en su amor inagotable" (Salmo 147:11).

"No te irrites a causa de los malhechores ni tengas envidia de los impíos, porque el malhechor no tiene esperanza en el futuro, y la lámpara de los impíos se apagará". (Proverbios 24:19-20).

Una oración al equipo estrella:

Estimado Equipo Estrella.

Proclamaré siempre en la Palabra de Dios todos los días y noches que esté en esta tierra, esperando que mi Dios me tome en Sus brazos Amorosos y me diga: 'Bien hecho, mi fiel hijo'. No hay ningún lugar en el que prefiera estar que en los brazos de mi amoroso Equipo Estrella. Todo lo que hago es para Su gloria, honor y alabanza. Me asombraré de mi Dios, mi roca y mi refugio. Los amo, Equipo Estrella!

quiero agradecerte por ser mi Esperanza, mi Amor y Amigo; cuando no puedo encontrar a nadie en esta tierra a quien correr. Eres el ancla de mi vida. Gracias por guiarme con seguridad a través de las luchas (pruebas) de este viaje. Me comprometo contigo a contarte todo acerca de ti. Me encanta vivir Tu Palabra, para que todos vean que Tú eres la única Esperanza en mi vida.

En Tu Glorioso Nombre oro. Amén.

Preparándome para vivir el llamado de Dios para mí (y TODOS Sus Pueblos).

Fueron estos tres pasos los que me prepararon para entender el Llamado que Dios tenía para mí. Pude salir de la oscuridad y entrar en la Luz. Por cierto, encontré estos pasos a partir de la oración y la lectura de mi Biblia. Soy muy diligente en mi devoción a mi Equipo Estrella

El primer paso que di fue abrir mis oídos a la Voz de Dios; y esto fue lo que me dijo:

"Mis ovejas oyen mi voz y yo las conozco y me seguirán". *(Juan 10:27).*

"'Clama a Mí y Yo te responderé, y te hablaré de cosas grandes y ocultas que tú no has conocido'". (Jeremías 33:3). "Tengo mucho más que decirte, más de lo que ahora puedes soportar. Pero cuando venga El, el Espíritu de la Verdad, os guiará a toda la Verdad. Él no hablará por su propia cuenta; Él hablará sólo lo que oiga, y os dirá lo que está por venir. Él me glorificará porque de Mí recibirá lo que os dará a conocer. Todo lo que pertenece al Padre es Mío. Por eso dije que el Espíritu recibirá de Mí lo que os hará saber'". (Juan 16:12-15).

"Y tus oídos oirán una palabra detrás de ti, diciendo; 'Esta es la forma; caminar en él '. Cuando giras a la derecha o cuando giras a la izquierda". (Isaías 30:21).

Porque: "La fe es por el oír, y el oír por la Palabra de Cristo". (Romanos 10:17).

Este primer paso luego me llevó <u>al segundo paso</u> donde descansé en la Verdad de quien soy; en los brazos del Único Dios Verdadero (el Equipo Estelar):

"Todo el que cree que Jesucristo es el Cristo es nacido de Dios, y todo el que ama al Padre ama también a Su Hijo. Así es como sabemos que amamos a los hijos de Dios: amando a Dios y cumpliendo Sus Mandamientos. De hecho, esto es amor a Dios: guardar Sus Mandamientos. Y Sus Mandamientos no son gravosos, porque todo lo nacido de Dios vence al mundo. Esta es la Victoria que ha vencido al mundo, incluso nuestra Fe. Quién es el que vence al mundo? Sólo el que cree que Jesús es el Hijo de Dios. Este es Aquel que vino por agua y sangre. Y es el Espíritu quien la Verdad. Porque son Tres los que dan testimonio: el Espíritu, el Agua y la Sangre; y los Tres están de acuerdo. Aceptamos el testimonio humano, pero el Testimonio de Dios es Mayor porque es el Testimonio del Padre, que Él ha dado acerca de Su Hijo. Quien cree en el Hijo de Dios acepta este Testimonio. El que no cree al Padre lo ha tenido por mentiroso, porque no ha creído en el Testimonio que el Padre ha dado acerca de Su Hijo. Y este es el Testimonio: el Padre ha dado Vida Eterna, y esta Vida está en Su Hijo. Quien tiene al Hijo, tiene la Vida; el que no tiene al Hijo de Dios no tiene la Vida". (1 Juan 5:1-12).

"Os escribo estas cosas a vosotros que creéis en el Nombre del Hijo de Dios, para que sepáis que tenéis Vida Eterna. Esta es la confianza que tenemos al acercarnos a Dios: que si pedimos algo conforme a Su Voluntad; Él nos escucha. Y si sabemos que Él nos escucha, cualquier cosa que le pidamos, sabemos que tenemos lo que le pedimos. Si ves a algún hermano o hermana cometer un pecado que no lleva a la muerte, debes orar y Dios le dará Vida. Me refiero a aquellos cuyo pecado no conduce a la muerte. Hay un pecado que lleva a la muerte. No estoy diciendo que debas orar por eso. Todo mal es pecado, y hay pecado que no lleva a la muerte. Sabemos que todo aquel nacido de Dios no continúa pecando; Aquel que nació de Dios los protege, y el maligno no puede dañarlos. Sabemos que somos hijos de Dios, y que el mundo entero está bajo el control del maligno. Sabemos también que el Hijo de Dios ha venido y nos ha dado Entendimiento, para que conozcamos al que es Verdadero. y estamos en Aquel que es Verdadero por estar en Su Hijo Jesucristo. Él es el Dios Verdadero y la Vida Eterna. Queridos hermanos y hermanas, guardaos de los ídolos". (1 Juan 5:13-21).

El tercer paso que tomé es deleitarme en el Amor de Dios, para poder pararme y mantenerme enfocado y listo en todo momento para servir al Equipo Estrella:

"El Señor tu Dios está contigo, el poderoso guerrero que salva. Él se deleitará en ti; en su amor ya no os reprenderá, sino que se regocijará sobre vosotros con cánticos". (Sofonías 3:17).

El camino a la Paz es superar tus problemas, tus dolores y el mundo en constante cambio en el que vivimos. Jesús está por encima de todas las cosas, y Él te garantiza que siempre tendrás acceso a Su presencia eterna para que puedas puede elevarse por encima de las olas de su situación. Todo lo que tenemos que hacer es decir: 'Jesús, ayúdame'; y Él estará ahí para ayudarte en cualquier forma; acercándolos a su Padre. Por tanto, no os desaniméis; no te desanimes; porque es la fuerza del Señor que nos hace fuertes para la batalla que nos espera (y siempre habrá una batalla que pelear). Por ello Satanás (que merodea por esta tierra) siempre tratará de alejarnos de vivir la Vida Pacífica que Dios nos provee. Jesús sabe que somos débiles, por eso nos promete caminar cada paso con nosotros en este camino que estamos caminando para Su Padre.

Cuando me desanimo, y las cosas parecen estar fuera de foco (borrosas), y parezco perder de vista a Jesús, recuerdo lo que sucedió cuando Pedro perdió el enfoque, debido a la tormenta y las olas se estaban haciendo más grandes y lo distraían. Esto es lo que hizo Jesús: "Inmediatamente Jesús extendió la mano y lo agarró – *'Hombre de poca fe'*, le dijo, *'por qué dudaste?'"*. (Mateo 14:31).

El momento en que dudamos, es el momento de la distracción; y es el momento en que comenzamos a hundirnos como arenas movedizas en los caminos del mal. Por cierto, es imposible salir de las arenas movedizas, sin embargo, *"Con dios nada es imposible". (Mateo 19:26). Por eso, siempre pediré a Dios: "Muéstrame Tus caminos, Señor, enséñame Tus Sendas". (Salmo 25:4).* Para no hundirme en las arenas movedizas de este mundo enojado y frío.

A los que no conocen a Dios: pensáis que Dios no tiene nada que atraiga vuestros corazones fríos y enojados. Por qué piensas eso? Porque estás demasiado ocupado enfocado en el 'bling' que ves colgando frente a ti (por nada menos que el mismo Satanás) que son las cosas de este mundo que llenan sus deseos que ni siquiera duran. Por lo tanto,

A los que conocen a Dios: excepto el amor que Dios da a sus hijos que tienen sed y lo buscan por lo que realmente es, el compañero constante que siempre está a vuestro lado.

Así que les digo a todos ustedes, abran la puerta al Equipo Estrella y sorpréndanse de lo que Él hace en sus vidas. Lo hice, y nunca lo dejaré ir. Oh, sí, sé que todavía habrá problemas acechando en los rincones de este mundo, con falsos deseos que nunca durarán. Satanás usa esos falsos deseos para alejarme del deseo supremo: el amor de Dios. Como dice la Biblia: "Todo lo puedo en Cristo que me fortalece". (Filipenses 4:13). Este versículo de las Escrituras significa que cuando Satanás comienza a colgar sus deseos frente a ti, tienes la fuerza para alejarte de él, tal como lo hizo Jesús con él.

Incluso si el camino parece suave y fácil, es cuando más necesitas a Jesús. Porque Satanás se esconde entre esos márgenes tranquilos y fáciles, esperando un momento de debilidad para alejarte de vivir una vida maravillosa y pacífica con Star Team. Nunca debes descuidar la Gloriosa Fuente de fuerza que posee Star Team. El siempre está con nosotros. Sin el Equipo Estrella, no tenemos camino a la Paz de Dios. Confiar y agradecer a Jesús siempre traerá Su maravillosa Paz que Él tan libremente trae a tu vida.

Aquí hay algunas Escrituras para que se preparen para vivir el Llamado que Dios tiene para ustedes:

"No deje que se angustien. Tu crees en Dios; cree en mi'". *(Juan 14:1).*

"Yo soy el camino, la verdad y la vida. Nadie viene al Padre sino por mí'". *(Juan 14:6).*

"Si me amáis, guardad mis mandamientos. Además, le pediré al Padre, y Él les dará otro Abogado para ayudarlos y estar con ustedes para siempre: el Espíritu de la Verdad. El mundo no puede aceptarlo, porque ni lo ve ni lo conoce. Sin embargo, lo conocéis porque Él vive con vosotros y estará en vosotros. no os dejaré huérfanos; Vendré a ti'". *(Juan 14:15-18).*

"Pero de verdad os digo, es por vuestro bien que me voy. Si yo no me voy, el Abogado no vendrá a vosotros; pero si me voy, os lo enviaré. Cuando Él venga, probará que el mundo está equivocado acerca del pecado, la justicia y el juicio: acerca del pecado, porque la gente no cree en Mí; de justicia, porque voy al Padre, donde ya no me podréis ver; y sobre el juicio, porque el príncipe de este mundo ahora está condenado'". (Juan 16:7-11).

"Mírame y responde, Señor mi Dios. Ilumina mis ojos, no sea que me duerma en la muerte, y mi enemigo diga: "Lo he vencido", y mis enemigos se regocijarán cuando caiga. Sin embargo, confío en Tu Amor Infalible; mi corazón se regocija en tu salvación. Cantaré alabanzas al Señor, porque Él ha sido bueno conmigo". (Salmo 13:3-6).

"Dando siempre gracias a Dios Padre por todo, en el Nombre de nuestro Señor Jesucristo. Sométanse unos a otros por reverencia a Cristo". (Efesios 5:20-21).

Los siguientes dos versículos de las Escrituras me dan una bendita seguridad, porque me he estado aferrando a estas dos promesas:

"Y Dios dice: 'Estad quietos y sabed que yo soy Dios. Seré exaltado entre las naciones. Seré exaltado entre la tierra'". (Salmo 46:10).

"Mi carne y mi corazón pueden desfallecer, pero Dios es la fortaleza de mi corazón y mi porción para siempre". (Salmo 73:26).

Cuando digo estos dos versos, alcanzo una calma que solo Dios puede proporcionar. Trayendo fuerza a mi corazón, mente, cuerpo y alma para conquistar lo que sea que me depare en mi viaje diario en esta tierra. Vivir una vida correcta y vivirla con Jesús siempre traerá la Paz que obra la Calma y la Seguridad (que está en la Presencia de Dios) y Su Poder que te salva y te mantiene a salvo de los caminos de Satanás, quien siempre está tratando de sacarte del Camino. de Justicia.

Descansemos en la Presencia de Dios, vivamos en la Presencia de Dios y recibamos la Calma y la Seguridad que nos libera del caos de este mundo. Recuerda que la alegría no depende de tus circunstancias. El verdadero gozo es vivir la vida en la Presencia de Dios, siempre. Por lo tanto, en lugar de preocuparte por tus dificultades diarias, debes concentrarte en mantenerte en comunicación con Dios (a través de Su Hijo Jesús), confiando en Él que Él te ayudará a resolver tus dificultades en Su Tiempo, no en tu tiempo. Jesús es el Maestro en la resolución de problemas. No hay nada demasiado difícil de resolver para Jesús. Mi meta es vivir cerca de Jesús; dejando que la Gloria de Su Padre se despliegue justo frente a mí.

Aquí ahora están las Escrituras que revelan la Gloria del Equipo Estelar:

"Esplendor y majestad están delante de Él; Fuerza y Alegría están en Su Morada". (1 Crónicas 16:27).

"Me gozaré en el Señor, me gozaré en Dios mi Salvador. El Señor Soberano es mi fortaleza; Él hace mis pies como los pies de un ciervo, Él me permite caminar en las alturas". (Habacuc 3:18-19).

"Bendice al Señor, alma mía! Oh Señor mi Dios, Tú eres muy Grande; Vosotros estáis revestidos de Esplendor y Majestad. El Señor se envuelve en Luz como con un manto; Él extiende los Cielos como una tienda de campaña y coloca las vigas de Sus cámaras superiores sobre sus aguas. Él hace de las nubes Su carro y cabalga sobre las alas del viento. Hace de los vientos sus mensajeros, de las llamas de fuego sus siervos. Puso la tierra sobre sus cimientos; nunca se puede mover". (Salmo 104:1-5).

"Seis días después, Jesús tomó consigo a Pedro, Santiago y Juan, el hermano de Santiago, y los llevó solos a un monte alto. Allí se transfiguró ante ellos. Su rostro resplandeció como el sol, y sus vestidos se volvieron blancos como la luz. En ese momento, se les aparecieron Moisés y Elías, hablando con Jesús. Pedro le dijo a Jesús: "Señor, es bueno que estemos aquí. Si quieres, levantaré tres refugios, uno para ti, uno para Moisés y otro para Elías.' Mientras él todavía estaba hablando, una nube brillante los cubrió, y una voz desde la nube dijo: 'Este es mi Hijo, a quien amo; en Él estoy muy complacido. Escúchalo a él!'". (Mateo 17:1-5).

"El Verbo se hizo carne y habitó entre nosotros. Hemos visto su gloria, la gloria del Hijo unigénito, que vino del Padre, lleno de gracia y de verdad". (Juan 1:14).

"El dios de este siglo ha cegado el entendimiento de los incrédulos, para que no vean la Luz del Evangelio que manifiesta la Gloria de Cristo, que es la Imagen de Dios. Porque lo que predicamos no somos nosotros mismos como

vuestros siervos por causa de Jesús. Por Dios, que dijo: **"Que la luz brille de las tinieblas, que su luz brille en nuestros corazones para darnos la luz del conocimiento de la gloria de Dios manifestada en el rostro de Cristo".** *(2 Corintios 4:4-6).*

"Porque nuestras ligeras y momentáneas tribulaciones nos están logrando una Gloria Eterna que supera con creces a todas ellas. Así que no pongamos los ojos en lo que se ve, sino en lo que no se ve, ya que lo que se ve es temporal, pero lo que no se ve es Eterno". (2 Corintios 4:17-18). "Por eso, desde el día que supimos de ti, no hemos dejado de orar por ti. Pedimos continuamente a Dios que os llene del Conocimiento de Su Voluntad, a través de toda la Sabiduría y Entendimiento que da el Espíritu. Para que vivas una vida digna del Señor y le agrades en todo. dando fruto en toda buena obra; creciendo en el conocimiento de Dios, y siendo fortalecidos con todo poder según la potencia de su gloria, para que tengáis gran perseverancia y paciencia, y dando gracias con gozo al Padre, que os ha hecho aptos para participar en la herencia de su pueblo santo en el reino de la luz". (Colosenses 1:9-12).

"Serás una corona de esplendor en la mano del Señor, una tiara real en la mano de tu Dios". (Isaías 62:3).

"Porque Grande es Tu Amor, más alto que los Cielos; Tu Fidelidad llega hasta los cielos. Sea exaltado, oh Dios, sobre los cielos; sea tu gloria sobre toda la tierra". (Salmo 108:4-5).

"Señor, Señor nuestro, cuán majestuoso es tu nombre en toda la tierra! Has puesto Tu gloria en los cielos". (Salmo 8:1).

"A Él sea la gloria en la iglesia y en Cristo Jesús por todas las generaciones, por los siglos de los siglos!" (Efesios 3:21).

Hay muchas veces aquí en esta tierra en que puede parecer que la Luz de Dios se apaga un poco, porque tendemos a enfocarnos en nuestras dificultades, nuestras penas y nuestra ira. Sin embargo, incluso en nuestras luchas más oscuras de este mundo, podemos estar seguros de que Dios está con nosotros, ayudándonos a ganar la batalla.

A medida que tú y yo caminamos en la Luz de Dios, hacemos brillar Su Luz a través de nuestros corazones en este mundo de oscuridad. Así que permanezcamos Fieles a Dios y no dejemos que Satanás deslice ninguna de sus flechas venenosas en nuestro corazón, para alejarnos de seguir a Jesús. Con la Gracia de Dios, podemos elevarnos por encima de la oscuridad de este mundo y vivir una vida que honre a Jesús por todo lo que ha hecho por nosotros y continuará haciendo por nosotros, hasta la Eternidad con Su Padre Celestial.

<u>Aquí hay algunas Escrituras en las que puedes reflexionar cuando necesites el Consuelo de Dios:</u>

"Bienaventurado el que no anda al paso de los impíos, ni se interpone en el camino que toman los pecadores, ni se sienta en compañía de los escarnecedores, sino cuyo deleite está en la Ley del Señor, y quien medita en Su Ley día y noche. . Esa persona es como un árbol plantado junto a corrientes de agua, que da su fruto en su tiempo y cuya hoja no cae; todo lo que hace prospera. No así los malvados! Son como paja que se lleva el viento. Por tanto, los impíos no se levantarán en el juicio, ni los pecadores en la asamblea de los justos. Porque el Señor guarda el camino de los justos, pero el camino de los impíos lleva a la perdición". (Salmo 1:1-6)

"Grace, Mercy, and Peace, which come from God the Father and from Jesus Christ—the Son of the Father, will continue to be with us who live in Truth and Love". (2 John 1:3).

"For He sets on high those who are lowly, and those who mourn are lifted to safety". (Job 5:11). ***No temas, porque yo estoy contigo; no desmayes, porque yo soy tu Dios. Te fortaleceré, te ayudaré, sí, te sostendré con mi diestra justa'".*** (Isaías 41:10).

"Porque los que esperan en el Señor, renovarán sus fuerzas, volarán con alas como las águilas, correrán y no se cansarán, caminarán y no se fatigarán". (Isaías 40:31).

"El Señor es mi Luz y mi Salvación, de quién temeré?

El Señor es la Fortaleza de mi vida, de quién tendré miedo?

Cuando los malvados avancen contra mí para devorarme, son mis enemigos y mis adversarios los que tropezarán y caerán. Aunque un ejército me asedie, mi corazón no temerá; aunque contra mí se declare guerra, aun así estaré confiado. Una cosa pido al Señor, sólo esto busco: que pueda habitar en la Casa del

Señor todos los días de mi vida, para contemplar la hermosura del Señor y buscarlo en Su Templo. Porque en el día de la angustia Él me guardará en Su Morada; Él me esconderá en el refugio de Su tienda sagrada y me pondrá en lo alto de una Roca. Entonces mi cabeza será exaltada sobre los enemigos que me rodean; en su tienda sagrada sacrificaré con gritos de alegría; Cantaré y haré música al Señor. Escucha mi voz cuando clamo, Señor; ten piedad de mí y respóndeme. Mi corazón dice de Ti: Busca Su Rostro! Tu Rostro, Señor, buscaré. No escondas de mí tu rostro, no alejes con ira a tu siervo; Tú has sido mi Auxiliador. No me rechaces ni me desampares, Dios mi Salvador. Aunque mi padre y mi madre me abandonen, el Señor me recibirá. Enséñame Tu Camino, Señor; guíame por el camino recto a causa de mis opresores. No me entregues a la voluntad de mis enemigos, porque se levantan contra mí testigos falsos que escupen acusaciones maliciosas. Sigo confiado en esto: Veré la Bondad del Señor en la tierra de los vivientes. [Por lo tanto, hermanos y hermanas] Esperad en el Señor; esfuérzate y anímate y espera en el Señor". (Salmo 27:1-14).

"Sabemos que a los que aman a Dios, todas las cosas les ayudan a bien, esto es, a los que conforme a su propósito son llamados". (Romanos 8:28).

"Bendito sea Dios, Padre de nuestro Señor Jesucristo, Padre de misericordias, y Dios de todo consuelo, que nos consuela en todas nuestras tribulaciones, para que podamos consolar a los que están en cualquier angustia con el consuelo de que nosotros mismos somos consolados por Dios". (2 Corintios 1:3-4).

"Por nada estéis afanosos; antes bien, en toda oración y ruego, con acción de gracias, presentad vuestras peticiones a Dios. y la Paz de Dios, que sobrepasa todo entendimiento, guardará vuestros corazones y vuestros pensamientos en Cristo Jesús. Finalmente, hermanos y hermanas, todo lo que es Verdadero, lo que es Noble, lo que es Justo, lo que es Puro, lo que es Amable, lo que es Admirable, si algo es Excelente o Loable, pensad en tales cosas". (Filipenses 4:6-8).

"Dejen que sus vidas sean sin amor al dinero, y estén contentos con las cosas que tienen. Porque Él ha dicho: **'Nunca te dejaré, ni te desampararé'"***. (Hebreos 13:5).*

Salgo de estas Escrituras de Consuelo: Fuerza, Valor, Confianza, y sobre todo Amor; todo del único que estará conmigo todo este tiempo de mi camino-caminar.

Esto es exactamente lo que nuestro Padre Celestial nos da cuando le entregamos todo a Él. Pero para muchas personas esta entrega suena imposible, sin embargo, cuando tienes a Dios, nada es imposible (ver Mateo 26:19). Yo era una de esas personas que se aferraba a esas cosas mundanas que pensaba que me mantendrían feliz y libre. Pero yo no era feliz y libre. Entonces, se lo llevé a Aquel que puede decirme por qué no me sentía feliz y libre. Y antes de que pudiera preguntarle a qué me estaba aferrando, Él comenzó a revelarme a qué me estaba aferrando, así que dejé de hablar y comencé a escuchar cada palabra que me decía. Desde ese día lo escucho y vivo en esa Libertad que Él tanto da a Sus hijos que lo aman, lo escuchan y lo obedecen.

Esto es lo que hice para rendirme totalmente a Dios. y mantenme en el viaje-caminata hacia Su Libertad que me mantiene feliz. En primer lugar, debe centrarse en el equipo estrella; sólo con Él en tu corazón y en tu mente. Con mi corazón y mi mente en el Equipo Estrella comencé a decir: 'Pase lo que pase, escucharé cada una de Tus palabras, Señor'. Entonces busqué todo lo que está en el Cielo; no en las cosas terrenales. Y entonces dejé de dudar y emergí en la Palabra de Dios; para vencer las cosas que bloqueaban mi camino para agradar a Dios.

Por lo tanto, tome su Biblia, quítele el polvo (si es necesario) y busque las respuestas que conducen a la Verdadera Libertad (Verdadera Felicidad). Empecé con estos versículos de Efesios para moverme en la dirección correcta:

"Alabado sea el Dios y Padre de nuestro Señor Jesucristo, que nos ha Bendecido en los Lugares Celestiales con toda Bendición Espiritual en Cristo. Porque Él nos escogió en Él antes de la Creación del mundo para ser Santos e Intachables delante de Él. En amor nos predestinó para ser adoptados como hijos e hijas suyos, por medio de Jesucristo, según su beneplácito y voluntad, para alabanza de su gloriosa gracia, que gratuitamente nos ha dado en Aquel a quien ama. En Él tenemos la Redención por Su Sangre, el Perdón de los pecados, conforme a las Riquezas de la Gracia de Dios que Él nos prodigó con toda Sabiduría y Entendimiento. Y nos dio a conocer el misterio de su voluntad según su beneplácito, que se propuso en Cristo, para que se cumpliera cuando los tiempos hubieran llegado a su cumplimiento, para reunir todas las cosas en el cielo y en la tierra bajo una sola cabeza. , incluso Cristo. En Él también fuimos escogidos, habiendo sido predestinados según el plan de Aquel que hace todas las cosas conforme al propósito de Su Voluntad, a fin de que nosotros, que fuimos

los primeros en esperar en Cristo, seamos para alabanza de Su Gloria". (Efesios 1:3-12).

Se trata de perdonar

Qué es el perdón? El perdón es un proceso para dejar de sentir resentimiento contra un ofensor. La Biblia (la Palabra de Dios) dice acerca del perdón que debemos, "Sed bondadosos y misericordiosos unos con otros, perdonándoos unos a otros, así como Dios os perdonó a vosotros en Cristo". (Efesios 4:32).

"Sé completamente humilde y gentil; sed pacientes, soportándoos unos a otros en amor. Esforzaos por conservar la unidad del Espíritu por el vínculo de la paz". (Efesios 4:2-3).

Cuando le pides perdón a Dios, debes hacer dos cosas: la confesión de tu pecado y el arrepentimiento de ese pecado, nunca más volver allí. Al hacer estas dos cosas, te trae la compasión y el amor de nuestro Padre Celestial que tanto necesitamos en este mundo oscuro, frío y corrupto en el que vivimos. El perdón trae sanidad al alma, permitiéndote perdonar a los demás como Dios te perdonó. Sobre todo, el perdón te cura de todos los dolores que tienes. Una vez que aprendí a perdonarme a mí mismo, fui libre de la vergüenza que trajo mi pecado. Me tomó un tiempo comprender este proceso de sanación/perdón. Hasta que investigué en mi Biblia (la Palabra de Dios) que lo que Jesús pasó por mí, en la cruz, fue el rescate para muchos otros y para mí. Esto es lo que dice la Biblia:

"Porque ni aun el Hijo del Hombre vino para ser servido, sino para servir y para dar su vida en rescate por muchos". (Marcos 10:45).

"Él [Jesús] fue entregado a muerte por nuestros pecados y resucitado para nuestra justificación". (Romanos 4:25).

"Ningún hombre puede redimir la vida de otro ni dar a Dios un rescate por ellos—el rescate por una vida es costoso, ningún pago nunca es suficiente—para que vivan para siempre y no vean corrupción". (Salmo 49:7-9).

"Este pobre llamó, y el Señor lo escuchó; Él lo salvó de todos sus problemas. El ángel del Señor acampa alrededor de los que le temen, y los salva. Gustad y ved que es bueno el Señor; bienaventurado el que en él se refugia. Temed al Señor, vosotros su pueblo santo, porque a los que le temen nada les falta. Los leones pueden

debilitarse y tener hambre, pero a los que buscan al Señor nada les falta". (Salmo 34:6-10).

Así que dicho esto, cumplamos estas siguientes Escrituras:

"Desháganse de toda amargura, ira e ira, peleas y calumnias, junto con toda forma de malicia. Sed bondadosos y compasivos unos con otros, perdonándoos unos a otros, así como Cristo Dios os perdonó a vosotros". (Efesios 4:31-32).

"Asegúrate de que nadie devuelva mal por mal, pero siempre trata de ser amable con los demás y con todos los demás. Sé alegre siempre; orar continuamente; dad gracias en todo, porque esta es la Voluntad de Dios para con vosotros en Cristo Jesús". (1 Tesalonicenses 5:15-18).

"Si confesamos nuestros pecados, Él es fiel y justo y nos perdonará nuestros pecados y nos limpiará de toda maldad". (1 Juan 1:9).

"Bienaventurado aquel cuyas transgresiones son perdonadas, cuyos pecados son cubiertos. Bienaventurado aquel cuyo pecado el Señor no toma en cuenta y en cuyo espíritu no hay engaño. Mientras callaba, mis huesos se envejecían en mi gemir todo el día. Porque de día y de noche tu mano fue pesada sobre mí, mis fuerzas se agotaron como en el calor del verano. Entonces te reconocí mi pecado y no encubrí mi iniquidad. Dije: 'Confesaré mis transgresiones al Señor'. Y perdonaste la culpa de mi pecado. Por tanto, que todos los fieles te rueguen mientras puedas ser hallado; ciertamente no los alcanzará la crecida de las aguas impetuosas". (Salmo 32:1-6).

<u>Oración:</u>

"Escucha, oh Señor, y respóndeme, porque soy pobre y necesitado. Guarda mi vida, porque soy devoto de ti. Eres mi Dios; salva a tu siervo que en ti confía. Ten piedad de mí, oh Señor, porque a ti clamo todo el día. Da alegría a tu siervo, porque a ti, oh Señor, levanto mi alma". (Salmo 86:1-6).

"Porque Tú eres Grande y haces obras maravillosas; Tú solo eres Dios. Enséñame tu camino, Señor, para que pueda confiar en tu fidelidad; dame un corazón íntegro, para que pueda temer Tu Nombre. Te alabaré, Señor mi Dios, con todo mi corazón; Glorificaré Tu Nombre para siempre. Porque Grande es Tu Amor hacia mí; Me has librado de las profundidades, del reino de los muertos". (Salmo 86:10-13).

<u>El Señor nos dice:</u>

"'Porque si perdonáis a los hombres cuando pecan contra vosotros, vuestro Padre Celestial también os perdonará a vosotros. Pero si no perdonáis a los hombres sus pecados, vuestro Padre no os perdonará vuestros pecados". (Mateo 6:14-15). "Entonces, cuídense. Si tu hermano o hermana peca contra ti, repréndelo; y si se arrepienten, perdónalos'". (Lucas 17:3).

"Pedro se acercó a Jesús y le preguntó; 'Señor, cuántas veces perdonaré a mi hermano cuando peca contra mí? Hasta siete veces? Respondió Jesús; 'No te digo siete veces, sino setenta y siete veces siete'". (Mateo 18:21-22).

"Por tanto, así como la transgresión de uno resultó para la condenación de todos, así también el acto de justicia de uno resultó para la justificación y la vida para todos". (Romanos 5:18).

No importa cuán pecadores y desobedientes nos hayamos vuelto, podemos cambiar todo cuando vamos a Dios (en oración) y confesamos y nos arrepentimos (con un corazón humilde) de nuestro pecado de desobediencia, y entonces recibiremos el perdón y el consuelo de Dios. , y amor. Nuestro Padre Celestial está siempre dispuesto a perdonarnos, porque Él es Misericordioso y Justo y siempre perdonará, redimirá, satisfará, limpiará, aunque nuestra deuda sea tan grande. Nuestro Señor Jesús pagó nuestra deuda cuando Su Padre lo envió a la cruz para traernos de regreso a Él.

Sé que Jesús siempre estará caminando conmigo donde quiera que vaya. Él sabe exactamente cuándo poner Su mano consoladora sobre mí. Te digo la verdad que cuando vas al Padre en oración y confiesas tu pecado y te arrepientes de tu pecado, Él te perdonará, te bendecirá, te protegerá y caminará contigo todos los días de tu vida. Porque a Dios le encanta que Sus hijos vengan a Él y deseen conocer Sus caminos y vivir Su vida justa. Todo esto se debe a que creemos en Su Hijo Jesús y le damos la bienvenida a nuestras vidas. Así que únanse a mí, humillen sus corazones, confiésense, arrepiéntanse de su pecado y caminen en el camino de nuestro Señor Jesucristo.

Esto es lo que dice la Biblia acerca de Dios y cómo Él perdona, redime, satisface, limpia y cómo Él conoce todos los planes para nosotros:

"Quien perdona todos tus pecados y sana todas tus enfermedades. Quien rescata tu vida del abismo y te corona de amor y compasión. que satisface tus

deseos con cosas buenas para que tu juventud se renueve como las águilas". (Salmo 103:3-5).

"Los limpiaré de todo pecado que han cometido contra Mí y les perdonaré todos sus pecados de rebelión contra Mí'". (Jeremías 33:8).

"Porque yo sé los planes que tengo para ustedes', dice el Señor, 'planes para prosperarles y no para dañarlos, planes para darles esperanza y un futuro'". (Jeremías 29:11).

Y aquí hay algunas Escrituras para hablar del perdón de Dios:

"Si confesamos nuestros pecados, Él es fiel y justo y nos perdonará nuestros pecados y nos limpiará de toda maldad. Si decimos que no hemos pecado, lo hacemos pasar por mentiroso y su palabra no está en nosotros". (1 Juan 1:9-10).

"En Él tenemos redención por su sangre, el perdón de los pecados, conforme a las riquezas de la gracia de Dios que ha prodigado sobre nosotros. Con toda sabiduría e inteligencia nos dio a conocer el misterio de su voluntad, según su beneplácito, la cual propuso en Cristo, para que se cumpliera cuando los tiempos llegaran a su cumplimiento, para traer la unidad a todas las cosas en el cielo y en la tierra. tierra bajo Cristo". (Efesios 1:7-10).

"Entonces les abrió la mente para que pudieran entender las Escrituras. El les dijo, ***"Esto está escrito: El Mesías sufrirá y resucitará de los muertos al tercer día, y en su nombre se predicará el arrepentimiento para el perdón de los pecados en todas las naciones, comenzando desde Jerusalén. Vosotros sois testigos de estas cosas. Os voy a enviar lo que mi Padre ha prometido; pero permaneced en la ciudad hasta que seáis revestidos del poder de lo alto'"***. (Lucas 24:45-49).

"'Y si una persona malvada se aparta de todos los pecados que ha cometido, y guarda todos Mis Decretos y hace lo correcto, esa persona ciertamente vivirá; no morirán. Ninguna de las ofensas que han cometido será recordada en su contra. Por las cosas justas que han hecho, vivirán'". (Ezequiel 18:21-22).

"Alaba al Señor, alma mía, y no olvides todos sus beneficios, que perdona todos tus pecados y cura todas tus enfermedades, que rescata tu vida del pozo y te corona de amor y compasión, que satisface tus deseos con cosas buenas para que tu juventud se renueva como las águilas. El Señor hace justicia y justicia para todos los oprimidos". (Salmo 103:2-6). *"Tú, Señor, eres misericordioso y bueno, lleno*

de amor para con todos los que te llaman. Escucha mi oración, Señor; escucha mi clamor de misericordia. Cuando estoy en angustia, a ti clamo, porque tú me respondes". (Salmo 86:5-7). "Y todo el que invoque el nombre del Señor será salvo; porque en el monte Sion y en Jerusalén habrá liberación, como ha dicho el Señor, aun entre los sobrevivientes a quienes el Señor llame". (Joel 2:32).

Una vez que Dios llame tu nombre (y lo escuches), tu vida no será la misma (como fue la mía). Lo escuché decir mi nombre y me llevó al refugio de Sus alas consoladoras. Vi las cosas más claras y menos confusas. Eso fue hace diez años, y nunca he mirado atrás. Siempre estaré agradecido por Jesús extendiendo Su mano y sacándome del pozo oscuro y fangoso de la confusión y la desesperación. El perdón también trae una nueva perspectiva, permitiéndote ver cómo

Dios ve cosas. Como dice la Biblia: *"Desde el cielo el Señor mira hacia abajo y ve a toda la humanidad; desde Su morada Él mira a todos los que viven en la tierra, Él que forma el corazón de todos, que considera todo lo que hacen". (Salmo 33:13-15).*

Una vez que Dios ve que estás viviendo una vida recta y que amas continuamente como Él ama, Él escudriñará tu corazón y tu mente, asegurándose de que no haya nada en el mundo que te tiente a alejarte del camino recto que Él tanto quiere que sigas. vivir. El perdón y la obediencia es lo que necesitan para que la gracia de Dios esté fluyendo en sus vidas:

"Si me amáis, guardaréis mis mandamientos". (Juan 14:15).

"Si queréis y obedecéis, comeréis del bien de la tierra". (Isaías 1:19).

"Porque estrecha es la puerta, y angosto el camino que lleva a la vida, y pocos los que la hallan". (Mateo 7:14).

"Y sabemos que a los que aman a Dios, todas las cosas les ayudan a bien, esto es, a los que conforme a su propósito son llamados". (Romanos 8:28).

"Obedecer es mejor que el sacrificio, y prestar atención es mejor que la grasa de los carneros". (1 Samuel 15:22b).

"Así que, queridos amigos, puesto que tenemos estas promesas, purifiquémonos de todo lo que contamina el cuerpo y el espíritu, perfeccionando la santidad en el temor de Dios" (2 Corintios 7:1).

Aquí hay un par de citas que encontré que realmente explican por qué debemos buscar obedecer a Dios y perdonarnos a nosotros mismos (y a los demás), todo por Su gloria, amor y respeto:

'Dad a Dios lo que es suyo; tu corazón'. (Desconocido).

'Hay innumerables razones para obedecer a Dios, pero una razón principal para recordar obedecer Sus mandamientos y vivir a Su manera es porque Él lo dijo' (Desconocido).

Siempre confiaré en Jesús y me negaré a preocuparme, porque Él es mi fuerza y mi canción, quien siempre está conmigo y me capacita para manejar cada tarea que se me presente. Mi Señor Jesús es la Alegría de mi corazón. cantaré alabanzas sobre Él (y para Él); para que siga caminando a mi lado.

Mientras estoy caminando en Su Luz, estoy caminando en confianza y esperanza, que me lleva directamente a las Puertas del Cielo, donde Su Padre está esperando, con los brazos abiertos. Entonces, mientras espera que Dios responda sus oraciones, lea estas Escrituras y comience a liberarse de las cadenas de la preocupación:

"Nadie ha visto jamás a Dios. Pero si nos amamos, Dios vive en nosotros y su amor se manifiesta plenamente en nosotros". (1 Juan 8:12).

"El Señor es mi fortaleza y mi defensa; Él se ha convertido en mi salvación. Él es mi Dios, y lo alabaré, el Dios de mi padre, y lo exaltaré. El Señor es un guerrero; el Señor es Su Nombre". (Éxodo 15:2-3).

"El que se gloría, gloríese en el Señor. Porque no es aprobado el que se alaba a sí mismo, sino aquel a quien el Señor alaba". (2 Corintios 10:17-18).

"Del Señor es la tierra y todo lo que hay en ella, el mundo y todos los que en él viven; porque Él la fundó sobre los mares y la afirmó sobre las aguas. Quién puede subir al monte del Señor? Quién puede estar en su lugar santo? Es el que tiene las manos limpias y el corazón puro; el que no confía en un ídolo ni jura por un dios falso. Recibirán bendición del Señor y vindicación de Dios su Salvador. Tal es la generación de los que le buscan; busca tu rostro, Dios de Jacob. Alzad, oh puertas, vuestra cabeza; levántense, puertas antiguas, para que entre el Rey de la gloria". (Salmo 24:1-7).

"Mi carne y mi corazón pueden desfallecer, pero Dios es la fortaleza de mi corazón y mi porción para siempre". (Salmo 73:26).

Estas son las Escrituras que me ayudaron en mi batalla diaria con las voces negativas que escucho que me dicen que no soy digno de ninguna de las bendiciones que Dios tiene para mí. Sin embargo, Dios me dice que Su Amor por mí lavará todas las palabras desagradables que la gente me diga. Dios me dice:

"Soy hermosa e inteligente, y puedo hacer cualquier cosa siempre y cuando siga escuchándolo".

Necesitamos recordar, por lo tanto, que las palabras del hombre se desvanecen, pero el Amor y las Palabras de Dios permanecerán para siempre, acercándonos a Él. Por eso: *"Acérquense a Dios y Él se acercará a ustedes". (Santiago 4:8).* Esto es todo lo que Dios requiere que hagamos. Y para mí, esto me da la confianza de saber que no hay necesidad (nada) que pueda hacer sino volverme a Él y alejarme de lo que el mundo ofrece. Para:

No tengo necesidad de quejarme de Él. Necesito buscarlo.

No tengo necesidad de suplicarle. Necesito conocerlo.

No tengo necesidad de darle regalos. Necesito recibir de Él.

No tengo por qué temer ni andar avergonzado. Necesito amarlo.

Solo un simple alejamiento del mundo trae el consuelo y la compañía de Dios, que a su vez trae Su Dulzura, Confianza y Paz que tanto faltan en esta tierra. Solo leer la Palabra de Dios puede acercarnos a Aquel que puede transformar las condiciones de este mundo en Armonía, Amor, Alegría y Paz. Sobre todo, trae el Amor de Dios que supera todo.

La lengua: lo bueno y lo malo de ella.

La lengua es un arma que puede curar y puede herir. La lengua es culpable de adulación, maldición, mentira, chisme, jactancia y daño a los demás. Y toda esta culpa de la lengua es el resultado de ceder a las burlas del enemigo para que defraudemos a Dios.

A veces, cuando no nos damos cuenta de lo que está haciendo nuestra lengua, debido a este mundo frío y oscuro; nos hace pronunciar palabras muy difíciles de borrar. Sin embargo, no debes preocuparte, porque cuando aceptas a Jesús como tu Señor y Salvador, Él toma esas palabras hirientes y las convierte en palabras de aliento, consuelo y amor, palabras que derriten un corazón frío y duro.

La Biblia es nuestro manual para entrenarte a hablar como habla Jesús. Permítanme comenzar con algunas de las Escrituras que encontré que me ayudaron a derretir las duras palabras de este mundo:

"La respuesta amable quita la ira, pero la palabra áspera hace subir la ira. La lengua del sabio adorna el conocimiento, pero la boca del necio brota locura. Los ojos del Señor están en todas partes, vigilando a los malos y a los buenos. La lengua consoladora es árbol de vida, pero la lengua perversa quebranta el espíritu". (Proverbios 15:1-4).

"El corazón que discierne busca el conocimiento, pero la boca del necio se alimenta de necedad". (Proverbios 15:14).

"La persona irascible provoca conflictos, pero el paciente calma la riña". (Proverbios 15:18). "A través de la paciencia se puede persuadir a un gobernante, y una lengua suave puede quebrar un hueso". (Proverbios 25:15).

"La boca del justo es fuente de vida, pero la boca del impío encubre violencia. El odio suscita el conflicto, pero el amor cubre todos los males. La sabiduría se halla en los labios del entendido, pero la vara es para las espaldas del necio. Los sabios acumulan conocimiento, pero la boca del necio invita a la ruina." (Proverbios 10:11-14).

"Los malhechores no entienden lo que es correcto, pero los que buscan al Señor lo entienden completamente. Mejor es el pobre cuyo andar es intachable que el rico cuyos caminos son perversos". (Proverbios 28:15-16).

"Aquel cuyo andar es perfecto está a salvo, pero aquel cuyos caminos son perversos caerá en el hoyo". (Proverbios 28:18).

"Los avaros suscitan contienda, pero los que confían en el Señor prosperarán. Los que confían en sí mismos son necios, pero los que andan en sabiduría están a salvo". (Proverbios 28:25-26). *"El orgullo va antes de la destrucción, el espíritu altivo antes de la caída".* (Proverbios 16:18). *"A los hombres pertenecen los planes del corazón, pero del Señor viene la respuesta adecuada de la lengua. Todos los caminos de una persona le parecen puros, pero el Señor pesa los motivos. Encomienda al Señor todo lo que hagas, y Él establecerá tus planes".* (Proverbios 16:1-3).

"Humillaos delante del Señor, y Él os exaltará". (Santiago 4:10).

"Sé completamente humilde y gentil; sed pacientes, soportándoos unos a otros en amor. Esforzaos por conservar la unidad del Espíritu por el vínculo de la paz". (Efesios 4:2-3).

"DeshágASE de la amargura, la ira y la ira, las peleas y las calumnias, junto con toda forma de malicia. Sed bondadosos y misericordiosos unos con otros, perdonándoos unos a otros, así como Dios os perdonó a vosotros en Cristo". (Efesios 4:31-32).

"Por tanto, confesaos vuestros pecados unos a otros y orad unos por otros, para que seáis sanados. La oración del justo es poderosa y eficaz". (Santiago 5:16).

"El justo es librado de la angustia, y en su lugar cae sobre el impío. Con la boca, los impíos destruyen a sus prójimos, pero a través del conocimiento, los justos escapan. Cuando los justos prosperan, la ciudad se regocija; cuando perecen los impíos, hay gritos de alegría. Por la bendición de los rectos se enaltece la ciudad, pero la boca de los impíos la destruye. El que se burla de su prójimo no tiene

sentido, pero el que tiene entendimiento se muerde la lengua. El chisme traiciona la confianza, pero una persona de confianza guarda un secreto. Por falta de dirección cae una nación, pero la victoria se gana a través de muchos consejeros". (Proverbios 11:8-14).

"Una mujer de buen corazón gana honor, pero los hombres despiadados solo obtienen riqueza. Los bondadosos se benefician a sí mismos, pero los crueles se arruinan a sí mismos". (Proverbios 11:16-17).

"No juzgues o serás juzgado. Porque de la misma manera que juzgáis a los demás, seréis juzgados, y con la medida con que midáis, se os medirá". (Mateo 7:1-2).

"Todo aquel que invocare el nombre del Señor, será salvo". (Romanos 10:13).

"Por tanto, hermanos y hermanas, os exhorto, en vista de la misericordia de Dios, a ofrecer vuestros cuerpos como sacrificio vivo, santo y agradable a Dios: este es vuestro verdadero y propio culto. No os conforméis al patrón de este mundo, sino transformaos mediante la renovación de vuestra mente. Entonces podréis probar y aprobar cuál es la voluntad de Dios, su Buena, Agradable y Perfecta Voluntad". (Romanos 12:1-2).

"Porque tanto amó Dios al mundo que ha dado a su Hijo unigénito, para que todo aquel que en él cree no se pierda, mas tenga vida eterna. Porque Dios no envió a su Hijo al mundo para condenar al mundo, sino para salvar al mundo por medio de él. El que en Él cree, no es condenado, pero el que no cree, ya está condenado, porque no ha creído en el nombre del Hijo unigénito de Dios. Este es el veredicto: La luz vino al mundo, pero la gente amó las tinieblas en lugar de la luz, porque sus obras eran malas. Todo aquel que hace el mal odia la Luz, y no vendrá a la Luz por temor a que sus obras sean expuestas. Pero el que vive de la Verdad viene a la Luz, para que se vea claramente que lo que ha hecho, ha sido hecho ante los ojos de Dios". (Juan 3:16-21).

"Enjugará toda lágrima de sus ojos. Ya no habrá más muerte, ni luto, ni llanto, ni dolor, porque el antiguo orden de cosas ha pasado. El que está sentado en el trono dice: Yo hago nuevas todas las cosas!. (Apocalipsis 21:4-5a).

"Mi lengua proclamará tu justicia, tus alabanzas todo el día". (Salmo 35:28).

"La boca de los justos derrama sabiduría, y su lengua habla justicia. La ley de su Dios está en sus corazones; sus pies no resbalan". (Salmo 37:30-31).

Cuando tu lengua hable las Palabras de Dios (sin dudar), esas palabras calmarán la tormenta más fuerte que pensaste que nunca se iría. Dios habló para que este mundo existiera. Así que usa las palabras que llevarán a la persona más baja al trono de nuestro Padre Celestial, y se levantarán de las cenizas de la desesperación y serán sanados.

<u>La Biblia como una espada</u> – *"La Espada del Espíritu, que es la Palabra de Dios". (Efesios 6:17b).*

Si te das cuenta, si quitas la letra 's' de la espada, te queda 'palabra', lo que confirma que la Palabra de Dios es la Espada del Espíritu que sanará cuando estés herido; y te defenderá, cuando estés demasiado débil para luchar. Esto prueba que el Espíritu ve todo lo que está pasando en nuestras vidas y actuará cuando Satanás esté desplegando sus malas artes sobre nosotros; para que pueda robarte la Palabra de Dios (eso si no estás totalmente en la Palabra de Dios). Así es como la Biblia explica cómo algunas personas son con la Palabra de Dios:

"Entonces Jesús les dijo [explicando la parábola del agricultor]: El agricultor siembra la palabra. Algunas personas son como semillas junto al camino, donde se siembra la palabra. Tan pronto como la oyen, viene Satanás y quita la palabra que fue sembrada en ellos. Otros son como semilla sembrada en pedregales, oyen la palabra y enseguida la reciben con gozo. Sin embargo, como no tienen raíz, duran poco tiempo, cuando viene la tribulación o la persecución, por causa de la palabra, pronto se apartan. Todavía otros son como semillas sembradas entre espinas, oyen la palabra, pero las preocupaciones de esta vida, el engaño de las riquezas y los deseos de otras cosas entran y ahogan la palabra, haciéndola infructuosa. Otros son como semillas sembradas en buena tierra, oyen la palabra, la aceptan y dan una cosecha, unos treinta, unos sesenta, unos cien veces lo que se sembró". (Marcos 4:13-20).

La mayoría de nosotros tratamos de ser la semilla que cae en buena tierra. Sin embargo, las cosas de este mundo nos distraen. Es por eso que necesitas mantener tus ojos fijos en Jesús y hacer lo que Él hace para resistir a

Satanás. No puedes hacerlo solo. Siempre fallarás. Lea Efesios 6: 10-18 para obtener una comprensión completa de la armadura de Dios y cómo la Palabra de Dios puede ayudarlo a resistir todo lo que Satanás le lanza a diario. Nunca te canses de leer la Palabra de Dios (la Biblia); serás más fuerte por ello.

Conociendo y Resistiendo al Enemigo (Satanás)

Todos sabemos que tenemos un enemigo (Satanás) que merodea por esta tierra buscando a quien engañar y devorar. Satanás te engañará de muchas maneras; él puede tomar algo que parece maravilloso y arrastrarlo junto con usted, directamente al suelo. Como todos sabemos, Satanás fue quien engañó a la humanidad (ver capítulo 3 de Génesis - La Caída), y no se ha detenido. Aunque Jesús lo derrotó, solo lo hizo más decidido a destruir a los seguidores de Jesús. Por lo tanto, debemos mantener nuestros ojos abiertos y alertas para saber cómo Satanás anda merodeando por aquí en esta tierra.

Por lo tanto, déjame hablarte de las herramientas (armas) que Satanás podría estar usando para engañarte a ti ya mí. La Biblia dice que Satanás tiene muchos disfraces y trucos bajo la manga; y sus trucos implican que las personas engañen a sus amigos y familiares, alejándolos de seguir a Jesús y, a su vez, convirtiéndose en uno de sus trabajadores engañosos haciéndose pasar por seguidores de Jesús.

"Porque los tales son falsos apóstoles, obreros fraudulentos, disfrazados de apóstoles de Cristo. Además, no es de extrañar, porque el mismo Satanás se disfraza de ángel de luz. No es de extrañar, entonces, que sus siervos también se disfracen de siervos de justicia. Su fin será lo que sus acciones merecen". (2 Corintios 11:13-15).

La tentación es la herramienta más grande que Satanás nos mete en su cueva de engaño. Qué es la tentación, te preguntarás? La tentación son todas las herramientas que usa Satanás y están en contra de Dios. La tentación no viene de Dios sino del corazón frío de una persona que no conoce a Dios. Dios no nos tienta, pero como dije antes, es Satanás quien nos tienta para que no vivamos como vive nuestro Señor Jesús. Nuestro Dios se deleita en ayudarnos a crecer más fuertes a través de la tentación que usa Satanás.

La tentación es una de las herramientas favoritas de Satanás para usar. Satanás usó la tentación sobre Adán y Eva en el Jardín del Edén (ver capítulo 3 en Génesis). Satanás incluso usó la tentación en Jesús, y si Jesús puede ser fuerte contra las tentaciones de Satanás, tampoco debemos ceder a la necedad de Satanás. El pecado es el resultado de la tentación.

A menudo, la tentación puede parecer seductora y hermosa, brillante y atractiva, y luego, bam! Nos rendimos (porque somos débiles), y el dolor comienza a gestarse como una cafetera (cuanto más se elabora, más fuerte se vuelve). Satanás cree que lo sabe todo, pero solo conoce nuestras debilidades (que usa contra nosotros). Sin embargo, cuando somos fuertes en Jesús, podemos resistir a Satanás. La Palabra de Dios (la Biblia) dice: "Porque yo soy débil, entonces Él es fuerte". (2 Corintios 12:10b). Y Dios conoce cada corazón del hombre: pasado, presente y futuro. Y una vez más de la Palabra de Dios: *"Así dice el Señor, tu Redentor, el Santo de Israel:*

**'*Yo soy el Señor tu Dios, que te enseña lo que más te conviene, que te dirige por el camino que debes seguir'".* (*Isaías 48:17*).

Los muchos nombres de Satanás son las armas que usa contra nosotros; y son negativos y dañinos. Los nombres de Jesús son positivos, alentadores, consoladores y sanadores para nuestras almas. Preparé una lista de los nombres de los nombres de Jesús y los nombres de Satanás. Sé que podrías reconocer algunas de las armas de Satanás (seguro que sí) que podrías estar cosechando en tu corazón (un lugar al que no pertenecen). También puse las Escrituras al lado de los nombres negativos de Satanás para que puedas leerlos y conocer a Satanás (el creador de las tentaciones) y resistirlo con la fuerza de los Nombres de Jesús. Saber que tienes a Jesús a tu lado es la mejor manera de luchar contra Satanás que merodea buscando un "eslabón débil" al que abalanzarse.

<u>Nombres de Jesús:</u> – *Estímulo positivo* **para mantenernos vivos para la Gloria de Dios:**

[Estos 31 Nombres de Jesús son lo que llamaré la Bondad de Dios.]

Todopoderoso:

"Yo soy el Alfa y la Omega, dice el Señor Dios, el que es, el que era y el que ha de venir, el Todopoderoso". *(Apocalipsis 1:8).*

"Porque en Cristo vive corporalmente toda la Plenitud de la Deidad, y en Cristo habéis sido llevados a la Plenitud – Él es la Cabeza sobre todo poder y autoridad". (Colosenses 2:9-10).

"En vuestras relaciones unos con otros, tened la misma mentalidad que Cristo Jesús: quien, siendo Dios en su misma naturaleza, no consideró el ser igual a Dios como algo para su propio beneficio; más bien, se despojó a sí mismo al tomar la naturaleza misma de un siervo, haciéndose en semejanza humana. Y estando en la condición de hombre, se humilló a sí mismo haciéndose obediente hasta la muerte, y muerte de cruz!" (Filipenses 2:5-8).

Entonces, hermanos y hermanas, *"cantemos el cántico de Moisés, siervo de Dios, y del Cordero: Grandes y maravillosas son tus obras, Señor Dios Todopoderoso. Justos y Verdaderos son Tus Caminos, Rey de las naciones. Quién no te temerá, Señor, y no glorificará tu nombre? Porque solo Tú eres Santo. todas las naciones vendrán y adorarán delante de ti, porque tus actos justos han sido revelados'". (Apocalipsis 15:3).*

Hijo de Dios:

"Porque Dios amó al mundo que ha dado a su Hijo unigénito, para que todo aquel que en él cree no se pierda, mas tenga vida eterna". (Juan 3:16).

"'Mis ovejas escuchan Mi Voz; Yo las conozco y ellas me siguen. Yo les doy Vida Eterna, y no perecerán jamás; nadie las arrebatará de Mi Mano. Mi Padre, que me las ha dado, es mayor que todos; nadie las puede arrebatar de la Mano de Mi Padre. Yo y el Padre uno somos'". *(Juan 10:27-30,).*

<u>*Salvador:*</u>

"Es una declaración fiel, que merece una aceptación plena, que Cristo Jesús vino al mundo para salvar a los pecadores, entre los cuales yo soy el primero de todos". (1 Timoteo 1:15).

"En un tiempo, también nosotros éramos necios, desobedientes, engañados y esclavizados por toda clase de pasiones y placeres. Vivíamos en la malicia y la envidia, siendo odiados y odiándonos unos a otros. Sin embargo, cuando apareció la bondad y el amor de Dios nuestro Salvador, Él nos salvó, no por nuestras obras de justicia, sino por Su misericordia. Él salvó por el lavamiento del renacimiento y la renovación por el Espíritu Santo, el cual derramó generosamente sobre nosotros por medio de Jesucristo nuestro Salvador, para que, justificados por su gracia, lleguemos a ser herederos con la esperanza de la vida eterna". (Tito 3:3-7).

"Porque nuestra ciudadanía está en los cielos, de donde también ansiosamente esperamos a un Salvador, el Señor Jesucristo". (Filipenses 3:20).

<u>*Compañerismo:*</u>

"Por lo tanto, no les falta ningún don espiritual mientras esperan ansiosamente que nuestro Señor Jesucristo se manifieste. Él también os mantendrá firmes hasta el fin, para que seáis irreprensibles en el día de nuestro Señor Jesucristo. Fiel es Dios, que os ha llamado a la comunión con su Hijo, Jesucristo nuestro Señor". (1 Corintios 1:7-9).

"Aquí estoy! Me paro frente a la puerta y golpeo. Si alguno oye Mi Voz y abre la puerta, entraré y cenaré con esa persona, y ella Conmigo. Al que venciere, le daré el derecho de sentarse Conmigo en Mi trono, así como Yo vencí y me senté con Mi Padre en Su trono"". (Apocalipsis 3:20-21).

"En verdad os digo que todo lo que atéis en la tierra quedará atado en el cielo, y todo lo que desatéis en la tierra se perderá en el cielo. De nuevo, en verdad os digo que si dos de vosotros en la tierra se ponen de acuerdo en cualquier cosa que pidan, les será concedida por Mi Padre que está en los Cielos. Porque donde dos o tres se reúnen en Mi Nombre, allí estoy Yo con ellos"". (Mateo 18:18-20).

*"Jesús se sentó, llamó a sus doce discípulos y les dijo: **'El que quiera ser el primero, que sea el último y el servidor de todos'".** (Marcos 9:37).*

"'Os digo, Mis hermanos y hermanas son aquellos que escuchan la Palabra de Dios y la ponen en práctica'". *(Lucas 8:21).*

<u>*Amigo:*</u>

"Quien tiene amigos en los que no se puede confiar pronto se arruina, pero hay un amigo más unido que un hermano". (Proverbios 18:24).

"'Si guardas Mis mandamientos, permanecerás en Mi amor, así como Yo he guardado los Mandamientos de Mi Padre y permanezco en Su Amor. Os he dicho esto para que Mi Alegría esté en vosotros y vuestra alegría sea completa. Mi Mandamiento es este: Amaos los unos a los otros como Yo os he amado. Nadie tiene mayor amor que este: dar la vida por los amigos. Vosotros sois Mis amigos, si hacéis lo que Yo os mando'". *(Juan 15:10-14).*

<u>*Compañero:*</u>

"Manténganse libres del amor al dinero y estén contentos con lo que tienen, porque Dios ha dicho: **'Nunca los dejaré; nunca te abandonaré'".** *(Hebreos 13:5).*

"Aunque mi padre y mi madre me abandonen, el Señor me recibirá". (Salmo 27:10).

<u>*Libertador:*</u>

"Nuestro Dios es un Dios que salva; del Señor Soberano viene el escape de la muerte". (Salmo 68:20).

"Defiende al débil y al huérfano; defender la causa de los pobres y los oprimidos. Rescata a los débiles y necesitados; líbralos de la mano de los impíos". (Salmo 82:3-4).

"Si somos arrojados al horno ardiendo, el Dios a quien servimos puede librarnos de él, y nos librará con la mano de Su Majestad". (Daniel 3:17).

"En Dios, cuya palabra alabo, en el Señor, cuya palabra alabo, en Dios confío y no tengo miedo. Qué puede hacerme el hombre? Estoy bajo votos a Ti, mi Dios; Te presentaré mis ofrendas de acción de gracias. Porque me has librado de la muerte y mis pies del tropiezo, para que camine delante de Dios a la luz de la vida". (Salmo 56:10-13).

"El que habita al abrigo del Altísimo descansará a la sombra del Omnipotente. Diré del Señor: 'Él es mi refugio y mi fortaleza, mi Dios, en quien confío.' Ciertamente, Él te salvará del lazo del cazador y de la pestilencia mortal. Él te cubrirá con Sus plumas, y bajo Sus alas encontrarás refugio; Su fidelidad será vuestro escudo y baluarte". (Salmo 91:1-4).

"Entonces conoceréis la verdad y la verdad os hará libres". (Juan 8:32). "Así que, si el Hijo os libertare, seréis verdaderamente libres". (Juan 8:36).

Redentor:

"Así dice el Señor: 'Sí, los cautivos serán tomados de los guerreros, y el botín será recuperado de los feroces; Contenderé con los que contiendan contigo, y salvaré a tus hijos. haré que vosotros, opresores, comáis su propia carne; se embriagarán con su propia sangre, como con vino. Entonces toda la humanidad sabrá que yo, el Señor, soy tu Salvador, tu Redentor y el Fuerte de Jacob'". (Isaías 49:25-26).

"Bendito sea el Señor, Dios de Israel, porque ha venido a su pueblo y lo ha redimido". (Lucas 1:68).

"Por la gracia de Dios soy lo que soy, y Su gracia para conmigo no fue sin efecto. No, he trabajado más duro que todos ellos; pero no yo, sino la Gracia de Dios que estaba conmigo" (1 Corintios 15:10).

"Que las palabras de mi boca y esta meditación de mi corazón sean agradables a tus ojos, Señor, mi Roca y mi Redentor". (Salmo 19:14).

Perdonador:

"Para alabanza de Su Gloriosa Gracia, que gratuitamente nos ha dado en Aquel a quien ama. En Él tenemos la Redención por Su Sangre, el perdón de los pecados, conforme a las riquezas de la Gracia de Dios que Él prodigó sobre nosotros. Con toda sabiduría e inteligencia nos dio a conocer el misterio de su voluntad según su beneplácito; que Él se propuso en Cristo, para que se lleve a cabo cuando los tiempos lleguen a su cumplimiento, para traer unidad a todas las cosas en el cielo y en la tierra bajo Cristo". (Efesios 1:6-10).

"Tú Señor, mostraste favor a Tu tierra; Restauraste la fortuna de Jacob. Perdonaste la iniquidad de tu pueblo y cubriste todos sus pecados. Dejaste a un

lado toda tu ira y te apartaste del ardor de tu ira. Restáuranos de nuevo, Dios nuestro Salvador, y quita tu desagrado hacia nosotros". (Salmo 85:1-4).

<u>*Helper:*</u>

"God is our Refuge and Strength, an ever-present help in trouble. Therefore, we will not fear, though the earth gives way and the mountains fall into the heart of the sea, though its waters roar and foam and the mountains quake with their surging". (Psalm 46:1-3).

"Trust in the Lord with all your heart and lean not on your own understanding; in all you ways submit to Him, and He will make your paths straight. Do not be wise in your own eyes; fear the Lord and shun evil. This will bring health to your body and nourishment to your bones". (Proverb 3:5-8).

"We say with confidence; 'The Lord is my Helper; I will not be afraid. What can mere mortals do to me'?". (Hebrews 13:6).

<u>*Amar:*</u>

"Queridos amigos, amémonos unos a otros, porque el Amor viene de Dios. Todo el que ama ha nacido de Dios y conoce a Dios. Quien no ama no conoce a Dios, porque <u>Dios es Amor</u>". (1 Juan 4:7-8). Y: "En esto sabemos que vivimos en Él y Él en nosotros: nos ha dado de su Espíritu". (1 Juan 4:13).

"Si alguno reconoce que Jesús es el Hijo de Dios, Dios vive en él y él en Dios. Y así conocemos y confiamos en el Amor que Dios nos tiene". (1 Juan 4:15-16).

"Porque tanto amó Dios al mundo que dio a su Hijo unigénito, para que todo aquel que en él cree no se pierda, mas tenga vida eterna. Porque Dios no envió a su Hijo al mundo para condenar al mundo, sino para salvar al mundo por medio de él". (Juan 3:16-17).

"Nadie tiene mayor amor que este: dar la vida por los amigos". *(Juan 15:13).*

"Por su gran amor por nosotros, Dios, que es rico en misericordia, nos dio vida con Cristo, aun cuando estábamos muertos en pecados, es por gracia que habéis sido salvados". (Efesios 2:4-5). "Así se completa el Amor entre nosotros para que tengamos confianza en el Día del Juicio: En este mundo somos como Jesús. No

hay miedo en el amor. pero el Amor Perfecto expulsa el miedo, porque el miedo tiene que ver con el castigo. El que teme no se perfecciona en el Amor.

Amamos porque el nos amo primero. Cualquiera que dice amar a Dios pero odia a un hermano o hermana es un mentiroso. Porque el que no ama a su hermano y a su hermana, a quienes ha visto, no puede amar a Dios, a quien no ha visto. Y Él nos ha dado este Mandamiento: **'Quien ama a Dios debe amar también a su hermano y a su hermana'**". *(1 Juan 4:17-21).*

<u>*Alegría:*</u>

"Como el Padre me ha amado, así os he amado yo. Ahora permaneced en Mi Amor, si guardáis Mis Mandamientos, permaneceréis en Mi Amor, así como Yo he guardado los Mandamientos de Mi Padre y permanezco en Su Amor. Os he dicho esto para que Mi Alegría esté en vosotros y vuestra alegría sea completa. Mi Mandamiento es este: Amaos los unos a los otros como Yo os he amado". *(Juan 15:9-12).*

<u>*Paz:*</u>

"Gloria a Dios en las alturas del Cielo, y en la tierra Paz a aquellos en quienes reposa Su Favor". (Lucas 2:14).

"Porque un niño nos es nacido, hijo nos es dado, y el principado estará sobre sus hombros. Y se llamará Admirable, Consejero, Dios Fuerte, Padre Eterno, Príncipe de Paz". (Isaías 9:6).

"'La paz os dejo; Mi Paz os doy. Yo no os doy como da el mundo. No se turbe vuestro corazón y no tengáis miedo'". *(Juan 14:27).*

"Así que, habiendo sido justificados por la fe, tenemos paz con Dios por medio de nuestro Señor Jesucristo, por quien tenemos acceso por la fe a esta gracia en la cual estamos ahora. Y nos gloriamos en la esperanza de la gloria de Dios". (Romanos 5:1).

<u>*Amabilidad:*</u>

"No dejéis que de vuestra boca salga ninguna palabra profana, sino sólo la que sea útil para la edificación de otros según sus necesidades, para que beneficie a los que escuchan. Y no contristéis al Espíritu Santo de Dios, con quien fuisteis sellados para el Día de la Redención. Deshazte de toda mejora, ira e ira, peleas y calumnias, junto con toda forma de malicia. Sed bondadosos y misericordiosos

unos con otros, perdonándoos unos a otros, así como Dios os perdonó a vosotros en Cristo". (Efesios 4:29-32).

"Él te ha mostrado, oh mortal, lo que es Bueno. y qué requiere el Señor de ti? Actuar con justicia y amar la misericordia y caminar humildemente con tu Dios". (Miqueas 6:8).

"Por tanto, como pueblo elegido de Dios, santo y muy amado, vístanse de Compasión, Bondad, Humildad, Mansedumbre y Paciencia". (Colosenses 3:12).

Dulzura:

"Que tu mansedumbre sea evidente para todos. El Señor está cerca. No se inquieten por nada, sino que en toda situación, con oración y ruego, presenten sus peticiones a Dios con acción de gracias. Además, la paz de Dios, que sobrepasa todo entendimiento, guardará vuestros corazones y vuestros pensamientos en Cristo Jesús. Finalmente, hermanos y hermanas, todo lo que es verdadero, lo que es noble, lo que es justo, lo que es puro, lo que es amable, lo que es admirable, si algo es excelente o digno de alabanza, pensad en tales cosas. Lo que hayas aprendido, recibido, oído de mí o visto en mí, ponlo en práctica. Y el Dios de la paz estará con vosotros". (Filipenses 4:5-9).

Bondad:

"El Señor es Misericordioso y Compasivo, lento para la ira y rico en Amor. El Señor es bueno con todos; Él tiene compasión de todo lo que ha hecho. Todas tus obras te alaban, Señor; Tu pueblo fiel te ensalza". (Salmo 145:8-10).

"El Señor es bueno con los que en Él esperan, con el alma que le busca. Es bueno esperar en silencio la Salvación del Señor". (Lamentaciones 3:25-26).

"El que escudriña nuestros corazones conoce la mente del Espíritu, porque el Espíritu intercede por el pueblo de Dios de acuerdo con la Voluntad de Dios. y sabemos que Dios dispone todas las cosas para el Bien de los que le aman, los que han sido llamados conforme a Su Propósito". (Romanos 8:27-28).

Paciencia:

"El amor es paciente y amable; El amor no es celoso ni engreído ni orgulloso; El amor no es arrogante". (1 Corintios 13:4).

"También debes ser paciente. Mantengan altas sus esperanzas, porque el día de la venida del Señor está cerca". (Santiago 5:8).

"Así que, por nada estéis afanosos, sino sean conocidas vuestras peticiones delante de Dios en toda oración y ruego, con acción de gracias". (Filipenses 4:6).

"Alegraos en la esperanza, sed pacientes en la tribulación, sed constantes en la oración". (Romanos 12:12).

Fidelidad:

"Que el Dios de la Esperanza os llene de toda Alegría y Paz en vuestra confianza en Él, para que reboséis de Esperanza por el Poder del Espíritu Santo". (Romanos 15:13).

*Saquemos la Fe de nuestro Señor en lo que nos dice: **"No temas, porque yo estoy contigo; no desmayes, porque yo soy tu Dios. Yo te fortaleceré y te ayudaré; Te sostendré con mi diestra justa"**. (Isaías 41:10).*

"Todo esto lo puedo en Cristo que me fortalece". (Filipenses 4:13).

Autocontrol:

"El Señor se sienta en su trono sobre el diluvio; el Señor es entronizado como Rey para siempre. El Señor da fuerza a su pueblo; el Señor bendice a su pueblo con la paz". (Salmo 29:10-11). "Que el amor y la fidelidad nunca te abandonen; átalas a tu cuello, escríbelas en la tabla de tu corazón. Entonces ganarás el favor y el buen nombre a los ojos de Dios y de los hombres". (Proverbios 3:3-4).

Esperanza y Realización:

"No te inquietes por los que son malos ni tengas envidia de los que hacen el mal; porque como la hierba pronto se secarán, como las plantas verdes pronto morirán. Confía en el Señor y haz el bien; habiten en la tierra y disfruten de pastos seguros. Deléitate en el Señor, y Él te concederá los deseos de tu corazón. Encomienda tu camino al Señor; confía en Él y Él hará esto: Él hará resplandecer como el alba tu justa recompensa, tu justicia como el sol del mediodía. Guarda silencio ante el Señor y espera pacientemente en Él; no te inquietes cuando la gente tenga éxito en sus caminos, cuando lleven a cabo sus perversos planes. Abstente de la ira y apártate de la ira; no te preocupes, solo conduce al mal. Porque los malos

serán destruidos, pero los que esperan en el Señor heredarán la tierra". (Salmo 37:1-9).

"Dad gracias al Señor, porque Él es Bueno; Su Amor perdura para siempre. Porque Él sacia al sediento y colma de Bienes al hambriento". (Salmo 107:1,9).

"Los pobres comerán y se saciarán; los que buscan al Señor lo alabarán, que vuestros corazones vivan para siempre". (Salmo 22:26).

"Jesús ha dicho: **Todo el que beba de esta agua [del mal] volverá a tener sed, pero el que beba del agua que yo doy, no tendrá sed jamás. En efecto, el Agua que os doy se convertirá en vosotros en manantial de agua que brota para Vida Eterna'". (Juan 4:13-14).

**"'Entonces, sabrás que yo soy el Señor; y los que esperan en mí no serán defraudados'". (Isaías 49:23b).

"La esperanza no nos avergüenza, porque el amor de Dios ha sido derramado en nuestros corazones por el Espíritu Santo que nos ha sido dado". (Romanos 5:5).

Consejero:

"Porque un niño nos es nacido, hijo nos es dado, y el principado sobre sus hombros, y será llamado; Admirable Consejero, Dios Fuerte, Padre Eterno, Príncipe de Paz". (Isaías 9:6). "Hijitos míos, os escribo esto para que no pequéis, pero si alguno pecare, Abogado tenemos ante el Padre, Jesucristo, el Justo, Él es el Sacrificio expiatorio por nuestros pecados, y no sólo por los nuestros, también por los pecados del mundo entero". (1 Juan 2:1-2).

**"'Si me amáis, guardad mis mandamientos, y yo le pediré al Padre, y Él os dará otro abogado para que os ayude y esté con vosotros para siempre: el Espíritu de Verdad. El mundo no puede aceptarlo, porque no lo ve ni lo conoce, pero vosotros lo conocéis, porque Él vive con vosotros y estará en vosotros. no os dejaré huérfanos; Vendré a ti'". (Juan 14:15-18).

Justicia:

"Buscad primero Su reino y Su justicia, y todas estas cosas os serán añadidas". (Mateo 6:33). "Al que no conoció pecado, por nosotros lo hizo pecado, para que nosotros fuésemos hechos justicia de Dios en él". (2 Corintios 5:21).

<u>*Suficiencia:*</u>

*"Para que no me envanezca, me fue dado un aguijón en mi carne, un mensajero de Satanás, para atormentarme. Tres veces le supliqué al Señor que me lo quitara. Pero Él me dijo: **'Mi gracia es suficiente para ti, porque Mi poder se perfecciona en la debilidad'.** Por tanto, de buena gana me gloriaré más en mis debilidades, para que repose sobre mí el Poder de Cristo. Por eso, por amor de Cristo, me deleito en las debilidades, en los insultos, en las penalidades, en las persecuciones, en las dificultades. Porque cuando soy débil, entonces soy fuerte".* (2 Corintios 12:7-10).

"Como está escrito: Por amor a ti nos enfrentamos a la muerte todo el día; somos considerados como ovejas para el matadero. No, en todas estas cosas somos más que vencedores por medio de Aquel que nos amó". (Romanos 8:36-37).

<u>*Guardián:*</u>

"No temas, porque yo te he redimido; te he llamado por tu nombre; eres Mío. Cuando pases por las aguas, yo estaré contigo, y cuando pases por los ríos, no te anegarán. Cuando camines por el fuego, no te quemarás; las llamas no te abrasarán'". *(Isaías 43:1b-2).*

"Tú, Señor, eres un escudo a mi alrededor, mi gloria, el que levanta en alto mi cabeza. Clamo al Señor, y Él me responde desde su monte santo". (Salmo 3:3-4).

"Él levanta del polvo al pobre y levanta al necesitado del montón de ceniza; Los sienta con príncipes y les hace heredar un trono de honor. Porque del Señor son los cimientos de la tierra; sobre ellos ha puesto el mundo. Él guardará los pies de sus siervos fieles, pero los impíos serán silenciados en el lugar de las tinieblas". (1 Samuel 2:8-9).

"Caerán a tu lado mil, y diez mil a tu diestra, pero a ti no llegará. Sólo observarás con tus ojos y verás el castigo de los impíos". (Salmo 91:7-8).

<u>*Luz:*</u>

*"Cuando Jesús volvió a hablar a la gente, dijo: **'Yo soy la luz del mundo. El que me sigue, nunca andará en tinieblas, sino que tendrá la luz de la vida'".*** *(Juan 8:12).*

"Tu palabra es un lam para mis pies, una luz en mi camino". (Salmo 119:105).

"En Él estaba la vida, y esa vida era la luz de toda la humanidad. La luz brilla en las tinieblas, y las tinieblas no la han vencido". (Juan 1:4-5).

"Entonces Jesús les dijo: **'Ustedes van a tener la luz por un poco más de tiempo. Caminen mientras tengan la Luz, antes de que las tinieblas los alcancen. El que anda en la oscuridad no sabe adónde va. Creed en la Luz mientras tengáis la Luz, para que seáis hijos de la Luz'".** *(Juan 12:35-36a).*

"Este es el Mensaje que hemos oído de Él y os anunciamos: Dios es Luz; en Él no hay oscuridad en absoluto. Si afirmamos tener comunión con Él y, sin embargo, caminamos en la oscuridad, mentimos y no vivimos la Verdad. Pero si andamos en la luz, como él está en la luz, tenemos comunión unos con otros, y la sangre de Jesús, su Hijo, nos limpia de todo pecado". (1 Juan 1:5-7).

<u>Agua viva:</u>

"Jesús explica cómo Él es el Agua Viva: **'Todo el que beba de esta agua volverá a tener sed, pero el que beba de esta agua volverá a tener sed, pero el que beba del agua que yo le doy nunca más tendrá sed. De hecho, el agua que yo les doy se convertirá en ellos en un manantial de agua que salte para vida eterna.'"** *(Juan 4:13-14).*

"En el último y más grande día de la fiesta, Jesús se puso de pie y dijo a gran voz: **"El que tenga sed, venga a mí y beba". El que cree en Mí, como dice la Escritura, de su interior correrán ríos de Agua Viva'".** *(Juan 7:37-38).*

"Con alegría sacaréis agua de las fuentes de la salvación". (Isaías 12:3).

<u>Caballero:</u>

"Si declaras con tu boca: <u>Jesús es el Señor</u>, y crees en tu corazón que Dios le levantó de los muertos, serás salvo. Porque es con tu corazón que crees y eres justificado, y es con tu boca que profesas tu fe y eres salvo. Como dice la Escritura, cualquiera el que en Él cree, jamás será avergonzado". (Romanos 10:9-11).

"Alabado sea el Señor, Dios nuestro Salvador, que cada día lleva nuestras cargas". (Salmo 68:19).

"En cuanto a mí, es bueno estar cerca de Dios. He hecho del Señor Soberano mi refugio; Contaré todas tus obras". (Salmo 73:28).

"Tú, Señor, eres misericordioso y bueno, lleno de amor para con todos los que te invocan. Escucha mi oración, Señor; escucha mi clamor de misericordia. Cuando estoy en angustia, a Ti clamo, porque Tú me respondes". (Salmo 86:5-7).

"Porque el Señor Soberano me ayude, no seré avergonzado. Por tanto, he endurecido mi rostro como un pedernal, y sé que no seré avergonzado". (Isaías 50:7).

Pan de Vida:

"Nuestros antepasados comieron maná en el desierto; como está escrito: 'Él [les dio a comer pan del cielo'. Jesús les dijo: **"De verdad os digo que no es Moisés quien os ha dado el pan del Cielo, sino que es mi Padre quien os da el Verdadero Pan del Cielo. Porque el Pan de Dios es el Pan que baja del Cielo y da Vida al mundo".** *'Sir', they said, 'always give us this Bread'. Then Jesus declared,* **Yo soy el <u>Pan de Vida</u>. El que viene a Mí nunca pasará hambre, y el que en Mí cree nunca más tendrá sed".** *(Juan 6:31-35).*

"Entonces Jesús les dijo: **De cierto os digo, que si no coméis la carne del Hijo del hombre y bebéis su sangre, no tenéis vida en vosotros. El que come Mi Carne y bebe Mi Sangre tiene Vida Eterna, y Yo los resucitaré en el último día. Porque Mi Carne es verdadera comida y Mi Sangre es verdadera bebida. Quien come Mi Carne y bebe Mi Sangre permanece en Mí y Yo en ellos. Así como me envió el Padre Viviente y Yo vivo por el Padre, así el que se alimenta de mí vivirá por Mí. Este es el Pan que descendió del Cielo. Vuestros antepasados comieron maná y murieron, pero el que se alimenta de este Pan vivirá para siempre'".** (Juan 6:53-58).

Ancla:

"Tenemos esta Esperanza como Ancla para el alma, firme y segura. [Él] entra en el santuario interior detrás de la cortina, donde nuestro precursor, Jesús, ha entrado por nosotros. Ha llegado a ser Sumo Sacerdote para siempre, en el orden de Melquisedec". (Hebreos 6:19-20).

"Así que, así como recibisteis a Cristo Jesús como Señor, seguid viviendo en Él, arraigados y sobreedificados en Él, fortalecidos en la Fe como habéis sido enseñados, y rebosantes de acción de gracias. Mirad que nadie os lleve cautivos por

medio de una filosofía hueca y engañosa, que depende de la tradición humana y de las fuerzas espirituales elementales de este mundo y no de Cristo". (Colosenses 2:6-8).

Edredón:

"Yo sé, Señor, que Tus Leyes son Justas, y que con Fidelidad me has afligido, Que Tu Amor Inagotable sea mi Consuelo, conforme a Tu Promesa a Tu siervo. Venga a mí Tu Compasión para que pueda vivir, pues Tu Ley es mi delicia". (Salmo 119:75-77).

"Alabado sea el Dios y Padre de nuestro Señor Jesucristo, el Padre de la Compasión y el Dios de todo Consuelo, que nos consuela en todos nuestros problemas, para que podamos consolar a los que están en cualquier problema con el Consuelo que nosotros mismos recibimos de Dios ". (2 Corintios 1:3-4).

"No se inquieten por nada, sino que en toda situación, con oración y ruego, presenten sus peticiones a Dios con acción de gracias. y la Paz de Dios, que sobrepasa todo entendimiento, guardará vuestros corazones y vuestros pensamientos en Cristo Jesús". (Filipenses 4:6-7).

"Porque el Señor ha dicho: 'Nunca te dejaré; nunca te abandonaré'". (Hebreos 13:5b).

"Que el Dios de la Esperanza os llene de toda alegría y paz en vuestra confianza en Él, para que reboséis de Esperanza por el Poder del Espíritu Santo". (Romanos 15:13).

Ejemplo:

"A esto sois llamados, porque Cristo padeció por vosotros, dejándoos ejemplo para que sigáis sus pasos. No cometió pecado, ni se halló engaño en su boca". (1 Pedro 2:21-22).

"Quien pretenda vivir en Él, debe vivir como Jesús". (1 Juan 2:6).

"Seguid, pues, el ejemplo de Dios, como hijos muy amados, y andad por el camino del amor, así como Cristo nos amó y se entregó a sí mismo por nosotros como ofrenda y sacrificio de olor fragante a Dios". (Efesios 5:1-2).

<u>A continuación, los Nombres de Satanás, Negativo, que nos arrastra hacia un pozo resbaladizo:</u>

[Estos 24 nombres de Satanás son lo que yo llamo la maldad de Satanás.]

Todos estos nombres bloquearán su camino hacia una Vida con el Equipo Estelar: el Padre, el Hijo y el Espíritu Santo. Que es la Vida de Amor, Compasión y Gracia. Y a quién dice la Palabra de Dios que pertenecen estos nombres? Pertenecen a: *"El gran dragón fue arrojado hacia abajo, esa serpiente antigua llamada diablo, Satanás, que engaña al mundo entero, fue arrojado a la tierra, junto con sus ángeles demoníacos". (Apocalipsis 12:9). Y la Palabra de Dios también dice que estos nombres producirán esto:"Los actos de la carne son evidentes: inmoralidad sexual, impureza y libertinaje; idolatría y brujería; odios, discordias, celos, ataques de ira, ambiciones egoístas, disensiones, facciones y envidias; borracheras, orgias y cosas por el estilo. Os advierto, como os hice antes, que los que viven así no heredarán el reino de Dios". (Gálatas 5:19-21). "Y eso es lo que algunos de ustedes eran. Pero ustedes fueron lavados, fueron santificados, fueron justificados en el Nombre del Señor Jesucristo y por el Espíritu de nuestro Dios". (1 Corintios 6:11).*

Veamos ahora lo que dice la Palabra de Dios acerca de estos nombres y otros nombres de Satanás:

<u>Lujuria (inmoralidad sexual):</u>

"Pero el cuerpo no es para fornicación, sino para el Señor, y el cuerpo para el cuerpo". (1 Corintios 6:13b).

"No sabéis que vuestros cuerpos son miembros del mismo Cristo? Tomaré, pues, los miembros de Cristo y los uniré con una ramera? Nunca!". (1 Corintios 6:15).

"Pero quien está unido al Señor es uno con Él en Espíritu. Por tanto, huid de la inmoralidad sexual. Todos los demás pecados que una persona comete están fuera del cuerpo, pero el que peca sexualmente, peca contra su propio cuerpo.

No sabéis que vuestros cuerpos son templos del Espíritu Santo, que está en vosotros, que habéis recibido de Dios? No eres tuyo; fuiste comprado por un precio. Por tanto, honren a Dios con sus cuerpos". (1 Corintios 6:17-20).

"El matrimonio debe ser honrado por todos, y el lecho nupcial debe mantenerse limpio, porque Dios juzgará al adúltero ya todos los fornicarios. Mantengan sus vidas libres del amor al dinero y estén contentos con lo que tienen, porque Dios ha dicho: 'Nunca los dejaré; nunca te abandonaré'". (Hebreos 13:4-5).

"Es la Voluntad de Dios que seas santificado; que debe evitar la inmoralidad sexual; que cada uno de vosotros aprenda a controlar su propio cuerpo de una manera santa y honorable, no en lujuria apasionada como los paganos, que no conocen a Dios; y que en este asunto nadie debe agraviar o aprovecharse de un hermano o hermana. El Señor castigará a todos los que cometen tales pecados, como os hemos dicho y advertido antes. Porque Dios no nos llamó a ser impuros, sino a vivir una vida santa. Por tanto, quien rechaza esta instrucción no rechaza a un ser humano sino a Dios, el mismo Dios que os da su Espíritu Santo". (1 Tesalonicenses 4:3-8).

El Señor dice: ***"Entre ustedes no debe haber ni una pizca de inmoralidad sexual, o de cualquier tipo de impureza, o de codicia, porque esto es impropio del pueblo santo de Dios. Tampoco debe haber obscenidades, tonterías o bromas groseras, que están fuera de lugar, sino más bien acción de gracias. Porque de esto podéis estar seguros: Ninguna persona inmoral, impura o avariciosa -tal persona es un idólatra- tiene herencia alguna en el Reino de Cristo y de Dios. Que nadie os engañe con palabras vanas, porque por tales cosas la Ira de Dios viene sobre los que son desobedientes. Por tanto, no seáis socios de ellos'".*** *(Mateo 5:3-7).*

Idolatría:

"No tendrás dioses ajenos delante de mí. No te harás imagen de nada que esté arriba en el cielo, ni abajo en la tierra, ni abajo en las aguas. No te inclinarás ante ellas ni las adorarás; porque Yo, el Señor tu Dios, soy un Dios celoso, que castigo a los hijos por el pecado de los padres hasta la tercera y cuarta generación de los que Me aborrecen, pero que

muestro Amor a las mil generaciones de los que Me aman y guardan Mis Mandamientos ". (*Éxodo 20:3-6*).

"'Escrito está: 'Adora al Señor tu Dios y sírvele solo a Él'". (*Lucas 4:8*).

"Aquellos que corren tras otros dioses sufrirán más y más. No derramaré libaciones de sangre a tales dioses ni tomaré sus nombres en mis labios. Señor, solo Tú eres mi porción y mi copa; Haces mi suerte segura. Los límites me han caído en lugares agradables; seguramente tengo una herencia deliciosa. Alabaré al Señor, que me aconseja; aun de noche mi corazón me instruye. Mantengo mis ojos siempre en el Señor. Con Él a mi diestra, no seré sacudido. Por tanto, se alegra mi corazón y se regocija mi lengua; mi cuerpo también descansará seguro, porque no me abandonarás en el reino de los muertos, ni dejarás que tu fiel vea corrupción. Tú me haces conocer el Camino de la Vida; Me llenarás de Alegría en Tu Presencia, de Placeres Eternos en Tu Diestra". (*Salmo 16:4-11*).

Como les he dicho anteriormente: *"Los actos de la carne [Satanás] son evidentes: inmoralidad sexual, impureza y libertinaje; idolatría y brujería; odios, discordias, celos, arrebatos de ira, ambición egoísta, disensiones, facciones y envidias; borracheras, orgias y cosas por el estilo. Os advierto, como os hice antes, que los que viven así no heredarán el Reino de Dios"*. (*Gálatas 5:19-21*).

"Por tanto, mis queridos amigos, huid de la idolatría". (*1 Corintios 10:14*).

Odio:

"Qué causa peleas y riñas entre vosotros? No vienen de tus deseos que luchan dentro de ti? Deseas pero no tienes, por eso matas. Codicias pero no puedes conseguir lo que quieres, así que peleas y peleas. No tienes porque no le pides a Dios. Cuando pides, no recibes, porque pides con malos motivos, para gastar en tus placeres lo que obtienes. Pueblo adúltero, no sabéis que la amistad con el mundo significa enemistad contra Dios? Por lo tanto, cualquiera que elija ser amigo del mundo se convierte en enemigo de Dios. O crees que la Escritura dice sin razón que Él anhela celosamente el Espíritu que ha hecho morar en él? Pero Él nos da más Gracia. Por eso dice la Escritura:

"Dios se opone a los soberbios pero muestra favor a los humildes"

Someteos, pues, a Dios. Resistid al diablo, y huirá de vosotros. Acércate a Dios y Él se acercará a ti. Lavaos la mano, pecadores, y purificad vuestros corazones, vosotros de doble ánimo. Llorar, llorar y gemir. Cambia tu risa en luto y tu alegría en tristeza. Humillaos ante el Señor, y Él os exaltará. Hermanos y hermanas, no se calumnien unos a otros. Cualquiera que hable contra un hermano o una hermana o los juzgue, habla contra la Ley y la juzga. Cuando juzgas la Ley, no la guardas, sino que la juzgas. Sólo hay un Legislador y Juez, Aquel que puede salvar y destruir. Pero tú, quién eres tú para juzgar a tu prójimo? (Santiago 4:1-12).

"Porque este es el mensaje que habéis oído desde el principio: Que nos amemos los unos a los otros. No seáis como Caín, que pertenecía al maligno y asesinó a su hermano. Y por qué lo asesinó? Porque sus propias acciones eran malas y las de su hermano justas. No pueden sorprenderse, mis hermanos y hermanas, si el mundo los odia. Sabemos que hemos pasado de muerte a Vida, porque nos amamos. El que no ama permanece en la muerte. Cualquiera que aborrece a su hermano oa su hermana es un homicida, y sabéis que ningún homicida tiene Vida Eterna residiendo en él. Así es como conocemos lo que es el amor: Jesucristo entregó Su Vida por nosotros. Y debemos dar nuestras vidas por nuestros hermanos y hermanas. Si alguien tiene posesiones materiales y ve a un hermano o hermana en necesidad pero no tiene piedad de ellos, cómo puede estar el Amor de Dios en esa persona? Queridos hijos, no amemos de palabra ni de palabra, sino de hecho y de verdad". (1 Juan 3:11-18). Por lo tanto: "Recibid de Él cualquier cosa que pidamos, porque guardamos Sus Mandamientos y hacemos lo que le agrada. Y este es Su Mandamiento: Creer en el Nombre de Su Hijo, Jesucristo, y amarnos unos a otros como El nos Mandó. El que guarda los Mandamientos de Dios vive en Él, y Él en ellos. Y así sabemos que Él vive en nosotros: lo sabemos por el Espíritu que nos ha dado". (1 Juan 3:22-24).

"Amas la justicia y aborreces la maldad; por eso Dios, tu Dios, te ha puesto por encima de tus compañeros, ungiéndote con el Aceite de la Alegría". (Salmo 45:7).

"Porque tanto amó Dios al mundo que dio a su Hijo unigénito, para que todo aquel que en él cree no se pierda, mas tenga vida eterna. Porque Dios no envió a su Hijo al mundo para condenar al mundo, sino para salvar al mundo por medio de él. El que en Él cree, no es condenado, pero el que no cree, ya está condenado, porque no ha creído en el Nombre del Hijo unigénito de Dios. Este

es el veredicto: la luz vino al mundo, pero la gente amó las tinieblas en lugar de la luz porque sus obras eran malas. Todo aquel que hace el mal odia la Luz, y no vendrá a la Luz por temor a que sus obras sean expuestas. Pero el que vive de la Verdad viene a la Luz, para que se vea claramente que lo que ha hecho ha sido hecho a los Ojos de Dios". (Juan 3:16-21)

Celos:

"Si albergan envidia amarga y ambición egoísta en sus corazones, no se jacten de ello ni nieguen la Verdad". (Santiago 3:14). "Porque donde hay envidia y ambición egoísta, allí se encuentra el desorden y toda práctica perversa". (Santiago 3:16).

"El dios de este siglo ha cegado el entendimiento de los incrédulos, para que no vean la Luz del Evangelio que manifiesta la Gloria de Cristo, que es la imagen de Dios". (2 Corintios 4:4).

"El mismo Satanás se disfraza de ángel de luz". (2 Corintios 11:14)

"Sométanse, pues, a Dios. Resistid al diablo, y huirá de vosotros. Acércate a Dios y Él se acercará a ti. Lavaos las manos, pecadores, y purificad vuestros corazones, vosotros de doble ánimo". (Santiago 4:7-8).

"Estas personas son quejumbrosas y criticonas; siguen sus propios malos deseos; se jactan de sí mismos y halagan a los demás para su propio beneficio". (Judas 1:16).

"Estén alerta y sobrios. Vuestro enemigo el diablo ronda como león rugiente buscando a quien devorar. Resístanlo, manteniéndose firmes en la Fe, porque saben que la familia de los creyentes en todo el mundo está pasando por los mismos sufrimientos". (1 Pedro 5:8-9).

Rabia y enfado:

"Los necios dan rienda suelta a su ira, pero los sabios al final traen la calma". (Proverbios 29:11).

"No os provoquéis pronto en vuestro espíritu, porque la ira reside en el regazo de los necios". (Eclesiastés 7:9).

"Mis queridos hermanos y hermanas, tomen nota de esto: todos deben ser prontos para escuchar, lentos para hablar y lentos para enojarse, porque la *ira humana no produce la justicia que Dios desea. Por tanto, despojaos de toda inmundicia moral y de la maldad que tanto prevalece y aceptad con humildad la palabra plantada en vosotros, que os puede salvar". (Santiago 1:19-21).*

"Tus enemigos serán vestidos de vergüenza, y las tiendas de los impíos no existirán más" (Job 8:22).

"Confío en ti; no sea yo avergonzado, ni dejen que mis enemigos triunfen sobre mí". (Salmo 25:2).

Egoísmo:

"Los que quieren enriquecerse caen en tentación y lazo, y en muchas codicias necias y dañosas, que hunden a los hombres en ruina y destrucción. Porque raíz de todos los males es el amor al dinero. Algunos, ávidos de dinero, se han desviado de la fe y han sido traspasados de muchos dolores". (1 Timoteo 6:10).

"Cada uno es tentado cuando es arrastrado y seducido por sus propios malos deseos. Luego, después que el deseo ha concebido, da a luz al pecado; y el pecado, cuando ha alcanzado su plenitud, da a luz la muerte. No os dejéis engañar, mis queridos hermanos y hermanas. Todo don bueno y perfecto viene de lo alto, desciende del Padre de las Luces Celestiales, que no cambia como las sombras que se mueven. Él escogió darnos a luz a través de la Palabra de Verdad, para que fuésemos una especie de primicias de todo lo que Él creó". (Santiago 1:14-18). "Irreprensible eras en todos tus caminos desde el día que fuiste creado hasta que se halló en ti maldad". (Ezequiel 28:15).

*"Entonces Jesús dijo a sus discípulos (y a todos nosotros): **El que quiera ser mi discípulo, niéguese a sí mismo, tome su cruz y sígame'**". (Mateo 16:24).*

Envidiar:

"Si albergan envidia amarga y ambición egoísta en sus corazones, no se jacten de ello ni nieguen la verdad. Tal 'sabiduría' no desciende del cielo, sino que es terrenal, no espiritual y demoníaca. Porque donde tienes envidia y ambición egoísta, allí encuentras desorden y toda práctica perversa". (Santiago 3:14-16).

"No te inquietes por los que son malos ni tengas envidia de los que hacen el mal; porque como la hierba pronto se secarán, como las plantas verdes pronto morirán. Confía en el Señor y haz el bien; habiten en la tierra y disfruten de

pastos seguros. Deléitate en el Señor, y Él te concederá los deseos de tu corazón". (Salmo 37:1-4).

"El corazón en paz da vida al cuerpo, pero la envidia pudre los huesos". (Proverbios 14:30).

Tontería:

"El que practica el pecado es del diablo, porque el diablo peca desde el principio. La razón por la que apareció el Hijo de Dios fue para desbaratar las obras del diablo". (1 Juan 3:8).

"Sométanse, pues, a Dios [el Equipo Estelar]. Resistid al diablo; y él huirá de ti". (Santiago 4:7).

"El ladrón no viene sino para hurtar y matar y destruir; Yo he venido para que tengan Vida, y la tengan en plenitud". (Juan 10:10).

"El Dios de la Paz pronto aplastará a Satanás bajo vuestros pies. La Gracia de nuestro Señor Jesús esté con vosotros". (Romanos 16:20).

Mentiroso:

*"Jesús les dijo: **Si Dios fuera vuestro Padre, me amaríais, porque he venido de él. Yo no he venido por Mi cuenta; Dios me envió. Por qué Mi lenguaje no es claro para ti? Porque no puedes escuchar lo que digo. Eres de tu padre, el diablo, y quieres cumplir los deseos de tu padre. Él fue un asesino desde el principio, no aferrándose a la verdad, porque no hay verdad en él. Cuando miente, habla su lengua materna, porque es mentiroso y padre de mentira**"* (Juan 8:42-44).

Demonio:

"Un día los ángeles vinieron a presentarse ante el Señor, y Satanás también vino con ellos. El Señor le dijo a Satanás: De dónde vienes? Satanás le respondió al Señor: "De andar errante por la tierra, yendo y viniendo por ella"" (Job 1:6-7).

"Humíllense, pues, bajo la poderosa mano de Dios, para que Él los exalte a su debido tiempo. Echa toda tu ansiedad sobre Él porque Él se preocupa por ti. Esté alerta y de mente sobria. Vuestro enemigo el diablo anda como león rugiente buscando a quien devorar". (1 Pedro 5:6-8).

"Sométanse, pues, a Dios. Resistid al diablo, y huirá de vosotros. Acércate a Dios y Él se acercará a ti. Lavaos las manos, pecadores, y purificad vuestros corazones, vosotros de doble ánimo. Llorar, llorar y gemir. Cambia tu risa en luto y tu alegría en tristeza. Humillaos delante del Señor, y Él os exaltará". (Santiago 4:7-10).

Tenga en cuenta que: "El mismo Satanás se disfraza de ángel de luz. No es de extrañar, entonces, que sus siervos también se disfracen de siervos de justicia. Su fin será lo que sus acciones merecen". (2 Corintios 11:14-15).

"Todo el que peca quebranta la Ley; de hecho, el pecado es anarquía. Pero vosotros sabéis que Él apareció para quitar nuestros pecados. Y en Él no hay pecado. Nadie que vive en Él sigue pecando. Nadie que continúa pecando lo ha visto ni lo ha conocido. Queridos hermanos y hermanas, no se dejen engañar por nadie. El que hace lo correcto es justo, así como Él es Justo. El que practica el pecado es del diablo, porque el diablo peca desde el principio. La razón por la que apareció el Hijo de Dios fue para destruir la obra del diablo. Ninguno que es nacido de Dios seguirá pecando, porque la simiente de Dios permanece en ellos; no pueden seguir pecando, porque han nacido de Dios. así es como sabemos quiénes son los hijos de Dios y quiénes son los hijos del diablo: El que no hace lo recto no es hijo de Dios, ni lo es el que no ama a su hermano y a su hermana". (1 Juan 3:4-10).

Enemigo:

"Jesús respondió: 'El que sembró la semilla del capullo es el Hijo del Hombre. El campo es el mundo, y la buena semilla representa al pueblo del reino. La cizaña es el pueblo del maligno, y el enemigo que la siembra es el diablo. La cosecha es el final de la era, y los segadores son los ángeles. Como se arranca la cizaña y se quema en el fuego, así será al final de la era. El Hijo del Hombre enviará a Sus ángeles, y ellos eliminarán de Su reino todo lo que causa pecado y todos los que son tan malos. Los echarán en el horno ardiente, donde será el lloro y el crujir de dientes. Entonces los justos resplandecerán como el sol en el reino de su Padre. El que tenga oídos, que oiga'". (Mateo 13:37-43).

Bestia:

"Un tercer ángel los siguió y dijo a gran voz: 'Si alguno adora a la bestia y a su imagen, y recibe la marca en su frente o en su mano, ellos también beberán del vino del furor de Dios, que ha sido derramado toda su fuerza en la copa de su ira. Serán atormentados con azufre ardiente, en presencia de los santos ángeles y

del Cordero. Además, el humo de su tormento subirá por los siglos de los siglos. No habrá descanso de día ni de noche para los que adoran a la bestia y a su imagen, ni para nadie que reciba la marca de su nombre.' Esto exige paciencia por parte del pueblo de Dios que guarda Sus mandamientos y se mantiene fiel a Jesús". (Apocalipsis 14:9-12).

Fuerzas del mal:

"Vestíos de toda la armadura de Dios, para que podáis estar firmes contra las asechanzas del diablo. Porque nuestra lucha no es contra sangre y carne, sino contra los gobernantes, contra los que autorizan, contra los poderes de este mundo oscuro y contra las fuerzas espirituales del mal en el reinos celestiales". (Efesios 6:11-12).

Antecristo:

"Pero todo espíritu que no reconoce a Jesús no es de Dios. Este es el espíritu del anticristo, que habéis oído que viene y que ya está en el mundo". (1 Juan 4:3).

Maligno: "Mi oración no es que los saques del mundo sino que los protejas del maligno". (Juan 17:15).

"Además de todo esto, tomad el escudo de la fe, con que podáis apagar todos los dardos del maligno". (Efesios 6:16).

Engañador:

"Porque los tales son falsos apóstoles, obreros fraudulentos, disfrazados de apóstoles de Cristo. Además, no es de extrañar, porque el mismo Satanás se disfraza de ángel de luz. No es de extrañar, entonces, que sus siervos también se disfracen de siervos de justicia. Su fin será lo que merecen sus acciones". (2 Corintios 11:13-15).

"Cuidado con los falsos profetas. Vienen a vosotros con vestidos de ovejas, pero por dentro son lobos feroces. Por su fruto los reconoceréis. Recoge la gente uvas de los espinos, o higos de los cardos? (Mateo 7:15-16).

Asesino:

"Eres de tu padre, el diablo, y quieres llevar a cabo los deseos de tu padre. Él fue un asesino desde el principio, no aferrándose a la verdad, porque no hay

verdad en él. Cuando miente, habla su lengua materna, porque es mentiroso y padre de mentira". (Juan 8:44).

Ladrón:

"El ladrón no viene sino para hurtar y matar y destruir; Yo he venido para que tengan vida, y para que la tengan en abundancia". (Juan 10:10).

Quejosos y quejumbrosos:

"Estas personas son quejumbrosas y criticonas; siguen sus propios malos deseos; se jactan de sí mismos y halagan a los demás para su propio beneficio". (Judas 1:16).

Calumnia:

"Quien encubre el odio con labios mentirosos y esparce calumnias es un necio". (Proverbios 10:18).

Destructor:

"Cuidado con estos Nombres de Satanás que usará como Armas (haciéndonos descender a su pozo viscoso)". (Isaías 33:1).

Orgullo:

"Cuando viene el orgullo, luego viene la desgracia, pero con la humildad viene la sabiduría". (Proverbios 11:2).

"Donde hay contienda, hay soberbia, pero la sabiduría se encuentra en los que aceptan consejos". (Proverbios 13:10).

"El Señor detesta a todos los orgullosos de corazón. Estad seguros de esto: no quedarán impunes". (Proverbios 16:5).

Preocupado:

"Echa sobre el Señor tu carga, y Él te sustentará; Él nunca permitirá que el justo sea movido". (Salmo 55:22).

"El ocuparse de la carne es muerte, pero el ocuparse del espíritu es vida y paz". (Romanos 8:6).

Confundido:

"Porque Dios no es Dios de confusión, sino de paz, como en todas las iglesias de los santos". (1 Corintios 14:33).

"Porque no nos ha dado Dios espíritu de cobardía, sino de poder, de amor y de dominio propio". (2 Timoteo 1:7).

Lástima:

"Señor, tú eres la esperanza de Israel; todos los que te dejan serán avergonzados. Los que se aparten de ti quedarán escritos en el polvo, porque han dejado al Señor, la fuente de agua viva". (Jeremías 17:13).

Arrepentirse:

"Sed sobrios; estar atento Vuestro adversario, el diablo, ronda como león rugiente, buscando devorar". (1 Pedro 5:8).

"Porque la tristeza que es según Dios produce un arrepentimiento que lleva a la salvación sin pesar, mientras que la tristeza del mundo produce la muerte". (2 Corintios 7:10).

"El corazón alegre alegra el rostro, pero por la tristeza del corazón se abate el espíritu" (Proverbios 15:13).

Duda:

"Confía en el Señor con todo tu corazón y no te apoyes en tu propia prudencia; Someteos a Él en todos vuestros caminos, y Él enderezará vuestras veredas. No seas sabio en tu propia opinión; teme al Señor y aléjate del mal. Esto traerá salud a tu cuerpo y nutrición a tus huesos". (Proverbios 3:5-8).

"Estoy confiado en esto: Veré la bondad del Señor en la tierra de los vivientes. Espera en el Señor; esfuérzate y anímate y espera en el Señor". (Salmo 27:13-14).

Chisme:

"La boca del justo es manantial de vida, pero la boca del impío encubre violencia". (Proverbios 10:11).

Note, los nombres de Jesús son nombres de vida, y todos los nombres de Satanás son nombres de muerte. Cuando nuestro Padre Celestial ve que Satanás está tratando de arrastrarnos a su pozo fangoso, se agacha y nos da esa mano amiga. Por cada nombre hiriente de Satanás, los nombres de Jesús los reducen a polvo. Sé que esto es cierto, porque no siento ninguna de esas palabras hirientes por no más de un minuto. Eso es lo que le toma a Jesús aplastar a Satanás: un minuto! Solo clama: "Jesús, ayúdame!" y tus problemas se convierten en polvo. Constantemente le digo a Satanás: "Jesús es el Señor! Huye de mí! y Satanás se va corriendo con el rabo entre las piernas.

Satanás trabaja duro para hacer que los hijos de Dios caigan de la gracia. Además, cuando consigue que caigamos de la gracia, nos deja solos enjaulados en su oscuridad. Este es el mayor enfoque de Satanás: alejarnos de seguir a Jesús. Esta es nuestra batalla diaria para pasar con estos tentaciones, remordimientos, dudas, enfados, vergüenzas y tensiones. Satanás comienza a usar sus "armas" cuando ve que lo ignoramos y nos mantenemos cerca de Jesús. Todas las tentaciones son las que Satanás usa principalmente como armas de ataque. Por eso debes ponerte toda la armadura de Dios y guardar tu corazón siempre! La Armadura de Dios es la mejor arma contra Satanás junto con la Palabra de Dios (la Biblia). Si no tiene una (una Biblia), consiga una. Es la mejor inversión que jamás hará. Hay un nombre más de Satanás que la Biblia te ayudará a resistir a Satanás de tu vida; y eso es: Tentador.

Tentador:

"Acercándose el tentador, le dijo: Si eres Hijo de Dios, di a estas piedras que se conviertan en pan". (Mateo 4:3).

"Por eso, cuando ya no pude más, envié a averiguar sobre vuestra fe. Tuve miedo de que el tentador os hubiera tentado de alguna manera y que nuestro trabajo hubiera sido en vano". (1 Tesalonicenses 3:5).

La tentación es lo que hizo que Adán y Eva cayeran de la gracia (ver Génesis 3:1-24). La tentación también puede hacerte caer. Tal vez te estés preguntando (como lo hice yo), "Cómo puedo evitar caer en la tentación?" Bueno, es difícil, cuando se vive en un mundo de tantas tentaciones que nos rodean. Lo mejor que puedes hacer es alejarte de esa cosa tentadora y aferrarte al costado de Jesús, y la única forma de hacerlo es meditando en la Palabra de Dios día y noche. Esto significa que, en cada oportunidad que tenga, abra su Biblia y deje que Dios le hable. Solo me di cuenta de esto hace diez años cuando finalmente le abrí la puerta a Jesús. Vi muchas cosas tentadoras. Algunas me rendí, y algunas simplemente me alejé. Los momentos que me hicieron sentir vergonzoso fueron los momentos de los que me enamoré. No es tan fácil alejarse cuando miras a tu alrededor en este mundo de tantas tentaciones. Sin embargo, una vez que mi Señor Jesús habló conmigo y me dijo que Él nunca me dejaría, tengo la fuerza para alejarme. Ahora, no tengo esos sentimientos vacíos. Esos sentimientos vacíos están llenos de las maravillas de mi Equipo Estelar: el Padre Celestial y Su Hijo Jesús y el Espíritu Santo. Las tentaciones siempre serán parte de este mundo. Debemos mantenernos enfocados y confiar en Jesús para combatir esas flechas ardientes (tácticas) de Satanás. Cuando las tentaciones de este mundo comiencen a invadir tu espacio y atención, toma tu Biblia y encuentra las Escrituras que coincidan con tu situación, y podrás alejarte de esa mala situación.

Aquí hay algunas Escrituras que te ayudarán a alejarte de las tentaciones de este mundo: "Bienaventurado el que persevera en la prueba, porque habiendo superado la prueba, esa persona recibirá la corona de vida que el Señor ha prometido a los que le aman". (Santiago 1:12).

"Toda dádiva buena y perfecta desciende de lo alto, del Padre de las luces celestiales, que no cambia como las sombras que se mueven. El escogió darnos a luz por la palabra de verdad, para que seamos como primicias de todo lo que El creó" (Santiago 1:17-18).

"Sométanse, pues, a Dios. Resistid al diablo, y huirá de vosotros. Acércate a Dios y Él se acercará a ti. Lavaos las manos, pecadores, y purificad vuestros corazones, vosotros de doble ánimo". (Santiago 4:7-8).

"Ninguna tentación os ha sobrevenido excepto la que es común a la humanidad. Además, Dios es fiel; Él no permitirá que seas tentado más allá de lo que puedas soportar. Pero cuando sois tentados, Él también os dará una salida, para que podáis soportarla" (1 Corintios 10:13).

La Palabra de Dios (la Biblia) es la mejor arma que tenemos para resistir las tentaciones de este mundo y caminar en la luz de Dios.

Aquí te doy cuatro formas de resistir al enemigo (Satanás):

La primera forma es venir a Satanás con (lo adivinaste) la Palabra de Dios:

"Jesús respondió; **Escrito está: No sólo de pan vivirá el hombre, sino de toda palabra que sale de la boca de Dios**'". *(Mateo 4:8).*

"En vuestro enojo no pequéis: no dejéis que el sol se ponga estando aún enojados, y no dejéis lugar al diablo". (Efesios 4:26-27).

"Finalmente, sean fuertes en el Señor y en Su gran poder. Pónganse toda la armadura de Dios; para que podáis estar firmes contra las asechanzas del diablo". (Efesios 6:10-11). "Finalmente, hermanos y hermanas, todo lo que es verdadero, todo lo noble, todo lo justo, todo lo puro, todo lo amable, todo lo admirable, pensad en tales cosas". (Filipenses 4:8)

"Y que recobren el juicio y escapen del lazo del diablo, que los tiene cautivos para hacer su voluntad". (2 Timoteo 2:26)

"Sométanse, pues, a Dios. Resistid al diablo, y huirá de vosotros". (Santiago 4:7)

"Tened paciencia también vosotros y estad firmes, porque la venida del Señor está cerca". (1 Pedro 5:8)

Así, pues, debéis orar: Padre nuestro que estás en los cielos, santificado sea tu nombre, venga tu reino, hágase tu voluntad, así en la tierra como en el cielo. Danos hoy nuestro pan de cada día. Y perdónanos nuestras deudas, como también nosotros hemos perdonado a nuestros deudores. Y no nos dejes caer en tentación, sino líbranos del maligno'". (Mateo 6:9-13)

"El Señor es mi luz y mi salvación, de quién temeré? El Señor es la fortaleza de mi vida, de quién tendré miedo?" (Salmo 27:1).

"El que habita al abrigo del Altísimo descansará a la sombra del Omnipotente". (Salmo 91:1-2) **"Así que no temas, porque yo estoy contigo; no desmayes, porque yo soy tu Dios. Yo te fortaleceré y te ayudaré; Te sostendré con mi diestra justa"**. *(Isaías 41:10).*

"Además de todo esto, tomad el escudo de la fe, con que podáis apagar todos los dardos de fuego del maligno. Tomad el yelmo de la salvación y la espada del Espíritu, que es la Palabra de Dios". (Efesios 6:16-17)

La segunda forma es agregar siempre la oración cuando te estás poniendo toda la armadura de Dios:

"Dad gracias al Señor, porque Él es bueno; Su amor es para siempre. Que los redimidos del Señor cuenten su historia, los que Él redimió de la mano del enemigo". (Salmo 107:1-2). "Pero en cuanto a mí, espero en el Señor, espero en Dios mi Salvador; mi Dios me escuchará. No te regocijes de mí, enemigo mío! Aunque he caído, me levantaré. Aunque me siente en tinieblas, el Señor será mi luz". (Miqueas 7:7-8).

La tercera forma es adorar a Dios hasta que ahogue las palabras engañosas de Satanás y él se vaya huyendo de tu vista:

"Jesús le dijo; Aléjate de mí, Satanás! Porque escrito está: Adorad al Señor vuestro Dios, y sólo a El servid. Entonces el diablo lo dejó, y los ángeles vinieron y lo asistieron"". (Mateo 4:10-11).

"Te alabaré, Señor, con todo mi corazón; ante los 'dioses' cantaré Tu alabanza. Me inclinaré hacia Tu santo templo y alabaré Tu nombre por Tu amor inagotable y Tu fidelidad, porque has exaltado tu solemne decreto que supera tu fama. Cuando llamé, me respondiste; me animaste mucho. Que todos los reyes de la tierra te alaben, Señor, cuando oigan lo que has decretado. Que canten al Señor, porque grande es la gloria del Señor. Aunque el Señor es exaltado, Él mira con bondad a los humildes; aunque es altivo, los ve de lejos. Aunque camino en medio de la angustia, tú extiendes tu mano contra la ira de mis enemigos; con tu diestra me salvas. El Señor me hará justicia; tu amor, Señor, es para siempre, no abandones las obras de tus manos". (Salmo 138:1-8).

"Porque tú, Señor, eres el Altísimo sobre toda la tierra; eres exaltado muy por encima de todos los dioses. Que los que aman al Señor, odien el mal, porque Él guarda la vida de sus fieles y los libra de la mano de los impíos. La luz brilla sobre los justos y la alegría sobre los rectos de corazón. Alegraos en el Señor, los justos, y alabad su santo nombre". (Salmo 97:9-12).

El cuarto camino es siempre meditar y hablar las palabras de Dios, guardándolas en tu corazón, para que siempre estés listo para vencer a Satanás y sus caminos:

"Que estas palabras de mi boca y esta meditación de mi corazón sean agradables a tus ojos, Señor, roca mía y redentor mío" (Salmo 19:9).

Recuerde que caminar con Jesús y vivir de la manera que Su Padre quiso es la mejor defensa contra Satanás (que no tiene poder contra Jesús). Porque está dicho: "Porque la paga del pecado es muerte, mas la dádiva de Dios es vida eterna en Cristo Jesús Señor nuestro". (Romanos 6:23).

Aquí hay algunas palabras que nuestro Señor Jesús quisiera compartir con ustedes que creen en Él:

*"Jesús declaró: **'Yo soy el Pan de vida. El que viene a Mí nunca pasará hambre, y el que en Mí cree nunca más tendrá sed".** (Juan 6:35).*

"Todos los que el Padre me da, vendrán a mí, y al que viene a mí, nunca lo echaré. Porque he bajado del cielo no para hacer mi voluntad, sino la voluntad del que me envió, y esta es la voluntad del que me envió, que no pierda a ninguno de todos los que me ha dado, sino que los resucite. en el último día. Porque la voluntad de mi Padre es que todo aquel que mira al Hijo y cree en Él, tenga vida eterna, y Yo los resucitaré en el último día'". *(Juan 6:37-40)*

"De cierto, de cierto os digo, que el que cree, tiene vida eterna. Yo soy el Pan de vida'". *(Juan 6:47-48).*
"Yo soy el Pan vivo bajado del Cielo. El que come de este Pan vivirá para siempre. Este Pan es mi carne, que yo daré por la vida del mundo". (Juan 6:51).

"Jesús les dijo: De cierto os digo, que si no coméis la carne del Hijo del hombre y bebéis su sangre, no tenéis vida en vosotros. El que come mi carne y bebe mi sangre tiene vida eterna, y yo lo resucitaré en el último día. Porque Mi carne es verdadera comida y Mi sangre es verdadera bebida. El que come mi carne y bebe mi sangre permanece en mí y yo en ellos. Así como me envió el Padre viviente y Yo vivo por el Padre, así el que se alimenta de Mí vivirá por Mí. Este es el Pan que descendió del Cielo. Vuestros antepasados comieron maná y murieron, pero el que se alimenta de este Pan vivirá para siempre". Dijo esto mientras enseñaba en la sinagoga de Capernaum". (Juan 6:53-59).

"De cierto, de cierto os digo, el que cree en mí, hará las obras que yo he estado haciendo, y hará cosas aún mayores que estas, porque yo voy al Padre. Y todo lo que pidáis en mi nombre, lo haré, para que el Padre sea glorificado en el Hijo. Podéis pedirme cualquier cosa en mi nombre, y yo lo haré'". *(Juan 14:12-14).*

Como puede ver, en estos pocos versículos, se ha repetido muchas veces que Jesús es el Pan de Vida. Sin Jesús, morimos; sin Jesús, no tenemos fuerzas; y sin Jesús, no tenemos relación con Su Padre (nuestro Creador y fuente de Amor). Lea estas palabras bíblicas para derrotar al enemigo (Satanás):

"Queridos hijos, no se dejen engañar por nadie. El que hace lo recto es justo, como él es justo. El que practica el pecado es del diablo, porque el diablo peca desde el principio. La razón por la que apareció el Hijo de Dios fue para destruir la obra del diablo. Ninguno que es nacido de Dios seguirá pecando, porque la Simiente de Dios permanece en ellos; no pueden seguir pecando, porque han nacido de Dios. En esto sabemos quiénes son los hijos de Dios y quiénes son los hijos del diablo: El que no hace lo recto no es hijo de Dios, ni el que no ama a su hermano y hermana. Porque este es el mensaje que habéis oído desde el principio: debemos amarnos los unos a los otros". (1 Juan 3:7-11).

"No se sorprendan, mis hermanos y hermanas, si el mundo los odia. Sabemos que hemos pasado de muerte a vida, porque nos amamos unos a otros. El que no ama permanece en la muerte. Cualquiera que aborrece a su hermano o a su hermana es un homicida, y sabéis que ningún homicida tiene vida eterna residiendo en él. En esto conocemos lo que es el amor: Jesucristo dio su vida por nosotros. Y debemos dar la vida por nuestros hermanos y hermanas". (1 Juan 3:13-16).

"El Dios de paz aplastará pronto a Satanás bajo vuestros pies. La gracia de nuestro Señor Jesús sea con vosotros". (Romanos 16:20).

"Por lo tanto, pónganse toda la Armadura de Dios, para que cuando llegue el día del mal, puedan mantenerse firmes, y después de haber hecho todo, mantenerse firmes. Estad, pues, firmes, con el Cinturón de la Verdad ceñido a vuestra cintura, con el Pectoral de Justicia puesto, y con los pies calzados con la Prontitud que viene del Evangelio de la Paz. Además de todo esto, tomad el escudo de la fe, con que podáis apagar todos los dardos de fuego del maligno. Tomad el Yelmo de la Salvación y la Espada del Espíritu, que es la Palabra de Dios, y orad en el Espíritu en toda ocasión con toda clase de oraciones y peticiones. Con esto en mente, estad alerta y seguid orando siempre por todo el pueblo del Señor". (Efesios 6:13-18).

"Desháganse de toda amargura, ira e ira, peleas y calumnias, junto con toda forma de malicia. Sed bondadosos y misericordiosos unos con otros,

perdonándoos unos a otros, así como Dios os perdonó a vosotros en Cristo". (Efesios 4:31-32).

"Y no deis pie al diablo". (Efesios 4:27).

"Sométanse, pues, a Dios. Resistid al diablo, y huirá de vosotros. Acércate a Dios y Él se acercará a ti. Lavaos las manos, pecadores, y purificad vuestros corazones, vosotros de doble ánimo". (Santiago 4:7-8).

"Echad toda vuestra ansiedad sobre Él porque Él tiene cuidado de vosotros. Esté alerta y de mente sobria. Vuestro enemigo el diablo ronda como león rugiente buscando a quien devorar. Resístanlo, manteniéndose firmes en la fe, porque saben que la familia de los creyentes en todo el mundo está pasando por la misma clase de sufrimientos. Además, el Dios de toda gracia, que os llamó a su eterna gloria en Cristo, después de haber padecido un poco de tiempo, él mismo os restaurará y os hará fuertes, firmes y constantes. A Él sea el poder por los siglos de los siglos. Amén" (1 Pedro 5:7-11).

"No te regocijes de mí, enemigo mío! Aunque he caído, me levantaré. Aunque esté sentado en tinieblas, el Señor será mi luz". (Miqueas 7:8).

"Dad gracias al Señor, porque Él es bueno; Su amor es para siempre. Que los redimidos del Señor cuenten su historia, los que Él redimió de la mano del enemigo". (Salmo 107:1-2).

Solo saber que el Señor Dios Todopoderoso nos equipa con Palabras que hacen huir a Satanás de nuestra vista es suficiente para caminar con confianza a través de las sombras de este mundo frío y cruel. Sé con seguridad que mi Señor Jesús ha estado peleando mis batallas por mí toda mi vida. Sé que habría estado muerto hace mucho, mucho tiempo. Cuando la protección del Equipo Estelar está contigo (aunque no puedas verlo), la vida es como un paseo por el parque, con el canto de los pájaros, y los caminos de este mundo no pueden perturbarte. Estamos tan agobiados por todo tipo de cosas muertas, como desobediencia e idolatría que se acumula a lo largo de los años que estos árboles muertos quebrantan el corazón de Dios. Cuando Dios ve que no le estamos escuchando, envía un mensaje a nuestro corazón, limpiándolo de cualquier podredumbre que Satanás haya puesto allí. El mensaje puede venir en palabras duras, a través de alguien que Dios usa para traer Su mensaje o el mensaje puede venir a través de una enfermedad que te pone de rodillas, pidiendo sanidad y perdón. No importa cuál sea el mensaje,

Dios hará brillar Su Luz de arrepentimiento para que vuelvas al camino de Su Reino. El Espíritu Santo siempre te alertará de que algo anda mal. Solo necesitamos entender el mensaje que Él está enviando. Debemos buscar a Dios y arrepentirnos de nuestros pecados.

Cuando Dios elige quemar la madera muerta en tu vida, puedes sentir mucho dolor en el proceso. No luches contra él ni te alejes de él. Aprender de ello. Ponte de rodillas y pídele a Dios que te dé fuerzas y espera pacientemente la fuerza renovada y la sanidad.

Cuando siento algún tipo de dolor dentro, tomo mi Biblia y la abro en el Libro de los Salmos. Allí, es donde encuentro mi curación y mi fuerza. El rey David sí, pero no tenía una Biblia como la que tenemos que abrir nosotros. David fue a la fuente: Dios mismo, Aquel que restaura los corazones heridos y heridos. Cuando David pasó por las sombras, Dios estaba con él; nunca estuvo solo. Tú también puedes tener esa cercanía, solo sigue agarrado de la Mano de Jesús, y nunca caminarás solo.

Aquí está uno de mis versículos favoritos del Libro de los Salmos:

"Porque eres grande y haces obras maravillosas; solo tú eres Dios. Enséñame tu camino, oh Señor, y caminaré en tu verdad. Dame un corazón íntegro, para que pueda temer tu nombre. Te alabaré, oh Señor, Dios mío, con todo mi corazón; Glorificaré tu nombre para siempre. Porque grande es tu amor para conmigo; Me has librado de lo más profundo de la tumba". (Salmos 86:10-13).

Aprenderé de nadie más que del Equipo Estrella, aprendiendo quién es Jesús y cómo venció a este mundo cruel y enojado. los cristianos sólo deben señalar el camino a la Vida Eterna; y que Jesús (el Camino) les enseñe a caminar por el camino que tenemos por delante.

Las palabras 'Vida eterna' son palabras que explican cómo viviremos con Dios. Permanecer y Aceptar la Enseñanza de Jesús de Su Sabiduría y Conocimiento para mantenerse firme en el Camino de la Vida Justa. Me siento tan lleno de gratitud y alabanza cuando oro en la Presencia de mi Padre Celestial que muchas veces me quedo sin palabras, solo para decir gracias.

Con todo lo que está sucediendo en esta tierra, el Plan de Dios es que Sus hijos se alejen de su pecado y se vuelvan a Él y a Su Abrazo Amoroso de

Amor, Esperanza y Paz. Es Su Gloria y Victoria, aunque una sola persona se vuelva a Su Vida Eterna!

"Fortaleced las manos débiles, afirmad las rodillas que ceden; di a los de corazón temeroso: "Sed fuertes, no temáis; vuestro Dios vendrá, vendrá con venganza; con retribución divina vendrá a salvaros"". (Isaías 35:3-4).

"Y habrá allí una calzada; se llamará Camino de Santidad; será para los que anden por ese Camino. El inmundo no viajará por él; los necios malvados no lo harán". (Isaías 35:8).

Vive primero en la Presencia de Dios. Esta conciencia aumentará su capacidad de dar amor y aliento, haciendo que sus relaciones con sus seres queridos sean mucho más fuertes. La paz de Dios aliviará los dolores de este mundo y evitará que te sientas abrumado. El Camino Estrecho que está justo delante de ti, es el camino a seguir, de todo corazón. Además, experimentarás esa Vida Abundante de Paz que Jesús nos enseña, mientras Él nos conduce por ese Camino.

"Bienaventurados los que han aprendido a aclamarte, y caminan a la luz de tu presencia, Señor. Se regocijan en tu nombre todo el día; celebran tu justicia. Porque tú eres su gloria y fortaleza, y con tu favor exaltas nuestro poder". (Salmo 89:15-16, 17).

"Mantengo mis ojos siempre en el Señor. Con Él a mi diestra, no seré sacudido. Por eso se alegra mi corazón y se regocija mi lengua; mi cuerpo también descansará seguro". (Salmo 16:8, 9).

"Gracia y paz os sean multiplicadas en el conocimiento de Dios y de Jesús nuestro Señor". (2 Pedro 1:2).

Para acercarte a Dios, debes estudiar y aplicar Su Palabra, dándole a Dios toda tu atención. Para hacer esto, tienes que leer el libro de instrucciones de Dios, la Biblia, los sesenta y seis libros. Nutrirá tu relación con Él y te enseñará cómo vivir una vida piadosa que agrade a Dios y no al hombre.

Seis rasgos de la personalidad de Dios

Quien es Dios?

<u>Dios es Conocedor</u>. No solo podemos saber acerca de Él, sino que también podemos conocerlo íntimamente.

> *"Así dice el Señor: 'No se alabe el sabio en su sabiduría, ni el fuerte en su fuerza, ni el rico en su riqueza. Pero el que se gloríe, gloríese en esto: en que tengan el entendimiento para conocerme, que yo soy el Señor, que hago misericordia, derecho y justicia en la tierra,' declara el Señor" (Jeremías 9:23-24).*

Quien es Dios?

<u>Dios es Accesible</u>. Dios mismo nos invita a hablar con Él sobre lo que nos preocupa. No necesitamos organizarnos primero. Su naturaleza es amar y aceptar cuando lo invocamos. Siempre y cuando vayamos a Él y lo invoquemos en verdad y amor.

> *"El Señor está cerca de todos los que lo invocan, de todos los que lo invocan de verdad. Él cumple los deseos de los que le temen; Él escucha su clamor y los salva". (Salmo 145:18-19).*

Quien es Dios?

<u>Dios es Creativo.</u> Dios puede usar Su gran poder para crear formas de hacernos entender lo que Él quiere que hagamos. Este Poder no tiene límite. Sólo Dios puede crear de la manera que Él crea.

"Grande es nuestro Señor y poderoso en poder; Su comprensión no tiene límite. El Señor sostiene a los humildes, pero arroja por tierra a los malvados". (Salmo 147:5-6).

"Alzo mis ojos a los montes, de dónde viene mi socorro? Mi socorro viene del Señor, Creador del cielo y de la tierra". (Salmo 121:1-2).

Quien es Dios?

<u>Dios es Perdón</u>. Dios nos perdona en el momento en que confesamos y nos arrepentimos de nuestros pecados ante Él.

"Quien perdona todas tus iniquidades, quien sana todas tus dolencias". (Salmo 103:3). *"Yo, yo soy el que borro tus rebeliones por amor de mí mismo, y no me acordaré de tus pecados".* (Isaías 43:25)

"Pero en Ti está el perdón, para que seas temido". (Salmos 130:4).

"Te conocí mi pecado, y no encubrí mi iniquidad; Dije: 'Confesaré mis transgresiones al Señor', y perdonaste la iniquidad de mi pecado. Selah". (Salmo 32:5).

"Porque Tú, oh Señor, eres bueno y perdonador, lleno de misericordia para con todos los que te invocan". (Salmo 86:5).

"Los limpiaré de toda la culpa de su pecado contra Mí, y perdonaré toda la culpa de su pecado y rebelión contra Mí". (Jeremías 33:8).

"Si confesamos nuestros pecados, Él es fiel y justo para perdonar nuestros pecados y limpiarnos de toda maldad". (1 Juan 1:9).

Quien es Dios?

<u>Dios es Honesto</u>. Dios nos habla claramente de Él mismo. Él siempre habla honestamente en todo lo que hace. Cada promesa, pensamiento, percepción y misericordia son verdaderas y se puede confiar plenamente en ellas.

"Tu palabra es una lámpara para mis pies, una luz en mi camino". (Salmo 119:105).

"La exposición de tus palabras alumbra; da entendimiento a los simples" (Salmo 119:130). *"Vuélvete a mí y ten piedad de mí, como siempre lo haces con*

los que aman tu nombre. Dirige mis pasos conforme a tu palabra; que ningún pecado me domine. Redímeme de la opresión humana, para que pueda obedecer tus preceptos". (Salmo 119:132-134).

"Tú eres Justo, Señor, y tus leyes son justas". (Salmo 119:137).
Quien es Dios?

<u>Dios es Capaz</u>. Dios siempre tiene 100 por ciento de razón en todo. Su sabiduría es ilimitada, en todas las situaciones, incluido el futuro que está por venir. Dios es capaz de hacer todo lo que hace. Los motivos de Dios son puros y Él nunca comete un error. Dios nunca nos engañará. Dios es capaz de hacer lo correcto todo el tiempo y cada vez. Se puede confiar en Dios por todo lo que hace.

"Muéstrame tus caminos, Señor, enséñame tu camino". (Salmo 25:4).

"Él guía a los humildes en el bien y les enseña su camino. Todos los caminos del Señor son amorosos y fieles para con los que guardan las exigencias de su pacto" (Salmo 25:9-10).

Sé que Jesús está justo a mi lado en este momento, quitándome los miedos y reemplazándolos con fuerza para ayudarme a superar lo que tengo que hacer. Todo para la gloria de Su Padre. Dios es más poderoso que cualquier hombre en esta tierra. Puedo enfrentar cualquier cosa con la ayuda de mi Señor Jesús. Como dice la Biblia:

*"Con Dios todo es posible". (Mateo 19:20).*Y

"Cuando yo soy débil, Él es fuerte". (2 Corintios 12:10b).

Guardar estas Escrituras en mi corazón me mantendrá fuerte y valiente, listo para cualquier cosa que Satanás me arroje. Porque Jesús nunca me dejará ni me abandonará. Esto que sé es la verdad. Jesús siempre ha estado ahí para mí, incluso cuando no lo sentía. Jesús me ama, esto lo sé, porque Él me lo dijo.

Agradezco a mi Padre Celestial por crearme de la manera que Él desea que sea. Estoy eternamente agradecido! Soy Suyo para siempre!

Quejarse: los peligros y las soluciones

Hay una cosa que realmente desagrada a Dios: nuestra tendencia a quejarnos de cómo se comportan los demás. Quejarse de los demás es quejarse indirectamente de cómo actúa Dios. Cuando sigues quejándote y quejándote de los demás, no cumples con las leyes y los mandamientos de Dios.

"Los hermanos y las hermanas no se calumnian unos a otros. Cualquiera que hable contra un hermano o una hermana o los juzgue, habla contra la ley y la juzga. Cuando juzgas la ley, no la guardas, sino que la juzgas. Sólo hay un Legislador y Juez, el que es capaz de salvar y destruir. Pero tú, quién eres tú para juzgar a tu prójimo? (Santiago 4:11-12). "No os quejéis unos de otros, hermanos, o seréis juzgados. El juez está parado en la puerta! (Santiago 5:9).

Hacer esto (quejarse) solo abre la puerta a un pecado mortal llamado autocompasión e ira. Sí, quejarse conduce al pecado del comportamiento egoísta y la ira. Porque vivimos en un mundo que está lleno de ira y egoísmo, donde todo el mundo es el número uno. Las Escrituras sobre las quejas aclaran que Dios desprecia las quejas (junto con muchas otras). Lea Proverbios 6:16-19, dice:

"Seis cosas aborrece el Señor, y siete le son abominables: los ojos altivos, la lengua mentirosa, las manos derramadoras de sangre inocente, el corazón que maquina planes inicuos, los pies presurosos para precipitarse en el mal, el testigo falso que derrama miente y persona que suscita conflictos en la comunidad". (Proverbios 6:16-19).

Pon estas palabras en tu corazón y mente, y podrás vivir la vida que Dios desea que vivamos. Además, asegúrese de agregar Fe, Esperanza,

Confianza y (lo más importante) Amor. Mientras confiamos en Jesús con las cosas que están sucediendo en esta tierra, Él nos refrescará en Su luz de amor eterno y nos caminará (o llevará) a través del fuego sin que nos consumamos en los fuegos de este mundo enojado y egoísta. Tratar de ser autosuficiente y vivir sin la ayuda de Jesús es el comienzo para que Satanás pase desapercibido. Yo mismo seguiré dependiendo de Jesús para todo y en cada momento. Jesús siempre estará conmigo, enseñándome cómo manejar cualquier problema que se presente. Solo tengo que creer y confiar continuamente en Él y buscar siempre Su ayuda para afrontar cada día que camino a Su lado.

Aquí hay algunas Escrituras para meditar, aferrarse y mantenerte en el camino recto:

"Refrescaré a los cansados y saciaré a los desfallecidos". (Jeremías 31:25).

"Hacedlo todo sin murmuraciones ni contiendas, para que seáis irreprensibles y puros, 'hijos de Dios sin mancha en una generación torcida y torcida'. Entonces resplandeceréis entre ellos como estrellas en el cielo mientras os aferráis a la palabra de vida. Y entonces podré gloriarme en el día de Cristo de no haber corrido ni trabajado en vano". (Filipenses 2:14-16).

"No te inquietes por los que son malos ni tengas envidia de los que hacen el mal; porque como la hierba pronto se secarán, como las plantas verdes pronto morirán. Confía en el Señor y haz el bien; habiten en la tierra y disfruten de pastos seguros. Deléitate en el Señor, y él te concederá los deseos de tu corazón. Encomienda tu camino al Señor; confía en él y él hará esto: hará que tu justa recompensa brille como el alba, tu justicia como el sol del mediodía. Guarda silencio ante el Señor y espéralo pacientemente; no te inquietes cuando la gente tenga éxito en sus caminos, cuando lleven a cabo sus perversos planes. Abstente de la ira y apártate de la ira; no te preocupes, sólo conduce al mal. Porque los malos serán destruidos, pero los que esperan en el Señor heredarán la tierra". (Salmo 37:1-9).

"Y mi Dios suplirá todas vuestras necesidades conforme a las riquezas de su gloria en Cristo Jesús". (Filipenses 4:19).

Jesús me ha sacado del pozo oscuro, solitario y fangoso en el que me encontraba y me ha traído a su luz maravillosa. Descanso seguro sabiendo que estoy completo en Él (y sólo en Él), el dador de vida. Nunca perderé de vista Su presencia, pase lo que pase en este mundo loco. Sin embargo, tengo que no verme continuamente a través de los ojos de otras personas porque esto apaga cualquier deseo de agradar a Dios. Solo los ojos de Dios son los ojos que debería estar mirando porque Él me ve como Su creación de amor. Todos los días lucho con esto para mantenerme enfocada en cómo me ve Dios y no en la forma en que me ven los demás. Toda mi vida tuve otras personas diciéndome cómo debo ser, sin darme cuenta de cómo Dios me ve y quiere que sea para Él y sólo para Él. Dios es quien me diseñó. Dios es quien me dice (enseña) cómo vivir esta vida en esta tierra. Cuando finalmente le abrí la puerta a Jesús para que entrara en mi vida, se sentó conmigo y me dijo lo que estaba haciendo mal. Jesús me está enseñando que verme a mí mismo a través de los ojos de Su Padre me trae alegría y paz. Ahora sé (cuando otros intentan cambiarme), recuerdo cómo me ve mi Padre Celestial y cómo me ama tal como me diseñó.

También tomo tiempo para estar quieto en la presencia de Dios y dejar que Él sea quien es, dejándolo obrar sus frutos en mí, capacitándome para enfrentar los desafíos de mi vida diaria en esta tierra. Disfruto sentarme con mi equipo estrella y hablar sobre todo lo que me preocupa.

Algunas Escrituras que Dios me dice que lea para mantenerme enfocado en Él y los tesoros en el cielo:

"Sí, alma mía, encuentra descanso en Dios; mi esperanza viene de Él. En verdad, Él es mi roca y mi salvación; Él es mi fortaleza, no seré sacudido. Mi salvación y mi honor dependen de Dios; Él es mi roca fuerte, mi refugio. Confía en Él en todo momento, pueblo; derramen sus corazones a Él, porque Dios es nuestro refugio". (Salmo 62:5-8).

"Queridos amigos, os exhorto, como extranjeros y exiliados, a absteneros de los deseos pecaminosos, que hacen guerra contra vuestra alma. Vivid tan bien entre los paganos que, aunque os acusen de hacer el mal, vean vuestras buenas obras y glorifiquen a Dios el día que nos visite". (1 Pedro 2:11-12).

"No os dejéis engañar, mis queridos hermanos y hermanas. Todo don bueno y perfecto viene de lo alto, desciende del Padre de las Luces Celestiales, que no cambia como las sombras que se mueven. Él eligió darnos a luz a través de la palabra de verdad de que somos una especie de primicias de todo lo que Él creó. Mis queridos hermanos y hermanas, tomen nota de esto: Todos deben ser prontos para escuchar, lentos para hablar y lentos para enojarse, porque la ira humana no produce la justicia que Dios desea. Por lo tanto, despójense de toda inmundicia

moral y de la maldad que prevalece y acepten humildemente la palabra plantada en ustedes, que los puede salvar. No os limitéis a escuchar la palabra, y así os engañéis a vosotros mismos. Haz lo que dice". (Santiago 1:16-22).

"Yo soy el Alfa y la Omega, dice el Señor Dios, el que es y que era y que ha de venir, el Todopoderoso". (Apocalipsis 1:8).

"Ahora bien, la fe es confianza en lo que esperamos y seguridad en lo que no vemos. Esto es por lo que se elogió a los antiguos". (Hebreos 11:1-2).

"Sin fe es imposible agradar a Dios, porque todo el que se acerca a Él debe creer que Él existe y que recompensa a los que le buscan con diligencia". (Hebreos 11:6).

"Sin embargo, se acerca el tiempo y ya ha llegado cuando los verdaderos adoradores adorarán al Padre en el Espíritu y en verdad, porque ellos son la clase de adoradores que el Padre busca. Dios es espíritu, y sus adoradores deben adorarlo en espíritu y en verdad". (Juan 4:23-24).

"Venid y ved lo que ha hecho el Señor, las desolaciones que ha traído sobre la tierra. Él hace cesar las guerras hasta los confines de la tierra. El quebranta el arco y hace añicos la lanza; Quema los escudos con fuego. Él dice: **Estad quietos y sabed que yo soy Dios; Seré exaltado entre las naciones, Seré exaltado en la tierra. El Señor Todopoderoso está con nosotros; el Dios de Jacob es nuestra fortaleza"**. *(Salmo 46:8-11).*

"El Señor te bendiga y te guarde; el Señor haga resplandecer su rostro sobre vosotros y tenga de vosotros misericordia y os conceda la paz". (Números 6:24-26).

"Que el Señor haga crecer y desbordar vuestro amor unos por otros y por todos, como el nuestro por vosotros. Que fortalezca vuestros corazones para que seáis irreprensibles y santos delante de nuestro Dios y Padre cuando venga nuestro Señor Jesús con todos sus santos". (1 Tesalonicenses 3:12-13).

"Lámpara es a mis pies tu palabra, lumbrera en mi camino". (Salmo 119:105).

El sacrificio del sufrimiento trae pacientemente el bien a todos. No huyas del dolor de tus circunstancias ni trates de esconderte de tus circunstancias. El Propósito de Dios para el sufrimiento es acercarnos a Él, porque cuando entramos en la presencia de Dios, encontraremos el consuelo que supera todo sufrimiento. Jesús siempre se alejó de las multitudes para obtener el consuelo de Su Padre."Considérenlo puro gozo, mis hermanos y hermanas, cada vez que enfrenten pruebas de muchas clases, porque saben que la prueba de su fe produce perseverancia. Que la perseverancia termine su obra para que seáis maduros y completos, sin que os falte nada". (Santiago 1:2-4).

"Que den gracias al Señor por su amor inagotable y sus obras maravillosas para con la humanidad. Que sacrifiquen ofrendas de acción de gracias y cuenten sus obras con cánticos de alegría". (Salmo 107:21-22).

Descanso para los cansados: "Venid a mí todos los que estáis trabajados y cargados, y yo os haré descansar. Llevad mi yugo sobre vosotros y aprended de mí, que soy manso y humilde de corazón, y hallaréis descanso para vuestras almas. Porque mi yugo es fácil y ligera mi carga". (Mateo 11:28-30).

Acepto cada día como Dios me da como un regalo de Él, exactamente como el día se me presenta, confiando en que Él será fiel para caminar conmigo a través de todas mis pruebas (buenas y malas). Confiar en Dios es la mejor elección que pude haber hecho. La presencia fortalecedora de Dios es todo lo que necesito para mantenerme lo suficientemente fuerte como para enfrentar la batalla, especialmente en los días en que me siento demasiado débil para levantarme de la cama.

Cuando el desánimo se cuela y trata de desviarme del camino hacia una vida justa con Jesús, me aferro a esta declaración: "Porque cuando yo soy débil, Jesús es fuerte". Últimamente, he estado diciendo mucho esta afirmación. Sin embargo, tan pronto como lo digo, el desaliento huye de mí.

Aquí hay algunos versículos bíblicos más que hacen huir el desánimo:

"El abismo llama al abismo en el estruendo de tus cascadas; todas tus olas y rompientes han pasado sobre mí. De día el Señor dirige Su amor, de noche Su canción está conmigo, una oración al Dios de mi vida". (Salmo 42:7-8).

"Porque no podemos hacer nada contra la Verdad, sino sólo por la Verdad. Nos alegramos cuando somos débiles pero tú eres fuerte; y nuestra oración es que seas completamente restaurado". (2 Corintios 13:8-9).

"'Este es el pacto que haré con el pueblo de Israel después de ese tiempo', declara el Señor. Pondré mis Leyes en sus mentes y las escribiré en sus corazones. Yo seré su Dios, y ellos serán mi pueblo. Ya no enseñarán

a su prójimo, ni se dirán unos a otros: 'Conoce al Señor', porque todos me conocerán, desde el más grande', declara el Señor. 'Porque perdonaré su maldad y no me acordaré más de sus pecados'". *(Jeremías 31:33-34).*

Cada mañana que me levanto, soy como el pájaro madrugador al amanecer (para atrapar el mejor gusano), para estar listo y completamente despierto y alerta, para recibir las habilidades que Dios me da, para cortar el mal que se me acerca, a lo largo de mi día. Nunca estoy solo frente a los males de este mundo. Siempre tendré a mi Señor Jesús a mi lado.

Viviendo en la Presencia de Dios

Siempre me pregunté qué se necesita para vivir en la presencia de Dios. Por lo tanto, fui a la Biblia para ver lo que dice la Palabra de Dios al respecto:

"Pedid, y se os dará. Busca y encontraras. Toca y se te abrirá. Porque todo el que pide, el que busca encuentra. Al que llama, se le abre". *(Mateo 7:7-8).*

"Si permanecéis en mí, y mis palabras permanecen en vosotros, todo lo que queráis pedid, y os será hecho". *(Juan 15:7).*

"Humillaos delante del Señor, y él os exaltará". *(Santiago 4:10).*

"Tú me haces conocer el Camino de la Vida; Me llenarás de Alegría en Tu Presencia, de Placeres Eternos en Tu Diestra". *(Salmo 16:11).*

"Como el ciervo brama por las corrientes de las aguas, así suspira por ti, Dios mío, el alma mía. Mi alma tiene sed de Dios, del Dios vivo. Cuándo puedo ir a encontrarme con Dios?" *(Salmo 42:1-2).*

"En Él y por la fe en Él, podemos acercarnos a Dios con libertad y confianza". *(Efesios 3:12).*

"Acerquémonos, pues, al trono de la gracia de Dios con confianza, para que podamos recibir misericordia y hallar la gracia que nos ayude en nuestro momento de necesidad". *(Hebreos 4:16).*

"Buscad al Señor mientras pueda ser hallado; llámalo mientras está cerca". *(Isaías 55:6).*

"Acérquense a Dios y Él se acercará a ustedes. Lavaos las manos, pecadores, y purificad vuestros corazones, vosotros de doble ánimo". (Santiago 4:8).

"Mi carne y mi corazón pueden desfallecer, pero Dios es la fortaleza de mi corazón y mi porción para siempre. Los que están lejos de ti perecerán; Tú destruyes a todos los que te son infieles. Pero en cuanto a mí, es bueno estar cerca de Dios. He hecho del Señor Soberano mi refugio; contaré todos tus andanzas". (Salmo 73:26-28).

"Ciertamente Tu Bondad y Tu Amor me seguirán todos los días de mi vida, y en la Casa del Señor moraré por siempre". (Salmo 23:6).

"Así que, arrepentíos y convertíos a Dios, para que sean borrados vuestros pecados, para que vengan del Señor tiempos de refrigerio". (Hechos 3:19).

"Y Dios dice: Estad quietos y sabed que yo soy Dios. Seré exaltado entre las naciones. Seré exaltado entre la tierra". (Salmo 46:10).

Las tendencias rebeldes y de resentimiento traen las nubes grises que se ciernen sobre mi cabeza, impidiendo cualquier gozo y bendición que Dios tiene para mí. Sin embargo, cuando llevo esas tendencias rebeldes y de resentimiento a Dios y las hablo con Él, las nubes grises de repente se desvanecen. Esto es lo que sucede cuando tú y yo pasamos tiempo en la Presencia de Dios.

Sé que Jesús me ama y permanece en mí. La prueba es cuando Él murió en la cruz por mí. Jesús siempre estará a mi lado cuando quiera que Él me ayude a combatir las flechas que Satanás me lanza. Todo lo que necesito hacer es alcanzar Su mano y susurrar Su nombre. En el momento en que hago eso, las flechas salen volando de mí.

Últimamente, descubrí que estaba reteniendo resentimiento y sentimientos que me habían estado agobiando con una pesadez que ni siquiera podía mover o incluso ver el gozo que Dios me estaba revelando. Dios no me creó para vivir en el resentimiento y el arrepentimiento; Él me creó (a nosotros) para vivir en Su Alegría. Jesús no murió por mí (nosotros) para alejarnos de Él, dejándolo solo, sin un lugar donde vivir. Yo (tenemos) que dejar de aferrarme al resentimiento y al arrepentimiento y comenzar a aferrarme a la Mano de Jesús (aferrarme con fuerza) y caminar a lo largo de este viaje con Él y nunca volver a sentirme solo. Pase lo que pase, siempre puedo contar con Jesús para Su compañía, para estar dispuesto y listo para darme consuelo, consejo y, sobre todo, Su amor. Esas nubes grises pueden rondar, pero no tienen por qué afectarme. Porque camino en la luz de Jesús, para cambiar ese gris en amarillo brillante, haciéndome caminar con una sonrisa en mi rostro y amor en mi corazón.

El resentimiento es un sentimiento de ira o desagrado por alguien o algo injusto.

Después de leer esto sobre el resentimiento, tuve que acudir a mi fuente en busca de consejo, esa fuente es mi Equipo Estrella (el Padre, el Hijo, Jesús y el Espíritu Santo) si tenía algún resentimiento en mí. No pasó mucho tiempo hasta que Dios me reveló que mi resentimiento era cuando otras personas me hablaban como si fuera un niño pequeño que no sabe cómo resolver un problema. También me enseñó a sacar ese resentimiento de mi ser interior y seguir con mi caminar con Él. Desde entonces, comencé a arrancarme esa raíz de rencor que estaba causando los problemas. Descubrí cómo dejar el problema y caminar con confianza junto a mi Equipo Estrella.

Luego me llevaron a abrir mi Biblia y comenzar a leer todas las Escrituras sobre el resentimiento y su causa. Seguro que encontré muchas causas de resentimiento.

Aquí hay algo de lo que encontré:

Desacuerdo—

"Vivan tan bien entre los paganos que, aunque les acusen de hacer el mal, vean sus buenas obras y glorifiquen a Dios el día que nos visite". (1 Pedro 2:12).

"Los hermanos y las hermanas no se calumnian unos a otros. Cualquiera que hable contra un hermano o una hermana o los juzgue, habla contra la ley y la juzga. Cuando juzgáis la ley, no la guardáis, sino que la juzgáis" (Santiago 4:11-12).

Ser engañado—

"No creáis a todo espíritu, sino probad los espíritus para ver si son de Dios, porque muchos falsos profetas han salido por el mundo". (1 Juan 4:1).

"Mirad que nadie os engañe por medio de filosofías huecas y engañosas, que dependen de la tradición humana y de los principios básicos de este mundo y no de Cristo". (Colosenses 2:8). "Si decimos estar sin pecado, nos engañamos a nosotros mismos y la verdad no está en nosotros". (1 Juan 8).

Sensación de ser excluido—

"Soy olvidado por ellos como si estuviera muerto; Me he vuelto como vasija rota. Porque oigo la calumnia de muchos; hay terror por todos lados; conspiran contra mí y conspiran para quitarme la vida". (Salmo 31:12-13).

"Mira a mi derecha y verás; nadie se preocupa por mí. no tengo refugio; a nadie le importa mi vida". (Salmo 142:4).

*"**'Tú crees al fin'**. Jesús respondió. **"Pero viene la hora, y ha llegado, en que seréis esparcidos cada uno por su casa. Me dejarás solo. Sin embargo, no estoy solo, porque mi Padre está conmigo'"**. (Juan 16:31-32).*

Favoritismo (Dios prohíbe el favoritismo)—

"Mis hermanos y hermanas, los creyentes en nuestro glorioso Señor Jesucristo no deben mostrar favoritismo". (Santiago 2:1).

"Escuchen, mis queridos hermanos y hermanas; No ha elegido Dios a los que son pobres a los ojos del mundo para que sean ricos en fe y hereden el reino que prometió a los que le aman?" (Santiago 2:5).

"Si realmente guardas la ley real que se encuentra en la Escritura, 'Ama a tu prójimo como a ti mismo', estás haciendo lo correcto" (Santiago 2: 8).

"Hablad y obrad como los que van a ser juzgados por la ley que da libertad, porque juicio sin misericordia será mostrado a cualquiera que no haya sido misericordioso. La misericordia triunfa sobre el juicio". (Santiago 2:12-13).

"Entonces Pedro comenzó a hablar: 'Ahora me doy cuenta cuán cierto es que Dios no muestra favoritismo, sino que acepta de todas las naciones al que le teme y hace lo correcto'" (Hechos 10: 34-35).

"Servid de todo corazón, como si sirvierais al Señor y no a las personas, porque sabéis que el Señor recompensará a cada uno por el bien que haga, sea esclavo o libre". (Efesios 6:7-8).

Envidia o celos—

"No te inquietes por los que son malos ni tengas envidia de los que hacen el mal; porque como la hierba pronto se secarán, como las plantas verdes pronto morirán". (Salmo 37:1-2).

"Encomienda tu camino al Señor; confía en Él y Él hará esto: Él hará resplandecer como el alba tu justa recompensa, tu justicia como el sol del mediodía. Guarda silencio ante el Señor y espera pacientemente en Él; no te inquietes cuando la gente tenga éxito en sus caminos, cuando lleven a cabo sus planes perversos. Abstente de la ira y apártate de la ira; no te preocupes, conduce al mal. Porque los malos serán destruidos, pero los que esperan en el Señor heredarán la tierra". (Salmo 37:5-9).

"No envidies a los violentos ni elijas ninguno de sus caminos. Porque el Señor detesta a los perversos, pero toma en Su confianza a los rectos". (Proverbios 31:31-32).

"No dejes que tu corazón envidie a los pecadores, sino sé siempre celoso del temor del Señor. Seguramente hay una esperanza futura para ti, y tu esperanza no será cortada". (Proverbios 17-18).

Estas son solo algunas de las causas del resentimiento. La Biblia habla de mucho, mucho más. Una vez que comencé a leer todas estas causas, me dirigí a Jesús y le pregunté: Cómo manejo este resentimiento que hay en mí? Y Él respondió con una palabra, 'Amor'. Ves, construyes amor y perdón en tu vida hasta que el sentimiento de resentimiento y arrepentimiento ya no puede más; huirán de tu lado. Esto es lo que el amor (Dios) hace en tu vida. Debemos recordar esto: el amor de Dios es el único escudo que protege de las tácticas de destrucción de Satanás. Entonces, cuando Satanás comience a acercarse a ti con esas flechas ardientes, simplemente devuélvele las palabras de Dios de la Biblia. Satanás odia cuando hablas las palabras de Dios. Aquí hay algunos versículos con los que puede comenzar. Una vez que comience a buscar en la Biblia por su cuenta, encontrará más que se ajusten a sus circunstancias. Al igual que yo.

El Poder de la Palabra de Dios

"La boca del justo es fuente de vida, pero la boca del impío encubre violencia. El odio suscita el conflicto, pero el amor cubre todos los males. La

sabiduría se encuentra en los labios del entendido, pero la vara es para la espalda del que no tiene sentido. El sabio acumula conocimiento, pero la boca del necio invita a la ruina". (Proverbios 10:11-14).

"Por la mañana, mientras iban, vieron que la higuera se había secado desde las raíces. Pedro se acordó y le dijo a Jesús: Rabí, mira! La higuera que maldijiste se ha secado!' 'Ten fe en Dios', respondió Jesús. "De cierto os digo, que si alguno le dice a este monte: "Ve, tírate al mar", y no duda en su corazón, sino que cree que sucederá lo que dice, le será hecho. Por eso os digo que todo lo que pidiereis en oración, creed que lo habéis recibido, y será vuestro". (Marcos 11:20-24).

"Cuando oísteis acerca de Cristo y fuisteis enseñados en Él conforme a la verdad que está en Jesús. Se te enseñó, con respecto a tu forma de vida anterior, a despojarte de tu viejo yo, que está siendo corrompido por sus deseos engañosos; ser renovados en la actitud de vuestras mentes; y vestirse del nuevo hombre, creado para ser como Dios en la verdadera justicia y santidad. Por lo tanto, cada uno de ustedes debe desechar la falsedad y hablar con la verdad a su prójimo, porque todos somos miembros de un solo cuerpo. En vuestro enojo no pequéis; no dejéis que se ponga el sol estando aún enojados, y no deis lugar al diablo" (Efesios 4:20-27).

"No dejéis que de vuestra boca salga ninguna palabra profana, sino sólo la que sea útil para edificar de acuerdo con sus necesidades, a fin de que beneficie a los que escuchan. Además, no contristéis al Espíritu Santo de Dios, con quien fuisteis sellados, para el día de la redención. Deshazte de toda amargura, ira e ira, peleas y calumnias, junto con toda forma de malicia. Sed bondadosos y misericordiosos unos con otros, perdonándoos unos a otros, así como Dios os perdonó a vosotros en Cristo". (Efesios 4:29-32).

"Asegúrense de que nadie devuelva mal por mal, pero siempre esfuércense por hacer lo que es bueno para los demás y para todos los demás. Regocíjate siempre; orar continuamente; dar gracias en todas las circunstancias; porque esta es la voluntad de Dios para vosotros en Cristo Jesús". (1 Tesalonicenses 5:15-18).

"Tened paciencia también vosotros y estad firmes, porque la venida del Señor está cerca. No os quejéis unos de otros, hermanos y hermanas, o seréis juzgados. El juez está parado en la puerta! Sobre todo, mis hermanos y hermanas no juran, ni por el cielo ni por la tierra ni por ninguna otra cosa. Todo lo que necesita decir es un simple 'Sí' o 'No'. De lo contrario, será condenado. Está

alguno entre vosotros en apuros? Que oren. Alguien es feliz? Que canten cánticos de alabanza" (Santiago 4:8-9, 12-13).

Emociones negativas

Luchar con las emociones negativas es una batalla de por vida. Porque son armas de Satanás, donde él las usará. Lo sé porque Satanás los ha estado usando para hacerme tropezar y derribarme toda mi vida. Incluso ahora, Satanás está tratando de disuadirme de terminar este libro con su red de mentiras. Sin embargo, confío en que tengo la mejor arma para luchar contra Satanás, y esa es la Palabra de Dios y Su Hijo Jesucristo. Todos sabemos que Jesús derrotó a Satanás. Por esta razón, a Satanás no le gusta que le pidamos ayuda a Jesús, porque Satanás conoce el poder de Jesús y nada puede quebrantarlo. Comience hoy y comience a dejar que Dios lo libere de todas las emociones negativas para que pueda caminar cada paso de este viaje con Jesús. Dar ese primer paso no es tan difícil como parece. Cuando mantienes tus ojos fijos en Jesús, tu quebrantamiento se convierte en plenitud y el fracaso se convierte en verdadero éxito. Solo Jesús puede ayudarte en esta batalla de emociones negativas, porque Él derrotó a Satanás que lanza esas flechas de emociones negativas.

La batalla que tenemos contra Satanás es una que tenemos que aceptar mientras estemos en esta tierra en la que Satanás merodea, pensando que es poderoso, pero sabemos que es impotente contra el Equipo Estelar. Podemos sentirnos fuertes y valientes con Jesús a nuestro lado. Sigo diciéndome a mí mismo estas dos verdades de la Biblia:

"El Señor restaura mi alma y me lleva por el camino correcto". (Salmo 23:3).

"Cuando soy débil, Él es fuerte". (2 Corintios 12:10b).

No hay nadie más que pueda hacerte lo suficientemente fuerte para caminar este viaje. Caminar por cualquier otro camino te lleva en la dirección equivocada y hace que el viaje hacia la plenitud sea un viaje muy, muy, muy largo.

Aquí hay tres pasos importantes para liberarte de las emociones negativas:

Paso 1—Pon a Dios primero en todo. Di: "Señor, te serviré a ti y no a mis emociones".

Paso 2—Fortalécete con la Palabra de Dios. Di: "Señor, dices que tu palabra tiene mayor influencia en mi corazón que mis propios sentimientos y palabras".

Paso 3—Ora por todo. Di: "Señor, me niego a dar lugar a las emociones negativas, así que oro para que me ayudes a desvanecerlas. Gracias por proteger mi corazón y mi mente y darme paz en el proceso".

Decir estos tres pasos (como lo hice) puede parecer incómodo, pero se necesitó mucho coraje para eliminar esas palabras negativas y recibir el consuelo de nuestro Señor Dios y Salvador que dura para siempre. Nunca más me sentí incómodo por hacer lo que mi Señor Dios me dice que haga. Estaba cansada de sentirme avergonzada, degradada e incómoda. Sin embargo, Jesús cambió todo eso, y ahora puedo caminar con confianza, empujando esas palabras hirientes y cantando alabanzas a mi Señor Dios.

Terminaré esta sección con una oración de poder que me ayudó en mis momentos difíciles de emociones negativas:

Padre, hoy rechazo toda depresión, ansiedad, miedo, pavor, ira y tristeza. Porque sé que no son de Ti. Con Tu Ayuda, Señor, puedo resistir cualquier emoción negativa y tentación que haya en mi vida, ya que Tú abres mis ojos a todo el Bien que hay en Ti. Mantenme en Tu Presencia en todo momento, sin importar lo que esté pasando en mi vida. Pongo mi vida en Tus Manos y confío en Ti que me llevarás a través de este muro de emociones negativas. Tu Misericordia y Alegría llena mi corazón y me fortalece para pelear esta batalla de emociones negativas. Miro a Ti y no a mis problemas. Ayúdame a ver que esta batalla profundizará mis raíces en Ti. Acércame a Ti y mantenme fuerte. Muchas gracias, Señor, por permitirme vivir en Tu Luz y Fuerza en lugar del pozo de oscuridad en el que me tenían las emociones negativas. Me siento seguro de que puedo invocarte en cualquier momento, para que me salves de mi mar de emociones negativas. Gracias por darme la Vestidura de Alabanza para quitarme el espíritu de pesadez. En Tu Presencia descanso. En Tu Alegría, me deleito. En el Nombre de Jesús, oro. Amén

Aquí hay algunas palabras de poder que me ayudaron con mis emociones negativas:

"Los leones pueden debilitarse y tener hambre, pero a los que buscan al Señor nada les falta". (Salmo 34:10).

"Quien de vosotros ame la vida y desee ver muchos días buenos, guarde su lengua del mal y sus labios de hablar mentira. Apartaos del mal y haced el bien; Busca la paz y síguela". (Salmo 34:12-14).

"El Señor está cerca de los quebrantados de corazón y salva a los que están contritos de espíritu. El justo puede tener muchas aflicciones, pero de todas ellas lo libra el Señor; Él protege todos sus huesos, ninguno de ellos se romperá". (Salmo 34:18-20).

"El mal matará al impío; los enemigos de los justos serán condenados. El Señor rescatará a sus siervos; nadie que se acoja a Él será condenado". (Salmo 34:21-22).

"'Los que te saquean serán saqueados; a todos los que os despojan, yo los despojaré. Pero yo te devolveré la salud y sanaré tus heridas', dice el Señor, 'porque te llaman marginada, Sión que nadie se preocupa'". *(Jeremías 30:16b, 17).*

"Cuando llamé, me respondiste: me hiciste audaz y valiente". (Salmo 138:3).

"Aunque ande en medio de la angustia, tú me salvas la vida; Extiendes tu mano contra la ira de mis enemigos, con tu diestra me salvas. El Señor cumplirá Su Propósito para mí; Tu Amor, oh Señor, es para siempre, no abandones las obras de Tus Manos". (Salmo 138:7-8).

"El señor es mi pastor; nada me falta En verdes pastos me hace descansar, junto a aguas de reposo me conduce, refresca mi alma. Él me guía por los caminos de la justicia por amor de su nombre. Aunque camine por el valle más tenebroso, no temeré mal alguno, porque Tú estarás conmigo; Tu Vara y Tu Bastón me

consuelan. Tú preparas una mesa delante de mí en presencia de mis enemigos. Unges mi cabeza con aceite; mi copa se desborda. Seguramente Tu Bondad y Tu Amor me seguirán todos los días de mi vida, y en la Casa del Señor habitará por siempre". *(Salmo 23: 1-6)*.

"Yo amo a los que me aman, y los que me buscan me encuentran. Conmigo están las riquezas y el honor, la riqueza duradera y la prosperidad. Mi fruto es mejor que el oro fino; lo que rindo supera la plata escogida". *(Proverbios 8:17-19)*.

"La luz brilla sobre los piadosos, y la alegría sobre los de corazón recto". *(Salmo 97:11)*.

La pasión por conocer a Dios (buscar de todo corazón):

Qué se necesita para tener una fuerte pasión por conocer a Dios?

Primero, hay que tener afán y deseo de querer conocer a Dios, el Padre y a su Hijo Jesucristo. Para hacer esto, debe buscar más y más en la Biblia (la Palabra de Dios), donde encontrará todo lo que necesita saber sobre el Dios al que servimos. Además, debes responder a ese llamado a la puerta de tu corazón, para dejar entrar a Jesús en tu vida y caminar contigo a través de las sombras de este mundo.

Segundo, tienes que demostrar un firme compromiso con Dios, construyendo una relación íntima con Él. Tercero, debe hacer que sea una prioridad máxima conocer a Dios y amarlo con todo su corazón y alma, haciendo tiempo devocional con Él, número 1 por encima de cualquier otra cosa en este mundo, permitiéndole recibir todas las instrucciones de cómo permanecer en obediencia. a él. Haz de la oración un lugar para escuchar a Dios en lugar de quejarte. Lleva tus peticiones al Padre y luego escucha Su respuesta. Hablar demasiadas palabras en oración a veces bloquea las palabras que Dios está tratando de hablarte. Como dice la Biblia:

"No se acaba con el pecado multiplicando las palabras, pero los prudentes se callan". *(Proverbios 10:19)*.

"Los que guardan sus labios conservan su vida, pero los que hablan precipitadamente se arruinarán". *(Proverbios 13:3)*.

Cuarto, tienes que dejar a un lado todos los deseos de este mundo y caminar con Jesús de todo corazón, sin mirar atrás a los viejos fracasos. Cambia tus penas por alegría, tus fracasos por éxito, tus heridas por sanación. Confía y cree que Dios cambiará tus errores y defectos en buenos. Él es tu escultor y siempre va a arreglar esos defectos. Mientras vayas a Él y le pidas que te cambie, Dios nunca te desechará como basura. El te toma en sus brazos y enjuga tus lágrimas, limpiando esos defectos y faltas, intercambiándolos para que se parezcan a Su imagen. Puede haber algunos dolores mientras Él hace este intercambio, pero al final, brillarás en Su gloria. Nuestro Padre Celestial es un Padre amoroso y sabe exactamente cómo "arreglarnos". Todo lo que tenemos que hacer es caminar con Él y Su Hijo Jesús por el camino de la justicia. Esta simple acción muestra que quieres conocerlo y tener una relación con Él. Estar cerca de Jesús es un acto de adoración espiritual que agrada a su Padre.

Descansar en la presencia de Dios con alegría y confianza nos da la seguridad del amor incondicional de Dios, que nunca se nos impone. No puedo esperar el día en que todo lo que haré será sentarme a los pies de Jesús y escuchar todo lo que Él tiene que decir. Alabado sea mi Celestial Dios Padre y Señor Jesucristo y el Espíritu Santo.

"Nadie tiene mayor amor que este: dar la vida por sus amigos. Sois mis amigos si hacéis lo que os mando". (Juan 15:13-14).

"Porque todo lo que aprendí de mi Padre os lo he dado a conocer. Vosotros no me elegisteis a mí, sino que yo os elegí a vosotros y os puse para que vayáis y deis fruto, fruto que dure, y para que todo lo que pidáis en mi nombre, el Padre os lo dará. Este es mi mandamiento: Amaos los unos a los otros" (Juan 15:15-17).

"El Señor tu Dios está contigo, el poderoso guerrero que salva. Él se deleitará en ti; en su amor ya no os reprenderá, sino que se regocijará sobre vosotros con cánticos". (Sofonías 3:17).

Siempre buscaré saber más acerca de mi Dios y Salvador Jesucristo, porque Él es mi fortaleza cuando estoy débil y siempre responde a mi clamor de ayuda. No hay nadie en esta tierra que sea mejor amigo que Jesucristo.

Palabras oportunas: hablar o no hablar

El tiempo lo es todo, según la Biblia; una palabra puede refrescarse cuando necesitas esa buena palabra. Sin embargo, es posible que el momento no sea el adecuado, por lo que sería más prudente permanecer en silencio. Esto se llama tener dominio propio. La Biblia dice:

"Como una ciudad cuyos muros son derribados, es una persona que carece de dominio propio". (Proverbios 25:28).

"Pon guarda a mi boca, Señor; vigila la puerta de mis labios. No dejes que mi corazón sea atraído por el mal". (Salmo 141:3-4a).

"Mis queridos hermanos y hermanas, tomen nota de esto: todos deben ser prontos para escuchar, lentos para hablar y lentos para enojarse, porque la ira humana no produce la justicia que Dios desea. Por tanto, despojaos de toda inmundicia moral y de la maldad que tanto prevalece y aceptad con humildad la palabra plantada en vosotros, que os puede salvar". (Santiago 1:19-21).

"Los que guardan su boca y su lengua se guardan de la calamidad". (Proverbios 21:23).

Siempre habrá momentos en nuestras vidas en los que necesitaremos esas palabras de aliento, consuelo y veraces. Aquí hay algunas palabras de la Biblia (Palabras de Dios) que nos ayudarán a levantar a una persona hiriente.

Confortar

"El Señor mismo va delante de vosotros y estará con vosotros; Él nunca te dejará ni te abandonará. No tengas miedo; No se desanime". (Deuteronomio 31:8).

"El Señor es un refugio para los oprimidos, una fortaleza en tiempos de angustia. En ti confían los que conocen tu nombre, porque tú, Señor, nunca desamparas a los que te buscan". (Salmo 9:9-10).

"El Señor es mi pastor, nada me falta. En verdes pastos me hace descansar, junto a aguas de reposo me conduce, y refresca mi alma. Me guía por sendas de justicia por amor de su nombre. Aunque camine por el valle más tenebroso, no temeré mal alguno, porque tú estarás conmigo; tu vara y tu cayado me infunden aliento". (Salmo 23:1-4).

"Echa tus cargas sobre el Señor y Él te sustentará; Él nunca permitirá que el justo sea sacudido". (Salmo 55:22).

"Venid a mí todos los que estáis trabajados y cargados, y yo os haré descansar. Llevad mi yugo sobre vosotros y aprended de mí, porque hallaréis descanso para vuestras almas. Porque mi yugo es fácil y ligera mi carga". (Mateo 11:28-30).

Para fomentar

"La paz os dejo; mi paz te doy. Yo no os doy como da el mundo. No se turbe vuestro corazón y no tengáis miedo". (Juan 14:27).

"Estas cosas os he dicho para que en mí tengáis paz. En este mundo tendrás problemas. Sin embargo, ánimo! He vencido al mundo". (Juan 16:33).

"La mente gobernada por la carne es muerte, pero la mente gobernada por el Espíritu es vida y paz". (Romanos 8:6).

"Que tu mansedumbre sea evidente para todos. El Señor está cerca. No se inquieten por nada, sino que en toda situación, con oración y ruego, presenten sus peticiones a Dios con acción de gracias. Y la Paz de Dios, que sobrepasa todo entendimiento, guardará vuestros corazones y vuestros pensamientos en Cristo Jesús". (Filipenses 4:5-7).

"Que la paz de Cristo reine en vuestros corazones, ya que como miembros de un solo cuerpo fuisteis llamados a la paz. Y sé agradecido". (Colosenses 3:15).

Entrar y hablar palabras veraces

"Señor, quién puede morar en tu tienda sagrada? Quién puede vivir en Tu Montaña Sagrada? el que anda en integridad, el que hace justicia; que habla la verdad de su corazón; cuya lengua no pronuncia calumnias, que no hace mal a un prójimo, y no arroja calumnias a los demás; que desprecia al vil pero honra a los que temen al Señor; que guarda un juramento aunque duela, y no cambia de parecer; que presta dinero a los pobres sin interés; que no acepta soborno contra el inocente. Cualquiera que haga estas cosas no será sacudido jamás". (Salmo 15:1-5).

"Estas son las cosas que debéis hacer: Hablad la verdad unos a otros, y pronunciad juicio verdadero y sano en vuestros tribunales; no traméis el mal unos contra otros, y no améis jurar en falso. Aborrezco todo esto", declara el Señor". (Zacarías 8:16).

"Por lo tanto, cada uno de ustedes debe desechar la falsedad y hablar con la verdad a su prójimo, porque todos somos miembros de un solo cuerpo. En vuestro enojo no pequéis: no dejéis que se ponga el sol estando aún enojados, y no dejéis lugar al diablo". (Efesios 4:25-27).

"Si decimos estar sin pecado, nos engañamos a nosotros mismos y la verdad no está en nosotros. Si confesamos nuestros pecados, Él es fiel y justo y nos perdonará nuestros pecados y nos limpiará de toda maldad. Si decimos que no hemos pecado, lo hacemos pasar por mentiroso y su palabra no está en nosotros". (1 Juan 1:8-10).

"Queridos hijos, no amemos de palabra ni de palabra, sino con hechos y en verdad". (1 Juan 3:18).

Estas palabras son solo del corazón maravilloso y puro de Dios, porque estas son las únicas palabras que Él habla. Satanás, por otro lado, es el que habla esas palabras desagradables y negativas, por eso es que nos sentimos tan horribles cuando decimos esas palabras desagradables y negativas. A veces, tengo ganas de preguntarles a esas personas que hablan palabras negativas si les gusta sentirse mal por decir tantas palabras desagradables y negativas. Yo mismo no puedo ni siquiera decir una letra de una palabra desagradable, sin sentirme oscuro y feo. Sé que cuando empiezo a sentirme oscuro y feo, recuerdo que Satanás me hace sentir así, para sacudirme de hablar las palabras positivas y alentadoras de mi Señor Jesucristo. Al hablar palabras positivas, amorosas y alentadoras, definitivamente puedes vencer al enemigo, tal como lo hizo Jesús.

Hay muchas veces que yo estaba hablando con alguien, tratando de ayudarlo con su problema, y como estaba en medio de decirle algo, de repente me llamaba la atención una palabra, una palabra que Dios me estaría diciendo. De repente dejaba de hablar (por un momento), cambiando toda mi respuesta a su problema. Aquí es donde tuve que discernir (muy rápido y en mi cabeza). Tenía que ver si la palabra era de Dios (alentadora y hermoso) o de Satanás (negativo y feo). Este fue mi momento de silencio para pedir la ayuda de Jesús. Cuando estaba en la escuela, mis compañeros de clase decían palabras que no debían decirme. Las palabras fueron muy hirientes, denigrantes y degradantes. No se mordían la lengua ni pensaban antes de hablar. Estaban escuchando la voz del enemigo, diciéndoles que usaran palabras malas (negativas) en lugar de palabras agradables (positivas); les faltaba el dominio propio que la Biblia (las palabras de Dios) dice que debemos tener.

"Un hombre sin dominio propio es como una ciudad asaltada y dejada sin muros". (Proverbios 25:28).

En el mundo de hoy, el tiempo lo es todo, y todo tiene tiempo. Cuando se pronuncian palabras hirientes, conducen al chisme, y el chisme lleva a la ira, y la ira lleva a pecar contra Dios. Las palabras hirientes, los chismes, las calumnias y la ira son pecado a los ojos de Dios. Debemos abstenernos de palabras hirientes, chismes, calumnias e ira; solo conducen a la destrucción, lo que rompe el corazón de Dios cuando escucha a sus hijos actuar y hablar de esta manera (la manera de Satanás). Definitivamente debemos vivir lo que la Biblia dice que hagamos:

"Todos deben ser prontos para escuchar, lentos para enojarse, porque la ira del hombre no produce la vida justa que Dios desea. Por tanto, despojense de toda inmundicia moral y de la maldad que tanto prevalece y acepten humildemente la Palabra plantada en ustedes, que los puede salvar. No os limitéis a escuchar la Palabra, y así os engañéis a vosotros mismos. Haz lo que dice". (Santiago 1:19-22).

Cuando mis compañeros de clase decían todas esas palabras desagradables, simplemente me quedaba callado y me alejaba. Nunca me "vengué" de ellos. Sabía que no era mi batalla pelear; era la batalla de Dios, y Él peleó la batalla y ganó. Dios me sacó de la situación y me dio paz. Hay tres versículos de las Escrituras (de la Biblia) que siempre juegan en mi cabeza en los momentos de las flechas de palabras hirientes que Satanás me lanza:

"Mi carne y mi corazón pueden desfallecer, pero Dios es la Fortaleza de mi corazón y mi Porción para siempre". (Salmo 73:26).

"No te lo he mandado yo? Se fuerte y valiente. No te asustes; no te desanimes, porque el Señor tu Dios estará contigo dondequiera que vayas"'. (Josué 1:9).

"Estad quietos y sabed que yo soy Dios. Seré exaltado entre las naciones. Seré exaltado en la Tierra"'. (Salmo 46:10.

Dios me ha estado hablando estas palabras de verdad, amor y aliento toda mi vida. Los versos me sacaron de mucha angustia y dolor. Cuando Dios me reveló estas palabras me hizo darme cuenta de que Él ve, sabe y escucha todo lo que me está pasando. Dios calma la tormenta en el momento adecuado (su tiempo) para que yo pueda alabarlo en la tormenta y proclamar su amor a los demás, dándole la gloria y la victoria.

<u>Verdades para los días en los que necesitas concentrarte en lugar de tus problemas.</u>

*Verdad—Recordar lo que Jesús hizo por ti en tu vida.

"Ahora, pues, ninguna condenación hay para los que están en Cristo Jesús, porque por Cristo Jesús la ley del Espíritu de vida me ha librado de la ley del pecado y de la muerte. Porque lo que la ley no pudo hacer porque fue debilitada por la naturaleza pecaminosa, Dios lo hizo al enviar a su propio Hijo en semejanza de hombre pecador para ser una ofrenda por el pecado. Y así condenó el pecado en el hombre pecador, para que las justas exigencias de la ley se cumplieran plenamente en nosotros, que no vivimos conforme a la naturaleza pecaminosa, sino conforme al Espíritu" (Romanos 8:1-4).

<u>Verdades para los días en los que necesitas concentrarte en lugar de esas emociones negativas:</u>

*Verdad—El Espíritu Santo te da pensamientos positivos que te elevan, no te deprimen.

"Así que dejar que tu naturaleza pecaminosa controle tu mente te lleva a la muerte. Pero dejar que el Espíritu controle tu mente conduce a la vida y la paz". (Romanos 8:6).

"Cuando el Espíritu Santo controla nuestras vidas, producirá en nosotros esta clase de frutos: Amor, Alegría, Paz, Paciencia, Amabilidad, Bondad, Fidelidad, Mansedumbre y Dominio propio. Contra tales cosas no hay ley". (Gálatas 5:22-23).

Verdad—Tener la capacidad de decir no a esas emociones negativas y avanzar y ascender y no retroceder y descender al pozo del vacío y la oscuridad.

"Teniendo apariencia de piedad, pero negando su eficacia. Evita a esas personas". (2 Timoteo 3:5).

"No sabéis que sois templo de Dios y que el Espíritu de Dios mora en vosotros?". (1 Corintios 3:16).

"No améis al mundo ni las cosas que están en el mundo. Si alguno ama al mundo, el amor del Padre no está en él". (1 Juan 2:15).

"Te he visto en el santuario y he visto tu poder y tu gloria. Porque tu amor es mejor que la vida, mis labios te glorificarán. Mi alma se aferra a ti; tu diestra me sostiene. Los que buscan mi vida serán destruidos; descenderán a las profundidades de la tierra". (Salmo 63:2-3, 8-9).

Verdad—Volver sus pensamientos a los pensamientos de Dios cuando las emociones negativas están en su cara.

"Vestíos del Señor Jesucristo, y no penséis en cómo satisfacer los deseos de la naturaleza pecadora". (Romanos 13:14).

"Porque mis pensamientos no son vuestros pensamientos, ni vuestros pensamientos mis caminos, dice el Señor". (Isaías 55:8).

*Verdad: concéntrese en la recompensa que nos espera al final de este viaje en el que estamos.

"Bienaventurado el varón que permanece firme bajo la prueba, porque cuando haya pasado la prueba, recibirá la corona de la vida, que Dios ha prometido a los que le aman" (Santiago 1:12).

"Porque el Hijo del Hombre va a venir con Sus ángeles en la gloria de Su Padre, y entonces pagará a cada uno según lo que haya hecho". (Mateo 16:27). "Su amo le dijo: 'Bien hecho, buen siervo y fiel. En lo poco has sido fiel; Te pondré sobre mucho. Entra en el gozo de tu señor". (Mateo 25:21).

*Verdad—Recuérdese que Dios es bueno, amoroso y está siempre con usted.

"Pero tú, Señor, eres un Dios compasivo y clemente, lento para la ira, grande en amor y fidelidad". (Salmo 86:15).

"Mirad qué amor nos ha dado el Padre, para que seamos llamados hijos de Dios; y así somos. La razón por la cual el mundo no nos conoce es que no lo conoció a Él". (1 Juan 3:1).

"Yo amo a los que me aman, y los que me buscan con diligencia me encuentran". (Proverbios 8:17).

*Verdad—Confía en que Dios nunca dejará de amarte, sin importar lo que el mundo diga de ti.

"Dad gracias al Dios de los cielos, porque su misericordia es para siempre". (Salmo 136:26).

Cuando te enfocas en la Verdad de Dios en medio de los problemas y la desesperación, te estás aferrando a la Esperanza (Jesús). Y aferrarse a Jesús es el Ancla que necesitas para mantenerte en el Camino Justo que lleva a un lugar de refugio en la presencia de Dios, donde Él te levanta, refrescándote a su semejanza. Aquí hay algunas Escrituras para levantarte y despejar esos problemas y desesperanzas que estás enfrentando ahora mismo en este mundo. Nuestro enemigo, Satanás, odia cuando usamos la Palabra de Dios en su contra. No hay nada más satisfactorio que tener esperanza y un lugar de refugio que haga huir a Satanás de la vista.

La esperanza en Dios es el arma contra la destrucción y la desesperación en este mundo frío y enojado.

"Aunque ande en medio de la angustia, tú me salvas la vida; extiendes tu mano contra la ira de mis enemigos, con tu diestra me salvas. El Señor cumplirá Su propósito para mí; tu amor, oh Señor, es para siempre, no abandones las obras de tus manos". (Salmo 138:7-8).

"El Señor tu Dios está contigo, es poderoso para salvar. Se deleitará en vosotros, os aquietará con su Amor, se regocijará sobre vosotros con cánticos". (Sofonías 3:17).

"No devolváis mal por mal ni insulto por insulto. Al contrario, devolved el mal con bendición, porque a esto fuisteis llamados, para que heredéis bendición. Porque el que quiera amar la vida y ver días buenos, debe guardar su lengua del mal, y sus labios de las palabras engañosas. Deben apartarse del mal y hacer el bien; deben buscar la paz y perseguirla. Porque los ojos del Señor están sobre los justos, y atentos sus oídos a la oración de ellos, pero el rostro del Señor está contra los que hacen el mal". (1 Pedro 3:9-12).

"La Voz del Señor está sobre las aguas; truena el Dios de la gloria, truena el Señor sobre las aguas impetuosas. La Voz del Señor es Poderosa; la Voz del Señor es Majestuosa". (Salmo 29:3-4).

"La Voz del Señor golpea con relámpagos". (Salmo 29:7).

"Pacientemente esperé al Señor; Se volvió hacia mí y escuchó mi llanto. Me sacó del pozo fangoso, del lodo y del fango; Puso mis pies sobre una roca y me dio un lugar firme para pararme. Puso en mi boca un cántico nuevo, un himno de alabanza a nuestro Dios. Muchos verán y temerán al Señor y pondrán su confianza en Él. Bienaventurado el que confía en el Señor, el que no mira a los soberbios, a los que se desvían a falsos dioses. Muchas son, Señor Dios mío, las maravillas que has hecho, las cosas que has planeado para nosotros. Nadie puede compararse contigo; si yo hablara y contara tus hechos, serían demasiados para declarar". (Salmo 40:1-5).

"La luz de los justos resplandece, pero la lámpara de los impíos se apaga. Donde hay discordia, hay orgullo, pero la sabiduría se encuentra en aquellos que aceptan consejos". (Proverbios 13:9-10).

"El que menosprecia la instrucción pagará por ella, pero el que respeta un mandato es recompensado. La enseñanza del sabio es fuente de vida, que aparta al hombre de los lazos de la muerte. El buen juicio gana el favor, pero el camino de

los infieles los lleva a la destrucción. Todos los prudentes obran con conocimiento, pero los necios exponen su necedad" (Proverbios 13:13-16).

"Él me esconde en Su refugio cuando hay problemas. Él me mantiene escondido en Su tienda. Me pone en lo alto de una roca". (Salmo 27:5).

Por eso debemos dejar de preocuparnos por las cosas de este mundo y comenzar a escuchar la Voz de la Verdad. Vivir la Vida del Amor de Dios es confiar y obedecer, aferrados a Su Hijo Jesús ya cada Palabra Suya que sale de Su boca. Nuestro Dios sabe lo que está pasando en este mundo, y nunca permitiría que nada nos haga daño. Recorro continuamente mi mente y mi corazón estos versículos del Salmo 23:

"Aunque ande por valles tenebrosos, no temeré mal alguno, porque tú estarás conmigo; tu vara y tu cayado me consuelan....Ciertamente tu bondad y tu amor me seguirán todos los días de mi vida, y en la casa del Señor moraré por largos días". (Salmo 23:4, 6).

Siempre admiraré mucho a Dios todos los días de mi vida, porque confío y creo que Él me protegerá e irá delante de mí para despejar cualquier obstáculo que Satanás haya puesto frente a mí que pueda hacerme tropezar. No hay nadie como Dios. Su gloria brilla en toda la creación. Desde el momento en que me despierto hasta el momento en que me acuesto a dormir, lo siento conmigo.

El Creador del Cielo y de la Tierra y Salvador de todos

*"Así dice el Señor, tu Redentor, que te formó en el vientre: **'Yo soy el Señor, el Hacedor de todas las cosas, que extiendo los cielos, que extiendo la tierra por mí mismo'".** (Isaías 44:24).*

"Escúchame, Jacob, Israel, a quien he llamado: yo soy; Soy el primero y soy el último. Mi propia mano echó los cimientos de la tierra, y mi diestra extendió los Cielos; cuando los llamé, todos se pusieron de pie juntos. Reúnanse todos y escuchen". (Isaías 48:12-13a).

"Yo soy el Señor tu Dios, yo soy el Señor tu Dios, que te enseña lo que es mejor para ti, que te dirige por el camino que debes seguir". (Isaías 48:17).

"Para restaurar las tribus de Jacob y traer de vuelta a los de Israel que he guardado. Te haré también luz de los gentiles, para que mi salvación llegue hasta los confines de la tierra". (Isaías 49:6b).

Nuestra obediencia para servir al Señor

Esto es lo que la Biblia me ha enseñado acerca de ser un siervo obediente de Dios. Usaría mis palabras para explicar, pero las Palabras de Dios lo dicen mejor:

"El Señor Soberano me ha enseñado qué decir, para que pueda fortalecer a los cansados. Cada mañana me hace desear escuchar lo que me va a enseñar. El Señor me ha dado entendimiento, y no me he rebelado ni me he apartado de Él". (Isaías 50:1-5).

Cuando la gente me insultaba; "No los detuve cuando me insultaron". (Isaías 50:6). "Pero sus insultos no pueden hacerme daño, porque el Señor Soberano me da ayuda. Me preparo para soportarlos. Sé que no seré avergonzado, porque Dios está cerca y me probará mi inocencia. El Señor Soberano mismo me defiende. Todos mis acusadores desaparecerán, desaparecerán. como tela apolillada. Todos ustedes que tienen reverencia por el Señor y obedecen las palabras de Su siervo, el camino por el que caminan puede ser ciertamente oscuro, pero confíen en el Señor, confíen en su Dios. Sus propios complots destruirán a todos ustedes que conspiran para destruir a otros. El Señor mismo hará esto sucederá, sufrirás un destino miserable" (Isaías 50:7-11).

Ahora, aquí hay Palabras de consuelo de la Palabra de Dios:

*"El Señor dice; **'Escúchame, tú que quieres ser salvo, tú que vienes a mí por ayuda. Piensa en la roca de donde saliste, la cantera de donde fuiste cortado'". (Isaías 51:1).***

*"**'Vendré pronto y los salvaré; el tiempo de mi victoria está cerca. Yo mismo gobernaré sobre las naciones. Tierras lejanas esperan mi llegada; esperan con esperanza que yo los salve. Mira hacia los cielos; mira la tierra! La liberación que traigo durará para siempre; mi victoria será definitiva. Escúchenme, ustedes que saben lo que es correcto, que tienen mi enseñanza grabada en sus corazones. No temas cuando la gente te insulte y te insulte; se desvanecerán como ropa apolillada! Pero***

la liberación que traigo durará para siempre; mi victoria durará para siempre'". *(Isaías 51:5-8)*.

Ser un siervo del Señor Dios requiere cuatro acciones:

Primero, debéis poneros bajo Su Autoridad.

Segundo, abre tus oídos a Sus Instrucciones.

Tercero, esté dispuesto a cumplir Sus Instrucciones.

Cuarto, sé obediente a cada una de Sus Palabras.

Mi Equipo Estelar: el Padre, Su Hijo y Su Espíritu Santo.

Cuando Dios me asigna una tarea, no tengo que preocuparme de cómo voy a manejar la tarea. Porque mi Equipo Estrella está justo a mi lado, hablándome y enseñándome todas las formas de lograr la tarea. Es muy reconfortante tener ese apoyo a mi lado en cualquier momento que lo necesite.

Una vez que acepté la tarea que Dios me encomendó, comenzó a refinar mi corazón y mi mente y a quitarme cualquier suciedad que hubiera, transformando mi corazón egocéntrico en un corazón que se deleita en Él, humillándome para servirle y llevar a otros a Él. Cómo hizo Dios esto, te preguntarás. Bueno, Él usó los tiempos difíciles por los que estaba pasando para prepararme y fortalecerme para llegar a ser como Su Hijo Jesús, quien no tenía ningún tipo de palabras o actitudes negativas en Él. Jesús nunca le dijo a Su Padre que no, sabiendo que hacer la Voluntad de Su Padre era suficiente para Él. Hacer la voluntad de Dios es todo el propósito de vivir una vida amorosa y pacífica. Una vez que estés en la voluntad de Dios, todo te irá bien.

Hay dos razones por las que una actitud positiva es la mejor manera de salir de una situación negativa:
(1) Para enseñarte resistencia.
(2) Para refinarlos a la pureza y llevarnos a una mayor madurez espiritual.

Estas dos palabras 'enseñar' y 'refinar', Dios me habla mucho. Cuando me dijo que escribiera este libro, no estaba seguro de poder hacerlo, pero Dios me dijo que me enseñaría a escribir refinando mis palabras en Sus palabras.

Dios busca personas (creyentes) que sean enseñables y estén dispuestas a alejarse de los caminos de este mundo. Confesar, arrepentirse y alejarse del pecado es lo que Dios requiere en una entrega total a Él. Dios no elige roca sólida que no tenga grietas ni hendiduras. Si Dios encuentra grietas o hendiduras en alguien que Él quiere usar, entonces Él toma esas grietas y hendiduras (nuestras debilidades y fallas) y las trabaja para que se ajusten a Su deseo de quién Él quiere que seamos. Dios quiere que sus seguidores se hagan eco del llamado de Isaías: "Aquí estoy. Envíame!". (Isaías 6:8). Una vez que dije esas palabras, me sometí a Dios y me alejé de los caminos de este mundo, descubrí que la Misericordia y la Gracia que me rodea son lo suficientemente fuertes para caminar en los Pasos y Caminos de Dios.

Lea estas Escrituras y siga cada palabra, porque esto es lo que nuestro Padre en el cielo quiere que hagamos:

"Bienaventurados aquellos cuyos caminos son perfectos, los que andan conforme a la ley del Señor. Bienaventurados los que guardan sus estatutos y lo buscan de todo corazón. No hacen nada malo; andan por sus caminos". (Salmo 119:1-3).

"Te busco con todo mi corazón; no me dejes desviarme de tus mandamientos. He guardado tu palabra en mi corazón para no pecar contra ti. Alabado seas, Señor; enséñame tus decretos. Con mis labios cuento todas las leyes que salen de tu boca. Me regocijo en seguir tus estatutos como quien se regocija en las grandes riquezas. Medito en tus preceptos y considero tus caminos. Me deleito en tus decretos; No descuidaré tu palabra" (Salmo 119:10-16).

"A ellos Dios ha querido dar a conocer entre los gentiles las gloriosas riquezas de este misterio, que es Cristo en vosotros, la esperanza de gloria. Él es Aquel a quien proclamamos, amonestando y enseñando a todos con toda Sabiduría, para que podamos presentar a todos plenamente maduros en Cristo. Con este fin lucho enérgicamente con toda la energía que Cristo tan poderosamente obra en mí". (Colosenses 1:27-29).

"Este es el mensaje que hemos oído de Él y os anunciamos: Dios es Luz; en Él no hay oscuridad en absoluto. Si afirmamos tener comunión con Él y, sin embargo, estamos en la oscuridad, mentimos y no vivimos la verdad. Sin embargo, si andamos en la luz, como Él está en la luz, tenemos comunión unos con otros, y la sangre de Jesús, su Hijo, nos limpia de todo pecado. Si pretendemos estar

sin pecado, nos engañamos a nosotros mismos y la verdad no está en nosotros. Si confesamos nuestros pecados, Él es fiel y justo y nos perdonará nuestros pecados y nos limpiará de toda maldad. Si decimos que no hemos pecado, lo hacemos pasar por mentiroso y su palabra no está en nosotros". (1 Juan 1:5-10).

Una parte de ser un siervo de Dios es dejar atrás el pasado que te arrastró a ese pozo de desesperación. Hay tres pasos que se encuentran en dejar ir mi pasado y vivir como Dios quiere que viva:

Paso 1: Me encontré cara a cara con mi pecado. Es muy importante enfrentar, confesar y arrepentirse de su pecado y dejar caer toda culpa de carga en el trono de nuestro Dios Todopoderoso. Por lo tanto, Él puede transformarte en quien Él diseñó que fueras. Esto puede ser difícil si no te aferras a la mano de Jesús, quien puede guiarte hacia el nuevo tú.

Paso 2: Acepta el perdón y la salvación como un regalo del Dios Todopoderoso. Por lo tanto, puedes vivir cerca de Él y ser la vasija que Él usa para atraer a más personas hacia (o de regreso) hacia Él.

Paso 3: Cree que tienes una nueva vida con el Dios Todopoderoso. Para que ya no estéis abatidos por vuestros errores del pasado y podáis vivir en libertad con vuestro Señor y Salvador Jesucristo.

Dios sabe que es necesario quebrantar vuestros caminos egoístas para que seáis útiles para servirle. Por lo tanto, Él puede transformar las partes de ti que necesitan ser removidas para dejar espacio a las partes de Él, que reflejarían a Su Hijo Jesús. Las partes de ti que obstaculizan tu crecimiento espiritual son las actitudes de orgullo, celos, ira, egoísmo y falta de perdón. Todos estos (y más) necesitan ser tratados antes de que Dios pueda usarte en Su plan. El momento en que te rindes todas las palabras y actitudes negativas en cooperación y obediencia a Dios es el momento de vuestra transformación. Ceder a Dios te hace valioso para Él.

Recordar este consejo clave para sobrevivir en tiempos difíciles es más fácil de lo que todos pensamos. Soportar el problema no con tu propia fuerza sino soportar el problema con la Fuerza del Señor. Porque cuando soportas con tu propia fuerza, tiendes a elegir la cosa o el camino equivocado para hacer o seguir. Recuerde siempre que el Señor venció los problemas de este mundo problemático. Como nos dice nuestro Señor: ***"Estas cosas os he dicho para que en mí tengáis paz. En este mundo tendrás problemas. Pero anímate! He vencido al mundo"***. (Juan 16:33).

Con la ayuda de mi Equipo Estrella (el Padre, el Hijo y el Espíritu Santo), aprendí a vivir con la conciencia continua de ellos en mi vida. Por lo tanto, me dieron Paz en mi corazón que me condujo por el Camino Correcto. Todo lo que tenía que hacer era ser consciente de Su Presencia en mi vida diaria.

Dios nos diseñó a ti ya mí para funcionar bajo el Poder de Su Hijo, Jesús. Como dice la Biblia (la Palabra de Dios), *"Todo lo puedo en Cristo que me fortalece". (Filipenses 4:13)*. También la Palabra de Dios dice: *"Para Dios todo es posible" (Mateo 26:19)*, y no olvidemos esto: *"Cuando yo soy débil, Él es fuerte". (2 Corintios 12:10)*.

Desde que agarré la mano de Jesús, Él ha estado siempre conmigo, caminando, hablando y protegiéndome. Nada puede vencer a Jesús. Puedo ser fuerte y valiente y tener confianza en que Él me llevará sobre Sus hombros para ayudarme a superar los problemas de este mundo.

Porque la Gloria y la Victoria es Suya y sólo Suya. Cualquier tipo de aprensión puede detener y congelar el Plan de Dios para mí (y para ti), pero tener Fe en Su dirección desata Su Poder y pone Su obra en movimiento, el movimiento para salir del bote de los problemas y caminar con Jesús a través de esos problemas. de este mundo problemático.

La Biblia tiene todas las respuestas para cada problema que enfrentaremos a diario. No tenemos necesidad de preocuparnos de adónde acudir en busca de ayuda en nuestros momentos de dificultad. En la Palabra de Dios, Él nos enseña cómo mantenernos firmes y soportar los problemas por los que estamos pasando en este mundo, elevándonos a un lugar de Amor y Paz. En estos tiempos difíciles, la Biblia nos muestra que nunca estamos solos. Además, no son solo los momentos difíciles que Jesús está con nosotros, Él está con nosotros también en los buenos tiempos, dándonos Amor, Alegría y Paz para vivir fuertes y valientes.

La siguiente sección son Escrituras para mantenerse firmes en el Conocimiento de Dios, la Palabra de Dios, la Obediencia a Dios, la Voluntad de Dios y, lo más importante, la Fe, la Esperanza y la Sabiduría en Dios.

Además, manténgase firme en lo que ha aprendido de los caminos y acciones de Dios en su juventud. Además, manténganse firmes en la Presencia de Dios, quien es nuestro Refugio y Fortaleza. Finalmente, pero importante, manténgase firme en la victoria y el agradecimiento al Equipo Estrella (el Padre, el Hijo y el Espíritu Santo).

<u>Manténganse firmes en el Conocimiento de Dios:</u>

"Por lo tanto, queridos amigos, ya que han sido advertidos, estén en guardia para que no se dejen llevar por el error de los inicuos y caigan de su posición segura. Sin embargo, crezcan en la Gracia y el Conocimiento de nuestro Señor y Salvador Jesucristo. A Él sea la gloria ahora y siempre! Amén". (2 Pedro 3:17-18).

"Fortalécete en el Señor y en el poder de su fuerza". (Efesios 6:10).

"Hijo mío, si aceptas Mis palabras y atesoras Mis mandamientos dentro de ti, volviendo tu oído a la Sabiduría y aplicando tu corazón al entendimiento, en verdad, si clamas por la perspicacia y clamas a gritos por la comprensión, y si la buscas como plata y la buscáis como a un tesoro escondido, entonces comprenderéis el temor del Señor y hallaréis el Conocimiento de Dios. Porque el Señor da Sabiduría; de Su Boca viene el Conocimiento y el Entendimiento". (Proverbios 2:1-6).

"Lo que hemos recibido no es el espíritu del mundo, sino el Espíritu que es de Dios; para que entendamos lo que Dios nos ha dado gratuitamente". (1 Corintios 2:12).

<u>Mantente firme en la Palabra de Dios:</u>

"Manténganse libres del amor al dinero y estén contentos con lo que tienen, porque Dios ha dicho: 'Nunca los dejaré; nunca te desampararé". Así que decimos con confianza: "El Señor es mi ayudador; No tendré miedo. Qué puede hacerme un simple mortal?" (Hebreos 13:5-6).

"Un testigo veraz salva vidas, pero un testimonio falso es engañoso. El que teme al Señor tiene una fortaleza segura, y para sus hijos será un refugio. El temor del Señor es manantial de vida, que aparta al hombre de los lazos de la muerte". (Proverbios 14:25-27).

"Me regocijo en tu promesa, como quien halla grandes despojos. Aborrezco y detesto la falsedad, pero amo Tu Ley. Siete veces al día te alabo por tus justas leyes. Gran paz tienen los que aman tu ley, y nada los puede hacer tropezar. Espero tu salvación, Señor, y sigo tus mandamientos. Obedezco tus estatutos, porque los amo mucho. Obedezco tus preceptos y tus estatutos, porque todos mis caminos te son conocidos". (Salmo 119:162-168).

"Escucha mi clamor, oh Dios; escucha mi oración. Desde los confines de la tierra os llamo, os llamo, mientras mi corazón se desmaya; llévame al roc que está más alto que yo. Porque Tú has sido mi Refugio, una Torre Fuerte contra el enemigo. Anhelo habitar en Tu tienda para siempre y refugiarme al abrigo de Tus alas. Porque Tú, Dios, has oído mis votos; Tú me has dado la herencia de los que temen Tu nombre". (Salmo 61:1-5).

Manténganse firmes en la obediencia a Dios:

"Jesús respondió: 'El que me ama obedecerá mi enseñanza. Mi Padre los amará, y vendremos a ellos y haremos morada con ellos. Quien no Me ama, no obedecerá Mi Enseñanza. Estas palabras que escuchas no son Mías; pertenecen al Padre que me envió'". (Juan 14:23-24).

"No os limitéis a escuchar la palabra, y así os engañéis a vosotros mismos. Haz lo que dice". (Santiago 1:22).

"Mantén este Libro de la Ley siempre en tus labios; meditad en él día y noche, para que cuidéis de hacer todo lo que en él está escrito. Entonces serás próspero y exitoso. No te he mandado? Se fuerte y valiente. No tengas miedo; no te desanimes, porque el Señor tu Dios estará contigo dondequiera que vayas" (Josué 1:8-9).

"Los impíos codician el baluarte de los malhechores, pero la raíz de los justos perdura. Los malhechores quedan atrapados por sus palabras pecaminosas, y así los inocentes escapan de los problemas. Del fruto de sus labios los hombres se llenan de bienes, y la obra de sus manos les trae recompensa. El camino de los necios les parece derecho, pero los sabios escuchan los consejos". (Proverbios 12:13).

<u>Manteniéndose firme en la Voluntad de Dios:</u>

"Dad gracias en todas las circunstancias; porque esta es la voluntad de Dios en Cristo Jesús para vosotros". (1 Tesalonicenses 5:18).

"No os conforméis a este mundo, sino transformaos mediante la renovación de vuestra mente, para que comprobando podáis discernir cuál es la voluntad de Dios, lo que es bueno, aceptable y perfecto". (Romanos 12:2).

"Porque todo lo que hay en el mundo, los deseos de la carne y los deseos de los ojos y el orgullo en las posesiones, no proviene del Padre sino del mundo. Y el mundo va pasando con sus deseos, pero el que hace la voluntad de Dios permanece para siempre". (1 Juan 2:16-17).

"Es la voluntad de Dios que seas santificado: que evites la inmoralidad sexual; que cada uno de ustedes debe aprender a controlar su propio cuerpo de una manera santa y honorable, no en lujuria apasionada como los paganos, que no conocen a Dios; y que en este asunto nadie debe agraviar o aprovecharse de un hermano o hermana. El Señor castigará a todos los que cometen tales pecados, como os hemos dicho y advertido antes. Porque Dios no nos llamó a ser impuros, sino a vivir una vida santa. Por tanto, quien rechaza esta instrucción no rechaza a un ser humano sino a Dios, el mismo Dios que os da su Espíritu Santo". (1 Tesalonicenses 4:3-8).

"Por lo tanto, estén en guardia; mantente firme en la Fe; se valiente; sé fuerte. Hazlo todo en Amor". (1 Corintios 16:13-14).

"No desperdiciéis vuestra confianza; será ricamente recompensado. Necesitas perseverar para que cuando hayas hecho la voluntad de Dios, recibas lo que Él ha prometido. Porque, 'Dentro de poco, el que viene vendrá y no tardará'. Además, 'Pero mi justo vivirá por la fe. Y no me complazco en el que retrocede". Pero nosotros no somos de los que retroceden y se pierden, sino de los que tienen fe y se salvan". (Hebreos 10:35-39).

"Lo que los inicuos temerán sobre ellos; lo que el justo deseo le será concedido. Pasada la tempestad, los impíos se van, pero los justos se mantienen firmes para siempre". (Proverbios 10:24-25).

"El temor del Señor alarga la vida, pero los años de los impíos son acortados. La perspectiva de los justos es alegría, pero la esperanza de los impíos

se desvanece. El camino del Señor es refugio para los íntegros, pero ruina para los que hacen el mal". (Proverbios 10:27-29).

"De la boca del justo sale el fruto de la sabiduría, pero la lengua perversa será silenciada. Los labios del justo saben lo que halla gracia, pero la boca de los impíos sólo lo que es perverso". (Proverbios 10:31-32).

Manténganse firmes en los Caminos de Dios:

"A esto os llamó por medio de nuestro evangelio, para que podáis participar de la gloria de nuestro Señor Jesucristo. Entonces, hermanos y hermanas, manténganse firmes y aférrense a las enseñanzas que les transmitimos, ya sea de boca en boca o por carta. Que nuestro Señor Jesucristo mismo y Dios nuestro Padre, que nos amó y por su gracia nos dio consuelo eterno y buena esperanza, animó sus corazones y los fortaleció en toda buena obra y palabra". (2 Tesalonicenses 2:14-17). "Estén en guardia; mantente firme en la fe; se valiente; sé fuerte. Hazlo todo con amor". (1 Corintios 16:13-14).

Manténganse firmes en la Presencia de Dios quien es nuestro refugio y fortaleza en tiempos de temor y angustia.

"Dios es nuestro amparo y fortaleza, nuestro pronto auxilio en las tribulaciones. Por tanto, no temeremos, aunque la tierra se desmorone, y los montes se hundan en el corazón del mar, aunque bramen y se turben sus aguas, y tiemblen los montes a causa de su bravura". (Salmo 46:1-3).

*"Venid y ved lo que ha hecho el Señor, las desolaciones que ha traído sobre la tierra. Él hace cesar las guerras hasta los confines de la tierra. El quebranta el arco y hace añicos la lanza; Quema los escudos con fuego. Él dice: **Estad quietos y sabed que yo soy Dios; Seré exaltado entre las naciones, seré exaltado en la tierra**". El Señor Todopoderoso está con nosotros; el Dios de Jacob es nuestra fortaleza". (Salmo 46: 8-11).*

Finalmente, debes mantenerte firme en tu debilidad para que Su Poder pueda hacerte perfecto y fuerte. Además, manténganse firmes en la victoria y en el agradecimiento a Dios.

"Pero Él me dijo: 'Mi Gracia es suficiente para ti, porque Mi poder se perfecciona en la debilidad.' Por lo tanto, gustosamente me gloriaré más en mis debilidades, para que el poder de Cristo repose sobre mí. Por eso, por amor de Cristo, me deleito en las debilidades, en los insultos, en las penalidades, en las persecuciones, en las dificultades. Porque cuando soy débil, entonces soy fuerte". (2 Corintios 12:9-10).

"Mi carne y mi corazón pueden desfallecer, pero Dios es la fortaleza de mi corazón y mi porción para siempre". (Salmo 73:26).

"El aguijón de la muerte es el pecado, y el poder del pecado es la ley. Sin embargo, gracias a Dios! Él nos da la victoria por medio de nuestro Señor Jesucristo. Por lo tanto, mis queridos hermanos y hermanas, manténganse firmes. Que nada te mueva. Entregaos siempre de lleno a la obra del Señor, porque sabéis que vuestro trabajo en el Señor no es en vano". (1 Corintios 15:56-58).

La gracia es un regalo de nuestro Padre que está en los cielos. La gracia nos acerca a Él. La gracia puede refinar un corazón que está sucio por la corrupción y hacerlo tan puro como la nieve recién caída. Tener gracia nunca es una licencia para pecar. Mientras estamos en meditación, la gracia sucede. Mientras recibimos a Jesús, sucede la salvación. Mientras confiemos, Dios, la misericordia y la gracia nos llevarán. Dios conoce la mayoría de los problemas que encontramos. Como dice la Biblia: *"Y que la paz que viene de Cristo gobierne en vuestros corazones. Porque como miembros de un solo cuerpo estáis llamados a vivir en paz. y ser siempre agradecido".* (Colosenses 3:15).

"Esta justicia se da por medio de la fe en Jesucristo a todos los que creen. No hay diferencia entre judío y gentil, por cuanto todos pecaron y están destituidos de la gloria de Dios, y todos son justificados gratuitamente por su gracia, mediante la redención que fue en Cristo Jesús". (Romanos 3:22-24).

Muchas veces, cuando me encontraba en una situación que me hacía sentir herida y confundida, me preguntaba por qué me sentía así y le pedía ayuda a Dios en mi confusión. También le pediría que me mostrara lo que necesitaba aprender de esta situación dolorosa. Fue entonces cuando me sentí como una tortuga en un poste de una cerca (las tortugas no pueden trepar; alguien lo puso allí, entonces la tortuga espera allí a que alguien la ayude). Bueno, eso es lo que Dios hace conmigo, colocándome en ese 'poste de la cerca', enseñándome paciencia y una lección en la situación que estaba a punto de atravesar.

La mayor parte de mi vida (e incluso ahora), Dios me pone en ese poste de la cerca, observando todos los errores y aciertos que hay en este mundo. Cada vez que aprendía esa lección que necesitaba aprender, Dios me quitaba ese poste de la cerca y me trasladaba a otro poste de la cerca, en otro lugar, para recibir otra lección. En este momento, estoy en este poste de la cerca por un tiempo, observando todo lo que necesito aprender. A veces se hace difícil entender la lección. Sin embargo, Dios me dice todos los días que esta es la razón por la que me tiene escribiendo este libro (el poste de la cerca) para disfrutar de la vista y caminar con Él mientras me muestra las instrucciones de cada lección. Entonces podría transmitir a todos los que necesitan escuchar la lección. Las Escrituras que Dios trae a mi atención son sobre cómo Él coloca a Sus siervos en los lugares donde Su Propósito se va a cumplir. Cada día leería Su Palabra (la Biblia) y aprendería Sus Instrucciones que Él tiene para mí para ese día.

Aquí ahora están algunas de las Escrituras que Dios me ha revelado recordándome cómo vivir la vida que Él diseñó para mí para vivir (y compartir con otros) en esta tierra.

Recordatorio 1:

Que nada pueda separarme de mi Padre Celestial y solo tomar de la mano de Su Hijo y caminar con Él en este camino.

"Nadie te podrá hacer frente en todos los días de tu vida. Como estuve con Moisés, así estaré contigo; Nunca te dejaré ni te abandonaré. Sé fuerte y muy valiente. Cuidaos de cumplir toda la ley que mi siervo Moisés os dio; no te desvíes de ella ni a la derecha ni a la izquierda, para que tengas éxito dondequiera que vayas. No se aparte de vuestra boca este Libro de la Ley; meditad en él día y noche, para que cuidéis de hacer todo lo que en él está escrito. Entonces serás próspero y prosperado" (Josué 1:5, 7-8).

"Mira, te tengo grabado en las palmas de mis manos; tus muros están siempre delante de mí". (Isaías 49:16).

"Porque estoy convencido de que ni la muerte ni la vida, ni los ángeles ni los demonios, ni el presente ni el futuro, ni ningún poder, ni lo alto ni lo profundo, ni cosa alguna en toda la creación, podrá separarnos del amor de Dios que es en Cristo Jesús Señor nuestro". (Romanos 8:38-39).

Recordatorio 2:

Sacrificar mi tiempo para sentarme tranquilamente en la Presencia de Dios, dejando que las corrientes de agua viva fluyan libremente a través de mí. Fortaleciéndome y glorificándolo.

"Ciertamente, Tú le has otorgado Bendiciones Eternas y lo has alegrado con la Alegría de Tu Presencia. Porque el rey confía en el Señor; por el Amor Inagotable del Altísimo no será conmovido". (Salmo 21:6-7).

"El que cree en mí, como dicen las Escrituras, de su interior brotará un río de Agua Viva". (Juan 7:38).

"Porque como la altura de los cielos sobre la tierra, engrandeció su amor por los que le temen; como está de lejos el oriente del occidente, así ha alejado de nosotros nuestras transgresiones". (Salmo 103:11-12).

"El Señor Soberano es mi fortaleza; Él hace mis pies como los pies de un ciervo, Él me permite ir a las alturas". (Habacuc 3:19).

"Todo lo puedo en Cristo que me fortalece". (Filipenses 4:13).

"Porque todos los dioses de las naciones son ídolos, pero el Señor hizo los cielos. Esplendor y Majestad están delante de Él; Fortaleza y Gloria están en Su Santuario". (Salmo 96:5-6).

Recordatorio 3:

Mirar las palabras que hablo, pueden bendecir y pueden herir. Hablar las Palabras de Dios en todo momento sin ira ni malicia.

"El necio muestra su enojo de inmediato, pero el hombre prudente pasa por alto un insulto. Un testigo veraz da un testimonio honesto, pero un testigo falso dice mentiras. Las palabras imprudentes atraviesan como una espada, pero la lengua de los sabios sana. Los labios veraces duran para siempre, pero la lengua mentirosa sólo dura un momento". (Proverbios 12:16-19).

"Mis queridos hermanos y hermanas, tomen nota de esto: todos deben ser prontos para escuchar, lentos para hablar y lentos para enojarse, porque la ira del hombre no produce la vida justa que Dios desea". (Santiago 1:19-20).

"No dejéis que de vuestra boca salga ninguna palabra profana, sino sólo la que sea útil para la edificación de otros según sus necesidades, para que beneficie a los que escuchan. Además, no contristéis al Espíritu Santo de Dios, con quien fuisteis sellados para el día de la redención. Deshazte de toda amargura, ira e ira, peleas y calumnias, junto con toda forma de malicia. Sed bondadosos y misericordiosos unos con otros, perdonándoos unos a otros, así como Dios os perdonó a vosotros en Cristo". (Efesios 4:29-32).

Recordatorio 4:

Aferrarme a la mano de Jesús y caminar alegremente a través de mi día, asimilando los placeres y las dificultades juntos. No te preocupes por lo que está a la vuelta de la esquina, deja que Jesús me guíe a través del viaje y nunca dejes que me lastime.

"'No deje que se angustien. Confianza en Dios; confía también en Mí. En la Casa de mi Padre hay muchas habitaciones; si no fuera así, te lo hubiera dicho. Voy allí a preparar un lugar para vosotros. Además, si me fuere y os preparare un lugar, volveré y os llevaré conmigo para que también vosotros estéis donde yo estoy. Tú conoces el Camino al Lugar a donde voy'. *Tomás le dijo: "Señor, no sabemos a dónde vas, cómo podemos saber el camino?" Jesús respondió:* **'Yo soy el Camino y la Verdad y la Vida. Nadie viene al Padre sino por Mí. Si realmente Me conocieran, también conocerían a Mi Padre. Desde ahora lo conocéis y lo habéis visto'".** *(Juan 14:1-7).*

"Dedíquense a la oración, siendo vigilantes y agradecidos". (Colosenses 4:2).

"Pero ahora, así dice el Señor, el que te creó, oh Jacob, el que te formó, oh Israel: **'No temas, porque yo te he redimido; te he llamado por tu nombre; eres mía'".** *(Isaías 43:1).*

"'Mira, te tengo grabado en las palmas de mis manos; tus muros están siempre delante de mí. Alza tus ojos y mira a tu alrededor; todos tus hijos se reúnen y vienen a ti. Vivo yo —declara el Señor—, todos usaréis como adornos; te los pondrás, como una novia'". *(Isaías 49:16, 18).*

"Porque estoy convencido de que ni la muerte ni la vida, ni los ángeles ni los demonios, ni el presente ni el futuro, ni ningún poder, ni lo alto ni lo profundo, ni cosa alguna en toda la creación, podrá separarnos del amor de Dios que es en Cristo Jesús Señor nuestro". (Romanos 8:38-39).

<u>Recordatorio 5:</u>

Tomar tiempo para sentarme tranquilamente en la presencia de Dios, mientras Él me bendice con Su amor y gracia. Mientras considero los desafíos del día, los hablaré con Jesús (quien está a mi lado) y confiar en Él que Él me guiará a través de las presiones sin lastimarme demasiado. Hablar con Dios de todo lo que me preocupa siempre me dará fuerzas para enfrentar esos desafíos. Un ritmo lento logra más que un esfuerzo rápido y apresurado. Siempre recuerdo quién soy y a quién pertenezco. Pertenezco a la Familia Real del Cielo, mi Equipo Estelar.

"No te inquietes a causa de los malos ni tengas envidia de los que hacen el mal; porque como la hierba pronto se secarán, como las plantas verdes pronto morirán. Confía en el Señor y haz el bien; habiten en la tierra y disfruten de pastos seguros. Deléitate en el Señor y Él te concederá los deseos de tu corazón. Encomienda tu camino al Señor; confía en Él y Él hará esto: Él hará resplandecer como el alba tu justicia, la justicia de tu causa como el sol del mediodía. QUÉDENSE DELANTE DEL SEÑOR Y ESPÉRENLE PACIENTEMENTE; no te inquietes cuando los hombres tengan éxito en sus caminos, cuando lleven a cabo sus malvados planes. Abstente de la ira y apártate de la ira; no os preocupéis, sólo conduce al mal. (Salmo 37:1-8). "Porque no recibisteis un espíritu que os vuelva a hacer esclavos del temor, sino que recibisteis el espíritu de filiación. Y por Él clamamos: Abba, Padre. El Espíritu mismo da testimonio a nuestro espíritu de que somos hijos de Dios. Ahora bien, si somos hijos, entonces somos herederos: herederos de Dios y coherederos con Cristo, si es que participamos de sus sufrimientos para que también podamos participar de su gloria". (Romanos 8:15-17).

"Queridos amigos, os exhorto, como extranjeros y extraños en el mundo, a absteneros de los deseos pecaminosos, que luchan contra vuestra alma. Vivid tan bien entre los paganos que, aunque os acusen de hacer el mal, vean vuestras buenas obras y glorifiquen a Dios el día que nos visite". (1 Pedro 2:11-12).

"Y os rogamos, hermanos, amonesten a los ociosos, animen a los tímidos, ayuden a los débiles; ten paciencia con todos. Asegúrese de que nadie devuelva

mal por mal, pero siempre trate de ser amable con los demás y con todos los demás. Sé alegre siempre; orar continuamente; dad gracias en todo, porque esta es la voluntad de Dios para vosotros en Cristo Jesús. No apaguéis el fuego del Espíritu; no trates las profecías con desprecio. Prueba todo. Aférrate a lo bueno. Evita toda clase de mal. Que Dios mismo, el Dios de la paz, os santifique por completo. Que todo vuestro espíritu, alma y cuerpo, sea guardado irreprensible para la venida de nuestro Señor Jesucristo. El que os llama es fiel y lo hará". (1 Tesalonicenses 5:14-24).

Recordatorio 6:

Para aprender de las cosas que parecen andar mal y estar quieto, confiar y saber que Él es Dios. Agradecer a Dios por tomar el control de mi vida y seguir en contacto con Él. Porque Dios dispone todas las cosas para mi bien. Dios me permitirá caminar a través de los problemas y responsabilidades, progresando hasta el final. Debo seguir regocijándome siempre en Él y nunca ceder a las tentaciones y palabras de duda y destrucción de Satanás.

*"**Escucha atentamente mis palabras; deja que tus oídos capten lo que digo**". (Job 13:17).*

"El Señor es mi roca, mi fortaleza y mi libertador; mi Dios es mi roca, en quien me refugio. Él es mi Escudo y el cuerno de mi Salvación, mi Fortaleza…. Él hace mis pies como los pies de un ciervo; Él me permite estar en las alturas. Él entrena mis manos para la batalla; mis brazos pueden tensar un arco de bronce. Tú me das tu escudo de victoria, y tu diestra me sostiene; te levantaste para engrandecerme" (Salmo 18:2, 33-35).

"En cuanto a Dios, Su Camino es Perfecto; la Palabra del Señor es impecable. Él es un Escudo para todos los que en Él se refugian. Porque quién es Dios además del Señor? Y quién es la Roca sino nuestro Dios? Es Dios, quien me arma de Fuerza y hace perfecto mi camino. Él hace mis pies como los pies de un ciervo; Él me permite estar en las alturas. Él entrena mis manos para la batalla; mis brazos pueden tensar un arco de bronce. Tú me das tu escudo de victoria; te rebajas a hacerme grande". (2 Samuel 22:31-36).

"El Señor es mi pastor, nada me faltará. En verdes pastos me hace descansar, junto a aguas de reposo me conduce, y restaura mi alma. Me guía por sendas de justicia por amor de su nombre. Aunque ande en valle de sombra de

muerte, temeré ningún mal, porque Tú estás conmigo; Tu vara y tu cayado me consuelan". (Salmo 23:1-4).

El mejor recordatorio que Dios me revela se encuentra (por supuesto) en Su Palabra (la Biblia) en el Libro de Segundo de Pedro. Aquí, Pedro nos recuerda agregar estas cosas a nuestra Fe para que nunca tropecemos y tengamos entrada al Reino de nuestro Señor Jesucristo:

"Poniendo toda diligencia, añadid a vuestra Fe Virtud, a la Virtud el Conocimiento, al Conocimiento el Dominio propio, al dominio propio la Perseverancia, a la Perseverancia la Piedad, a la Piedad el afecto fraternal, y al afecto fraternal el Amor. Porque si estas cosas son vuestras y abundan, no seréis estériles ni sin fruto en el conocimiento de nuestro Señor Jesucristo". (2 Pedro 1:5-8). "Porque si haces estas cosas, nunca tropezarás; porque así se os dará abundante entrada en el reino eterno de nuestro Señor y Salvador Jesucristo". (2 Pedro 1:10b, 11).

Mientras me siento en silencio en la Presencia de Dios y medito en estos recordatorios; Él me revela diariamente que estoy lleno de Agradecimiento, Amor, Sabiduría y Gracia. Dios me llena de estas cosas para ser más fuerte y estar más cerca de la semejanza de Su Hijo, Jesús. Este acto de obediencia (espiritual) es lo que Dios nos ha diseñado a ti ya mí para que hagamos. Es posible que mis circunstancias no desaparezcan por completo, pero tengo la mejor seguridad de que nunca estaré solo para caminar por este mundo de caos. Porque Jesús está, y siempre estará, tomando mi mano y guiándome a través del caos hacia el gozo y la paz que supera todo caos.

Doy gracias a Jesús todos los días por Su luz que quita el aguijón que el enemigo (Satanás) lanza en mi camino. Jesús ha sido y siempre será mi escudo. Esta seguridad de la presencia de Jesús conmigo libera todo eso, me preocupa y mantiene mi enfoque y atención en la meta al final de este viaje: una vida sin caos y una vida con mi Equipo Estrella. Yo (nosotros) somos bendecidos de tener a Jesús caminando a nuestro lado. No hay nada que nos pueda separar de Él. Jesús te ama a ti y a mí demasiado como para dejarnos caminar este viaje solos.

"Humíllense, pues, bajo la poderosa mano de Dios, para que Él los exalte cuando fuere tiempo. Echa toda tu ansiedad sobre Él porque Él se preocupa por ti.

Sea autocontrolado y alerta. Vuestro enemigo el diablo ronda como león rugiente buscando a quien devorar". (1 Pedro 5:6-8).

"Que den gracias al Señor por su amor inagotable y sus obras maravillosas a favor de los hombres. Que sacrifiquen ofrendas de acción de gracias y cuenten sus obras con cánticos de alegría". (Salmo 107:21-22).

"El Señor te guiará siempre; Él satisfará tus necesidades en una tierra quemada por el sol y fortalecerá tu cuerpo. Serás como un jardín bien regado, como un manantial cuyas aguas nunca faltan". (Isaías 58:11).

"Él atiende a su rebaño como un pastor: recoge a los corderos en sus brazos y los lleva cerca de su corazón; Con dulzura guía a los jóvenes" . (Isaías 40:11).

Siempre hablo de mis problemas con mi Equipo Estrella, buscando su consejo y sus perspectivas en todas las situaciones. Esos problemas parecen desvanecerse; mientras mi mente se va llenando de pensamientos de lo hermoso que es vivir y respirar la Vida de Dios. Nada más, ni nadie más, puede amarme más que Jesús. Estoy eternamente agradecida por Su amistad, paz y, sobre todo, Su amor.

"Yo te instruiré y te enseñaré el Camino en que debes andar; Yo te aconsejaré y velaré por ti" *(Salmo 32:8).*

Dorar y Esperar

No hay diferencia entre habitar y esperar. Morar significa permanecer por un tiempo; y esperar significa permanecer por un tiempo. A lo largo de la Biblia, habla mucho acerca de "morar en el Señor" y "esperar en el Señor". Cada declaración viene con instrucciones, porque hay formas en que vivir puede ser malo para nosotros. Una forma es cuando moramos en nuestro pasado. Morar en nuestro pasado nos mantiene en nuestro pecado y nos impide avanzar hacia las Bendiciones que Dios tiene para nosotros. Descubrí que cuando me encuentro viviendo en el pasado, empiezo a sentirme feo por dentro. Por lo tanto, cuando esos sentimientos comienzan a acercarse a mi mente, inmediatamente me comunico con el Equipo Estrella para que me ayude a protegerme de esos pensamientos negativos. Esta es la Morada que es la Mejor Opción: Sentarme con el Equipo Estrella (el Padre, el Hijo y el Espíritu Santo) leyendo Escrituras que me ayudarán a volver a sentirme hermosa nuevamente.

Dios es nuestra Morada (el Equipo Estrella):

"Porque tanto amó Dios al mundo que dio a su Hijo unigénito, para que todo aquel que en él cree no se pierda, mas tenga vida eterna. Porque Dios no envió a su Hijo al mundo para condenar al mundo, sino para salvar al mundo por medio de él". (Juan 3:16-17).

"Bienaventurado el que no anda al paso de los impíos, ni se interpone en el camino que toman los pecadores, ni se sienta en compañía de los escarnecedores, sino cuyo deleite está en la Ley del Señor, y quien medita en Su Ley día y noche. . Esa persona es como un árbol plantado junto a corrientes de agua, que da su fruto

en su tiempo y cuya hoja no cae; todo lo que hace prospera. No así, los malvados! Son como paja que se lleva el viento. Por tanto, los impíos no se levantarán en el Juicio, ni los pecadores en la Asamblea de los Justos. Porque el Señor guarda el camino de los justos, pero el camino de los impíos lleva a la perdición". (Salmo 1:1-6).

Y el Señor dice: "Y pondré mi Espíritu en vosotros, y os moveré a seguir mis decretos, y a ser cuidadosos en guardar mis leyes. Entonces habitaréis en la tierra que di a vuestros padres; seréis mi pueblo, y yo seré vuestro Dios. Te salvaré de todas tus inmundicias. Llamaré al grano y lo haré abundante y no os traeré hambre. Aumentaré el fruto de los árboles y la cosecha del campo, para que ya no seáis afrentados entre las naciones a causa del hambre"". *(Ezequiel 36:27-30).*

"Sabemos que Dios dispone todas las cosas para el bien de los que le aman, los que han sido llamados conforme a su Propósito. Porque a los que Dios conoció de antemano, también los predestinó a ser hechos conforme a la imagen de su Hijo, para que él sea el primogénito entre muchos hermanos y hermanas. Y a los que predestinó, a ésos también llamó; a los que llamó, también los justificó; a los que justificó, también los glorificó". (Romanos 8:28-30).

"No os emborrachéis con vino, que lleva al libertinaje. Más bien, sed llenos del Espíritu, hablando entre vosotros con salmos, himnos y cánticos, del Espíritu. Canten y hagan música desde su corazón al Señor, dando siempre gracias a Dios Padre por todo, en el nombre de nuestro Señor Jesucristo. Sométanse unos a otros por reverencia a Cristo". (Efesios 5:18-21).

"'Tengo mucho más que decirte, más de lo que ahora puedes soportar. Sin embargo, cuando venga Él, el Espíritu de la Verdad, Él os guiará a toda la verdad. Él no hablará por su propia cuenta; Él hablará sólo lo que oiga, y os dirá lo que está por venir. El me glorificará, porque de Mí recibirá lo que os dará a conocer. Todo lo que pertenece al Padre es Mío. Por eso dije que el Espíritu recibirá de Mí lo que os dará a conocer" *(Juan 16:12-15).*

"Ustedes, mis hermanos y hermanas, fueron llamados a ser libres. Sin embargo, no uses tu libertad para complacer la carne; antes bien, servíos unos a otros con humildad y amor. Porque toda la Ley se cumple en guardar este mandato: "Ama a tu prójimo como a ti mismo". Si os muerdes y os devoráis, tened cuidado o

seréis destruidos unos por otros. Por eso digo, andad en el Espíritu, y no satisfaréis los deseos de la carne. Porque la carne desea lo que es contrario al Espíritu y el Espíritu lo que es contrario a la carne. Están en conflicto entre sí, por lo que no puedes hacer lo que quieras. Sin embargo, si sois guiados por el Espíritu, no estáis bajo la ley. Los actos de la carne son evidentes: inmoralidad sexual, impureza y libertinaje; idolatría y brujería; odios, discordias, celos, arrebatos de ira, ambición egoísta, disensiones, facciones y envidias; borracheras, orgias y cosas por el estilo. Les advierto, como lo hice antes, que los que viven así no heredarán el reino de Dios. Sin embargo, el Fruto del Espíritu es Amor, Alegría, Paz, Tolerancia (Paciencia), Bondad, Bondad, Fidelidad, Mansedumbre y Dominio propio. Contra tales cosas no hay ley. Los que son de Cristo Jesús han crucificado la carne con sus pasiones y deseos. Puesto que vivimos por el Espíritu, mantengámonos en sintonía con el Espíritu. No nos hagamos engreídos, provocándonos y envidiándonos unos a otros". (Gálatas 5:13-26).

"Por cuanto sois sus hijos, Dios envió a nuestros corazones el Espíritu de su Hijo, el Espíritu que clama; 'Abba, Padre'. Así que ya no eres un esclavo, sino un hijo de Dios; y ya que eres su hijo, Dios también te ha hecho heredero". (Gálatas 4:6-7).

"Cuán hermosa es tu morada, oh Señor, Todopoderoso! Mi alma anhela, y aun desmaya, los atrios del Señor; mi corazón y mi carne claman por el Dios vivo". (Salmo 84:1-2).

"Mejor es un día en Tus atrios, que mil en otros lugares; Prefiero ser portero en la casa de mi Dios que habitar en las tiendas de los impíos. Porque el Señor Dios es sol y escudo; el Señor otorga favor y honra; nada bueno niega Él a aquellos cuyo andar es intachable. Señor Todopoderoso, bendito el hombre que en Ti confía". (Salmo 84:10-12).

"No sabéis que sois templo de Dios y que el Espíritu de Dios habita en medio de vosotros? Si alguno destruye el templo de Dios, Dios lo destruirá a él; porque el templo de Dios es sagrado y tú eres ese templo". (1 Corintios 3:16-17).

"Quien mora al abrigo del Altísimo descansará a la sombra del Omnipotente". (Salmo 91:1).

Mientras moramos en la presencia de Dios, tenemos el poder de perdonar a los demás. Esto es lo que Dios quiere que hagamos: *"Sed bondadosos y compasivos unos con otros, perdonándoos unos a otros, así como Dios os perdonó a vosotros en Cristo". (Efesios 4:32).* Cuanto más perdone y olvide, más rápido podrá recuperarse y seguir adelante. No es correcto tener delante de ti lo que Dios ya ha puesto detrás de Él. En otras palabras, Dios ha olvidado tu pecado pasado cuando aceptaste a Su Hijo Jesús en tu vida. Así que dejemos ir, perdonemos, olvidemos y sigamos adelante! La Biblia dice:

"Por tanto, como pueblo elegido de Dios, santo y muy amado, vístanse de compasión, bondad, humildad, mansedumbre y paciencia. sopórtense unos a otros y perdónense unos a otros, si alguno de ustedes tiene queja contra alguien. Perdona como el Señor te perdonó. Y sobre todas estas virtudes, vestíos de amor, que las une a todas en perfecta unidad". (Colosenses 3:12-14).

Mantenerse cerca de Jesús es leer las Escrituras todos los días, siendo rápidos en confesar cualquier pecado que pueda estar obstaculizando tu caminar con Él; mantén un corazón tierno que se vuelve más cálido, no más frío. Y sobre todo permanecer en comunicación con el Padre; por medio de su Hijo Jesús, para tener una buena conciencia y caminar humildemente con Él. Todos quieren que las cosas sucedan de inmediato, y Dios dice que simplemente confíen en Él y esperen en Él con paciencia. Cuando esperamos continuamente en Dios, Él claramente dará instrucciones de cómo cosechar grandes recompensas, para nuestra paciencia. Como nos dice el Señor: ***"Yo te instruiré y te enseñaré el camino en que debes andar; Yo te guiaré con mi ojo"'. (Salmo 32:8).***

Las cinco recompensas principales por esperar en Dios:

La primera gran recompensa es que descubrimos la Voluntad de Dios. Mantener nuestra mirada fija en Él en todo momento y escuchar sus instrucciones hace que nuestra relación con Él sea más profunda.

"Jehová es bueno con los que en él esperan; a la persona que le busca". (Lamentaciones 3:25).

La segunda gran recompensa es que recibimos Su Energía y Fuerza. A medida que aumenta nuestra energía, también aumenta nuestra perseverancia para mantenernos firmes en nuestra fe. También crecemos a la semejanza de Jesús, lo que incluye poseer: "Amor, Alegría, Paz, Paciencia, Bondad, Bondad, Fidelidad, Mansedumbre y Dominio propio". (Gálatas 5:22-23). Esperar en Dios nunca es tiempo perdido, porque lo he dicho antes, "Dios nos espera, para que podamos esperarle a Él". "Él da fuerza al cansado y aumenta el poder del débil. Incluso los jóvenes se cansan y se fatigan, y los jóvenes tropiezan y caen; pero los que esperan en el Señor renovarán sus fuerzas. Revolotearán con alas como las águilas; correrán y no se cansarán, caminarán y no se fatigarán". (Isaías 40:29-31).

La tercera gran recompensa es que ganamos en las batallas de este mundo. Haciendo las cosas a nuestra manera rápidamente, terminamos derrotados. Sin embargo, cuando esperamos la ayuda de Dios y obedecemos sus instrucciones, Él asegura nuestra victoria en cada batalla que peleamos con Él a nuestro lado.

"El Señor peleará por ti; sólo necesitas estar quieto". (Éxodo 14:14).

La cuarta gran recompensa es que vemos el cumplimiento de nuestra fe. Poner la esperanza en Jesús y esperar en Él es el movimiento más inteligente que puedes hacer. Sé que habrá personas que te dirán que sigas adelante en lugar de esperar en Jesús. Sin embargo, debes recordar que Jesús es el único que verdaderamente puede ayudarte en tus problemas; Él nunca te decepcionará. Porque Jesús ha superado todos los problemas por los que tú y yo pasamos. Además, Jesús fue a la cruz para cumplir el mandato de Su Padre de que vivamos con Él en Su gloriosa presencia.

"Ciertamente hay una esperanza futura para ti, y tu esperanza no será cortada". (Proverbios 23:18).

La quinta recompensa principal es que vemos a Dios obrando a nuestro favor. Todos los días Dios está trabajando activamente en nuestro nombre para asegurarse de que todas las cosas que suceden en nuestras vidas van de acuerdo con Su Propósito. Además, Dios sí da instrucciones en los períodos de espera. Mientras esperamos pacientemente en Él, Él nos está Bendiciendo. Dios sabe cuánto tiempo debemos esperar, para madurarnos en producir el fruto más precioso y maravilloso, para Su Gloria. Por lo tanto, esperaré en el Señor el tiempo que sea necesario, para vivir para siempre con Él. Confiaré en Jesús para que me lleve a casa a la Gloria que me espera. *"Dios actúa en favor del que espera en Él". (Isaías 64:4).*

Estas cinco recompensas principales no son las únicas recompensas que recibirá. Sin embargo, al final de tu viaje aquí en esta tierra, recibirás todos los tesoros que están acumulados para ti en el Cielo, todo porque viviste, esperaste, confiaste, obedeciste y amaste el Camino de Dios (Su Hijo).

La fe no viene viendo resultados. La fe viene por Creer en el Poder del Señor. La fe también viene por esperar pacientemente a escuchar lo que Dios tiene que decirte qué hacer. La espera nos orienta para dar cada paso junto a Jesús, para mostrarnos el camino a seguir, para preocuparnos menos y ponga las preocupaciones sobre Sus Hombros, para darnos la libertad de caminar una Vida guiada por Dios en cada momento que vivamos. Por lo tanto, la próxima vez que se vuelva impaciente por las oraciones sin respuesta, deje que este pequeño recordatorio lo fortalezca para esperar la guía de Dios. Porque todos sabemos que Jesús es el Guía al Reino de Su Padre Todopoderoso.

A veces, en nuestra espera, estamos esperando por algo que hicimos mal. Una especie de manera en que los padres dan a sus hijos un tiempo de espera cuando hacen algo mal. A nadie le gusta la disciplina, pero si hacemos algo mal, tenemos que soportar las consecuencias de nuestras malas acciones. Además, debemos aprender tanto de nuestros errores como de las consecuencias (disciplina) a las que nos enfrentamos. En un tiempo fuera, nos quedamos en silencio para poder pensar en lo que hicimos mal. Además, en nuestro silencio, podemos escuchar lo que nuestro Padre Celestial tiene que decir y debemos escucharlo.

Esto es lo que dice la Palabra de Dios:

"La boca del justo es fuente de vida, pero la boca del impío encubre violencia. El odio suscita el conflicto, pero el Amor cubre todos los males. La sabiduría se halla en los labios del entendido, pero la vara es para las espaldas del necio. El sabio acumula conocimiento, pero la boca del necio invita a la ruina. La riqueza de los ricos es su ciudad fortificada, pero la pobreza es la ruina de los pobres. La paga del justo es vida, pero la ganancia del impío es pecado y muerte. El que hace caso a la disciplina muestra el camino a la vida, pero el que ignora la corrección desvía a los demás. El que encubre el odio con labios mentirosos y difunde calumnias es un necio. No se acaba con el pecado multiplicando las palabras, pero los prudentes se callan. La lengua del justo es plata escogida, pero el corazón de los impíos es de poco valor. Los labios del justo alimentan a muchos, pero los necios mueren por falta de juicio. La bendición del Señor trae riquezas, sin penoso trabajo por ello. El necio encuentra placer en los planes malvados, pero una persona de entendimiento se deleita en la sabiduría". (Proverbios 10:11-23).

Como puede ver, debemos ser sabios y cuidadosos con lo que decimos y cómo hablamos en ciertas situaciones. Debemos cuidar nuestras palabras cada vez que nos enojamos. En la Palabra de Dios, dice:

"Mis queridos hermanos y hermanas, tomen nota de esto: Todos deben ser prontos para escuchar, lentos para hablar y lentos para enojarse, porque la ira humana no produce la Justicia que Dios desea. Por tanto, despójense de toda inmundicia moral y de la maldad que tanto prevalece y acepten humildemente la Palabra plantada en ustedes, que los puede salvar. No os limitéis a escuchar la Palabra, y así os engañéis a vosotros mismos. Haz lo que dice". (Santiago 1:19-22).

Refrenar nuestras palabras muestra reverencia por Dios. En la Palabra de Dios, dice:

"Dios está en el Cielo y tú en la tierra; sean, pues, pocas vuestras palabras". (Eclesiastés 5:2).

Cuando otros están de duelo, una presencia silenciosa puede ayudar más que abundantes expresiones de simpatía. En la Palabra de Dios dice: *"Nadie le hablaba palabra, porque veían que su dolor era grande".* (Job 2:13). *Elegir hablar menos nos permite escuchar más. Dice en Proverbios:*

"No se acaba con el pecado multiplicando las palabras, pero los prudentes se callan". (Proverbios 10:19).

<u>Oración</u>

Querido Padre Celestial, por favor concédeme sabiduría para saber cuándo hablar y cuándo no hablar, escuchar más y hablar menos, animar a otros y cuidarlos como Tú me has cuidado a mí.

"Escucha las palabras, Señor, considera mi lamento. Escucha mi grito de auxilio, Rey mío y Dios mío, a ti te ruego". (Salmo 5:1-2).

"Alégrense todos los que en ti se refugian; que siempre canten de alegría. Extiende tu protección sobre ellos para que los que aman tu nombre se regocijen

en ti. Ciertamente, Señor, bendices a los justos; Los rodeas con tu favor como con un escudo". (Salmo 5:11-12).

En el nombre de Tu Glorioso Hijo Jesús, oro. Amén.

Nuestra Fe es cambiar nuestra debilidad por la Fortaleza de Dios. Siempre proclamaré esta promesa de Dios: "Por eso, por amor de Cristo, me deleito en las debilidades, en los insultos, en las penalidades, en las persecuciones, en las dificultades. Porque cuando yo soy débil, Él es fuerte". (2 Corintios 12:10).

El arte de silbar (escuchar)

Cuando era más joven, siempre quise aprender a silbar. Se ve tan genial cuando otras personas silban una melodía mientras pasean mientras caminan por el parque. Intenté todo para aprender, pero fue en vano; No silbé; siempre era solo un zumbido. Muchas personas con las que entré en contacto sabían silbar, así que les preguntaba cómo aprendieron a silbar. Me lo dirían, pero incluso entonces, no pude silbar una canción. Entonces le pregunté a Dios por qué no puedo aprender a silbar. Me dijo que no necesitaba aprender a silbar. Solo necesito escuchar Su Voz silbando mi nombre. Luego me hizo leer esta Escritura; que en su momento no entendí. Pero entonces, vino a mí. Verás, en este mundo, hay muchas voces que emergen a través del aire tratando de bloquear la Voz de Dios (que, por cierto, es un suave silbido). Estas voces están tratando de desviarnos del camino para seguir a Jesús. Sin embargo, cuando tenemos a Jesús en nuestra vida, Él nos enseñará cómo bloquear esas muchas voces perturbadoras de condenación. Solo lea esta Escritura que explica esto: *"Mis ovejas [nosotros] escuchan Mi Voz; Yo las conozco y ellas me siguen. Yo les doy Vida Eterna, y no perecerán jamás; nadie las arrebatará de Mi Mano. Mi Padre, que me las ha dado, es mayor que todos; nadie las puede arrebatar de la Mano de Mi Padre. Yo y el Padre uno somos".* *(Juan 10:27-30).*

Dios me habla de maneras que señalan Su Presencia en mi vida. Una vez que lo escucho hablarme, sé que debo seguir Sus Instrucciones. Estas voces de fatalidad que continuamente intentan persuadir a seguir sus caminos carnales son solo polvo en el viento. Porque la Voz de la Verdad es quien me mantiene respirando el Amor, la Compasión y la Gracia que me mantiene en la Vida (Jesús) que Dios (el Padre) me creó para vivir.

La Voz Verdad es el suave silbido que nos guía por el Camino Estrecho del Viaje con el Equipo Estelar. El llamado de Dios siempre se puede escuchar. Solo deja de hablar por un momento, lee la Escritura y sigue escuchando en el silencio por ese suave silbido que está llamando tu nombre. Prepárense para ser llamados por el Silbido de la Voz de la Verdad. Manténgase arraigado en la Palabra de Dios y todo será pacífico.

Errores y fallas

En mis cincuenta años de observación, he visto y cometido muchos errores y fracasos. Algunos que son demasiado vergonzosos para siquiera mencionarlos; ni siquiera para pensar. Solo te diré quién y cómo superé todos los errores y fallas (oh sí, incluso la vergüenza).

Mi Equipo Estrella me dijo que cuando cometo errores, lo que importa es cómo respondo y aprendo de ellos. He estado cometiendo errores desde que tengo memoria. De hecho, todavía los hago, pero me he dado cuenta de que cuando cometo un error o fallo en una tarea, sé que no me he estado comunicando con mi Equipo Estrella. Escuché una declaración que me recuerda comunicarme más con mi Equipo Estrella y leer mi Biblia. Dice esto: 'Si estás luchando de alguna manera, haz de la Palabra de Dios una Presencia constante en tu vida'.

Los errores son de juicio erróneo, identificación incorrecta y cometer un error al elegir. Cometemos errores cuando no estamos prestando atención a lo que nos rodea y solo escuchamos una parte de lo que sucede. Entonces, cuando llega el momento de hacer lo que debemos hacer, parece que no llegamos a completar la tarea; empezamos a echarle la culpa a otra persona.

En Génesis 3:12-13, en el Jardín del Edén, cuando Adán culpó a Eva y luego Eva culpó a la serpiente. Parece que nadie quiere cargar con la culpa de su error, porque saben que las consecuencias de sus malas acciones es la disciplina (ya nadie le gusta ser disciplinado). Si no tenemos disciplina, nuestras vidas estarán llenas de cometer un error tras otro, por el resto de nuestras vidas. La disciplina nos ayuda a alejarnos de nuestras malas acciones.

Hay veces que decimos cosas de las que luego nos arrepentimos, lo cual es otro ejemplo de no pensar en las consecuencias de lo que decimos.

Cuando dices algo de lo que luego te arrepientes, estás cediendo a las mentiras de Satanás y dejándolo manipular para que te alejes de Dios y te alejes de él. Este es el peor error que puedes cometer al huir de Dios, como lo hizo Jonás y provocó que se formara una tormenta a partir de su error. Sin embargo, cuando Jonás se dio cuenta de lo que estaba pasando y por qué estaba pasando, se volvió hacia Dios. Esto es lo que sucede cuando no estás escuchando ni obedeciendo los mandamientos de Dios:

Jonás huye del Señor

"La Palabra del Señor vino a Jonás, hijo de Amitai: ***'Ve a la gran ciudad de Nínive y predica contra ella, porque su maldad ha subido ante mí'.*** Pero Jonás huyó del Señor y se dirigió a Tarsis. Bajó a Jope, donde encontró un barco que se dirigía a ese puerto. Después de pagar el pasaje, subió a bordo y navegó hacia Tarsis para huir del Señor. Entonces el Señor envió un gran viento en el mar, y se levantó una tormenta tan violenta que el barco amenazó con romperse. Todos los marineros tenían miedo y cada uno clamaba a su propio dios. Y arrojaron el cargamento al mar para aligerar la nave. Pero Jonah se había ido debajo de la cubierta, donde se acostó y cayó en un sueño profundo. El capitán se acercó a él y le dijo: "Cómo puedes dormir? Levántate e invoca a tu dios! Quizá se fije en nosotros para que no perezcamos". Entonces los marineros se dijeron unos a otros: "Venid, y echemos suertes para ver quién es el responsable de esta calamidad". Echaron suertes y la suerte cayó sobre Jonás. Entonces le preguntaron: "Dinos, quién es el responsable de crearnos todo este problema? Qué tipo de trabajo hace usted? De dónde es? Cuál es su país? Qué tipo de personas sois? Él respondió: "Soy hebreo y adoro al Señor, el Dios de los cielos, que hizo el mar y la tierra seca". Esto los aterrorizó y le preguntaron: "Qué has hecho?". (Sabían que huía del Señor, porque ya se lo había dicho). El mar estaba cada vez más agitado. Entonces le preguntaron: "Qué debemos hacer para que el mar se nos calme?". "Recógeme y tírame al mar", respondió, "y se calmará. Yo sé que es mi culpa que esta gran tormenta haya venido sobre ti." En cambio, los hombres hicieron todo lo posible para remar de regreso a tierra. Pero no pudieron, porque el mar se volvió aún más salvaje que antes. Entonces clamaron al Señor: "Por favor, Señor, no nos dejes morir por quitarle la vida a este hombre. No nos hagas responsables por matar a un hombre inocente, porque tú, Señor, has hecho lo que quisiste". Entonces tomaron a Jonás y lo arrojaron por la borda, y el mar embravecido se calmó. Ante esto, los hombres temieron mucho al Señor, y ofrecieron un sacrificio al

Señor y le hicieron votos. Ahora el Señor proporcionó un gran pez para tragar a Jonás, y Jonás estuvo en el vientre del pez durante tres días y tres noches. Desde dentro del pez, Jonás oró al Señor su Dios. Él dijo:

"En mi angustia clamé al Señor, y Él me respondió. Desde lo profundo del reino de los muertos, clamé por ayuda, y escuchaste mi grito. Me arrojaste a las profundidades, al corazón mismo de los mares, y las corrientes se arremolinaron a mi alrededor; todas tus olas y rompientes pasaron sobre mí. Yo dije: 'He sido desterrado de Tu vista; sin embargo, volveré a mirar hacia Tu Santo Templo". Las aguas arrolladoras me amenazaron, el abismo me rodeó; algas estaban envueltas alrededor de mi cabeza. A las raíces de las montañas me hundí, la tierra debajo me encerró para siempre. Pero tú, Señor mi Dios, sacaste mi vida de la fosa. Cuando mi vida se acababa, me acordé de ti, Señor, y mi oración se elevó hasta ti, hasta tu santo templo. Aquellos que se aferran a ídolos sin valor se apartan del Amor de Dios por ellos. Pero yo, con gritos de alabanza agradecida, te sacrificaré. Lo que he prometido lo haré bien. Diré: 'La salvación viene del Señor'". Y el Señor alabó al pez, y vomitó a Jonás en tierra firme". (Jonás 1:1-17 y 2:1-10).

Estos versículos de la Escritura realmente me hablaron. Porque yo había estado en un lugar en el que estuvo Jonás. Oh, no era el vientre de un gran pez, pero era una habitación de cuatro paredes sin ventanas ni puertas y la gente me pisoteaba. La gente, ni siquiera lo sabía, estaba tratando de sacarme de la existencia. Clamé a Jesús por ayuda, y Él me escuchó y me sacó.

Todo esto fue porque había comenzado a tomar el camino ancho que conducía a la destrucción. Tampoco me estaba enfocando en lo único que puede ayudarme a superar todos los problemas y hacerme olvidar el pasado y avanzar hacia la Gloria que está por venir. Como dice la Palabra de Dios:

"No que haya alcanzado ya todo esto, ni que ya haya llegado a mi meta, sino que sigo adelante para asirme de aquello para lo cual Cristo Jesús me agarró a mí. Hermanos y hermanas, yo mismo no me considero haberme apoderado todavía de ella. Pero una cosa hago: olvidando lo que queda atrás y extendiéndome a lo que está delante, sigo adelante hacia la meta para ganar el premio por el cual Dios me ha llamado desde el cielo en Cristo Jesús" (Filipenses 3:12-14). Cometer errores definitivamente lo llevará a fallar, y las fallas son la falta de éxito, la falta de éxito en el trabajo de uno. Cuando me enfrento a un fracaso, me dirijo a Dios arrepentido y confío en que Él responderá de la mejor manera que siempre lo hace.

Volver a levantarme del fracaso es tener esperanza en Dios, quien me ayudará a superar los fracasos que parezco estar enfrentando mucho en este mundo.

La Palabra de Dios dice:

"Porque aunque los justos caigan siete veces, se levantarán de nuevo, pero los impíos tropiezan cuando sobreviene la calamidad". (Proverbios 24:16).

"No te regocijes de mí, enemigo mío! Aunque he caído, me levantaré. Aunque esté sentado en tinieblas, el Señor será mi luz". (Miqueas 7:8).

"Estamos en apuros por todos lados, pero no aplastados; perplejo, pero no desesperado; perseguido, pero no abandonado; derribados, pero no destruidos". (2 Corintios 4:8-9).

A menudo le preguntaba a Dios: "Cómo puedo evitar fallar?" y esto es lo que Él me reveló: **"Estad quietos y sabed que yo soy Dios, seré exaltado entre la nación. Seré exaltado en la Tierra'".** *(Salmo 46:10).*

"Mi carne y mi corazón pueden desfallecer, pero Dios es la fortaleza de mi corazón y mi porción para siempre". (Salmo 73:26).

"Porque la palabra de Dios es viva y eficaz. Más cortante que toda espada de doble filo, penetra hasta dividir el alma y el espíritu, las coyunturas y los tuétanos; juzga los pensamientos y las actitudes del corazón. Nada en toda la creación está oculto a la vista de Dios. Todo está descubierto y puesto al desnudo ante los ojos de Aquel a quien debemos dar cuenta". (Hebreos 4:12-13).

"Finalmente, hermanos y hermanas, todo lo que es verdadero, todo lo noble, todo lo que es justo, todo lo puro, todo lo amable, todo lo admirable, si algo es excelente o digno de alabanza, pensad en tales cosas. Lo que hayas aprendido o recibido u oído de mí, o visto en mí, ponlo en práctica. Y el Dios de la paz serás tú". (Filipenses 4:8-9).

Escuchar a Dios y sus instrucciones te garantiza sabiduría para poder aprender de tus fracasos y seguir adelante para completar el camino que Dios te ha hecho recorrer en este mundo.

"Por tanto, todo el que oye estas palabras Mías; y las pone en práctica es como un hombre sabio que edificó su casa sobre la roca'". *(Mateo 7:24).*

Para evitar fracasos y errores, sigue los caminos de Dios y nunca te equivocarás ni fallarás en nada. Aquí hay algunas promesas de Dios sobre los fracasos en tu vida:

"Jehová afirma los pasos del que en Él se deleita; aunque tropiece, no caerá, porque el Señor lo sostiene con su mano". *(Salmo 37:23-24).*

"Porque el Señor ama a los justos, y no desamparará a sus fieles. Los malhechores serán completamente destruidos. La descendencia de los impíos perecerá. Los justos heredarán la tierra y habitarán en ella para siempre". (Salmo 37:28-29).

"Confía en el Señor para siempre, porque el Señor, el Señor mismo es la Roca eterna. Él humilla a los que moran en lo alto—Él abate la ciudad encumbrada; La allana por tierra y la arroja al polvo". (Isaías 26:4-5).

"Mi alma te anhela en la noche; por la mañana mi espíritu te anhela. Cuando tus juicios vengan sobre la tierra, la gente del mundo aprenderá justicia". (Isaías 26:9).

Para saber que Dios es nuestro Juez (nuestro único Juez), esto es lo que hará cuando juzgue:

1. Danos lo que merecemos, porque a Su vista, Él sabe lo que es mejor.
2. Instruirnos sobre cómo debemos vivir, pues Su palabra es vida vivida.
3. Gobierna sobre nosotros y es nuestro Salvador, porque es un juez justo y perfecto.

La Palabra de Dios dice:

"Mira a Sion, la ciudad de nuestras fiestas; tus ojos verán a Jerusalén, morada de paz, tienda que no será movida; sus estacas nunca serán arrancadas, ni ninguna de sus cuerdas rotas. Allí, el Señor será nuestro Poderoso. Será como un lugar de anchos ríos y arroyos. No los cabalgará galera de remos, ni los navegará nave poderosa. Porque el Señor es nuestro juez, el Señor es nuestro legislador, el Señor es nuestro rey; es Él quien nos salvará". (Isaías 33:21-22).

"Porque es necesario que todos nosotros comparezcamos ante el tribunal de Cristo, para que cada uno de nosotros reciba lo que le corresponde por las cosas hechas mientras estaba en el cuerpo, sean buenas o sean malas". (2 Corintios 5:10).

Cuando alguien te traiciona o se vuelve contra ti, no debes buscar venganza, sino que debes buscar a Dios (en oración, exponiendo la situación ante Él). Porque Dios sabe cómo lidiar mejor con la situación que le presentas y luego te instruye sobre qué hacer. Ninguna situación, Dios no puede resolver. Todas nuestras heridas se curan y las lágrimas se secan, y todos los corazones rotos se reparan.

Este tipo de dependencia de nuestro Padre Dios es la mejor manera de mostrarle que le das el control total y la confianza con tu vida. Entonces Él te librará del daño de la situación que le pusiste delante. La Palabra de Dios dice:

"El Día del Señor vendrá como un ladrón. Los Cielos desaparecerán con un estruendo, los elementos serán destruidos por el fuego, y la tierra y todo lo hecho en ella quedará al descubierto. Dado que todo será destruido de esta manera, qué tipo de personas deberían ser ustedes? Debes vivir vidas santas y piadosas, mientras esperas el día de Dios y aceleras su llegada. Ese día traerá la destrucción de los cielos por fuego, y los elementos se derretirán en el calor. Pero conforme a su promesa, esperamos un cielo nuevo y una tierra nueva, donde mora la justicia". *(2 Pedro 3:10-13).*

"Por tanto, queridos amigos, ya que habéis sido advertidos, estad en guardia, para que no os dejéis llevar por el error de los inicuos y caigáis de vuestra segura posición. Sin embargo, crezcan en la Gracia y el Conocimiento de nuestro Señor y Salvador Jesucristo. A Él sea la gloria, ahora y siempre! Amén". *(2 Pedro 3:17-18).*

El pecado sin arrepentimiento siempre trae la disciplina de Dios. Esto es algo serio (de falta de arrepentimiento) con Dios, el solo hecho de saber que pecaste contra Dios y no reconocerlo es el pecado por encima de tu pecado del que aún no te has arrepentido. En la Palabra de Dios, dice:

"Si decimos que no hemos pecado, le hacemos mentiroso, y su palabra no está en nosotros". *(1 Juan 1:10).*

"Si decimos que no tenemos pecado, nos engañamos a nosotros mismos, y la verdad no está en nosotros". *(1 Juan 1:8).*

"Cualquiera que practica el pecado es del diablo, porque el diablo ha estado pecando desde el principio. La razón por la que apareció el Hijo de Dios fue para destruir las obras del diablo. Nadie nacido de Dios practica el pecado,

porque la simiente de Dios permanece en él, y no puede seguir pecando, porque ha nacido de Dios. En esto es evidente quiénes son los hijos de Dios, y quiénes son los hijos del diablo: el que no practica la justicia no es de Dios, ni el que no ama a su hermano". (1 Juan 3:8-10).

"Si confesamos nuestros pecados, Él es fiel y justo para perdonar nuestros pecados y limpiarnos de toda maldad". (1 Juan 1:9).

Por lo tanto, después de leer estos versículos, debemos preguntarnos si tenemos un pecado sin arrepentimiento que podamos cargar. Porque el pecado no arrepentido puede agobiarte y hacerte sentir como si estuvieras cargando una losa de hierro. Sin embargo, la clave para ser victorioso al levantar esa losa de hierro es dejar que la fuerza de Jesús (que vive en ti) haga que esa losa de hierro se sienta tan ligera como una pluma. La Palabra de Dios me dice:

"Pero Él me dijo: **'Mi gracia es suficiente para ti, porque mi poder se perfecciona en la debilidad'.** *Por tanto, de buena gana me gloriaré más en mis debilidades, para que repose sobre mí el poder de Cristo. Por eso, por amor de Cristo, me deleito en las debilidades, en los insultos, en las penalidades, en las persecuciones, en las dificultades. Porque cuando soy débil, soy fuerte". (2 Corintios 12:9-10).*

El apóstol Pablo llamó a su prueba un "aguijón en la carne". Busqué la palabra espina, y significa algo que causa angustia o irritación, que se usa a menudo en la frase: "espina en el costado". Tener esta espina no es tan agradable. La prueba (espina) de Pablo debe haber sido continua e irritante durante mucho tiempo, al igual que mi prueba (espina) que sigue repitiéndose e irritándome hasta que aprendí la lección de ella. Dios le dijo a Pablo que no quitará su espina, porque Su gracia es suficiente para soportar la prueba (espina) que está enfrentando, y la gracia es lo que mantuvo a Pablo (y a mí) cerca de Dios, siempre dependiendo de Él en todo momento.

La gracia que Dios me da es la recompensa de mi fe en Él, que está conmigo.

<u>Confiando en Jesús en cada paso.</u>

He estado derramando toda mi energía en confiar y depender de Dios durante cincuenta años. Jesús ha estado a mi lado, acompañándome a través de todas las pruebas que he enfrentado, todo este tiempo. Cuando las pruebas parecen ser demasiado agotadoras, Jesús me lleva sobre sus hombros que me hacen más fuerte y puedo ver todo lo que tengo por delante. Jesús me ayuda mucho en todas las decisiones difíciles que debo tomar. Al hacer esta única elección, dejar que Jesús entre en mi vida y tenga control total sobre mi vida, puedo caminar con total Consuelo, Amor y Compasión a través de este mundo frío y enojado.

La mayor preocupación que pesaba en mi mente era asegurarme de que todos estuvieran complacidos y satisfechos. Sin embargo, todavía me sentiría pesado y feo por dentro. Hasta que Jesús se hizo cargo de mi vida, me dijo que comenzara a preocuparme por complacer a Su Padre en el cielo en lugar de a la gente de este mundo. Al complacer a alguien más, entonces Dios nos lastimará y estorbará nuestro caminar con Él. Ahora me aseguro de que Dios esté complacido conmigo antes que nadie y el número uno, por encima de todo. Hacer la voluntad de Dios me trajo la paz y el amor que siempre estaba buscando. Ha sido una lucha vencer las pruebas que se me han presentado, pero tengo la mejor defensa, mi Señor y Salvador Jesucristo. Jesús siempre me apoyó, incluso cuando la situación parecía demasiado oscura para soportarla. Me he encontrado con personas que pueden atravesar situaciones oscuras con facilidad y sin ningún dolor. Sin embargo, Jesús me dijo que podrían pensar que soportaron la oscuridad por su cuenta, pero no lo hicieron.

Caminar por esta tierra sin la Luz de Jesús será solo una victoria temporal. Porque la luz de Jesús nunca se apaga y, a su vez, la oscuridad nunca puede reclamar la victoria. Entonces, si mantenemos el enfoque en Jesús y no en nuestra situación, Su Luz nos guiará a través de la oscuridad y directamente a la Presencia de Su Padre. Como dice la Palabra de Dios:

"Aunque ande por valles tenebrosos, no temeré mal alguno, porque tú estarás conmigo; tu vara y tu cayado me infunden aliento". (Salmo 23:4).

"No juzguéis, o seréis juzgados también vosotros, porque así como juzgáis a los demás, seréis juzgados, y con la medida con que midáis, se os medirá". (Mateo 7:1-2).

"El temor al hombre resultará ser una trampa, pero el que confía en el Señor está a salvo. Muchos buscan audiencia con un gobernante, pero es del Señor que el hombre obtiene la justicia". (Proverbio 29:25-26).

La Palabra de Dios: el arma para hacer huir a Satanás.

Obtengo todos mis consejos de la palabra de Dios. En la Biblia, se hace referencia a la palabra de Dios como una espada (un arma). Esta Espada (arma) es parte de la Armadura de Dios (el Escudo que nos protege). Como dice la Palabra de Dios: *"Tomad el yelmo de la salvación y la espada del Espíritu, que es la Palabra de Dios". (Efesios 6:17).* Y Satanás tratará de robarte la Palabra de Dios, si no estás totalmente en la Palabra de Dios (de Conocimiento y Fuerza). Como nos dice la Palabra de Dios:

"El Labrador siembra la Palabra [la semilla]. Algunas personas son como semillas junto al camino, donde se siembra la Palabra, tan pronto como la oyen, viene Satanás y se lleva la Palabra que se sembró en ellos". (Marcos 4:14-15).

Satanás usará las preocupaciones y los deseos de este mundo para ahogar la palabra de Dios en nosotros, haciéndonos infructuosos para servir y cumplir la voluntad de Dios. En la Palabra de Dios dice: *"Las preocupaciones de esta vida, el engaño de las riquezas y las codicias de otras cosas, entran y ahogan la palabra, haciéndola infructuosa". (Marcos 4:19).*

Finalmente, debemos ser la semilla sembrada en buena tierra que produce buenos frutos. Por lo tanto, cuando escuches la Palabra de Dios, acéptala, escúchala y hazla, y recibirás una gran recompensa de cien veces su valor. Sed como dice la Biblia: *"Otros son como semilla sembrada en buena tierra, oyen la palabra, la acogen y producen treinta, sesenta o hasta cien veces lo que se sembró". (Marcos 4:20).*

La Palabra de Dios es la única arma que puede resistir todas esas flechas que Satanás nos lanza en nuestra vida diaria. Permanecer en la Palabra de Dios y nunca cansarse de servirlo lo hará fuerte y lo preparará para todas las flechas ardientes de Satanás que le lanza. No puedo decir lo suficiente. Nunca te canses de hacer la obra de Dios que Él te da para hacer. El trabajo puede parecer duro a veces, pero con la fuerza que da Jesús, podemos hacer cualquier cosa. Como dice la Palabra de Dios:

"Todo lo puedo en Cristo que me fortalece". (Filipenses 4:13). Y no olvides: "Para Dios nada es imposible". (Mateo 19:26). Por lo tanto, siempre debes recordar alabar a Dios de todo corazón. Gloria y Victoria es de Dios, siempre y para siempre. Amén.

Ir y Escuchar al Equipo Estrella.

Debemos estar en sintonía con la Voz de Dios y estar dispuestos a sentarnos con Él y escuchar todo lo que Él tiene que decir. Porque Jesús pasó por todo lo que nosotros estamos pasando (y mucho peor!). Jesús conoce todos los ángulos para conquistar todas las situaciones. Jesús fue a la cruz por nosotros para que podamos tener la protección y la presencia de su Padre cuando necesitemos una mano amiga y un lugar de refugio.

Mientras confesemos, nos arrepintamos de nuestros pecados y vengamos a Él, Dios nos escuchará. El único camino al Padre es Su Hijo Jesús. Nada nos puede separar de Dios. Jesús lo dijo todo cuando dijo en la cruz: *"Cuando hubo recibido la bebida, Jesús dijo: Consumado es. Dicho esto, inclinó la cabeza y entregó el Espíritu". (Juan 19:30).* La Cortina del Templo se rasgó en dos para que podamos entrar en la Presencia de Su Padre y estar cara a cara para hablar (y escuchar) todo lo que necesita ser hablado. Jesús es mío (y tuyo), un compañero constante, cuando no hay nadie más alrededor. Alguien que entienda todas mis situaciones que enfrento en esta tierra. Todo lo que necesito hacer es extender mi mano y susurrar Su Nombre. En ese momento, Su Luz brilla y empiezo a sentir Su Amor, consolándome en medio de la confusión, mientras Su Mano me acerca cada vez más a Su Corazón de oro. Como dice la Palabra de Dios:

"El Señor Soberano me ha dado una lengua bien instruida, para saber la palabra que sostiene al cansado. Me despierta mañana tras mañana, despierta mi oído para escuchar como quien está siendo instruido. El Señor ha abierto mis oídos; No he sido rebelde, no me he desviado, porque el Señor Soberano me ayuda, y no seré avergonzado. Por eso he endurecido mi rostro como el pedernal, y sé que no seré avergonzado". (Isaías 50:4-5, 7).

"Escuchadme, escuchadme, y comed del bien y os deleitaréis con los manjares más ricos. Prestad oído y venid a Mí; escucha, para que vivas. Haré contigo un pacto eterno, mi fiel amor prometió a David. (Isaías 55:2b-3).

"Buscad al Señor mientras pueda ser hallado; llámalo mientras está cerca. Deje el impío sus caminos y los injustos sus caminos. Que se vuelvan al Señor, y Él tendrá misericordia de ellos, y al Dios nuestro, que con gracia perdonará. Porque mis pensamientos no son vuestros pensamientos, ni vuestros caminos mis caminos, dice el Señor". (Isaías 55:6-8).

"Y habiendo exclamado Jesús a gran voz, entregó el espíritu. En ese momento, la cortina del templo se rasgó en dos, de arriba abajo. La tierra tembló, las rocas se partieron y las tumbas se abrieron. Los cuerpos de muchas personas santas que habían muerto fueron resucitados. Salieron de los sepulcros después de la resurrección de Jesús y entraron en la ciudad santa y se aparecieron a mucha gente". (Mateo 27:50-53).

Cuando me relajo en los brazos eternos de Dios, todas mis debilidades se fortalecen y me dan energía para continuar en el viaje en el que estoy. Por lo tanto, camino continuamente a través de estos días difíciles, apoyándome en Jesús para que me ayude y me consuele. Es la mejor manera de vivir la vida en este mundo enojado y frío. No hay nada en la tierra que Jesús no pueda arreglar. La Palabra de Dios dice: *"El Dios eterno es vuestro refugio, y debajo están los brazos eternos. Él expulsará a tus enemigos de delante de ti, diciendo: "Destruidlos!". (Deuteronomio 33:27).*

"Estoy confiado en esto: Veré la bondad del Señor en la tierra de los vivientes. Espera en el Señor; esfuérzate y anímate y espera en el Señor". (Salmo 27:13-14).

Aquí hay algunas cosas que puede hacer para mantener su caminata suave:

<u>Uno:</u> Dar una sonrisa amistosa.

<u>Dos:</u> Mostrar misericordia, bondad, paciencia y perdón hacia los demás.

<u>Tres:</u> Utiliza la Sabiduría de Dios en todas las situaciones.

<u>Cuatro:</u> Use la guía amorosa para aquellos que se han descarriado.

<u>Cinco:</u> Use palabras suaves y curativas de paz. Nunca uses palabras duras, porque nunca resuelven nada.

Esas duras palabras darán lugar a discusiones y rabia, lo que puede conducir al pecado. Por tanto, haced lo que dice la Palabra de Dios:

"La suave respuesta quita el enojo, pero la palabra áspera hace subir el enojo". (Proverbios 15:1).

"Llevad mi yugo sobre vosotros, y aprended de mí, que soy manso y humilde de corazón, y hallaréis descanso para vuestras almas. Porque mi yugo es fácil, y ligera mi carga". (Mateo 11:29-30).

"Que tu sensatez sea conocida por todos. El Señor está cerca; por nada estéis afanosos, sino sean conocidas vuestras peticiones delante de Dios en toda oración y ruego, con acción de gracias". (Filipenses 4:5-6).

"En vuestros corazones, reverenciad a Cristo el Señor. Estad siempre preparados para dar respuesta a todo el que os pida razón de la esperanza que tenéis. Pero haced esto con mansedumbre y respeto, manteniendo la conciencia limpia, para que los que hablan mal de vuestra buena conducta en Cristo, se avergüencen de sus calumnias. Porque es mejor, si es la voluntad de Dios, sufrir por hacer el bien que por hacer el mal. Porque también Cristo padeció una sola vez por los pecados, el justo por los injustos, para llevaros a Dios. Fue muerto en el cuerpo, pero vivificado en el Espíritu". (1 Pedro 3:15-18).

"Recordad al pueblo que se sujete a los gobernantes y autoridades, que sea obediente, que esté listo para hacer el bien, que no calumnie a nadie, que sea pacífico y considerado, y que siempre sea amable con todos". (Tito 3:1-2).

"Porque donde tienes envidia y ambición egoísta, allí encuentras desorden y toda práctica perversa. Sin embargo, la sabiduría del cielo es ante todo pura; luego pacíficos, considerados, sumisos, llenos de misericordia y buenos frutos, imparciales y sinceros. Pacificadores que siembran en paz segar una cosecha de justicia". (Santiago 3:16-18).

"Hermanos y hermanas, si alguien es sorprendido en un pecado, ustedes que viven por el Espíritu deben restaurar a esa persona suavemente. Sin embargo, cuídense ustedes mismos, o también pueden ser tentados. Llevad las cargas los unos de los otros, y así cumpliréis la ley de Cristo". (Gálatas 6:1-2).

"El amor es paciente y amable. No tiene envidia, no se jacta, no es orgulloso. No deshonra a los demás, no es egoísta, no se enoja fácilmente, no lleva registro de lo malo. El amor no se deleita en el mal, se regocija con la verdad. Siempre protege, siempre confía, siempre espera y siempre persevera. El amor nunca falla". (1 Corintios 13:4-8a).

Confiar en Dios un día a la vez nos mantiene cerca de Él y Él cerca de nosotros. Como dice la Biblia: ***Permaneced en mí, como yo también*** *permanezco en vosotros. Ninguna rama puede dar fruto si no permaneces en Mí. Yo soy la Vid; ustedes son las ramas. Si permanecéis en Mí, y Yo en vosotros, daréis mucho fruto; separados de Mí no podéis hacer nada. Si no permanecéis en Mí, sois como una rama que se tira y se seca; tales ramas se recogen, se echan al fuego y se queman. Si permanecéis en Mí y Mis Palabras permanecen en vosotros, pedid loque queráis y os será hecho. Esto es para la gloria de mi Padre, que deis mucho fruto, mostrándoos que sois mis discípulos".* (Juan 15:4-8).

Debemos ceder al toque suave del Espíritu Santo que nos impulsa a vivir en una profunda dependencia de Dios. Como dice la Palabra de Dios: "Por tanto, no os preocupéis por el mañana, porque el mañana se preocupará por sí mismo. Cada día tiene su propio problema" (Mateo 6:34). Nuestra dependencia de Dios es lo que Dios nos pide que hagamos. Vivir los caminos de Dios es vivir una vida libre de preocupaciones.

<u>Vivimos por los caminos de Dios.</u>

Para vivir según los caminos de Dios, podemos hacer estas tres cosas simples:

<u>Uno</u>: Dale a Dios toda tu atención. Deja a un lado todas las distracciones y enfócate solo en buscar una relación más cercana con Él.

<u>Dos</u>: sigue las instrucciones de Dios cuando te habla. Esto es necesario; pues son Sus Indicaciones obedecer todas Sus Instrucciones que Dios os revela. Escucha la Voz de Dios y todo lo que Él te habla, y traerá Su Paz a tu alma. Sé que esto es cierto, porque pasé por una temporada en la que no escuché lo que Dios me dijo, y mi mente estaba confundida y en un lugar donde nada encaja (y no hay paz). Lo entendí después de leer 1 Pedro 3:10-12. Dice: *"Quien quiera amar la vida y ver días buenos, que guarde su lengua del mal y sus labios de hablar engaño; apártese del mal y haga el bien; que busque la Paz y la siga. Porque los Ojos del Señor están sobre los justos, y Sus oídos atentos a su oración. Pero el rostro del Señor está contra los que hacen el mal".*

<u>Tercero</u>: Acepta como requisito la Provisión de Dios, para basar todas tus acciones y decisiones en la Verdad de la Palabra de Dios, dependiendo siempre de Él para todo y para cualquier cosa.

Con estas tres formas sencillas de vivir como Dios quiere que vivamos, nuestra elección debería ser más fácil para proclamar que he elegido caminar con humildad y sencillez, al lado de Jesús, porque esta es la mejor manera de vivir los caminos y los deseos de Dios. . Porque Dios está velando por todo y está velando todo el tiempo.

Aquí ahora hay algunas Escrituras para recordarle que debe vivir según los caminos de Dios. Medita en estas Escrituras y haz lo que dicen. Tu mente estará llena de Paz y Alegría, que es lo que Dios ofrece a quien escucha y obedece Su Palabra:

"A quien Me reconozca ante los demás, Yo también lo reconoceré ante Mi Padre que está en los Cielos. Pero quien me niegue ante los demás, Yo lo repudiaré ante Mi Padre que está en los Cielos". *(Mateo 10:32-33)*.

"El que encuentre su vida, la perderá, y el que pierda su vida por causa de mí, la hallará. El que os recibe a vosotros, me recibe a mí, y el que me recibe a mí, recibe al que me envió". *(Mateo 10:39-40)*.

"Y el que recibe a un justo como justo, recibirá recompensa de justo". *(Mateo 10:41b)*.

Con Jesús a mi lado, tengo valor para no temer en tiempos de tribulación, valor para confiar en todas Sus Promesas, las Promesas que hacen de Él el Dios de Poder y de Amor. Sé que "Dios es Amor". (1 Juan 4:8); es quien es Él. También sé que puedo confiar en Él que nunca me dejará ni dejará de terminar el trabajo que comenzó conmigo. Estoy tan lleno de tanta gratitud por mi Equipo Estelar que me siento abrumado por la Alegría y la Paz. Nada se compara con esta Verdad - Jesús vive en mí!

Cómo me afecta la presencia interior de Jesús? Bueno, me afecta mucho. Verás, mi Señor Jesús vino a vivir dentro de mí, en un momento de mi vida en el que estaba inseguro de mí mismo y estaba cayendo en ese pozo de desesperación. Ahora confío en que Jesús morará en mí mientras yo habite en Él. No hay mejor compañero que mi Señor y amigo Jesús. Jesús siempre estará allí para mí (y para ti también) cada vez que pida ayuda.

La transformación espiritual y el crecimiento pueden estar al alcance al someterse a Jesús y permitirle que se exprese en nosotros. Cuando dejo que Jesús se exprese a través de mí, empiezo a liberarme de cualquier tipo de preocupación que persiste en mi mente. Como dice la Palabra de Dios:

"Por tanto, os digo, no os preocupéis por vuestra vida, qué comeréis o beberéis; o sobre tu cuerpo, lo que te pondrás. No es la vida más que la comida y el cuerpo más que la ropa? Por tanto, no os preocupéis por el mañana, porque el mañana se preocupará por sí mismo. Cada día tiene suficientes problemas propios". (Mateo 6:25, 34).

Cuando somos seguidores de Jesús, no necesitamos estar ansiosos, porque Jesús quita todas nuestras preocupaciones. No tenemos que preocuparnos cuando creemos que Jesús llevará nuestras cargas por nosotros. La Palabra de Dios dice:

"Venid a mí todos los que estáis trabajados y cargados, y yo os haré descansar. Llevad Mi yugo sobre vosotros y aprended de Mí, que Soy Manso y Humilde de corazón, y hallaréis descanso para vuestras almas. Porque mi yugo es suave y mi carga ligera'". *(Mateo 11:28-30).*

Un creyente tiene que poner su confianza en el Señor Jesús, para la Salvación y la Esperanza, entonces recibe la Vida Eterna. Un seguidor va más allá de lo que hace el creyente y busca conocer y obedecer a Dios.

Cuando comienzas tu búsqueda a través de la Palabra de Dios (la Biblia), Jesús comienza a vivir en ti; y tú en Él. Esta acción inicia el proceso de evitar formas de preocupación. digo proceso porque no sucede de la noche a la mañana tener una vida libre de preocupaciones.

Todavía lucho contra las flechas de la duda que Satanás lanza continuamente en mi camino. Sin embargo, con mi Biblia y Jesús a mi lado ayudándome, puedo protegerme de las flechas de Satanás. Esto es lo que Dios busca en nosotros, que confiemos y creamos que Su Hijo Jesús está con nosotros en cada paso. Nada más puede demostrarle a Dios que somos confiables y libres de preocupaciones que cuando caminamos de la mano con Su amado Hijo de Jesús.

Desde el primer momento que necesité ayuda hasta el hermoso amanecer de hoy, mi Equipo Estrella ha estado conmigo reconfortándome, protegiéndome, ayudándome y sobre todo amándome. Siempre estaré agradecida por ese primer momento que Jesús me consoló y por nunca dejarme. En ese primer momento de mi vida, aprendí a dejar ir cualquier tipo de posesiones mundanas que pensé que necesitaba. En ese momento, Jesús me extendió Su mano y me dijo que lo siguiera, a una vida de Paz y Amor. Entonces supe que siempre tendría Amor y Consuelo conmigo; que Él da tan libremente a aquellos que lo necesitan. Jesús siempre estará tomando mi mano, aunque el fuego de este mundo siempre estará frente a mí; porque ese fuego nunca me quemará. Amo a mi Equipo Estrella y mi Equipo Estrella me ama a mí. Mi seguridad (esperanza) está en Sus brazos, donde Él siempre me acogerá.

Cada paso que doy en la Luz de Dios siempre resplandecerá sobre mí; para mantenerme protegido de las flechas de la tentación que Satanás lanza continuamente en mi dirección. El que nunca cambiará o nunca me dejará es el que siempre estará agarrando mi mano, para que nunca me pierda ni me lastime.

El poder de las Escrituras (la Palabra de Dios).

Lee estas Escrituras y siente el Poder del Equipo Estrella:

"La rectitud y la justicia son el fundamento de tu trono; El Amor y la Fidelidad van delante de Ti. Bienaventurados los que han aprendido a aclamarte, los que caminan a la Luz de Tu Presencia, Señor. Se regocijan en tu nombre todo el día; ellos celebran Tu Justicia. Porque tú eres su gloria y fortaleza, y con tu favor exaltas nuestro cuerno. En verdad, nuestro Escudo pertenece al Señor, nuestro Rey al Santo de Israel". (Salmo 89:14-18).

"Jesucristo es el mismo ayer y hoy y por los siglos. No te dejes llevar por todo tipo de enseñanzas extrañas. Bueno es que nuestro corazón se fortalezca con la Gracia, no con comer alimentos ceremoniales, que no benefician a los que lo hacen". (Hebreos 13:8-9).

"Porque yo soy el Señor tu Dios que toma tu mano derecha y te dice: No temas; Te ayudaré"*. (Isaías 41:13).*

"Por tanto, no os quejéis, como hicieron algunos de ellos, y fueron muertos por el ángel destructor". (1 Corintios 10:10).

"Por tanto, ya que estamos recibiendo un reino inconmovible, seamos agradecidos y adoremos a Dios aceptablemente con reverencia y temor, porque nuestro 'Dios es fuego consumidor'". (Hebreos 12:28-29).

"La ira de Dios se revela desde el cielo contra toda impiedad y maldad de los hombres, que con su maldad detienen la verdad, porque lo que de Dios se conoce les es manifiesto, porque Dios se lo manifestó. Porque las cosas invisibles de Dios, su eterno poder y deidad, se hacen claramente visibles desde la creación del mundo, siendo entendidas por medio de las cosas hechas, de modo que los hombres no tienen excusa". (1 Corintios 1:18-20).

"Así que, arrepentíos y convertíos a Dios, para que vuestros pecados sean borrados, para que vengan tiempos de refrigerio del Señor, y Él envíe al Mesías, que os ha sido designado, a Jesús. El cielo debe recibirlo hasta que llegue el tiempo de que Dios restaure todo, como Él prometida hace mucho tiempo por medio de sus santos profetas". (Hechos 3:19-21).

"Sembrad justicia para vosotros mismos, cosechad el fruto del amor inagotable y rompid vuestra tierra sin arar; porque es tiempo de buscar al Señor, hasta que venga y derrame sobre vosotros su justicia". (Oseas 10:12).

"He aquí un dicho fiel: Si morimos con Él, también viviremos con Él; si perseveramos, también reinaremos con Él. Si lo repudiamos, Él también nos repudiará; si somos infieles, Él permanece fiel, porque no puede repudiarse a sí mismo". (2 Timoteo 2:11-13).

Jesucristo es el líder-siervo supremo. Podemos aprender de Su ejemplo de liderazgo y cómo ser siervos de los demás. Como dice la Biblia:

"El Hijo es la imagen del Dios invisible, el primogénito de toda creación. Porque en Él fueron creadas todas las cosas: cosas en el cielo y en la tierra, visibles e invisibles, sean tronos o poderes o principados o autoridades; todas las cosas han sido creadas por medio de él…. Y en Él todas las cosas subsisten". (Colosenses 1:15-17).

El Mensaje de Dios para mí es que debo confiar y esperar en Él antes de hacer cualquier cosa. Dirigir toda mi atención está en Él y lo que Él hará me dará la paciencia para esperar y confiar en Él, con cada fibra de mi corazón y alma, de la manera en que Dios me diseñó para vivir. Mientras esté aquí en esta tierra, viviré en una profunda dependencia de Dios y haré todo lo que

Él me instruya que haga y diga. Dios me mantendrá seguro en Su Presencia, donde recibiré el Gozo y la Paz que Él me da mientras lo espero. Esperar en Dios es callar y escuchar Su Voz para decirme a dónde quiere que vaya y difundir Su Mensaje de Amor, Esperanza y Paz. Todas las cosas que hago son para la Gloria de Dios.

Nunca estamos solos en la espera. Jesús está justo a nuestro lado, dándonos la fuerza para hacer la obra de Su Padre. Seguir adelante con Jesús es todo lo que necesitamos hacer para difundir la alegría y el amor que Dios nos da. Además, debemos ser perdonadores y dejar ir todas las cosas mundanas que impiden nuestro caminar con Jesús. A su vez, nuestro Padre Celestial renovará nuestra mente, sanará nuestro corazón herido y nos fortalecerá porque como dice la Palabra de Dios:

"Todo lo puedo en Cristo que me fortalece". (Filipenses 4:13).

"No os conforméis al modelo de este mundo, sino transformaos mediante la renovación de vuestra mente. Entonces podréis probar y aprobar cuál es la voluntad de Dios, su Buena, Agradable y Perfecta Voluntad". (Romanos 12:2).

"El Señor está cerca de los quebrantados de corazón y salva a los que están contritos de espíritu. El justo puede tener muchas aflicciones, pero de todas ellas lo libra el Señor; Él protege todos sus huesos, ninguno de ellos se romperá". (Salmo 34:18-20).

"Y a los que se afligen en Sion, se les dará una corona de hermosura en lugar de ceniza, aceite de gozo en lugar de luto, y manto de alabanza en lugar de un espíritu de desesperación. Serán llamados robles de justicia, plantío del Señor para exhibición de su esplendor". (Isaías 61:3). "Mi carne y mi corazón pueden desfallecer, pero Dios es la Fortaleza de mi corazón y mi Porción para siempre". (Salmo 73:26).

"Estad quietos y sabed que yo soy Dios. Seré exaltado entre las naciones. Seré exaltado entre la tierra". (Salmo 46:10).

Intimidad con el Dios Todopoderoso - A través de Su Hijo, Jesucristo:

Lo primero que debes hacer para tener una relación íntima con Dios es creer en Su Hijo Jesús y luego confesar tus pecados, arrepintiéndote de ellos y apartándote de ellos aún en los tiempos de tentación que surjan en este mundo. Entonces, fija tus ojos en Jesús (en todo momento) y lee continuamente tu Biblia, y Jesús le pedirá a Su Padre que te perdone, te consuele y te proteja (siempre) a través de los fuegos de este mundo corrupto. La Palabra de Dios dice:

"Yo soy el camino, la verdad y la vida. Nadie viene al Padre sino por Mí"". (Juan 14:6).

"'Y todo lo que pidáis en mi nombre, lo haré, para que el Padre sea glorificado en el Hijo. Podéis pedirme cualquier cosa en Mi Nombre, y Yo lo haré. Si me amáis, guardad mis mandamientos'". (Juan 14:13-15).

Por eso elegimos la cercanía de nuestro Señor Jesús, dejarlo entrar en nuestro corazón, tener el control total y llevarnos sobre sus hombros cuando nos sentimos débiles. Hay dos razones más para acercarse:

Primero:

Deseo de ser conocido (y de saber) por Dios, lo que requiere una intensa vulnerabilidad y humildad.

Segundo:

Tener una relación con Dios (a través de Su Hijo) y con todos los que Él pone en nuestro camino, lo que también requiere trabajo duro y humildad. La Palabra de Dios dice: *"Para Dios nada es imposible". (Mateo 19:26).*

Cualquier cosa que nuestro Padre Celestial nos pida que hagamos, seremos capaces de hacerlo. Por supuesto, con Su ayuda. Cuando nuestra relación con Dios es correcta, entonces todas las relaciones se unirán. Debes desempolvar tu Biblia y leerla para conocer a Dios. Si no tiene uno, consiga uno; mantendrá su relación cercana. No hay otra forma de encontrar los Principios de Dios sobre cómo vivir, respirar y caminar con Él sin abrir la Biblia. Debemos llenar nuestra mente con cosas piadosas y no cosas mundanas. Una vida de oración también es esencial.

Estas cosas piadosas no suceden simplemente; Requieren esfuerzo de nuestra parte. Ese esfuerzo comienza con la oración y la lectura de la Palabra de Dios (la Biblia). No puedo decir lo suficiente, de lo importante que es leer la Biblia. La Biblia es donde puedes escuchar a Dios hablándote. La Biblia dice:

"Toda la Escritura es inspirada por Dios y útil para enseñar, reprender, corregir e instruir en la justicia, a fin de que el siervo de Dios esté enteramente preparado para toda buena obra". (2 Timoteo 3:16-17).

Cuando vivimos en comunicación con Dios, a través de su Hijo Jesús y leyendo la Biblia, establecemos una relación íntima con Él. Cuando vivimos de la manera que Dios quiere que vivamos, lo glorificamos, y Él mirará hacia abajo y sonreirá para decir; 'Bien hecho, mi fiel amigo'. Entonces recibiremos la Paz de Dios, y como nos dice Su Hijo:

"La paz os dejo, mi paz os doy. Yo no os doy como da el mundo. No se turbe vuestro corazón y no tengáis miedo"'. *(Juan 14:27).*

Esto solo sucede cuando pasas tiempo en la Palabra de Dios y sigues el ejemplo de Su Hijo Jesús. Somos hijos de Dios, no Su ene migo, por lo que debes actuar como Sus hijos, viviendo en obediencia, a Él y solo a Él. Si sientes que te estás alejando de Dios, simplemente arrodíllate y, en el nombre de Jesús, pregúntale a Su Padre por qué te sientes así y qué puedes hacer para corregir el mal (si lo hay), para acercarte a A él. Esto es lo que nos reconcilia con nuestro Padre Celestial. Entonces tenemos la Paz que Él Prometió darnos. La palabra Paz se traduce como la ausencia de hostilidad, lucha y desorden. Como dice la Biblia: *"Dios no es un Dios de desorden, sino de Paz, como en todas las congregaciones del pueblo del Señor". (1 Corintios 14:33).*

Cuando eres uno con Jesús, puedes atravesar los momentos difíciles con una tranquilidad indescriptible. Encontré, al enfrentar pruebas, tres Verdades Bíblicas que pueden proteger mi corazón y mi mente:

"Y sabemos que Dios dispone todas las cosas para el bien de los que le aman, los que han sido llamados conforme a su propósito". (Romanos 8:28).

"El Señor ha establecido Su trono en los cielos, y Su reino domina sobre todo". (Salmos 103:19).

"Así dice el Señor, el que hizo la tierra, el Señor que la formó y la afirmó, el Señor es su nombre: 'Llámame y te responderé y te hablaré de cosas grandes e inescrutables que no sabes' ". (Jeremías 33:2-3).

Cuando vengan los problemas, recuerde que Dios está gobernando la situación, y Él es más grande que los problemas por los que pueda estar pasando. Dios está en control. Solo tenemos que pedirle ayuda. y depender de

El para todo. Este es el mayor deseo de Dios, porque todo lo que Dios desea está en Su Hijo Jesús. Por eso es muy importante cumplir nuestra relación con Jesús. Porque Él nos da un sentido de aceptación, propósito y dirección. Una característica distintiva de la paz de Jesús es que cuando menos lo esperas, Jesús viene a ti y, de repente, tus circunstancias angustiosas se convierten en recuerdos lejanos.

Recuerda, cuando Jesús les dijo a sus discípulos: *"En mí tendréis paz. En este mundo tendréis tribulación, pero tened ánimo; He vencido al mundo".* *(Juan 16:33).*

No hay límite para la paz de Jesús. Todo lo que tienes que hacer es invitarlo a tu vida y recibes Su Paz Ilimitada. Mostrarle a Jesús tu amor por Él es mostrar tu disposición a obedecer cada mandato que Él te da. Entonces recibes la fuerza para enfrentar cada desafío. Cuando nuestra primera respuesta es buscar los pensamientos de Dios sobre la situación y seguir todas Sus Instrucciones, Él responderá rápidamente con Su Gracia y Consuelo que nos fortalecerá para los desafíos.

Cuatro cosas que harán que las personas (también los creyentes) pierdan la paz de Dios:
1. Pecado. Cuando vives en tu pecado, tu paz se evapora.
2. Incredulidad y duda. Cuando dudas de las promesas de Dios, la incertidumbre y el miedo gobiernan tus pensamientos.
3. Preocupación. Cuando no tienes confianza en lo que dice Jesús, tus pensamientos comienzan a divagar. Recuerda esta Escritura: *"No os preocupéis por el día de mañana; porque mañana cuidará de sí mismo. Cada día tiene suficientes problemas propios". (Mateo 6:34).*
4. Maltrato. Cuando las personas usan palabras desagradables o falsas para lastimarte, eso te deprime.

Si llevas todo a Dios en oración y agradecimiento, Su Paz te rodeará y te protegerá en cada situación. Simplemente busque la ayuda de Dios y continúe leyendo Su Palabra y observe lo que Él hace en su vida. Nuestros corazones estarán lo suficientemente tranquilos para soportar cualquier circunstancia que quiera que estemos cualquier cosa menos tranquilos.

<u>Oración</u>

Gracias, Padre, por toda tu protección que brindaste en mi vida. Estuviste conmigo cuando era joven, y estás conmigo ahora. Ningún lugar en la tierra preferiría estar que en tus reconfortantes brazos. En el nombre de Jesús, oro. Amén.

Nunca es demasiado tarde para comenzar a buscar una relación más profunda con Dios. La Biblia dice: *"Olvidando lo que está delante, y extendiéndome hacia lo que está delante, prosigo hacia la meta para ganar el premio por el cual Dios me ha llamado desde el cielo en Cristo Jesús". (Filipenses 3:13b, 14).*

Aquí hay algunos pasos que tal vez quieras tomar para comenzar a moverte hacia el Cielo. Lo hice, y siempre estaré agradecido de haberlo hecho. Me siento seguro de que tengo un lugar en el corazón de Dios. Usted también puede tener esta seguridad.

<u>Paso 1</u>: Lea las Escrituras.

Dios te hablará y te enseñará a través de Su Palabra. Revelando quién es Él y lo que hace y cómo vivir una vida justa en este mundo oscuro y frío.

<u>Paso 2</u>: Siempre esté dispuesto a pasar tiempo a solas con Dios.

Eso está en la oración, la meditación y la adoración. Este tiempo a solas con Dios es para conocerlo mejor. Los beneficios bien valen su tiempo.

<u>Paso 3</u>: Pon tu confianza en Dios.

La base de cualquier relación depende del nivel de confianza. En una escala del 1 al 10, la confianza que deberías tener en Dios debería ser un 10. Si es menos, tendrás dificultades para levantarte por la mañana.

<u>Paso 4</u>: Obedecer a Dios.

Dar un paso en obediencia a Él muestra que confías en Él, lo que te lleva a recibir la bendición que Él tiene para ti. Además, revela más de Él en tu vida.

<u>Paso 5</u>: Observa siempre cómo es Jesús en tu vida.

Prestar atención a cómo Él obra en tu vida le muestra que Sus caminos son los que trabaja para superar este mundo oscuro y frío.

<u>Paso 6</u>: Haz de Dios tu principal prioridad.

Debes, repito, debes estar dispuesto a dejar de lado cualquier cosa que compita con tu lealtad y devoción a Dios. Nada se acerca siquiera al Amor de Dios. Conocer a Dios íntimamente es alcanzable. La clave es la persistencia.

Olvida los fracasos del pasado y sigue adelante. Mantenga la calma y haga retroceder el pasado. Aprende de esos fracasos pasados, confía en Dios y camina confiado con Jesús.

El último ejemplo

Todos necesitamos un ejemplo a seguir para vivir una vida justa y tranquila. Ese ejemplo es nuestro Señor y Salvador Jesucristo. En este mundo, no podemos encontrar uno. Algunos se conforman con lo que ofrece el mundo; que no dura. Qué les sucede si siguen lo que ofrece el mundo? Terminan vagando sin rumbo, amargados, vacíos y solos. Necesitamos vivir como lo hace Jesús, con total confianza en su Padre. Jesús venció este mundo, y conoce todos los entresijos de este mundo. Aferrarse a Jesús te da el coraje y la fuerza que todos necesitamos para vencer este mundo. Nos convertimos en nosotros mismos cuando permanecemos en Jesús como Jesús permanece en nosotros.

Como dice la Palabra de Dios: *"Porque es Dios quien produce en vosotros el querer y el hacer para cumplir su buen propósito. Haced todo sin murmuraciones ni discusiones, para que seáis irreprensibles y puros"*. *(Filipenses 2:13-15a)*.

"No te lo he mandado yo? Se fuerte y valiente. No tengas miedo; no te desanimes, porque el Señor tu Dios estará contigo dondequiera que vayas". *(Josué 1:9)*.

Este es el corazón del Evangelio, no que Jesús nos salvó de la muerte, sino que Él nos capacita para vivir para Él como Él vive en ya través de nosotros.

Siempre Deseando a Jesús en Nuestras Vidas:

La Palabra de Dios es poderosa y cambia vidas.

La Palabra de Dios es asombrosa y vale la pena vivirla.

La Palabra de Dios me da razón para buscar y desear saber más acerca de mi Padre Celestial y mi Señor Jesús.

La Palabra de Dios es más preciosa que el oro. Cada vez que abro mi Biblia, siempre siento ánimo e inspiración. Estas son algunas de mis Escrituras favoritas (no las únicas) que me mantienen recargado e inspirado:

"Toda la Escritura es inspirada por Dios y útil para enseñar, reprender, corregir e instruir en la justicia, a fin de que el hombre de Dios esté enteramente preparado para toda buena obra". (2 Timoteo 3:16-17).

"Él da poder a los débiles y fuerza a los débiles. Incluso los jóvenes se debilitarán y se cansarán, y los jóvenes caerán exhaustos. Sin embargo, aquellos que confían en el Señor encontrarán nuevas fuerzas. Se elevarán alta en las alas como águilas. Correrán y no se cansarán. Correrán y no se cansarán. Caminarán y no desmayarán". (Isaías 40:29-31).

"Venid a mí todos los que estáis trabajados y cargados, y yo os haré descansar. Llevad mi yugo sobre vosotros y aprended de mí que soy manso y humilde de corazón y hallaréis descanso para vuestras almas". (Mateo 11:28-29).

"Y este mismo Dios que me cuida, suplirá todas vuestras necesidades con las riquezas de su gloria que nos han sido dadas en Cristo Jesús". (Filipenses 4:19).

"Pero el que me escucha vivirá seguro y tranquilo, sin temor al mal". (Proverbios 1:33).

"'Porque yo sé los planes que tengo para ustedes,' dice el Señor. 'Son planes de bien y no de calamidad, para daros porvenir y esperanza'" *(Jeremías 29:11).*

"Y por Su gloria y excelencia, Él nos ha dado grandes y preciosas promesas. Hay promesas que te permiten compartir Su naturaleza divina y escapar de la corrupción del mundo causada por los deseos humanos". (1 Pedro 1:4).

"Si confiesas con tu boca que Jesús es el Señor, y crees en tu corazón que Dios le levantó de los muertos, serás salvo". (Romanos 10:9).

"Porque la paga del pecado es muerte, mas la dádiva de Dios es Vida Eterna en Cristo Jesús Señor nuestro". (Romanos 6:23).

"'Te dejo con un regalo, paz mental y de corazón. Además, la Paz que doy es un regalo que el mundo no puede dar. Así que no os turbéis ni tengáis miedo'". *(Juan 14:27)*.

"Mi carne y mi corazón pueden desfallecer, pero Dios es la fortaleza de mi corazón y mi porción para siempre". *(Salmo 73:26)*.

"Estad quietos y sabed que yo soy Dios. Seré exaltado entre la nación. Seré exaltado en la Tierra". *(Salmo 46:10)*.

Tres formas que muestran que estamos viviendo en una fe profunda:

Primero: Cree! Segundo: Cree! Tercero: Cree!

Sí, eso es todo lo que se necesita. Solo cree, y nada te sacudirá. Sin importar las circunstancias o cómo nos sintamos, debemos aferrarnos al carácter inmutable de Dios: Él es bueno, amoroso, todopoderoso, conoce cada detalle de nuestra vida, tiene el control, nos salvará e intercederá cuando las cosas se pongan demasiado difíciles para nosotros. Dios no cambia nuestras circunstancias. Dios promete estar con nosotros y caminar con nosotros a través de esas circunstancias difíciles que nos agobian tanto.

Recuerda todas las cosas que Dios ya ha hecho por ti y te ayudó y fortaleció todos los días para caminar a través de las sombras del mundo y entrar en las puertas de Su reino. El lugar donde encontrarás todos los mejores tesoros está en el cielo, esperándote. Porque no hay nada en la tierra que pueda complacernos más que el Amor de nuestro Padre en el Cielo. La Palabra de Dios dice; "No me he apartado de los Mandamientos de los labios de Dios; He atesorado las Palabras de Su boca más que el pan de cada día". (Job 23:12).

Jesús dice: ***"Nunca te dejaré; Nunca te abandonaré"***. (Hebreos 13:5).

Fe y Obediencia (Una vida aparte)

Muchas veces en la Biblia leo que la Fe y la Obediencia es la Clave para mover montañas: Las montañas de las malas acciones, las montañas de las dificultades y las montañas de la desesperación. Tanto la Fe como la Obediencia deben ir de la mano para lograr la acción de mover las montañas que nos encontramos en este mundo. Vivir una Vida de Fe y Obediencia es una

Vida aparte de vivir en este mundo. Dios recompensa a los que viven, buscan su presencia y le obedecen fielmente. Habilitándolos con Coraje y Fuerza que conquista todos los problemas de este mundo. Tres cosas importantes que debes hacer para vivir la Vida que está fuera de este mundo:

<u>Primero</u>, debemos; buscar a Dios, conocer a Dios, disfrutar de Dios, y sobre todo amar a Dios. Deja que Él te guíe a través de los "valles de oscuridad". Entonces no temerás nada de lo que Satanás arroje en tu camino para hacerte tropezar.

<u>Segundo</u>, debemos perseverar y aferrarnos a la fuerza de Jesús. Porque tenemos que luchar en este mundo por causa de Su nombre, porque todos sabemos que Jesús venció a este mundo y sabe exactamente qué hacer para enviar a Satanás huyendo con el rabo entre las piernas.

<u>Tercero</u>, debemos estar listos para vivir separados de este mundo y vivir con Jesús en Paz y Amor, estando listos para obedecer cada Mandato que Él dice. Difundir el Amor y la Alegría de Dios es mucho más fácil de lo que pensamos.

Cuando vivimos sus caminos, le mostramos al mundo quién es Dios. La Compasión de Dios brilla a través de nosotros cuando caminamos en Confianza y Obediencia junto a Jesucristo nuestro Señor, Salvador y Amigo.

"Porque un niño nos es nacido, hijo nos es dado, y el principado estará sobre su hombro. Y Él será llamado; Admirable Consejero, Dios Fuerte, Padre Eterno, Príncipe de Paz". (Isaías 9:6).

Sé que Dios va delante de mí. Dios está detrás de mí. Dios está a mi lado para guiarme todo el tiempo. Puedo caminar con confianza y esperanza en Su Protección. Lo que realmente importa es que el Gran Yo Soy está, estuvo y siempre estará para siempre conmigo, sin importar lo que este mundo oscuro y enojado me arroje.

Desde el primer día que le abrí la puerta a mi Señor y lo invité a mi vida, puedo depender de Él para que me brinde Su tierno, amoroso consuelo y amistad, en mi momento de necesidad; cuando no había nadie alrededor. Mi Equipo Estrella siempre está disponible para mí cuando lo necesito.

Hay dos cualidades clave que Jesús nos ordena que hagamos:

"Ama al Señor tu Dios con todo tu corazón y con toda tu alma y con toda tu mente". Este es el primer y más grande mandamiento. Y el segundo es así: "Ama a tu prójimo como a ti mismo". Toda la Ley y los Profetas dependen de estos dos Mandamientos". *(Mateo 22:37-40)*.

Con estos dos Mandamientos que nos da nuestro Señor nos deja muy claro lo que debemos hacer y cómo debemos vivir. Fe, Obediencia y sobre todo Amor, para ayudarnos a mantener vivos estos dos mandamientos.

Cinco Hechos y Escrituras para Ayudarle a Entender acerca de la Madurez Espiritual:

1. La madurez espiritual es intencional.

"Entonces, Cristo mismo dio a los apóstoles, a los profetas, a los evangelistas, a los pastores y maestros, para equipar a su pueblo para las obras del servicio. Para que el cuerpo de Cristo sea edificado hasta que todos alcancemos la unidad en la fe y en el conocimiento del Hijo de Dios y maduremos, alcanzando toda la medida de la plenitud de Cristo. Entonces ya no seremos niños, zarandeados por las olas y arrastrados aquí y allá por todo viento de enseñanza y por la astucia y la astucia de la gente en sus engañosas intrigas. Al contrario, hablando la verdad en amor, creceremos hasta llegar a ser en todo el cuerpo maduro de Aquel que es la cabeza, es decir, Cristo. De Él crece y se edifica en el amor todo el cuerpo, unido y sostenido por todos los ligamentos que lo sustentan, a medida que cada miembro realiza su obra". (Efesios 4:11-16). (El significado de esta Escritura es que a través de nuestra lectura de la Palabra de Dios y aceptando a Su Hijo Jesús, estamos equipados y listos para salir y difundir las buenas nuevas del evangelio).

2. La madurez espiritual es un proceso.

"Por lo tanto, queridos amigos, ya que han sido advertidos, estén en guardia para que no se dejen llevar por el error de los inicuos y caigan de su posición segura. Sin embargo, crezcan en la gracia y el conocimiento de nuestro Señor y Salvador Jesucristo. A Él sea la gloria ahora y siempre! Amén". (2 Pedro 3:17-18). (El significado de esta Escritura es buscar siempre primero el reino de Dios, y tendrás el conocimiento y la fuerza para cumplir la voluntad y el propósito de Dios).

3. La madurez espiritual requiere disciplina.

"Todo lo que Dios creó es bueno, y nada se debe desechar si se recibe con acción de gracias, porque está consagrado por la palabra de Dios y la oración. Si enseñas estas cosas a los hermanos y hermanas, serás un buen ministro de Cristo Jesús, nutrido de las verdades de la fe y de la buena enseñanza que has seguido. No tengas nada que ver con los mitos sin Dios y los cuentos de viejas; más bien, entrénate para ser piadoso. Porque el ejercicio físico es de algún valor, pero la piedad tiene valor para todas las cosas, teniendo promesa tanto para la vida presente como para la venidera. Palabra fiel que merece aceptación plena. Por eso trabajamos y nos esforzamos, porque hemos puesto nuestra esperanza en el Dios vivo, que es el Salvador de todos los hombres, y especialmente de los que creen. Manda y enseña estas cosas.

No dejes que nadie te menosprecie por tu juventud, sino sé ejemplo para los creyentes en palabra, conducta, amor, fe y pureza. Hasta que yo venga, dedíquense a la lectura pública de la Escritura, a la predicación ya la enseñanza. No descuides tu don, que te fue dado por medio de la profecía, cuando el cuerpo de ancianos te impuso las manos. Sé diligente en estos asuntos; entrégate por completo a ellos, para que todos puedan ver tu progreso. Vigila de cerca tu vida y tu doctrina. Persevera en ellas, porque si lo haces, te salvarás a ti mismo y a tus oyentes". (1 Timoteo 4:6-15).

(El significado de estos versículos de las Escrituras es bastante claro. Seguir los mandamientos de Dios nos dará el conocimiento y la sabiduría que tanto necesitamos para mostrar y enseñar a otros quién es Dios y cuánto nos ama).

4. La Madurez Espiritual tiene que ver con la obediencia basada en el amor (de escuchar y hacer).

"No os limitéis a escuchar la palabra, y así os engañéis a vosotros mismos. Haz lo que dice. Cualquiera que escucha la palabra pero no hace lo que dice es como alguien que se mira la cara en un espejo y, después de mirarse a sí mismo, se va y olvida inmediatamente cómo es. Pero el que mira fijamente en la ley perfecta que da la libertad, y persevera en ella, sin olvidar lo que ha oído, sino poniéndolo en práctica, será bienaventurado en lo que haga". (Santiago 1:22-25).

(Significado: cuando solo escuchamos la Palabra de Dios y no la ponemos en práctica de inmediato, olvidamos lo que escuchamos y le damos a Satanás la oportunidad de atraernos a su mundo malvado).

Por lo tanto, prosperaré para poner en acción todo lo que escucho y leo de la Palabra de Dios, para mantenerme fuerte y valiente, en el Nombre de Jesús. Amén. Mantenernos alejados de los malvados planes de Satanás es muy imposible para nosotros por nuestra cuenta. Sin embargo, tenemos a Jesús (quien venció a Satanás) a nuestro lado, y así tú y yo también podemos vencer a Satanás. Gracias Jesús!

5. La madurez espiritual se trata de acercarnos más a Jesús.

"Permaneced en Mí, como Yo también permanezco en vosotros. Ninguna rama puede dar fruto por sí misma; debe permanecer en la vid. Ni podéis dar fruto si no permanecéis en mí. yo soy la vid; ustedes son las ramas. Si permanecéis en Mí y Yo en vosotros, daréis mucho fruto; separados de Mí no podéis hacer nada. Si no permanecéis en Mí, sois como una rama que se tira y se seca; tales ramas se recogen, se echan al fuego y se queman. Si permanecéis en Mí y Mis palabras permanecen en vosotros, pedid lo que queráis y os será hecho. Esto es para la gloria de mi Padre, que deis mucho fruto, mostrándoos que sois mis discípulos". (Juan 15:4-8).

(Significado: es muy importante acercarse a Jesús y mantener esa relación cercana con Él, siempre tan fresca, para que puedas vencer a Satanás y sus malos caminos).

Cuatro verdades acerca de la morada de Jesucristo en nosotros (con las Escrituras):

1. Nuestro Señor Jesús es nuestra única fuente para la búsqueda de la sabiduría de Su Padre, porque sin buscar continuamente el alimento de Él, no tenemos vida.

"Jesús les dijo: De cierto os digo, que si no coméis la carne del Hijo del hombre y bebéis su sangre, no tenéis vida en vosotros. El que come Mi carne y bebe Mi sangre tiene Vida Eterna, y Yo los resucitaré en el último día. Porque mi carne es verdadera comida y mi sangre es verdadera bebida'". (Juan 6:53-55).

"Así como me envió el Padre viviente y Yo vivo por el Padre, así el que se alimenta de Mí vivirá por Mí". (Juan 6:58).

2. El maravilloso misterio de vivir en Cristo es evidencia de una realidad futura de una vida completamente restaurada.

"El misterio que se ha mantenido oculto por siglos y generaciones, pero que ahora se revela al pueblo del Señor. A ellos Dios ha querido dar a conocer entre los gentiles las gloriosas riquezas de este misterio, que es Cristo en vosotros, la esperanza de gloria. Porque él es a quien proclamamos, amonestando y enseñando a todos con toda sabiduría, para que podamos presentar a todos plenamente maduros en Cristo". (Colosenses 1:26-28).

3.   Nuestra Identidad Espiritual está arraigada en la Justicia de Cristo.

"Vosotros, sin embargo, no estáis en el ámbito de la carne, sino en el ámbito del Espíritu, si es que el Espíritu de Dios mora en vosotros. Además, si alguno no tiene el Espíritu de Cristo, no es de Cristo. Sin embargo, si Cristo está en ti, aunque tu cuerpo esté sujeto a la muerte a causa del pecado, el Espíritu da vida a causa de la justicia. Además, el Espíritu de Aquel que resucitó a Jesús de entre los muertos está viviendo en vosotros; El que resucitó a Cristo de entre los muertos vivificará también vuestros cuerpos mortales por su Espíritu que mora en vosotros. Por lo tanto, hermanos y hermanas, tenemos una obligación, pero no es para con la carne, para vivir de acuerdo con ella". (Romanos 8:9-12).

"Por eso me arrodillo ante el Padre, de quien toma nombre toda familia en el cielo y en la tierra. Ruego que de sus gloriosas riquezas los fortalezca con poder a través de su Espíritu en su ser interior, para que Cristo habite en sus corazones por medio de la fe. Y ruego que vosotros, arraigados y afirmados en el amor". (Efesios 3:14-17).

4.   Poner tu fe en Jesús a medida que te conviertes cada vez más en tu verdadero yo. Jesús tomó la cruz por ti; tu falso yo fue enterrado junto con tu pecado.

"Ya que habéis resucitado con Cristo, poned vuestro corazón en las cosas de arriba, donde Cristo está sentado a la diestra de Dios. Pongan sus mentes en las cosas de arriba, no en las cosas terrenales. Porque moriste, y tu vida ahora está escondida con Cristo en Dios. Cuando Cristo, que es vuestra vida, se manifieste, entonces también vosotros seréis manifestados con Él en gloria. Haced morir, por tanto, todo lo que pertenece a vuestra naturaleza terrenal: la inmoralidad sexual, la impureza, la lujuria, los malos deseos y la avaricia, que es idolatría. Por ellos viene la Ira de Dios". (Colosenses 3:1-6).

Tomando un ritmo más lento

El tiempo devocional que dedicas a morar en la presencia de Dios debe ser lento. Este tiempo con Dios es para no tener prisa, como vive el mundo. En este mundo, nuestra vida diaria está tan llena de citas de muchos tipos. Empezamos a entrar en "pánico" y empezamos a preocuparnos si vamos a terminar todo al final del día. Es por eso que necesitamos un tiempo de tranquilidad con el Equipo Estrella (no estar muy angustiados). La Biblia dice:

"'No se turbe vuestro corazón; creed en Dios, creed también en Mí'". *(Juan 14:1).*

"La paz os dejo; Mi paz os doy; Yo no os la doy como el mundo la da. No se turbe vuestro corazón, ni tenga miedo'". *(Juan 14:27).*

"Si la ira de un gobernante se levanta contra ti, no dejes tu puesto; la calma puede poner fin a grandes ofensas". (Eclesiastés 10:4).

"No te inquietes por los que son malos ni tengas envidia de los que hacen el mal; porque como la hierba pronto se secarán, como las plantas verdes pronto morirán. Confía en el Señor y haz el bien; habiten en la tierra y disfruten de pastos seguros. Deléitate en el Señor, y Él te concederá los deseos de tu corazón. Encomienda tu camino al Señor; confía en Él y Él hará esto: Él hará resplandecer como el alba tu justa recompensa, tu justicia como el sol del mediodía. Guarda silencio ante el Señor y espera pacientemente en Él; no te inquietes cuando la gente tenga éxito en sus caminos, cuando lleven a cabo sus perversos planes. Abstente de la ira y apártate de la ira; no te preocupes, sólo conduce al mal. Porque los malos serán destruidos, pero los que esperan en el Señor heredarán la tierra. Un poco, y los impíos no serán más; aunque los busques, no los encontrarás. Pero los mansos heredarán la tierra y disfrutarán de Paz y Prosperidad". (Salmo 37:1-11).

Por lo tanto, mientras moras en la presencia de Dios, debes hacerlo a paso lento y pasar ese precioso tiempo a solas con Él. No hay nadie más que pueda calmarte como solo Dios puede hacerlo. Necesitamos reservar tiempo todos los días (aunque sean solo diez minutos de nuestro tiempo) para ser consolados por Aquel que puede llenarnos con Su Calma y recordar las cosas que nos trajeron a Él.

Estas son algunas de las cosas:

1.   La creación de Dios.

"En el principio, Dios creó los Cielos y la tierra". (Génesis 1:1).

2.   Nuestro quebrantamiento.

"Si a alguno de vosotros le falta sabiduría, pídala a Dios, que da a todos generosamente sin reproche, y se la dará. Sin embargo, cuando pidas, debes creer y no dudar, porque el que duda es como una ola del mar, empujada y sacudida por el viento. Esa persona no debe esperar recibir nada del Señor. Tal persona es de doble ánimo e inestable en todo lo que hace". (Santiago 1:5-8).

3.   A través de una relación con Su Hijo Jesús.

"Todas las cosas me han sido encomendadas por Mi Padre. Nadie conoce al Hijo sino el Padre, y nadie conoce al Padre sino el Hijo y aquellos a quienes el Hijo se lo quiera revelar. Venid a mí todos los que estáis trabajados y cargados, y yo os haré descansar. Llevad Mi Yugo sobre vosotros y aprended de Mí, que Soy Manso y Humilde de corazón, y encontraréis descanso para vuestras almas. Porque Mi Yugo es Fácil y Mi Carga es Ligera"'. (Mateo 11:27-30).

"Este es el mensaje que hemos oído de Él y os anunciamos; Dios es Luz; en Él no hay oscuridad en absoluto. Si afirmamos tener comunión con Él y, sin embargo, caminamos en la oscuridad, mentimos y no vivimos la Verdad. Pero si andamos en la Luz como Él es en la Luz, tenemos comunión unos con otros, y la Sangre de Jesús, su Hijo, nos limpia de todo pecado". (Juan 1:1-7).

"Permaneced en Mí, como Yo también permanezco en vosotros. Ninguna rama puede dar fruto por sí misma; debe permanecer en la Vid. Ni podéis dar fruto si no permanecéis en Mí. Yo soy la Vid; ustedes son las ramas. Si permanecéis en Mí y Yo en vosotros, daréis mucho fruto; separados de Mí nada podéis hacer"'. (Juan 15:4-5).

"Esto es Amor: no que amemos a Dios, sino que Él nos amó y envió a Su Hijo como sacrificio expiatorio por nuestros pecados. Queridos amigos, ya que Dios nos amó tanto, también nosotros debemos amarnos unos a otros. Nadie ha visto jamás a Dios; pero si nos amamos unos a otros, Dios vive en nosotros y su amor se completa en nosotros". (1 Juan 4:10-12).

"Por lo tanto, deshazte de toda amargura, ira e ira, peleas y calumnias, junto con toda forma de malicia. Sed bondadosos y misericordiosos unos con otros, perdonándoos unos a otros, así como Dios os perdonó a vosotros en Cristo". (Efesios 4:31-32).

4.   La necesidad de recibir Misericordia y Gracia.

"El Señor es misericordioso y clemente; Es lento para enojarse y lleno de amor inagotable". (Salmo 103:8).

Estos momentos con Dios no son para holgazanear sino para descansar, adorarlo y reconocerlo. La Presencia de Dios es para admirarlo y honrarlo grandemente, pues es el comienzo de la relación con Él. Lo que sigue no tiene precio, digno de Su alabanza. Reduzcamos la velocidad entonces y descansemos en la presencia de Dios para ser refrescados física, mental y emocionalmente.

<u>Oración</u>

Padre, Concédenos Tu Descanso Espiritual y Físico. Ayúdanos a tomar el tiempo para estar contigo. Por favor, elimina cualquier obstáculo que nos impida tener una vida espiritual más equilibrada contigo. Gracias. En el Nombre de Jesús, oro. Amén.

Tener un espíritu conquistador

Día tras día, nos enfrentamos a innumerables obstáculos, a los que a veces nos apetece abandonar (que no debemos). Cuando siento la necesidad de rendirme, empiezo a recordar que Jesús nunca se rindió ni cedió a las tentaciones que Satanás le lanzaba (Jesús fue fiel en cumplir la voluntad de Su Padre). También imagino mi viaje como una carrera, con la esperanza de llegar a la meta y escuchar a Dios decirme: ***"Bien hecho, mi fiel servidor, has hecho un buen trabajo"***. Esto me lleva a través de los valles oscuros y caminos pedregosos, que me hacen tropezar en esta tierra.

Para tener un Espíritu Conquistador, necesitamos trabajar estas cinco cosas en tu vida; para asegurarte que estás en el Camino Correcto a la Gloria:

1. Coraje:

Dios se deleita en capacitarnos en nuestras debilidades, para que Él obtenga la victoria y la gloria.

"Sed fuertes y valientes, no temáis ni tengáis miedo de ellos; porque el Señor tu Dios, Él es el que va contigo. Él no te dejará ni te desamparará". (Deuteronomio 31:6).

2. Confianza:

Cuando dudamos, tropezamos. Entonces cuestionamos nuestra capacidad de hacer la Voluntad de Dios. Entonces, en lugar de dudar, simplemente pon tu confianza en Jesús, sabiendo que Él te permitirá hacer la Voluntad de Su Padre con Su Fuerza.

"Por tanto, acerquémonos con confianza al trono de la gracia, para que recibamos misericordia y hallemos la gracia que nos ayude en nuestro momento de necesidad". (Hebreos 4:16).

3. Compromiso:

Debemos estar comprometidos completa y totalmente con Dios para llevar a cabo Su voluntad. Porque Él nos guiará y proveerá para nosotros todo lo que necesitemos.

"Porque esta es la Voluntad de Dios, vuestra santificación; es decir, que te abstengas de la inmoralidad sexual; que cada uno sepa poseer su propio vaso en santificación y honra, no en pasiones lascivas, como los gentiles que no conocen a Dios". (1 Tesalonicenses 4:3-7).

4. Persistencia:

Tenemos que seguir adelante a través de la adversidad hacia ese Valor Eterno.

"No nos cansemos, pues, de hacer el bien, porque a su tiempo segaremos, si no desmayamos" (Gálatas 6:9).

5. Enfoque hacia adelante:

Debemos olvidar lo que queda atrás y mantenernos enfocados en Jesús y alcanzar esa meta eterna. Los que se aferran al equipaje del pasado pierden de vista su meta eterna. *"No te dejes vencer por el mal, sino vence el mal con el bien".* (Romanos 12:21).

La clave del éxito en esta carrera es un deseo que te consuma de alcanzar la Meta Eterna. Si entendemos lo que nos espera en el Cielo, podremos seguir adelante a través de los obstáculos de esta vida. Reza este Salmo, Nombre de Jesús: *"Enséñame, Señor, el Camino de Tus decretos, para que lo siga hasta el fin. Dame Entendimiento, para que guarde Tu Ley y la obedezca de todo corazón. Dirígeme por la Senda de Tus Mandamientos, pues allí me deleito. Vuelve mi corazón hacia Tus Estatutos y no hacia la ganancia egoísta. Aparta mis ojos de las cosas sin valor; preserva mi vida de acuerdo a Tu Palabra. Cumple Tu*

Promesa a Tu siervo, para que seas temido. Quita la vergüenza que temo, porque Tus Leyes son Buenas". (Salmo 119:33-39).

Así que camine en esa Verdad y avance hacia esa meta. Esté preparado con un propósito (el propósito de Dios). Él te llenará con todas las habilidades (ver Éxodo 35:35) que necesitas. Sí, Dios nos proporciona a cada uno de nosotros una habilidad que ayudará a difundir Su Propósito (el Evangelio). Debemos ir a Dios en oración, y Él nos dirá nuestra habilidad para promover Su Reino. A veces Dios simplemente nos dirá; ***"aquietarse y saber que yo soy Dios"***. (Salmo 46:10a). Nuestra respuesta a Dios debería ser; *"Tú estás conmigo, Tu Vara y Tu Bastón, ellos me consuelan". (Salmo 23:4).*

Dios promete estar siempre con nosotros cuando nos vea orando y buscando conocerlo mejor. La Biblia nos pregunta: *"Qué otra nación es tan grande como para tener sus dioses cerca de ellos, como el Señor nuestro Dios está cerca de nosotros, cada vez que le oramos?" (Deuteronomio 4:7).*

No hay otro Dios que esté vivo para estar con nosotros. Porque nuestro Padre Celestial conoce cada corazón de cada persona que camina en esta tierra, y Él nunca está lejos. *"Dios no está lejos de cada uno de nosotros". (Hechos 17:27).* Él nunca nos dejará. "No te dejaré". *(Génesis 28:15).* *"Saldréis con alegría y seréis conducidos en paz". (Isaías 55:12).*

Simplemente disfrutaré de la Compañía de Dios y de Su Paz cada vez que Él me invite a dejar mis preocupaciones y buscar conocerlo más. Quiero estar en Su Presencia de Consuelo y Amor siempre.

No puedo hacer nada sin mi Equipo Estelar (el Padre, Su Hijo Jesús y el Espíritu Santo). Fue el Espíritu Santo quien me ayudó a abrir mi corazón para dejar que mi Señor Jesús viviera en mi corazón y caminara conmigo en todos los momentos de soledad; pensé que estaba solo. Fue entonces cuando comencé mi relación con el Star Team.

Cuando paso tiempo a solas en la Palabra de Dios, siento Su Compañía conmigo, pronunciando cada Palabra con Su voz suave y poderosa. Tener a Jesús morando en mí me da la seguridad de que nunca estaré solo. No hay nadie que prefiera tener a mi lado que mi Señor y Salvador Cristo Jesús. Estoy muy agradecido con Él. Jesús es, fue y será siempre mi amigo.

El Espíritu Santo guiará nuestras mentes y corazones para buscar a Dios con todo el corazón. Cuando abrimos nuestro corazón a Dios, Él siempre velará por nosotros. Recuerda, que Dios está con nosotros y siempre está por nosotros. Dios da bendiciones que fluyen más fácilmente cuando estamos comprometidos con Él de todo corazón.

Aquí hay algunas Escrituras que usted puede (como yo), estar seguro de Su Presencia a su lado:

"Y os daré un corazón nuevo, y pondré en vosotros un espíritu nuevo. Sacaré tu corazón de piedra y obstinado y te daré un corazón tierno y receptivo". (Ezequiel 36:26).

"El que creyere y fuere bautizado, será salvo; mas el que no creyere, será condenado". (Marcos 16:16).

"Él guía a los humildes en la justicia y enseña a los humildes sus caminos". (Salmo 25:9).

"Te instruiré y te enseñaré el camino en que debes andar; Te aconsejaré con mis ojos sobre ti". (Salmo 32:8).

"Confía en el Señor con todo tu corazón, y no te apoyes en tu propia prudencia. Reconócelo en todos tus caminos, y Él enderezará tus veredas". (Proverbios 3:5-6).

"Pedid, y se os dará; Busca y encontraras; Llamad, y se os abrirá". (Mateo 7:7).

"Cuando venga el Espíritu de la Verdad, Él os guiará a toda la Verdad, porque no hablará por su propia cuenta, sino que hablará todo lo que oiga, y os hará saber las cosas por venir". (Juan 16:13).

"Si confesamos nuestros pecados, Él es fiel y justo para perdonar nuestros pecados y limpiarnos de toda maldad". (1 Juan 1:9).

Caminar este viaje largo, duro y oscuro en esta tierra puede ser muy solitario y aterrador. Sin embargo, descubrí que no estamos solos en este caminar. Tenemos a alguien que siempre está con nosotros y que nunca nos dejará, ayudándonos cuando las cosas parecen ponerse demasiado difíciles para nosotros. Ese alguien es nuestro Señor Jesucristo.

Tenemos dos caminos a elegir, uno ancho y otro angosto. En la Biblia, Jesús nos dice cuál es el mejor camino a elegir: *"Entrad por la puerta estrecha. Porque ancha es la puerta y espacioso el camino que lleva a la perdición, y muchos entran por él. Pero pequeña es la Puerta y Estrecho el camino que conduce a la Vida y sólo unos pocos la encuentran"*. (Mateo 7:13-14).

Mientras leía esta Escritura, me senté y observé esa imagen, de un camino ancho (tomado por una gran multitud) y de un camino angosto (tomado por unos pocos). Entonces pensé en mi propia vida, antes de reconocer a mi Salvador Jesús en mi vida. Yo había caminado por ese camino ancho, que me condujo a la destrucción. No fue una gran destrucción, pero fue suficiente para enseñarme lecciones para no seguir ese camino ancho. Algunos pueden pensar que no he sufrido lo suficiente como para decir que caminé en destrucción, pero realmente lo hice. Estas son solo algunas de las destrucciones en las que he caminado y de las que he aprendido:

El primero:

Cuando estaba en la escuela primaria; Fui el blanco del ridículo y la falta de respeto, nombres que no son apropiados para que ningún oído los escuche. Esta destrucción hizo que mi autoestima fuera muy baja. Y esta destrucción se desbordó en mis años de escuela secundaria, dejándome pasar la mayor parte de mi tiempo evitando a los demás, sin hablar con nadie; sin darme vida social en absoluto.

El segundo:

Llegó a través de mis compañeros de trabajo, mis amigos e incluso mi familia, cuando me ignoraron, dándome una sensación de inseguridad y sin consuelo ni apoyo. Me sentí como una persona invisible.

El tercero:

Llegó cuando mi papá dejó a mi mamá (después de treinta y cinco años), dejándome confundido, destrozando mis sueños de tener un matrimonio y una vida familiar. Esta última la superé cuando Dios me dio a mi esposo que me ayudó a armar mis sueños destrozados.

Pasar por estas tres destrucciones me hizo darme cuenta de que mi Equipo Estrella me estaba cuidando todo el tiempo, defendiéndome cuando lo necesitaba. Las lecciones que aprendí me hicieron darme cuenta de que me había desviado del camino equivocado (el ancho) y caí en ese pozo de desesperación. Hasta que me arrodillé y le abrí la puerta a Jesús, mi Salvador. Como Jesús me aseguró que:

"Mi yugo es fácil y Mi carga es Ligera". *(Mateo 11:30)*. Por eso, todo lo que me pesaba lo entregué a Jesús y continué adelante en Su Camino Angosto, aferrándome a Él, que ha vencido este mundo de burlas y faltas de respeto.

Cada uno de nosotros tiene que pasar por temporadas que pueden rompernos o hacernos. Sin embargo, con Jesús caminando con nosotros, podemos hacer cualquier cosa. Como dice la Palabra de Dios:

"Todo lo puedo en Cristo que me fortalece". (Filipenses 4:13); y "Todo es posible con Dios". (Mateo 19:26).

Mi Señor, Mi Salvador y Mi Amigo: Jesucristo.

Enfrentarme a lo imposible de este mundo es difícil por mi cuenta. Sin embargo, cuando clamo: 'Ayúdame, Jesús! Te necesito'; Él responde rápidamente con Su Toque Consolador y Palabras de Aliento. Mi Amoroso Salvador dice: ***"No temas, porque Yo estoy contigo; no desmayes, porque yo estoy contigo. Yo te fortaleceré y te ayudaré; Yo te sostendré con Mi Justa Mano Derecha"***. *(Isaías 41:10)*.

Entonces no sentí miedo, y una oleada de calor recorrió mi cuerpo, haciéndome sentir lo suficientemente fuerte como para enfrentar lo imposible que estaba enfrentando. Esta era la seguridad que necesitaba, que todas las veces que pensé que estaba solo, nunca lo estuve. Mi Star Team ha estado caminando conmigo todo esta vez.

El día que le abrí la puerta a mi amigo Jesús, dejándolo entrar en mi vida e invitándolo a quedarse en mi corazón (teniendo control total sobre todo), fue la mejor elección que jamás haya hecho. Antes yo

Abrí la puerta, siempre escuchaba una voz que me llamaba por mi nombre (no había nadie en la habitación). Luego fui a mi Biblia para mi dosis diaria de la Palabra de Dios. De alguna manera, me encontré buscando en el Libro de Apocalipsis. Entonces escuché la Voz de nuevo gritando mi nombre. Junto con mi nombre, la Voz dijo estas Palabras:

"¡Aquí estoy! Me paro frente a la puerta y golpeo. si alguno oye Mi Voz y abre la puerta, entraré y cenaré con él, y él conmigo". *(Apocalipsis 3:20)*.

Entonces vino una Luz Brillante, y Su Mano se extendió hacia mí. Tomé Su mano y Él ha estado sentado, hablando, escuchando y caminando conmigo desde entonces. Que mi Señor se sentara conmigo y quisiera escuchar todo lo que me preocupaba fue maravilloso y reconfortante.

Toda mi vida, me había resultado muy imposible encontrar a alguien que quisiera y quisiera escucharme. Una vez más la Palabra de Dios dice:

"Pedid y se os dará; Busca y encontraras; llamad y se os abrirá la puerta". *(Mateo 7:7). "Todo es posible con Dios". (Mateo 19:26).*

Ahora, no necesito sentirme solo y avergonzado cuando necesito hablar con alguien. Simplemente acudo a mi Equipo Estrella (que siempre está conmigo), y luego me consuelan, me aman y me alientan. Las palabras 'Jesús es el Señor' (cuando se pronuncian en voz alta) harán que todo mal huya de ti. Esta es una declaración verdadera. Estas palabras me han funcionado desde que abrí la puerta y dejé que Jesús entrara en mi vida. Lea estos versículos del Libro de Juan y comience a conocer acerca de nuestro Señor Jesucristo:

"Por medio de Él fueron hechas todas las cosas; sin Él nada de lo que ha sido hecho fue hecho. En Él estaba la vida, y esa vida era la luz de toda la humanidad. La luz brilla en las tinieblas, y las tinieblas no la han vencido" *(Juan 1:3-5).*

"El Verbo se hizo carne y habitó entre nosotros. Hemos visto su gloria, la gloria del Hijo unigénito, que vino del Padre, lleno de Gracia y de Verdad". *(Juan 1:14).*

"Nadie ha visto jamás a Dios, sino que el Hijo unigénito, que es Él mismo Dios y está en íntima relación con el Padre, lo ha dado a conocer". (Juan 1:18).

"Porque de tal manera amó Dios al mundo que ha dado a su Hijo unigénito, para que todo aquel que en él cree no se pierda, mas tenga vida eterna". *(Juan 3:16).*

"Porque no envió Dios a su Hijo al mundo para condenar al mundo, sino para salvar al mundo por medio de él. El que en Él cree, no es condenado, pero el que no cree, ya está condenado, porque no ha creído en el nombre del Hijo

unigénito de Dios. Este es el veredicto: La luz ha venido al mundo, pero la gente amó las tinieblas en lugar de la luz porque sus obras eran malas". (Juan 3:17-19).

Necesitamos saber todo lo que podamos sobre nuestro Señor Jesús, quién es Él y qué puede hacer por nosotros. Aquí hay una lista de las personas que conozco y veo quién es mi Señor Jesús:

<u>*Jesús es mi salvador:*</u>

"Por sus palabras, muchos más se hicieron creyentes. Dijeron a la mujer: Ya no creemos sólo por lo que dijiste; ahora hemos oído por nosotros mismos, y sabemos que este hombre es verdaderamente el Salvador del mundo". (Juan 4:41-42).

"Porque el Hijo del Hombre ha venido a buscar ya salvar lo que se había perdido" (Lucas 19:10).

<u>*Jesus es el Señor:*</u>

"Dios lo resucitó de entre los muertos, liberándolo de la agonía de la muerte, porque era imposible que la muerte pudiera retenerlo. David dijo acerca de Él: "Veía al Señor siempre delante de mí. Porque Él es mi mano derecha, no seré sacudido. Por tanto, mi corazón se alegra y mi lengua se regocija, mi cuerpo también reposará en la esperanza, porque no me abandonarás en el reino de los muertos, no dejarás que tu santo vea corrupción. Me has dado a conocer las sendas de la vida; Me llenarás de alegría en tu presencia"'. (Hechos 2:24-28).

"Bendito sea el Señor, que cada día nos colma de beneficios, el Dios de nuestra salvación! Selah". (Salmo 68:19).

<u>*Jesús es mi Amor:*</u>

*"El Señor se nos apareció en el pasado, diciendo: **'Os he amado con un Amor Eterno; Te he atraído con bondad inagotable'".** (Jeremías 31:3).*

"Y Dios demuestra su amor para con nosotros, en que siendo aún pecadores, Cristo murió por nosotros". (Romanos 5:8).

"De tal manera amó Dios al mundo que ha dado a su Hijo unigénito, para que todo aquel que en él cree no se pierda, mas tenga vida eterna". (Juan 3:16).

"Sobre todo, ámense profundamente, porque el amor cubre multitud de pecados". (1 Pedro 4:8).

Jesús es mi Paz:

"Tú guardarás en perfecta paz a aquel cuyo pensamiento en Ti persevera, porque en Ti ha confiado". (Isaías 26:3).

"Y reine en vuestros corazones la Paz de Dios, a la cual también fuisteis llamados en un solo cuerpo; y sé agradecido". (Colosenses 3:15).

"En paz me acostaré y dormiré; porque sólo Tú, oh Señor, me haces habitar seguro". (Salmo 4:8).

Jesús es mi Perdón:

"Yo, yo soy el que borro tus rebeliones por amor de mí mismo, y no me acuerdo más de tus pecados". *(Isaías 43:25).*

"Porque como la altura de los cielos sobre la tierra, engrandeció su amor por los que le temen; como está de lejos el oriente del occidente, así ha alejado de nosotros nuestras transgresiones". (Salmo 103:11-12).

"'Porque perdonaré su maldad y me acordaré de su maldad y nunca más me acordaré de sus pecados'". *(Hebreos 8:12).*

Jesús es mi Justicia:

"Al que no conoció pecado, por nosotros lo hizo pecado, para que nosotros fuésemos hechos justicia de Dios en él". (2 Corintios 5:21).

"Esta justicia se da por medio de la fe en Jesucristo a todos los que creen. No hay diferencia entre judío y gentil, por cuanto todos pecaron y están destituidos de la gloria de Dios, y todos son justificados gratuitamente por su gracia mediante la redención que vino en Cristo Jesús. Dios presentó a Cristo como sacrificio de expiación, a través del derramamiento de Su sangre; ser recibido por la Fe. Lo

hizo para demostrar su justicia, porque en su paciencia había dejado impunes los pecados cometidos con anterioridad—lo hizo para demostrar su justicia en el tiempo presente, para ser el justo y el que justifica a los que tienen fe en Jesús". (Romanos 3:22-26).

"El fruto de esa justicia será paz; su efecto será quietud y confianza para siempre". (Isaías 32:17).

Jesús es mi Libertador:

"Ahora, pues, ninguna condenación hay para los que están en Cristo Jesús, porque por Cristo Jesús la ley del Espíritu que da vida os ha librado de la ley del pecado y de la muerte". (Romanos 8:1-2).

"El Espíritu del Señor está sobre mí, por cuanto me ha ungido para anunciar la buena noticia a los pobres. Me ha enviado a proclamar libertad a los cautivos y dar vista a los ciegos, a poner en libertad a los oprimidos, a proclamar el año de gracia del Señor". (Lucas 4:18-19).

"Ahora bien, el Señor es el Espíritu, y donde está el Espíritu del Señor, hay libertad. Y todos nosotros, los que a cara descubierta contemplamos la gloria del Señor, somos transformados en su imagen con una gloria cada vez mayor, que viene del Señor, que es el Espíritu". (2 Corintios 3:17-18).

<u>Jesús es mi Hermandad:</u>

"Por lo tanto, no les falta ningún don espiritual mientras esperan ansiosamente que nuestro Señor Jesucristo se manifieste. Él también os mantendrá firmes hasta el fin, para que seáis irreprensibles en el día de nuestro Señor Jesucristo. Fiel es Dios, que os ha llamado a la comunión con su Hijo, Jesucristo nuestro Señor". (1 Corintios 17-:9).

<u>Jesús es mi ejemplo:</u>

"A esto fuisteis llamados, porque Cristo padeció por vosotros, dejándoos ejemplo para que sigáis sus pasos. No cometió pecado, y no se halló engaño en Su boca. Cuando le lanzaron sus insultos, Él no tomó represalias; cuando padecía, no amenazaba. En cambio, se encomendó a Aquel que juzga con justicia". (1 Pedro 2:21-23).

Escrita por René K. Gutiérrez

Jesús es mi Compañero:

"Que vuestra conducta sea sin avaricia; contentaos con las cosas que tenéis. Porque Él mismo ha dicho: "Nunca te dejaré ni te desampararé". (Hebreos 13:5).

"Cuando mi padre y mi madre me abandonen, entonces el Señor cuidará de mí". (Salmo 27:10).

Jesús es mi hermano:

"Porque el que hace la voluntad de mi Padre que está en los cielos, ése es mi hermano, mi hermana y mi madre". (Mateo 12:50).

Jesús es mi Guardián:

"Cuando pases por las aguas, yo estaré contigo; y por los ríos no te anegarán. Cuando camines por el fuego, no te quemarás, ni la llama te quemará"". *(Isaías 43:2).*

Jesús es mi Seguridad:

"Fiel es el Señor, que os afirmará y os guardará del maligno. Confiamos en el Señor que estás haciendo y seguirás haciendo las cosas que te mandamos. Que el Señor dirija vuestros corazones hacia el amor de Dios y la perseverancia de Cristo". (2 Tesalonicenses 3:3-4). "Quien también nos selló y nos dio el Espíritu en nuestros corazones como garantía". (2 Corintios 1:22).

Jesús es mi Suficiencia:

"Todo lo puedo en Cristo que me fortalece". (Filipenses 4:13).

"Si permanecéis en mí, y mis palabras permanecen en vosotros, pedid todo lo que queráis, y os será hecho". (Juan 15:7).

Jesús es mi cumplimiento:

"Bienaventurados los que tienen hambre y sed de justicia, porque ellos serán saciados". (Mateo 5:6).

Jesús es mi Todo:

"'Si permanecéis en mí, y mis palabras permanecen en vosotros, pedid todo lo que queráis, y os será hecho'". (Juan 15:7).

"Y mi Dios suplirá todas vuestras necesidades conforme a Sus riquezas en gloria en Cristo Jesús". (Filipenses 4:19).

Jesús es mi Amigo:

"Nadie tiene mayor amor que este, que uno dé su vida por sus amigos". (Juan 15:13).

"Un hombre que tiene amigos debe ser él mismo amable, pero hay un amigo más unido que un hermano". (Proverbios 18:24).

Jesús es mi Luz:

"Cuando Jesús habló de nuevo a la gente, dijo; 'Soy la luz del mundo. El que me sigue, nunca andará en tinieblas, sino que tendrá la luz de la vida" (Juan 8:12).

Jesús es mi esperanza:

"Estad quietos y sabed que yo soy Dios. Seré exaltado entre las naciones. Seré exaltado en la Tierra'". (Salmo 46:10).

Saber quién es Jesús puede hacer que este viaje sea mucho más fácil de recorrer. Y cuanto más leo las Escrituras para saber más quién es Jesús, más descubro quién es Él y cuánto me ama. Las Escrituras me hacen más fuerte cuando veo que Él está viviendo en todo y en todas partes donde estoy. Reconocer a Jesús en cada situación hace que Su Padre Celestial sonría con Alegría.

Jesús siente las mismas emociones que tú y yo. Podemos aprender de cómo Jesús muestra sus emociones. Experimentar estas emociones es experimentar a Jesús y vivir como vive Jesús. Aquí hay diez emociones por las que nuestro Señor pasó, tal como nosotros pasamos, todos los días, mientras caminamos por esta tierra. Aprender de ellos puede ayudarnos a superar los caminos de esta tierra, como Jesús venció al mundo. Por favor tome nota de cómo Jesús manejó estas emociones; y no pecó:

Fatiga (cansancio):

Cuando Jesús se sentía fatigado y desesperado por lo que Su Padre quería que hiciera, iba al Monte de los Olivos y oraba a Su Padre, pidiéndole fuerzas para continuar con la tarea que Su Padre le había dado. Lea estos pasajes de la Palabra de Dios: "Él [Jesús] se retiró como a un tiro de piedra de ellos [Sus discípulos], se arrodilló y oró; ***Padre, si quieres, aparta de mí esta copa; pero no se haga mi voluntad, sino la tuya***. *Un ángel del cielo se le apareció y lo fortaleció*". *(Lucas 22:41-43).*

Se nos puede animar a ir también a Su Padre, en busca de fortaleza, cuando estamos cansados y cansados. Esta es la Voluntad del Padre para que le pidamos ayuda y fortaleza. Con Su Hijo a nuestro lado, Su Padre amorosamente escuchará y responderá justo en el momento en que pidamos ayuda.

Sueño (cansado):

Cuando Jesús sintió la necesidad de dormir, simplemente se fue y durmió, debido a Su Fe y Confianza en Su Padre para protegerlo cuando llegara una tormenta. Mira esto de la Palabra de Dios: *"Sin previo aviso, una tormenta furiosa se levantó en el lago, de modo que las olas barrieron el bote. Sin embargo, Jesús estaba durmiendo. Los discípulos fueron y lo despertaron, diciendo; Señor, sálvanos! Nos vamos a ahogar!' Él [Jesús] respondió: 'Hombre de poca fe, por qué tienes tanto miedo?' Entonces, se levantó y reprendió a los vientos y a las olas, y todo se calmó"*. *(Mateo 8:24-26).*

Con esto aprendemos que Jesús tiene mucha fe en su Padre para no dejarlo perecer y para protegerlo cuando necesita la ayuda. Cuando los discípulos despertaron a Jesús, todo Él le dijo a la tempestad: 'Cállate', y el viento cesó y el mar se calmó. Dos palabras pronunciadas por nuestro Señor pueden alejar todo mal que viene contra nosotros. Con este tipo de fe y confianza, podríamos mover montañas (luchas o barricadas) con el poder de Jesús.

Sufrimiento:

"Por cuanto Él mismo [Jesús] padeció siendo tentado, es poderoso para socorrer a los que son tentados". *(Hebreos 2:18).*

No tenemos que ir muy lejos para encontrar un ejemplo de alguien que venció el sufrimiento: ahí está nuestro Señor Jesús. El solo pronunciar Su Nombre hace que el mal se estremezca de miedo. Jesús pasó por el peor de los sufrimientos, más de lo que nosotros pasaremos.

Compasión:

"Contaré las bondades del Señor, las obras por las cuales Él debe ser alabado, de acuerdo con todo lo que el Señor ha hecho por nosotros, sí, las muchas cosas buenas que Él ha hecho por Israel, de acuerdo con Su compasión y muchas bondades. . Él [Jesús] dijo: **'Ciertamente ellos son mi pueblo, hijos que me serán fieles'**; *y así se convirtió en su Salvador. En toda su angustia, él también se angustió, y el ángel de su presencia los salvó. En su amor y misericordia los redimió; Los levantó y los llevó todos los días de antaño".* (Isaías 63:7-9).

Nuestro Señor Jesús hizo la Voluntad de Su Padre para recibir la Compasión de Su Padre para que nosotros también podamos recibir la Compasión de Su Padre a través de Él. Las aflicciones que recibimos aquí en esta tierra son cubiertas por la Compasión de nuestro Padre Celestial y superadas por Su Hijo, Jesús. Por lo tanto, podemos vivir la vida pacífica que Él quiso que vivamos.

Llanto:

La Escritura más breve de la Biblia, *"Jesús lloró"*. *(Juan 11:35)*, muestra cuánta compasión tiene por su amigo Lázaro. Además, Jesús llora por nosotros cuando no obedecemos las Instrucciones de Su Padre.

Ira e Indignación (Ira Justa):

"Él [Jesús] echó fuera las ovejas y los bueyes, esparció las monedas de los cambistas y les dijo: **'Saquen estas cosas de aquí. No hagáis de la casa de mi Padre una plaza de mercado!"** *(Juan 2:15-17).*

Jesús usó la indignación (ira justa), porque esa es la única clase de ira que es necesaria, la ira por el pecado. Cualquier otro tipo de ira es pecado.

Escrita por René K. Gutiérrez

Dolor:

"Entonces Él [Jesús] les dijo: "Mi alma está abrumada de tristeza hasta la muerte. Quédate aquí y vela conmigo". (Mateo 26:38).

Jesús es Único y Poderoso.

Jesús sabe cómo vencer este mundo oscuro, frío y enojado. Tómese unos minutos y reflexione sobre estas verdades acerca de nuestro Señor Jesucristo, el Hijo de nuestro Padre Celestial: Jesús nació de una virgen, sin padre humano. Por obra del Espíritu Santo de Dios Padre, fue concebido: *"Así fue el nacimiento de Jesús el Mesías: Su madre María estaba comprometida para casarse con José, pero antes de que se juntaran, se encontró que estaba encinta por El espíritu santo". (Mateo 1:18).*

Jesús estuvo sin pecado a lo largo de Su vida aquí en la tierra.

Aunque Jesús fue tentado. Como dice la Palabra de Dios: *"Él [Jesús] no cometió pecado, ni se halló engaño en su boca". (1 Pedro 2:22).*

"Todo el que peca quebranta la ley; de hecho, el pecado es anarquía. Sin embargo, sabéis que Él apareció para quitar nuestros pecados. Además, en Él no hay pecado. Nadie que vive en Él sigue pecando. Nadie que continúa en el pecado lo ha visto ni lo ha conocido". (1 Juan 3:4-6).

Jesús fue, es y siempre será el Camino al Corazón de Su Padre.

Como dice la Biblia: "Porque no tenemos un sumo sacerdote incapaz de compadecerse de nuestras debilidades, sino uno que ha sido tentado en todo según nuestra semejanza, pero no pecó". (Hebreos 4:15).

"El Verbo se hizo carne y habitó entre nosotros. Hemos visto su gloria, la gloria del Hijo unigénito, que vino del Padre, lleno de gracia y de verdad". (Juan 1:14).

"Yo y el Padre uno somos" (Juan 10:30).

Cuando caminas con Jesús a tu lado, te da confianza para recibir misericordia, gracia, consuelo y, sobre todo, amor de Su Padre en tu momento de necesidad. A través de Jesús, podemos entrar en la Presencia de Su Padre.

No hay otro camino hacia el Dios Grande y Todopoderoso. Solo hay una cosa que debemos hacer, y es volvernos de nuestro pecado y convertirnos en leales seguidores de Su palabra y Sus Caminos. Ah, y por supuesto, creer en Su Hijo, Jesucristo, manteniéndonos enfocados en Él, quien es el Camino, la Verdad y la Vida.

Como dice la Biblia: *"Jesús respondió:* **Yo soy el Camino, la Verdad y la Vida. Nadie viene al Padre sino por Mí"**. *(Juan 14:6).*

Jesús es el Maestro Maestro.

Nadie puede enseñar como Jesús (excepto Su Padre en el cielo). Jesús enseña acerca de Su Padre y Su Reino. Jesús aprendió la obediencia y el amor absolutos de su Padre; y podemos aprender la obediencia y el amor absolutos de Jesús para asegurarnos nuestro lugar como ciudadanos del Reino de Dios. Nuestra conducta de cómo vivimos aquí en la tierra debe reflejar la Vida que vive Jesús. Como enseña la Palabra de Dios: *"Vosotros sois la sal de la tierra. Sin embargo, si la sal pierde su salinidad, cómo se puede volver a salar? Ya no sirve para nada, excepto para ser arrojado y pisoteado. Eres la luz del mundo. Un pueblo construido sobre una colina no se puede ocultar. La gente enciende una lámpara y la pone debajo de un cuenco? En cambio, lo ponen en su candelero, y alumbra a todos en la casa. Del mismo modo, que vuestra Luz brille ante los demás para que vean vuestras buenas obras y glorifiquen a vuestro Padre que está en los Cielos"*. *(Mateo 5:13-16).*

Jesús demuestra Su Poder sobre las enfermedades y las dolencias y vence todas las tentaciones.

Con el amor y la protección de Su Padre, ni siquiera la muerte pudo detener a Jesús. La única forma en que podemos tener esa misma seguridad es creer y confiar en que Jesús es el único camino a Su Padre. Tampoco para ser sacudido cuando los problemas se nos presenten.

Aquí hay algunas Verdades de la Biblia que nos dan seguridad en Dios:

"Estas cosas os he escrito a vosotros que creéis en el nombre del Hijo de Dios, para que sepáis que tenéis vida eterna". *(1 Juan 5:13).*

"Así que, hermanos y hermanas, teniendo confianza para entrar en el Lugar Santísimo por la sangre de Jesús, (por un camino nuevo y vivo), abierto para nosotros a través del velo. Es decir, Su cuerpo, y ya que tenemos un Gran Sacerdote sobre la Casa de Dios, acerquémonos a Dios, con corazón sincero y con la plena seguridad que da la fe. Que se rocíe nuestro corazón para limpiarnos de mala conciencia, y que se lave nuestro cuerpo con agua pura. Mantengámonos firmes en la esperanza que profesamos, porque fiel es el que prometió". (Hebreos 10:19-23).

"Si confesamos nuestros pecados, Él es fiel y justo y nos perdonará nuestros pecados y nos limpiará de toda maldad". (1 Juan 1:9).

"Por eso estoy sufriendo como estoy. Sin embargo, esto no es motivo de vergüenza, porque yo sé a quién he creído, y estoy seguro de que Él es poderoso para guardar lo que le he confiado hasta aquel día". (2 Timoteo 1:12).

"Está escrito en los Profetas: 'Todos ellos serán enseñados por Dios'. Todo el que ha oído al Padre y ha aprendido de Él, viene a Mí. Nadie ha visto al Padre sino Aquel que es de Dios; sólo Él ha visto al Padre. De cierto, de cierto os digo, que el que cree, tiene vida eterna. Yo soy el pan de vida". (Juan 6:45-48).

"Mi meta es que se animen en el corazón y se unan en el Amor, para que tengan todas las riquezas del entendimiento completo, a fin de que puedan conocer el misterio de Dios, es decir, Cristo, en quien están escondidos todos los tesoros. de sabiduría y de ciencia" (Colosenses 2:2-3).

"Aunque ande por valles tenebrosos, no temeré mal alguno, porque tú estarás conmigo; Tu vara y tu cayado me confortan". (Salmo 23:4).

"Ahora bien, la fe es confianza en lo que esperamos y seguridad en lo que no vemos. Esto es por lo que se elogió a los antiguos". (Hebreos 11:1).

"Porque tanto amó Dios al mundo que dio a su Hijo unigénito, para que todo aquel que en él cree no se pierda, mas tenga vida eterna. Porque Dios no envió a su Hijo al mundo para condenar al mundo, sino para salvar al mundo por medio de él". (Juan 3:16-17).

"Alegra a tu siervo, Señor, porque en Ti confío. Tú, Señor, eres misericordioso y bueno, lleno de amor para todos los que te invocan. Escucha mi oración, Señor; escucha mi clamor de misericordia. Cuando estoy en angustia, a Ti clamo, porque Tú me respondes". (Salmo 86:4-7). "Conforme al propósito eterno

que realizó en Cristo Jesús Señor nuestro. En Él y por Él podemos acercarnos a Dios con libertad y confianza". (Efesios 3:11-12).

"Dios no es injusto; Él no olvidará tu trabajo y el amor que le has mostrado, ya que has ayudado a su pueblo y lo sigues ayudando. Queremos que cada uno de ustedes muestre esta misma diligencia hasta el final, para que lo que espera se realice plenamente". (Hebreos 6:10-11).

"Sabed que el Señor ha apartado para sí a su siervo fiel; el Señor escucha cuando lo llamo. Tiembla y no peques; cuando estéis en vuestro lecho, escudriñad vuestros corazones y guardad silencio. Ofreced los sacrificios de los justos y confiad en el Señor". (Salmo 4:3-5).

"En paz me acostaré y dormiré, porque solo Tú, Señor, me haces habitar seguro". (Salmo 4:8). "Yo sé que mi Redentor vive, y que al fin se levantará sobre la tierra". (Job 19:25).

"El Espíritu mismo da testimonio a nuestro espíritu de que somos hijos de Dios". (Romanos 8:16).

Ahora, aquí hay siete cosas que Dios dice acerca de mí (y de ti también) que me aseguran cada vez que las leo, que Él me ama (y a ti). Yo llamo a esto 'Dios dice'. Después de cada frase hay una Escritura para meditar.

Soy un hijo del Único Dios Verdadero.

"Sin embargo, a todos los que le recibieron, a los que creen en su nombre, les dio potestad de ser hechos hijos de Dios". (Juan 1:12).

Soy especial y estoy ordenado con un propósito.

"Declaramos la Sabiduría de Dios, un misterio que ha estado escondido, y que Dios destinó para nuestro gloria antes del comienzo de los tiempos". (1 Corintios 2:7).

Soy creado con un llamado especial.

"Ojalá todos ustedes fueran como yo soy. Pero cada uno de ustedes tiene su propio regalo de Dios; uno tiene este don, otro tiene aquel". (1 Corintios 7:7).

nunca estoy solo

"No te lo he mandado yo? Se fuerte y valiente. No temas, ni desmayes, porque el Señor tu Dios estará contigo dondequiera que vayas". (Josué 1:9).

"Enseñándoles a observar todo lo que os he mandado. Y he aquí, yo estaré con vosotros todos los días, hasta el fin del mundo". (Mateo 28:20).

nunca soy olvidado

*"Mantén tu vida libre del amor al dinero y conténtate con lo que tienes, porque Él ha dicho: '**Nunca te dejaré ni te desampararé**'. Por lo tanto, podemos decir con confianza: "**El Señor es mi ayudador; no temeré; Qué puede hacerme el hombre?**"" (Hebreos 13:5-6).*

Siempre soy amado.

"En todas estas cosas somos más que vencedores por medio de aquel que nos amó. Porque estoy seguro que ni la muerte, ni la vida, ni ángeles, ni principados, ni lo presente, ni lo por venir, ni potestades, ni lo alto, ni lo profundo, ni cosa alguna en toda la creación, podrá separarnos del amor. de Dios en Cristo Jesús Señor nuestro". (Romanos 8:37-39).

*"'**Esto es para la gloria de mi Padre, que den mucho fruto, mostrándose como mis discípulos. Como el Padre me ha amado, así os he amado yo. Ahora permanecerán en mi amor. Si guardas mis Mandamientos, permanecerás en Mi Amor, así como Yo he guardado los Mandamientos de Mi Padre y permanezco en Su Amor'**". (Juan 15:8-10).*

Soy un amigo:

*"**Nadie tiene mayor amor que este: dar la vida por los amigos. Vosotros sois Mis amigos si hacéis lo que Yo os mando. Ya no os llamaré siervos, porque el siervo no sabe los negocios de su señor. En cambio, os he llamado amigos, porque todo lo que aprendí de mi Padre, os lo he dado a conocer. Vosotros no me elegisteis a mí, sino que yo os elegí a vosotros y os puse para que vayáis y deis fruto, fruto que dure, y para que todo lo que pidáis en mi nombre, el Padre os lo dará. Este es Mi Mandamiento: Amaos los unos a los otros'**". (Juan 15:13-17).*

<u>Oración:</u>

Querido Padre Celestial, oro para que nos ayudes a mantenernos firmes en ti. Además, danos resistencia para correr la carrera y no darnos por vencidos (incluso cuando las cosas se ven sombrías). Por favor, fortalécenos para la batalla que pueda derribarnos. Tú eres el sanador y restaurador, y te buscamos. Haznos completos en Ti como Tú nos creaste para ser. Gracias. En el Nombre de Jesús, oro. Amén.

Para llegar a conocer y entender la voluntad de Dios, simplemente debemos seguir estos dos caminos y tejerlos en la forma en que vivimos nuestra vida diaria en esta tierra. Al hacer estas dos cosas simples, podemos caminar humildemente como Jesús camina con Su Padre:

*Primero, debes abrir tu Biblia (la Palabra de Dios) y leerla!

*Segundo, debes tomarte unos momentos antes de comenzar tu día y orar. Toma esos primeros quince minutos de cada mañana y llénate de la Fuerza Renovadora de la Presencia de Dios para enfrentar las montañas de ese día.

Cuando lea la Biblia, tendrá la sensación de que Dios está justo frente a usted, diciéndole las instrucciones de Su voluntad. Mientras estás leyendo Su Palabra, Él está ahí para explicarte cualquier cosa que no entiendas. Orar y leer la Biblia es la base que te permite descubrir la Voluntad y el Propósito de Dios para tu vida. Además, la Palabra de Dios pone Amor en tu corazón y una sonrisa en el Rostro de Dios que dependes tanto de Él y sólo de Él.

Escrita por René K. Gutiérrez

Las estaciones de nuestra vida:
Un viaje-caminar con Jesús

La primavera (renovación) es un tiempo para refrescar lo aburrido en nuestro viaje de vida, para brindarnos la oportunidad de recibir las cosas nuevas que Dios tiene reservadas para usted.

El verano (trabajo y crecimiento espiritual) es un tiempo para vivir todo lo que aprendiste de Dios.

Caer (Cosechar) es separar cualquier cosa y todo lo que no se alinea con Dios. Invierno (Retirarse) es retirarse de una actividad que solo Dios puede resolver.

Cada temporada es necesaria para que pasemos en el momento adecuado. Para que puedas ser saludable en tu caminar con Jesús. Cuando reconoces en qué estación te encuentras y la aceptas, eres capaz de entender lo que Dios te está instruyendo que hagas.

Las estaciones de nuestra vida varían de un año a otro y de una persona a otra. A veces, Dios puede optar por prolongar una temporada por la que estás pasando porque es posible que te hayas desviado del cumplimiento de Su obra. Muchas veces, es posible que tengas muchas cosas que necesitan morir.

La temporada de invierno puede parecer que nunca terminará, lo que lo ralentiza al avanzar hacia la próxima temporada. Sin embargo, debemos creer que Dios siempre tiene el control y continuar aferrándonos a Él con confianza. Su trabajo revela cosas especiales, solo para que tú lo logres.

A veces necesitamos que se nos recuerden estas batallas difíciles para que Dios pelee. Dios nos equipará para las batallas que debemos pelear. No debemos preocuparnos ni estresarnos acerca de cómo vamos a pelear la batalla que se nos presenta. Déjale la preocupación a Él. Dios puede ganar la batalla más rápido que nosotros. Retrasaremos la victoria cuando intentemos pelear la batalla por nuestra cuenta.

Mira estos ejemplos de personas en cada temporada:

Las personas en la temporada de primavera están explorando nuevas posibilidades y alimentándose del estímulo que reciben.

Las personas en la temporada de verano son muy trabajadoras y ayudan a esa persona que está desesperada y necesita ayuda.

Las personas en la temporada de otoño están cosechando y trabajando para deshacerse de todo lo que no se alinea con Dios.

Las personas en la temporada de invierno están experimentando un final y necesitan oración y aliento.

Reconociste en qué estación estás en este momento? Debe poder saber en qué estación se encuentra para aceptarla y esperar las instrucciones de Dios sobre qué hacer a continuación. La Palabra de Dios nos dice: *"Escucha atentamente Mis palabras; que vuestros oídos capten lo que digo". (Job 13:17).*

La verdad es que Dios no nos dice por qué nos pasan cosas malas. Sin embargo, Él nos hará saber cómo caminar a través de ellos, con Fe, Esperanza y Paciencia. Podemos confiar en que Dios nos dará las respuestas a cualquier pregunta que le hagamos. A pesar de nuestras preguntas, aún podíamos proclamar fielmente,

"Aunque él me haya matado, en él esperaré". (Job 13:15a).

Dios todavía controla el mundo, incluso un mundo con un sufrimiento inexplicable. La mente humana no puede tener un entendimiento perfecto, pero se puede confiar en Dios para que nos trate con Justicia y Misericordia. Dios es Soberano, y Él no nos debe una explicación por Sus acciones.

No necesitamos llevar nuestras cargas que nos abruman con desesperación. Las cargas son una carga pesada de llevar y son difíciles de llevar. Son problemáticos. Sin embargo, no tienen que serlo, porque Jesús mismo lo dijo, *"**Llevad Mi Yugo sobre vosotros y aprended de Mí, que Soy Manso y Humilde de corazón, y hallaréis descanso para vuestras almas. Porque Mi Yugo es Fácil y Mi Carga es Ligera"***. *(Mateo 11:29).*

Un día me encontré con este poema que realmente me hizo reevaluar mi caminar. El autor es desconocido, y realmente agradezco a esta persona, por poner en palabras cómo se siente pasar por una adicción y/o una decisión difícil de la que este mundo está tan lleno. Cuando lea este poema, puede que se vea reflejado en él; como lo hice. Este poema es para todos los que han sufrido una adicción o una mala elección.

La caminata…

Camino por la calle; hay un agujero profundo en la acera.

Estoy perdido… estoy indefenso. No es mi culpa. Me caí en.

Tardo una eternidad en encontrar la salida.

Camino por la calle; hay un agujero profundo en la acera.

Finjo que no lo veo. Me caí de nuevo.

No puedo creer que esté en el mismo lugar, pero no es mi culpa.

Todavía me toma mucho tiempo salir.

Camino por la calle; hay un agujero profundo en la acera.

ahí lo veo Todavía me caigo… es un hábito.

Mis ojos están abiertos. Sé dónde estoy.

Es mi culpa. Salgo inmediatamente.

Camino por la misma calle; hay un agujero profundo en la acera.

Camino a su alrededor. Camino por otra calle.

Cuando leí este poema por primera vez, me vi a mí mismo en él. Me acordé cuando era fumador y bebía alcohol. Estos hábitos me hicieron no ver mi verdadero yo; era el yo mundano. Sin embargo, gracias a Dios, caminé por la otra calle (la calle de la paz y la justicia). Estoy muy agradecido por la compasión de Dios que Él tuvo por mí y me tomó bajo Sus alas y me hizo de la forma en que Él me creó para ser.

Cuando no había nadie a quien acudir, Jesús estaba allí para mí. Gracias Jesús. Jesús es el amigo que nunca me deja, y nunca se burlará de mí; como tantas personas en mi vida tienen. Se siente tan bien saber que tengo a alguien que me acepta por lo que soy y por lo que soy.

Liberación del Pozo de la Desesperación

Para recibir la liberación de Dios, debemos estar tranquilos, ser sinceros, estar tranquilos y descansar en Su Amor. Dios nos está cuidando, y cuando nos ve disfrutar de su gozosa presencia, podemos estar seguros de que somos sus hijos. El agradecimiento y la alegría abren las puertas de la liberación. Por eso adoramos y alabamos a Dios. Estar muy contento, muy feliz y muy agradecido puede traer las Bendiciones de Dios a nosotros que esperamos pacientemente de la manera que a Él le agrada. La risa puede producir mucha atención de parte de Dios rápidamente. Porque la risa muestra que estamos viviendo en Su Amor continuo y en Sus Caminos sin importar lo que enfrentemos en este mundo. Además, la risa lo alaba.

Aquí hay algunos pasajes de la Palabra de Dios que nos recuerdan la importancia del Gozo (Jesús): Regocíjate al leer estos pasajes. Hay más a lo largo de la Biblia.

"Tú me haces conocer el camino de la vida; en Tu presencia está la plenitud del gozo; a tu diestra delicias para siempre". (Salmo 16:11).

"Entonces mi alma se regocijará en el Señor, exultante en su salvación". (Salmo 35:9).

"Que los que se deleitan en Mi justicia griten de júbilo y se alegren y digan siempre: 'Grande es el Señor, que se deleita en el bienestar de Su siervo!'" (Salmo 35:27).

"La necedad es un gozo para el falto de juicio, pero el hombre entendido camina derecho". (Proverbios 15:21).

"Cuando se hace justicia, es alegría para los justos, pero terror para los malhechores". (Proverbios 21:15).

"Con alegría sacaréis agua de las fuentes de la salvación". (Isaías 12:3).

"Los mansos obtendrán un nuevo gozo en el Señor, y los pobres de la humanidad se regocijarán en el Santo de Israel". (Isaías 29:19).

"Porque con alegría saldréis, y en paz seréis conducidos; los montes y las colinas delante de ti prorrumpirán en alabanzas y todos los árboles del campo aplaudirán". (Isaías 55:12). "Aunque la higuera no florezca, ni haya fruto en las vides, el fruto del olivo falte y los campos no den alimento, las ovejas sean quitadas del redil y no haya vacas en los establos, yo me regocijaré en Señor; Me gozaré en el Dios de mi salvación". (Habacuc 3:17-18).

"Alegraos en ese día, y saltad de gozo, porque he aquí, vuestro galardón es grande en los Cielos; porque así hacían sus padres con los profetas". (Lucas 6:23).

"Porque el reino de Dios no es cuestión de comida y bebida, sino de justicia, paz y gozo en el Espíritu Santo". (Romanos 14:17).

"Mas el fruto del Espíritu es amor, gozo, paz, paciencia, benignidad, bondad, mansedumbre, fidelidad y templanza" (Gálatas 5:22).

"Regocijaos en el Señor siempre; otra vez diré: Alégrate! (Filipenses 4:4).

Una carta de oración de ofrenda de amor:

A mi querido Padre Celestial.

Te agradezco por ser mi Señor y Salvador. Eres un Dios lleno de gracia y amor. Descansaré en Tu Amor, caminaré en Tus Caminos y avanzaré firmemente hacia Tu Reino. Sé que no juzgas las apariencias, sino el corazón de cada persona que te busca para hacer tu Voluntad. A medida que busco conocerte más, te amo más y derramas más coraje y fuerza en mí para poder amar, reír, regocijarme y hacer brillar tu luz, mostrando a los demás que no soy yo quien vive sino Tú quien vive en a mí.

Gracias por todo lo que has hecho por mí. Sé que eres el único que estará allí para mí, porque me amas por lo que soy. Nada tengo si no te tengo a Ti. Con todo el amor que me das, te lo devolveré amando, viviendo, esperando y velando por todo lo que haces.

Mi ofrenda de amor es mi vida para ti. Al igual que tu ofrenda de amor de tu único Hijo, Jesús.

No puedo hacer nada sin Tu amor. Mi copa rebosa de amor por Ti y por Tu Hijo, Jesús. Tengo temor de ti. Toma mi vida y haz de ella un instrumento para traer más de Tus pueblos a Ti.

Te amo siempre y para siempre. En el nombre de Jesús, oro. Amén!

Necesitamos creer, recibir y dejar de intentar ganarnos el camino al Corazón de Dios. La única lección que aprendí acerca de pensar que tenía que ganarme el camino hacia el Corazón de Dios es que pensé que tenía que arreglar los problemas de otras personas para que Dios se fijara en mí. Pero todo lo que hizo fue dejarme sintiéndome amada por un momento, que no duró. En el momento en que comencé a sentirme no amada nuevamente, el Equipo Estrella vino a mi rescate y me aseguró cuánto me ama y que nunca me dejará sola; y Su Amor nunca más me hará sentir que no me ama.

Dios siempre nos asegurará de Su Presencia, mientras sigamos reconociendo y obedeciendo Sus Mandamientos, porque Él sabe que necesitaremos Su Consuelo en nuestros momentos de soledad. Porque Su Espíritu entró dentro de nosotros, en el momento en que respondimos a la Llamada de Su Hijo para dejarlo entrar y cenar, vivir y caminar con nosotros. Con Dios, con nosotros, no tenemos que temer estar nunca solos.

Aquí hay algunas imágenes convincentes de cómo Dios revela Su gloria y Su presencia:

<u>Uno</u>: Un fuego consumidor y una nube. *"Para los israelitas, la gloria del Señor parecía un fuego consumidor en la cima de la montaña. Entonces Moisés entró en la nube mientras subía a la montaña. Y estuvo en el monte cuarenta días y cuarenta noches". (Éxodo 24:147-18).*

<u>Dos</u>: un colorido arcoíris. "Y Dios dijo, **"Esta es la señal del pacto que hago entre Yo y vosotros, y todo ser viviente con vosotros. Un pacto para todas las generaciones venideras: He puesto mi arco iris en las nubes, y será la señal del pacto entre la tierra y Yo".** Por tanto, Dios le dijo a Noé: **"Esta es la señal del pacto que he establecido entre mí y toda vida en la tierra".** (Génesis 9:12-13, 17).

"Como la aparición de un arco iris en las nubes en un día lluvioso, así era el resplandor a su alrededor. Esta era la apariencia de la semejanza de la

gloria del Señor. Cuando lo vi, caí boca abajo, y oí la Voz de Uno hablando". (Ezequiel 1:28).

<u>Tres</u>: El nuevo yo. "No os mintáis unos a otros, ya que os habéis despojado de vuestro viejo yo con sus prácticas y os habéis revestido del nuevo, que se va renovando en conocimiento, a imagen de su Creador". (Colosenses 3:9-10).

"No sabéis que sois templo de Dios y que el Espíritu de Dios mora en ti?" (1 Corintios 3:16).

Estas son solo algunas imágenes de la gloria de Dios. La imagen más grande vive en nuestros corazones y mentes. Ese es nuestro Señor Jesús, que nunca nos dejará. Cuando hablamos la palabra de Dios, estamos hablando de Su Gloria, y Él es el único que puede llenarnos de Su Gloria. Porque Él mora entre nosotros cuando lo invitamos a nuestro corazón y le damos el control total de nuestras vidas. Nuestros cuerpos son Su templo como dice el Apóstol Pablo: *"No sabéis que vuestros cuerpos son templos del Espíritu Santo, que está en vosotros, a quien habéis recibido de Dios? No eres tuyo; fuiste comprado por un precio. Por tanto, honren a Dios con sus cuerpos".* (1 Corintios 6:19).

Aquí hay una declaración para ayudarlo a alejarse de su pecado y buscar la santidad de nuestro Dios:

"El pecado expulsa la Santidad y destruye la relación con Dios".

Recordar esta simple declaración puede mantenerte caminando por el Camino Justo, para acercarte más a nuestro Padre Celestial y Su Gracia y Amor. No hay lugar tanto para el pecado como para Dios. Debemos elegir, y la Mejor Elección es elegir a Dios. Porque nuestro Padre Celestial nos ama tanto que escuchará el momento en que clames por ayuda y te aleje del pecado que hay en tu vida; y os dé descanso en Sus Brazos de Consuelo y Amor. Esta es Su Gracia que Él da gratuitamente a aquellos que lo buscan.

Veamos más de lo que dice la Palabra de Dios acerca de elegir descansar en los brazos de Dios:

"Gracias a Dios! Él nos da la victoria por medio de nuestro Señor Jesucristo. Por lo tanto, mis queridos hermanos y hermanas, manténganse firmes. Que nada te mueva. Entregaos siempre de lleno a la obra del Señor, porque sabéis que vuestro trabajo en el Señor no es en vano". (1 Corintios 15:57-58).

"Estén en guardia; mantente firme en la fe; sed hombres valientes; sé fuerte. Hazlo todo con amor". (1 Corintios 16:13-14).

La presencia de Dios en tiempos difíciles.

En esta vida, cuando sufrimos, podemos estar seguros de dos cosas:
1. Dios está con nosotros en nuestros problemas. Conoce el sufrimiento de este mundo y los rechazos y pérdidas de los seres amados. Dios quiere que seamos conscientes de Su presencia constante para que sepamos que nunca estamos solos.
2. Dios tiene un propósito al permitir las pruebas. Puede que no estemos pasando por las pruebas de este mundo; sin embargo, es para que podamos vivir por fe y creer en Su promesa de que Él tiene el control, incluso en circunstancias y confrontaciones difíciles. La Palabra de Dios dice:

"Mantén tu vida libre del amor al dinero y conténtate con lo que tienes, porque Él ha dicho: 'Nunca te dejaré ni te desampararé'. Entonces, podemos decir con confianza: 'El Señor es mi ayudador; no temeré; Qué puede hacerme el hombre'?" (Hebreos 13:5-6).

Hay tres lecciones que puedo aprender de los problemas a los que me estoy enfrentando:

Uno. Esas dificultades siempre continuarán en este mundo hasta que se cumpla el propósito de Dios. Eso nos está enseñando ingredientes clave, que necesitamos para el cumplimiento de Su Voluntad y Propósito.

Dos. Aprender de la oscuridad es rechazar toda tentación con la Luz de Dios y caminar íntegros con Su Alegría y Paz.

Tres. Compartir con otros lo que aprendimos al estar en la Luz de Dios. Nuestro conocimiento de Jesús nos ayudará a superar nuestros senderos.

En lugar de temer tus tiempos difíciles, confía en Dios y abraza Su Plan para Su Gloria.

Porque el Gran Yo Soy es Todopoderoso y Omnisapiente, y Él tiene todos nuestros problemas en Sus Manos. Para cuando somos demasiado débiles para manejar estos problemas por nuestra cuenta. Pero con Su Fuerza podemos soportar estos problemas que plagan este mundo. Es por eso que la única forma en que un pecador puede ser salvo es por nuestro Señor Jesús. El Reino de Dios solo puede ser predicado por aquellos que han aprendido la importancia de vivir a la manera de Dios.

Recuerda: Amor! Alegría! Paz! Esperanza! Dios te ama! Dios sabe que somos débiles, y Él será fuerte por nosotros; sólo tenemos que clamar a Él; y buscarlo siempre.

Al reflexionar sobre las enseñanzas más profundas de las Escrituras (la Palabra de Dios), es importante comenzar con el carácter y las promesas del Señor. Es importante (crítico) que recuerde que:

Dios es bueno.

"El Señor es bueno con todos; Él tiene compasión de todo lo que ha hecho". (Salmo 145:9).

Dios es Soberano.

"El Señor ha establecido Su Trono en los Cielos, y Su Reino gobierna sobre todo". (Salmo 145:9).

Dios promete a los creyentes que obrará todas las cosas para su bien.

"Y sabemos que Dios dispone todas las cosas para el bien de los que le aman, los que han sido llamados conforme a su propósito". (Romanos 8:28).

Dios cumple sus promesas.

"Porque no importa cuántas promesas haya hecho Dios, son 'Sí' en Cristo. Y así por medio de Él se pronuncia el 'Amén' para gloria de Dios". (2 Corintios 1:20).

Estos cuatro hechos son solo algunos para ayudarlo a comprender cómo (y quién) es Dios, en cada momento y situación, mientras buscamos conocerlo y amarlo mejor.

<u>*Tres cosas que son para tu vida y siempre la voluntad de Dios:*</u>

Reconozca siempre a Dios en todos los sentidos.

"Reconócelo en todos tus caminos y Él enderezará tus veredas" (Proverbios 3:6).

Vive siempre por fe.

"Mi justo vivirá por la Fe. Y no me complazco en el que retrocede". (Hebreos 10:38). "

Porque vivimos por la fe, no por la vista". (2 Corintios 5:7).

Siempre adora a Dios. "Porque está escrito: 'Adorad al Señor vuestro Dios, y servidle sólo a Él'. (Mateo 4:10b).

Si no está mirando en la dirección correcta y no se enfoca en Jesús, entonces puede meterse en grandes problemas con su Padre Celestial. Por eso necesitas a alguien a tu lado en todo momento. Ese alguien que sepa por lo que estás pasando; y estará pasando. Ese alguien es nuestro Señor y Salvador Jesucristo. Recuerda siempre esto:

*"Mantened vuestra vida libre del amor al dinero y contentaos con lo que tenéis, porque Dios ha dicho: **'Nunca os dejaré, nunca os desampararé'**. Entonces decimos con confianza: 'El Señor es mi ayudador; No tendré miedo. Qué puede hacerme el hombre?'" (Hebreos 13:5-6).*

Además, recuerda lo que Dios le dijo a Josué:

"Nadie te podrá hacer frente en todos los días de tu vida. Como estuve con Moisés, así estaré contigo, nunca te dejaré ni te desampararé. Se fuerte y valiente'". *(Josué 1:5,6a).*

Una forma segura de saber que Jesús está caminando contigo es asegurarte siempre de reconocer el maravilloso amor de Dios por ti y confiar en Él siempre. Aquí hay algunas Escrituras que siempre reconocen a Dios:

"Te alabo porque estoy hecho maravillosa y maravillosamente; Tus obras son maravillosas, eso lo sé muy bien". (Salmo 139:14).

"'Porque yo sé los planes que tengo para ustedes', dice el Señor, 'planes para prosperarles y no para dañarlos, planes para darles

esperanza y un futuro. Entonces me invocarás y vendrás a orarme, y yo te escucharé". *(Jeremías 29:11-12).*

"No os dejéis llevar por todo tipo de enseñanzas extrañas. Bueno es que nuestro corazón se fortalezca con la Gracia, no con comer alimentos ceremoniales, que no benefician a los que lo hacen". (Hebreos 13:9). "A fin de que el siervo de Dios esté enteramente preparado para toda buena obra". (2 Timoteo 3:17).

"El Señor se nos apareció en el pasado, diciendo: ***'Con amor eterno os he amado; Te he atraído con una bondad inagotable. Yo te edificaré de nuevo"***. *(Jeremías 31:3, 4a).*

Estoy totalmente comprometido con Dios y sus caminos; en completa obediencia y de todo corazón. Entregando todo mi corazón a lo que Dios quiere. Porque está dicho en la Palabra de Dios, y es un Mandamiento: "Amarás al Señor tu Dios con todo tu corazón y con toda tu alma y con todas tus fuerzas". (Deuteronomio 6:5).

Una vez que Dios tuvo todo mi corazón, nunca volví a ser el mismo. Mis pensamientos eran diferentes, mi forma de hablar era diferente. Me sentí más fuerte y más seguro de mí mismo. Tú también tendrás la Fuerza y el Gran Poder de Dios cada vez que clames a Él. Además, podrás cumplir todas Sus Instrucciones que debes hacer para Él. Sólo asegúrese de hacer estas cuatro cosas muy importantes: Reconózcalo siempre; en todo, confíe en Él siempre; en todo, y manteneos en comunicación (orando) con Él. Oh, hay una cosa más muy, muy, muy importante que hacer y es estar agradecido en todo lo que Él hace por ti, especialmente porque Él te dio a Su Hijo, para caminar en esta jornada en esta tierra. Mientras Jesús camina a mi lado a lo largo de mi día, me protege de las flechas que Satanás me lanza continuamente.

Cuando caminamos con Jesús, estamos con Él y Él lleva el peso de todas nuestras cargas. Jesús levanta nuestros miedos y confusiones de nuestros hombros y los pone sobre Sus hombros, reemplazándolos con Su Fuerza, Bondad, Compasión y Amor. Por lo tanto, podemos difundir esa Bondad, Compasión y Amor a todos los que lo necesitan. Esto es lo que Dios espera, que acojamos a Su Hijo en nuestra vida y sigamos dependiendo de Él para todas nuestras necesidades. En la Biblia dice: *"Llevad las cargas los unos de los otros, y así cumpliréis la ley de Cristo. Si alguien piensa que es algo cuando no lo es, se engaña a sí mismo. Cada uno debe probar sus propias acciones. Entonces podrán enorgullecerse solos de sí mismos, sin compararse con nadie más, pues cada uno debe llevar su propia carga. Sin embargo, el que recibe instrucción en la palabra debe compartir todas las cosas buenas con su maestro". (Gálatas 6:2-6).*

Una vez que Dios pone en tu corazón Su propósito, debes ponerlo en acción.

Oración:

Padre, cuando me enfoco en ti, veo tu rostro frente al mío. Sé que estás a mi lado en todo momento. Gracias por ser mi amigo y ayudarme cuando clamo a ti. Siempre pondré una sonrisa en mi rostro para demostrarte cuánto agradezco tu presencia. Gracias por llevar mis cargas, y te agradezco por darme la fuerza para seguir adelante, en la promoción de tu reino. Ruego que todos los que acuden a Ti en busca de ayuda estén agradecidos por tu ayuda. Gracias. Estoy simplemente asombrado de ti. Te amo. En el nombre de Jesús, siempre soy tuyo. Amén.

Cuando te enfrentes a los gigantes de este mundo, debes ver y confiar en que Jesús camina a tu lado durante todo el camino. Entonces, nada puede tocarte sin Su permiso. Una vez que Dios ha colocado Su Escudo de Protección a tu alrededor, nada puede romperte y sacudirte o lastimarte. Tómese un tiempo ahora mismo y lea en voz alta el Salmo 34, y siéntase animado y fortalecido. Vea cómo Jesús está a su lado en cada momento y situación. Mira cómo Él te protege y te llena de Amor, Alegría, Paz y Esperanza. Vea cuán poderoso es Él cuando el enemigo trata de derribarlo. Vea cómo exaltarlo puede traer tanto consuelo que perdurará en la eternidad.

Salmo 34

"Exaltaré al Señor en todo tiempo; Su alabanza siempre estará en mis labios. me gloriaré en el Señor; que los afligidos oigan y se regocijen.
Glorifica al Señor conmigo; exaltemos juntos su nombre.

Busqué al Señor, y Él me respondió; Me libró de todos mis temores.
Los que lo miran son radiantes; sus rostros nunca están cubiertos de vergüenza.

Este pobre llamó, y el Señor lo escuchó; Él lo salvó de todos sus problemas.

El ángel del Señor acampa alrededor de los que le temen, y los salva.

Gustad y ved que es bueno el Señor; bienaventurado el que en él se refugia.

Temed al Señor, vosotros su pueblo santo, porque a los que le temen nada les falta.

Los leones pueden debilitarse y tener hambre, pero a los que buscan al Señor nada les falta.

Venid, hijos Míos, escúchame; Te enseñaré el temor del Señor.

Quien de vosotros ame la vida y desee ver muchos días buenos, guarde su lengua del mal y sus labios de decir mentiras.

Apartaos del mal y haced el bien; Busca la paz y síguela.

Los ojos del Señor están sobre los justos, y atentos sus oídos al clamor de ellos; pero el rostro del Señor está contra los que hacen el mal, para borrar su nombre de sobre la tierra.

Los justos claman, y el Señor los escucha; Él los libra de todos sus problemas.

El Señor está cerca de los quebrantados de corazón y salva a los que están abatidos en el espíritu.

El justo puede tener muchas aflicciones, pero de todas ellas lo libra el Señor; Él protege todos sus huesos, ninguno de ellos se romperá.

El mal matará a los impíos; los enemigos de los justos serán condenados.

El Señor rescatará a sus siervos; nadie que se acoja a Él será condenado". (Salmo 34:1-22).

Como puedes ver, Dios sabe (y ve) todo lo que está pasando en este mundo, y Él te enseñará cómo vivir en este caos. Dios sabe cómo hacer que este caos se convierta en Su bien. Porque Él sacrificó a Su Hijo Jesús para revelar la verdad de Su juicio sobre el pecado. Él da a conocer que convertirá el caos de este mundo en Su bien. Jesús logró esto en la cruz: nuestro Señor y Salvador logró esto para toda la humanidad, solo para estar en una relación correcta con Su Padre en el cielo. Jesús hizo de la redención el fundamento de la vida humana. Vivir sobre esta base es la razón por la que tenemos que centrarnos en Jesús y su dirección. Jesús es el único Camino, la Verdad y la Vida. Jesús vino a morir por ti y por mí, y la Cruz fue el Propósito de Jesús, quitar los pecados de este mundo.

La Cruz no es del hombre sino de Dios, y la Cruz nunca debe ser comprendida plenamente a través de la experiencia humana; es la puerta de entrada a través de la cual podemos entrar en unidad con el Padre Celestial.

La Cruz no es una puerta para pasar; necesitas permanecer en la Vida de Jesús, a quien podemos encontrar allí ya quien invitamos a nuestras vidas y tiene control total sobre nuestras vidas. Dios te llama a la Cruz, la puerta de la Salvación, a caminar y dejar atrás todo lo que este mundo tiene para ofrecer y comenzar a vivir la Vida de Cristo Jesús. El corazón de la Salvación es la Cruz de Cristo, donde se abrirá el Camino de la Vida Eterna, ese Vivir Libre que nos regala nuestro Señor.

En este mundo, carecemos de entendimiento de las cosas de Dios. En este mundo, estamos demasiado distraídos con lo que el enemigo nos lanza. En este mundo, sin Jesús a nuestro lado, no podemos recibir las Cosas que nos ponen en la condición adecuada para esa Vida Espiritual Libre.

En la Palabra de Dios, Jesús dijo: *"'Tengo mucho más que decirte, más de lo que ahora puedes soportar. Sin embargo, cuando venga Él, el Espíritu de la Verdad, Él os guiará a toda la Verdad. Él no hablará por su propia cuenta; Él hablará sólo lo que oiga, y os dirá lo que está por venir. Él me glorificará porque de Mí recibirá lo que os dará a conocer. Todo lo que pertenece al Padre es mío. Por eso dije que el Espíritu recibirá de Mí lo que os hará saber'".* *(Juan 16:12-15).*

Debemos tener unidad con Jesús, antes de que podamos estar preparados para recibir cualquier tipo de verdad de Él. Saber acerca de la unidad con Jesús está en la Palabra de Dios (la Biblia), que se vuelve comprensible para nosotros, a través del Espíritu de la Verdad (el Espíritu Santo). Dios no puede revelarnos nada si no hemos recibido el Espíritu Santo; que recibimos cuando recibimos a Jesús. Una vez que esto suceda, todos los pensamientos mundanos dejarán tu mente y se intercambiarán los pensamientos de Dios.

La persona a la que sigues determina la persona en la que te conviertes. Así que yo seguiré a Jesús y seré como Él. Mientras sigo y alabo a Dios, Él me da Fortaleza, Honor y Amor. Como dice la Biblia: *"Las riquezas y la honra proceden de ti; Eres el soberano de todas las cosas. En tus manos están la fuerza y el poder, para exaltar y dar fuerza a todos. Ahora, Dios nuestro, te damos gracias y alabamos tu glorioso nombre". (1 Crónicas 12-13).*

La cruz es la puerta de entrada a la vida de Jesús. Jesús tiene el poder de transmitirnos Su vida, llevando a muchos a la gloria de Su Padre. Como dice la Palabra de Dios: *"Al llevar a la gloria a muchos hijos e hijas, convenía que Dios, por quien y por quien todo es, perfeccionara por medio de lo que padeció al iniciador de la salvación de ellos. Tanto el que santifica a las personas como los que son santificados son de la misma familia. Por lo tanto, Jesús no se avergüenza de llamarlos hermanos y hermanas. Él dice: 'Anunciaré Tu Nombre a mis hermanos y hermanas; en la asamblea cantaré Tus alabanzas', y otra vez, 'Pondré mi confianza en Él'. Nuevamente dice: 'Aquí estoy yo y los hijos que Dios me ha dado'". (Hebreos 2:10-13).*

"Porque sabemos que nuestro viejo hombre fue crucificado con él para que el cuerpo dominado por el pecado sea destruido y ya no seamos esclavos del pecado, porque cualquiera que ha muerto ha sido libertado del pecado. Ahora bien, si morimos con Cristo, creemos que también viviremos con Él. Porque sabemos que, puesto que Cristo resucitó de entre los muertos, no puede volver a morir; la muerte ya no tiene dominio sobre él. La muerte que Él murió, Él murió al pecado una vez por todas; pero la vida que Él vive, para Dios. De la misma manera, considérense muertos al pecado pero vivos para Dios en Cristo Jesús. Por lo tanto, no dejes que el pecado reine en tu cuerpo para que obedezcas sus malos deseos. No ofrezcáis ninguna parte de vosotros mismos al pecado como instrumento de maldad, sino ofreceos vosotros mismos a Dios como quienes han sido llevados de la muerte a la vida; y ofrece cada parte de ti mismo a Él como un instrumento de justicia. Porque el pecado ya no será vuestro señor, porque no estáis bajo la ley, sino bajo la gracia". (Romanos 6:6-14).

Dios muestra Su Amor por nosotros por la muerte de Su Hijo Jesús en la Cruz. La Palabra de Dios dice: *"En esto demuestra Dios su amor por nosotros: en que siendo aún pecadores, Cristo murió por nosotros". (Romanos 5:8).*

En esta vida, no se trata de lo que podemos hacer por Dios, sino de lo que Él hace en nosotros ya través de nosotros. Dios usó a Su único Hijo para Su Propósito de acercarnos a Él. Por lo tanto, aunque Jesús ha terminado la Asignación de Su Padre y está sentado a la diestra de Su Padre, todavía continúa ayudándonos en los momentos difíciles. Nuestro Señor nunca está demasiado ocupado para darnos Su mano amiga.

Muchas veces cuando estaba hablando con Dios, le preguntaba: "Cómo deseas usarme?" La respuesta que recibí de Él fue: "Estad quietos y pacientes y recordad que os amo". Le dije que todo lo que Él desea lograr a través de mí y en mí, estoy listo y dispuesto a hacer todo lo que Él quiere que haga. Escribir este libro es solo la primera de muchas asignaciones en las que Él ha puesto su confianza en mí. Con Su ayuda, los cumpliré todos. Porque como dice la Palabra de Dios: *"Para Dios nada es imposible". (Mateo 19:25).*

Sé y creo que no estaré solo. Mi fuerza viene de Él. *"Porque cuando yo soy débil, Él es fuerte". (2 Corintios 12:10b).* Juntos, Jesús y yo podemos lograr cualquier cosa y todo! Continuaré estando listo con los oídos abiertos para cualquier Instrucción que Dios tenga para mí.

Como dice la Palabra de Dios: *"Porque sé que el bien mismo no habita en mí, es decir, en mi naturaleza pecaminosa. Porque tengo el deseo de hacer el bien, pero no puedo llevarlo a cabo". (Romanos 7:18).*

"Sin embargo, los que esperan en el Señor obtendrán nuevas fuerzas; levantarán alas como las águilas; correrán y no se cansarán; caminarán y no se cansarán". (Isaías 40:31).

"Por tanto, mis queridos amigos, como siempre habéis obedecido, no sólo en mi presencia, sino mucho más ahora en mi ausencia, continuad trabajando en vuestra salvación con temor y temblor, porque es Dios quien obra en vosotros tanto el querer como el querer. y actuar para cumplir su buen propósito. Haced todo sin murmuraciones ni contiendas, para que seáis irreprensibles y puros, "hijos de Dios, sin mancha en una generación torcida y torcida". Entonces resplandeceréis entre ellos como estrellas en el cielo, mientras os aferréis firmemente a la Palabra de Vida". (Filipenses 2:12-16a).

"He aquí, yo soy el Señor, el Dios de toda la humanidad. Hay algo demasiado difícil para mí?" (Jeremías 32:27).

"Porque a los que Dios conoció de antemano, también los predestinó a ser hechos conforme a la imagen de su Hijo, para que él sea el primogénito entre muchos hermanos y hermanas. Y a los que predestinó, a ésos también llamó; a los que llamó, también los justificó; a los que justificó, también los glorificó". (Romanos 8:29-30).

La dulzura de Dios

La mansedumbre es la Manera de Dios de anunciar Su Presencia. Cuanto más débil eres, más gentil se acerca Él. Es así:

Dios está mirando todo lo que está pasando en tu vida. De repente, Él ve problemas acercándose a ti; luego, Él ve que comienzas a desmoronarte por el miedo. Luego comienza a susurrar tu nombre, pero no lo escuchas. Entonces, Él toca tu hombro; comienzas a sentir ese golpe y escuchas a alguien susurrándote al oído, pero no pareces reconocer que es Él. Entonces Jesús comienza a golpear fuertemente la puerta de tu corazón y llama tu nombre. Entonces caes de rodillas y gritas Su Nombre; Luego se acerca, te levanta, luego te envuelve con sus brazos y te consuela, y te dice: 'Estoy aquí contigo. No tengas miedo'. De repente, te llenas de calidez y consuelo, coraje y fuerza, esperanza y amor, fortaleciéndote a medida que el problema pasa sobre ti; como lo hace una nube oscura en un día sombrío. Lo siguiente que te das cuenta es que estás en Sus brazos de refugio, sintiéndote mejor. Tu tristeza se convierte en sol.

A través de la oscuridad, la Luz de Jesús brillará para que puedas aferrarte a Él y caminar en Amor, Esperanza, Protección y en todo momento! Esto me asegura no tener miedo, porque mi Equipo Estrella siempre está conmigo, acompañándome en todo lo bueno y lo malo que se me presente. Porque la Palabra de Dios me dice: *"Dios es nuestro amparo y fortaleza, nuestro pronto auxilio en las tribulaciones. Por tanto, no temeremos, aunque la tierra se desmorone, y los montes se hundan en el corazón del mar, aunque bramen y se turben sus aguas, y tiemblen los montes a causa de su bravura".* (Salmo 46:1-3).

"Alégrense en la esperanza; paciente en aflicción; fieles en la oración". (Romanos 12:12). *"Que el Dios de la esperanza os llene de todo gozo y paz en la confianza que tenéis en Él, para que reboséis de esperanza por el poder del Espíritu Santo".* (Romanos 15:13).

Nada es más satisfactorio que saber que Jesús está siempre conmigo. No tiene precio el costo de Su amor. Jesús es el amigo que siempre está ahí para mí (y para ti). Jesús se aparece a aquellos que se vuelven a Él en busca de refugio y fortaleza. Entonces somos puestos de rodillas y somos llenos de Su Coraje, Amor, Sabiduría, Discernimiento, Esperanza y Paz que podrán escudar todas las flechas de destrucción que están volando en el aire de este mundo. Además, con el Paraguas de Protección que el Padre Celestial pone sobre ti y sobre mí, podemos caminar siempre en ese Sol de Su Amor.

Mi oración de agradecimiento

Querido Padre Celestial;

Gracias por enseñarme Tus Caminos y por cuidarnos. Estoy listo para que me busques por cualquier cosa que me esté impidiendo salir y hacer Tu Voluntad. Quiero servirte a Ti y solo a Ti. Mi vida es tu vida. No hay nada que desee más que caminar a Tu lado y escuchar todo lo que tienes que decir. Quita todo lo que no sea de Ti. Quiero agradecerte por guiarme a través de los muchos cambios que esta vida puede traer. Continuaré confiando en ti, incluso cuando las cosas No parece claro lo que estás haciendo en mi vida. Creo que eres mi lugar más seguro de refugio en este mundo. Ayúdame a moverme cuando Tú te muevas, a quedarme cuando Tú te quedes, a amar cuando Tú ames, a pronunciar Tus Palabras de Sabiduría cuando Tus Palabras sean necesarias. Dirige mis pasos hacia Tus promesas han guardado para mí. Hazme una mujer de Fe y de Amor. En el Nombre de Tu Precioso Hijo, te agradezco. Amén.

"No que haya alcanzado ya todo esto, ni que ya haya llegado a mi meta, sino que prosigo para asirme de aquello para lo cual Cristo Jesús me agarró a mí". (Filipenses 3:12).

"Encomienda tu camino al Señor; confía en Él y Él hará esto: Él hará que tu justa recompensa brille como el alba, tu vindicación como el sol del mediodía. Guarda silencio ante el Señor y espera pacientemente en Él; no te inquietes cuando la gente tenga éxito en sus caminos, cuando lleven a cabo sus perversos planes. Abstente de la ira y apártate de la ira; no te preocupes, sólo conduce al mal. Porque

*los malos serán destruidos, pero los que esperan en el Señor heredarán la tierra".
(Salmo 37:5-9).*

"Jehová afirma los pasos del que en Él se deleita; aunque tropiece, no caerá, porque el Señor lo sostiene con su mano". (Salmo 37:23-24).

De pie en la fe

La fe cree que Dios es quien dice que es.

La fe cree que Él hará lo que dice que hará.

La fe le cree a Dios en Su Palabra.

La fe es completa y tener fe te hace completo.

La fe es escuchar tu propia voz hablando de las promesas de Dios.

Fe es responder a la Palabra que escuchas.

Jesús es el Autor y Consumador de tu Fe.

"En consecuencia, la Fe viene de la escucha del Mensaje y el Mensaje se escucha a través de la Palabra de Cristo". ((Romanos 10:17).

Nuestra responsabilidad es alimentar nuestra Fe con la Palabra de Dios y matar de hambre nuestras dudas. Morir la duda es vivir cada Palabra de Dios, haciendo huir la duda de la existencia que te rodea. En este mundo, la duda siempre estará en el aire, porque la duda es la única arma que Satanás puede usar para desviarnos del camino recto. Como dice la Palabra de Dios: *"Sin embargo, no vaciló por incredulidad en cuanto a la promesa de Dios, sino que se fortaleció en su fe y dio gloria a Dios, estando plenamente persuadido de que Dios tenía poder para hacer lo que había prometido. Por eso le fue contado como Justicia". (Romanos 4:20-22).*

"Necesitas perseverar para que cuando hayas hecho la Voluntad de Dios, recibas lo que Él ha Prometido. Porque "dentro de poco vendrá el que viene, y no tardará". Y, Pero el justo lo hará por la fe. Y no me complazco en el que retrocede". Pero nosotros no somos de los que retroceden y se pierden, sino de los que tienen fe y se salvan". (Hebreos 10:36-39).

"Por tanto, ya que estamos rodeados de una nube tan grande de testigos, despojémonos de todo lo que estorba y del pecado que tan fácilmente nos enreda. Además, corramos con perseverancia la carrera que tenemos por delante, puestos los ojos en Jesús, el iniciador y consumador de la fe. Por el gozo puesto delante de Él, soportó la cruz, despreciando su vergüenza, y se sentó a la diestra del Trono de Dios. Considerad a Aquel que soportó tanta oposición de los pecadores, para que no os canséis ni desmayéis". (Hebreos 12:1-3).

El espíritu santo

Recibir el Espíritu Santo es parte de un proceso. El Espíritu Santo entra en nuestros cuerpos cuando dejamos que nuestro Señor entre en nuestros corazones. El Espíritu Santo comienza a barrer y reorganizar nuestra vida personal para que actuemos correctamente ante Dios. El Espíritu Santo invade todo el cuerpo.

Una vez que Él hace esto, nuestro viejo yo muere y se vuelve nuevo, y luego nuestro Señor se hace cargo de todo una vez que le entregamos todo a Él. Hacer nuestra parte de caminar en la luz de Jesús y obedecer todo lo que Él nos enseña nos mantiene justos a los ojos de Su Padre y nos mantiene vivos en quien nos salvó. La Palabra de Dios dice:

"Así mismo, considérense muertos al pecado, pero vivos para Dios en Cristo Jesús". (Romanos 6:11).

Yo mismo vivo todo el tiempo para Jesús; no por nada del mundo. Mi corazón pertenece a Jesús, y Él vive en mí. Esta vida eterna no es un regalo de Dios; es un regalo de Dios y un regalo precioso que necesita todo nuestro amor y reverencia. Cuando nuestro Padre Celestial vea a Su Hijo viviendo en ti ya través de ti, te dará la bienvenida con los brazos abiertos a Su gloriosa presencia.

Una vez que tome la decisión de identificarse con Jesús y Su vida, tendrá una amplia provisión del amor infinito de Su Padre. Sin Su Amor, permanecerás débil y abierto a las tentaciones de Satanás. Como dice la Palabra de Dios: *"Ruego que de las riquezas de su gloria os fortalezca con poder por medio de su Espíritu en vuestro interior, para que Cristo habite en vuestros corazones por la fe. Y ruego que vosotros, arraigados y cimentados en el amor, podáis, junto con todo el pueblo santo del Señor, comprender cuán ancho, largo,* *alto y profundo es el amor de Cristo, y conocer este Amor que sobrepasa todo conocimiento. para que seáis llenos hasta la medida de toda la plenitud de Dios". (Efesios 3:16-21). Además, la Palabra de Dios dice: "Jesús los miró y dijo; **'Para el hombre esto es imposible, pero para Dios todo es posible'"**. (Mateo 19:26).*

La vida eterna no tiene nada que ver con el tiempo; es solo una fuente de vida de la que podemos tomar ejemplo, y tú y yo tenemos que seguir desprendiéndonos continuamente de nuestros deseos y dejar que los Deseos de Dios nos invadan. Porque cuando estamos caminando con Jesús le da el reinado completo en nuestras vidas. Otros se darán cuenta de nuestro caminar con Jesús, porque la Luz de Jesús es más brillante que cualquier otra luz en esta tierra. Jesús incluso eclipsa al sol, la luna y las estrellas. Es por eso que nunca caminaremos en la oscuridad una vez que dejemos que Jesús entre en nuestros corazones y vidas.

Triunfar sobre nuestros fracasos

Todos hemos caminado por el valle de los fracasos. Jesús nos ha dicho muchas veces que enfrentaríamos muchos fracasos en este mundo. La verdad es que cuando nos enfrentamos a muchos fracasos y carencias, nos preparan para servir a Dios. Es decir, nuestros fracasos nos acercan a Dios, mostrándole que estamos listos para ser usados. Cuando construimos muros alrededor de nuestro corazón, dejamos que nuestro egoísmo, terquedad y nuestros propios deseos gobiernen en nuestras vidas; negar el acceso de Dios para convertir nuestros malos caminos en formas de cumplir Su Plan y Propósito en nuestras vidas. Mantenernos enfocados en la Palabra de Dios traerá Gloria a Él y Bendiciones a nosotros.

Esto es lo que dice la Palabra de Dios sobre triunfar sobre los fracasos que cometemos:

"Muchos dicen de mí: 'Dios no lo librará'. Sin embargo, tú, Señor, eres un escudo alrededor de mí, mi gloria, el que levanta mi cabeza en alto. Clamo al Señor, y Él me responde desde Su Monte Sagrado". (Salmo 3:2-4).

"Por vuestra colaboración en el evangelio desde el primer día hasta ahora, estando persuadido de esto, que el que comenzó en vosotros la buena obra, la perfeccionará hasta el día de Cristo Jesús". (Filipenses 1:5-6).

"Os escribo estas cosas a vosotros que creéis en el nombre del Hijo de Dios; para que sepáis que tenéis Vida Eterna. Esta es la confianza que tenemos al acercarnos a Dios: que si pedimos algo conforme a Su Voluntad, Él nos escucha. Y si sabemos que Él nos oye, cualquier cosa que le pidamos, sabemos que tenemos lo que le pedimos". (1 Juan 5:13-15).

"Sabemos que todo aquel nacido de Dios no continúa pecando; Aquel que nació de Dios los protege, y el maligno no puede dañarlos. Sabemos que somos hijos de Dios, y que el mundo entero está bajo el control del maligno. Sabemos también que el Hijo de Dios ha ven y nos has dado entendimiento, para que podamos conocer al que es Verdadero. Y estamos en Aquel que es verdadero Dios y vida eterna". (1 Juan 5:18-20).

"El Señor es mi luz y mi salvación, de quién temeré? El Señor es la fortaleza de mi vida, de quién tendré miedo" (Salmo 27:1).

"Entonces vino la palabra del Señor a Jeremías: 'Yo soy el Señor, el Dios de toda la humanidad. Hay algo demasiado difícil para mí?'" (Jeremías 32:26-27).

"Se fuerte y valiente. No temas ni te asustes por causa de ellos, porque el Señor tu Dios va contigo; Él nunca te dejará ni te abandonará". (Deuteronomio 31:6).

La bondad: una cualidad que agrada a Dios

Toda mi vida siempre he tenido este anhelo de ser amable con los demás. La Palabra de Dios dice:

"Que la misericordia y la verdad no os abandonen; átalos alrededor de tu cuello. Escríbelas en la tabla de tu corazón". (Proverbios 3:3). Esta Escritura se hizo realidad después de que Jesús me mostró misericordia, cuando más la necesitaba, cuando era joven. Desde entonces, nunca me he apartado de Su lado y de Su Verdad.

Creo, con todo mi corazón, en Dios mismo que lo escribió en mi corazón. El grabado en mi corazón hace que ser desagradable sea simplemente cruel e incorrecto. Asumí la responsabilidad deliberada de tener compasión por todas las criaturas de Dios que necesitan un poco de bondad en su vida. Esto ahora me complace a mi porque Bondad es quien Él es y siempre será. Con la Palabra de Dios, te dirá cómo se desarrolla la Bondad en nosotros.

<u>Primero</u>, debes invitar al Espíritu Santo a morar en ti; para ayudarte a perfeccionar la bondad a lo largo de tu viaje mientras estés en esta tierra. Como dice la Palabra de Dios:

"Andad, pues, en el Espíritu, y no satisfaréis los deseos de la carne. Porque la carne desea lo que es contrario al Espíritu y el Espíritu lo que es contrario a la carne. Están en conflicto entre sí, por lo que no puedes hacer lo que quieras. Sin embargo, si el Espíritu os guía, no estáis bajo la ley. Los actos de la carne son evidentes: inmoralidad sexual, impureza y libertinaje; idolatría y brujería; odios, discordias, celos, arrebatos de ira, ambición egoísta, disensiones, facciones y envidias; borracheras, orgias y cosas por el estilo. Les advierto, como lo hice antes, que los que viven así no heredarán el reino de Dios. Sin embargo, el Fruto del Espíritu es Amor, Alegría, Paz, Paciencia, Bondad, Bondad, Fidelidad, Mansedumbre y Dominio propio. Contra tales cosas no hay ley. Los que son de Cristo Jesús han crucificado la carne con sus pasiones y deseos. Puesto que vivimos por el Espíritu, mantengámonos en sintonía con el Espíritu. No nos hagamos engreídos, provocándonos y envidiándonos unos a otros". (Gálatas 5:16-25).

<u>En segundo lugar</u>, debemos deshacernos de todo lo que nos impide difundir la bondad; y aléjate de toda crueldad. Como creyentes en Cristo Jesús, debemos dejar que la bondad fluya a través de nosotros, mostrando al mundo el Amor de Dios. Por lo tanto, debes hacer lo que dice la Palabra de Dios: *"Sé completamente humilde y manso; sed pacientes, soportándoos unos a otros en Amor. Esforzaos por conservar la unidad del Espíritu por el vínculo de la paz". (Efesios 4:2-3).*

"Deshágganse de toda amargura, ira e ira, peleas y calumnias, junto con toda forma de malicia. Sed bondadosos y misericordiosos unos con otros, perdonándoos unos a otros, así como Dios os perdonó a vosotros en Cristo". (Efesios 4:31-32).

<u>En tercer lugar</u>, debemos centrarnos en las necesidades de otras personas. Cuando nos enfocamos en nosotros mismos, la amabilidad no se manifiesta. Además, al centrarnos en los demás, conocemos sus necesidades.

"Por tanto, como pueblo elegido de Dios, santo y muy amado, vístanse de compasión, bondad, humildad, mansedumbre y paciencia. Sopórtense unos a otros y perdónense unos a otros si alguno de ustedes tiene queja contra alguien. Perdona como el Señor te perdonó. Además, sobre todas estas virtudes vestíos

de amor, que las une a todas en perfecta unidad. Que la Paz de Cristo reine en vuestros corazones, ya que como miembros de un solo cuerpo fuisteis llamados a la paz. Y sé agradecido". (Efesios 3:12-15).

<u>Cuarto</u>, debemos pedirle a Dios que nos enseñe a ser amables. Realmente no tenemos que ir a nadie más que a Dios, Él sino Él es el único que sabe cómo expresar bondad. *"Bienaventurados los misericordiosos, porque a ellos se les mostrará misericordia. Bienaventurados los de limpio corazón, porque ellos verán a Dios. Bienaventurados los pacificadores, porque ellos serán llamados hijos de Dios. Gozaos y alegraos, porque grande es vuestra recompensa en los cielos". (Mateo 5:7-9, 12a).*

<u>Quinto</u>, siempre debemos practicar la bondad en todo momento. Esté siempre buscando oportunidades para ayudar a una persona necesitada. Esto agrada a Dios.

"No os engañéis: Dios no puede ser burlado. Cada uno cosecha lo que siembra. El que siembra para complacer su carne, de la carne segará destrucción; el que siembra para agradar al Espíritu, del Espíritu segará vida eterna. No nos cansemos de hacer el bien, porque a su tiempo segaremos si no desmayamos. Por tanto, según tengamos oportunidad, hagamos bien a todos, y mayormente a los de la familia de los creyentes". (Gálatas 6:7-10).

"Por tanto, como pueblo elegido de Dios, santo y muy amado, vístanse de compasión, bondad, humildad, mansedumbre y paciencia. Sopórtense unos a otros y perdónense unos a otros si alguno de ustedes tiene queja contra alguien. Perdona como el Señor te perdonó. Y sobre todas estas virtudes vestíos de amor, que las une a todas en perfecta unidad". (Colosenses 1:12-14). "Deshágase de toda amargura, ira e ira, peleas y calumnias, junto con toda forma de malicia. Sed bondadosos y misericordiosos unos con otros, perdonándoos unos a otros, así como Dios os perdonó a vosotros en Cristo". (Efesios 4:31-32).

"Así dice el Señor: 'No se alabe el sabio en su sabiduría, ni el fuerte en su fuerza, ni el rico en su riqueza, sino que el que se jacta se alabe en esto. Que tengan el entendimiento para conocerme, que yo soy el Señor, que ejerzo bondad, justicia y justicia en la tierra, porque en estas me deleito', declara el Señor". (Jeremías 9:23-24).

"Que el amor y la fidelidad nunca te abandonen; átalas a tu cuello, escríbelas en la tabla de tu corazón. Entonces ganarás favor y un buen nombre

a la vista de Dios y de los hombres. Confía en el Señor con todo tu corazón y no te apoyes en tu propio entendimiento; Someteos a Él en todos vuestros caminos, y Él enderezará vuestras veredas. No seas sabio en tu propia opinión; teme al Señor y aléjate del mal. Esto traerá salud a tu cuerpo y nutrición a tus huesos". (Proverbios 3:3-8).

El último es, con diferencia, el menos importante. Une a los seis para hacernos agradables a los ojos de Dios.

<u>Sexto</u>, debemos hablar palabras amables. Sé que esto es cierto, porque yo siempre estaba en el lado receptor de las palabras hirientes. Sin embargo, Jesús estaba allí para consolarme; Habló palabras bondadosas y curativas. Desde ese momento de compasión y bondad de mi Señor y Salvador, supe que tenía un lugar de refugio.

"Dad gracias al Señor, porque Él es bueno; Su amor es para siempre". (Salmo 107:1). *"Él sana a los que tienen el corazón roto y venda sus heridas".* (Salmo 147:3).

"No os dejéis llevar por todo tipo de enseñanzas extrañas. Bueno es que nuestro corazón se fortalezca con la gracia, no con los alimentos ceremoniales, que no aprovechan a los que lo hacen". (Hebreos 13:9).

"Porque por gracia sois salvos por medio de la fe; y esto no de vosotros, pues es don de Dios; no por obras, para que nadie se gloríe. Porque somos hechura de Dios, creados en Cristo Jesús para buenas obras, las cuales Dios dispuso de antemano a fin de que las pongamos en práctica". (Efesios 2:8-10).

"Que estas palabras de mi boca y esta meditación de mi corazón sean agradables a tus ojos, Señor, mi Roca y mi Redentor". (Salmo 19:14).

Aquí hay algunas Escrituras más que reflejan palabras amables:

"La respuesta amable quita la ira, pero la palabra áspera hace subir la ira. La lengua del sabio adorna el conocimiento, pero la boca del necio brota locura. Los ojos del Señor están en todas partes, vigilando a los malos y a los buenos. La lengua consoladora es árbol de vida, pero la lengua perversa quebranta el espíritu". (Proverbios 15:1-4).

"Y el siervo del Señor no debe ser pendenciero, sino amable con todos, capaz de enseñar, no resentido. Los opositores deben ser instruidos suavemente,

con la esperanza de que Dios les conceda el arrepentimiento que los lleve al conocimiento de la verdad, y que recobren el juicio y escapen de la trampa del diablo; que los ha llevado cautivos para hacer su voluntad". (2 Timoteo 2:24-26).

Fe versus razón

En Hebreos 11:1 dice: *"Ahora bien, la fe es confianza en lo que esperamos y seguridad en lo que no vemos"*. Esto es lo que es la fe. Sin embargo, así como tenemos un enemigo (Satanás), también lo tiene la Fe, y esa es la razón (Satanás). La razón (Satanás) intenta anular la confianza que tenemos en Dios razonando con nosotros para confiar en la mente humana. Este tipo de razonamiento conduce a la inseguridad y la duda; las dos armas más usadas de Satanás. Dios esperará pacientemente a que reconozcamos nuestra necesidad de un salvador, y luego Él responde con fe.

La fe dice: *"Con Dios todo es posible"*. *(Mateo 19:26).*

La razón dice: No necesito que Dios me ayude. Puedo hacerlo yo solo.

La fe dice: *"Y mi Dios suplirá todas vuestras necesidades conforme a las riquezas de su gloria en Cristo Jesús". (Filipenses 4:19).*

La razón dice que puedo conseguir mis propios suministros. No necesito nada de Dios.

La fe dice: "Jesús respondió: **Yo soy el Camino, la Verdad y la Vida. Nadie viene al Padre sino por mí. Si realmente me conocéis, conoceréis también a mi Padre. Desde ahora lo conocéis y lo habéis visto"**. (Juan 14:6-7).

La razón dice: "Tiene que haber una mejor manera".

Como puedes ver, cuando pones nuestra fe en Dios, vives. Sin embargo, si empiezas a razonar o dudar, mueres; lento y tortuoso.

La fe gana todo el tiempo. Como dice la Palabra de Dios: *"Porque el Señor tu Dios es el que va contigo a pelear por ti contra tus enemigos para darte la victoria". (Deuteronomio 20:4).*

"Ninguna tentación se ha apoderado de vosotros, excepto lo que es común a los hombres. Dios es fiel; Él no permitirá que seas tentado más allá de lo que puedas soportar. Pero cuando sois tentados, Él también os dará una Salida, para que podáis pasar por debajo de ella". (1 Corintios 10:13).

"Por lo tanto, pónganse toda la Armadura de Dios, para que cuando llegue el día del mal, puedan mantenerse firmes, y después de haber hecho todo, mantenerse firmes. Estad, pues, firmes, con el Cinturón de la Verdad ceñido a vuestra cintura, con la Coraza de Justicia que viene del Evangelio de la Paz". (Efesios 6:13-15).

"Estas cosas os he dicho para que en mí tengáis paz. En este mundo tendrás problemas. Sin embargo, ánimo! He vencido al mundo". (Juan 16:33).

Sólo los que pertenecen a Cristo poseen Vida Eterna. Además, los que creen que Jesús murió por nosotros se mantendrán siempre firmes en la fe y no dejarán entrar en sus mentes la razón ni la duda. Hasta que lidiemos con nuestros fracasos pasados y conquistemos nuestro sentido de insuficiencia, nunca seremos capaces de manejar el éxito. Una vez que saquemos el pasado negativo de nuestras cabezas y nos concentremos en Jesús. Podremos avanzar hacia una vida significativa y plena que tenemos en Cristo. Los eventos, en este mundo, pueden paralizar nuestras ambiciones de hacer grandes cosas para Dios. Todo comienza con dejar ir todas las cosas y pensamientos mundanos y elevarse por encima del caos y vivir para Dios, no para el enemigo (Satanás). Estar enfocados en las cosas del Cielo hace que desaparezca el miedo y entre la alegría y nos lleve sobre los fuegos de este mundo. Nuestro Padre Celestial siempre está mirando y caminando a nuestro lado, para ser el escudo que nunca se rompa. Esta es la Voluntad de Dios para nuestras vidas.

Buscar la Voluntad de Dios es tan simple como leer Su Palabra (la Biblia), donde están todas las respuestas a todas las preguntas que pasan por la mente de todos, acerca de las luchas que enfrentan. Ahí es donde encontré las respuestas a estas dos preguntas que rondaban por mi mente:
(1) Cuál es la lección que se supone que debo aprender de esta situación actual?
(2) Cómo puedo servirte, Padre?

Tomé estas preguntas en oración, y a través de mi Señor Jesús, le pedí ayuda a Dios, y Él me hizo leer estas Escrituras: ***"Porque mis pensamientos no son vuestros pensamientos, ni vuestros caminos mis caminos***, dice el Señor. ***"Como los cielos son más altos que la tierra, así mis caminos son más altos que vuestros caminos y mis pensamientos más que vuestros pensamientos"***. (Isaías 55:8-9).

"A los hombres pertenecen los planes del corazón, pero del Señor viene la respuesta adecuada de la lengua. Todos los caminos de una persona le parecen puros, pero el Señor sopesa los motivos. Encomienda al Señor todo lo que hagas, y Él establecerá tus planes. El Señor dispone todo a su debido fin, incluso a los impíos para el día de la calamidad. El Señor detesta a todos los orgullosos de corazón. Ten por seguro esto: no quedarán impunes. A través del Amor y la Fidelidad se expía el pecado; por el temor del Señor se evita el mal". (Proverbios 16:1-6). "Por vuestra colaboración en el evangelio desde el primer día hasta ahora, estando persuadido de esto, que el que comenzó en vosotros la buena obra, la perfeccionará hasta el día de Cristo Jesús". (Filipenses 1:5-6).

"En él también fuimos escogidos, habiendo sido predestinados según el plan de Aquel que hace todas las cosas conforme al propósito de su voluntad, a fin de que nosotros, que fuimos los primeros en esperar en Cristo". (Efesios 1:11-12).

"Grande es el Señor y dignísimo de alabanza, en la ciudad de nuestro Dios, su santo monte". (Salmo 48:1).

"Porque el Señor es el gran Dios, el gran Rey sobre todos los dioses… Venid, inclinémonos en adoración, arrodillémonos ante el Señor nuestro Hacedor". (Salmo 95:3, 6).

Dios pesa nuestros motivos, intenciones y propósitos. Como dice la Palabra de Dios: "Solo el Señor tiene todos los hechos. Sólo Él puede juzgar la pureza de nuestros motivos y las razones de nuestra mente". (1 Corintios 4:4-5).

"Jehová se deleita en el camino del hombre, afirma sus pasos; aunque tropiece, no caerá porque el Señor lo sostiene de su mano". (Salmo 37:23-24).

Buscar la voluntad de Dios es saber más acerca de Él. Cuanto más lo conozcamos, más encontraremos su perspectiva. Además de encontrar la voluntad de Dios en Su palabra, debemos orar para recibir conocimiento, sabiduría y perspicacia para caminar en la dirección correcta.

Necesitamos buscar a Dios en todo momento y entregar todas las cosas que nos impiden obtener un conocimiento claro de Su voluntad.

Me gusta leer esta Escritura de Josué 1:5-9; siempre me vuelve a poner en la perspectiva de Dios:

"Nadie te podrá hacer frente en todos los días de tu vida. Como estuve con Moisés, así estaré contigo. Nunca te dejaré ni te abandonaré. Sé fuerte y valiente... Sé fuerte y muy valiente. No se aparte de vuestra boca el libro de la ley; meditad en él día y noche, para que cuidéis de hacer todo lo que en él está escrito. No te he mandado? Se fuerte y valiente. No te asustes; no te desanimes, porque el Señor tu Dios estará contigo dondequiera que vayas". *(Josué 1:5-9)*.

Aferrarme a las promesas de Dios es una clara indicación de la Esperanza y Confianza que tengo en Él. Llevándome a una relación más íntima con Él.

Por lo tanto, recomiendo simplemente abrir el Libro de Salmos y Proverbios para iniciarte en la búsqueda de una relación más cercana con Dios. Déjame darte algunos que me iniciaron en la dirección correcta.

"Bienaventurado el que no anda al paso de los impíos, ni se detiene en el camino de los pecadores, ni se sienta en compañía de los escarnecedores, sino que se deleita en la ley del Señor, y en su ley medita de día y de noche. . Esa persona es como un árbol plantado junto a corrientes de agua, que da su fruto en su tiempo y cuya hoja no cae, todo lo que hace prosperará". *(Salmo 1:1-3)*.

"'No olvides Mi enseñanza, pero guarda Mis Mandamientos en tu corazón, porque ellos prolongarán tu vida por muchos años y te traerán paz y prosperidad. Que el Amor y la Fidelidad nunca os abandonen; átalas a tu cuello, escríbelas en la tabla de tu corazón. Entonces ganarás favor y un buen nombre a la vista de Dios y de los hombres. Confía en el Señor con todo tu corazón y no te apoyes en tu propio entendimiento; Someteos a Él en todos vuestros caminos, y Él enderezará vuestras veredas. No seas sabio en tu propia opinión; teme al Señor y aléjate del mal. Esto traerá salud a tu cuerpo y nutrición a tus huesos"'. *(Proverbios 3:1-8)*.

"Verdaderamente mi alma halla descanso en Dios; mi salvación viene de Él. Verdaderamente Él es mi roca y mi salvación; Él es mi fortaleza, nunca seré sacudido". (Salmo 62:1-2).

"Confía en el Señor y haz el bien; habiten en la tierra y disfruten de pastos seguros. Deléitate en el Señor, y Él te concederá los deseos de tu corazón. Encomienda tu camino al Señor; confía en Él y Él hará esto: Él hará resplandecer como el alba tu justa recompensa, tu justicia como el sol del mediodía. Guarda silencio ante el Señor y espera pacientemente en Él; no te inquietes cuando la gente tenga éxito en sus caminos, cuando lleven a cabo sus perversos planes. Abstente de la ira y apártate de la ira; no te preocupes, sólo conduce al mal. Porque los malos serán destruidos, pero los que esperan en el Señor heredarán la tierra. Un poco, y los impíos no serán más; aunque los busques, no los encontrarás. Pero los mansos heredarán la tierra y disfrutarán de Paz y Prosperidad" (Salmo 37:3-11).

"Jehová afirma los pasos del que en Él se deleita; aunque tropiece, no caerá, porque el Señor lo sostiene con su mano". (Salmo 37:23-24).

"Los preceptos del Señor son rectos, que alegran el corazón. Los Mandamientos del Señor son Radiantes, dando Luz a los ojos. El temor del Señor es Puro, perdura para siempre. Los Decretos del Señor son firmes, y todos ellos son justos. Son más preciosas que mucho oro puro; son más dulces que la miel, que la miel del panal". (Salmo 19:8-10).

"El Señor es mi pastor, nada me falta. En verdes pastos me hace descansar, junto a aguas de reposo me conduce, y refresca mi alma. Me guía por sendas de justicia por amor de su nombre. Aunque camine por el valle más tenebroso, no temeré mal alguno, porque Tú estarás conmigo; Tu vara y tu cayado me infunden aliento". (Salmo 23:1-4).

"Yo te instruiré y te enseñaré el camino en que debes andar; Te aconsejaré con Mi ojo amoroso sobre ti"'. *(Salmo 32:8).*

"El temor del Señor es el principio del conocimiento, pero los necios desprecian la sabiduría y la instrucción". (Proverbios 1:7).

"El que me escucha vivirá seguro y tranquilo, sin temor al mal" *(Proverbios 1:33).*

"A los hombres pertenecen los planes del corazón, pero del Señor viene la respuesta adecuada de la lengua. Todos los caminos de una persona le parecen

puros, pero el Señor sopesa los motivos. Encomienda al Señor todo lo que hagas, y Él establecerá tus planes. El Señor dispone todo para su debido fin, incluso los malvados para el día de la calamidad. El Señor detesta a todos los orgullosos de corazón. Ten por seguro esto: no quedarán impunes. A través del Amor y la Fidelidad, el pecado es expiado; porque por el temor del Señor se evita el mal. Cuando el Señor se complace en el camino de alguien, hace que sus enemigos hagan las paces con él". (Proverbios 16:1-7).

"Dios es nuestro amparo y fortaleza, nuestro pronto auxilio en las tribulaciones. Por tanto, no temeremos, aunque la tierra se desmorone, y los montes se hundan en el corazón del mar, aunque bramen y se turben sus aguas, y tiemblen los montes a causa de su bravura". (Salmo 46:1-3).

*"Dios dice: **Estad quietos y sabed que yo soy Dios; Seré exaltado entre las naciones. Seré exaltado en la Tierra. El Señor Todopoderoso está con nosotros; el Dios de Jacob es nuestra fortaleza"**. (Salmo 46:10-11).*

"Mi carne y mi corazón pueden desfallecer, pero Dios es la fortaleza de mi corazón y mi porción para siempre. Los que están lejos de ti perecerán; tú destruyes a todos los que te son infieles". (Salmo 73:26-27).

Estos son solo algunos de los versículos de las Escrituras que fortalecen mi relación con mi Equipo Estrella. Me estoy fortaleciendo continuamente en el Señor, cada vez que leo Su Palabra. Descubrí que cuanto más te encuentras luchando en este mundo, menos estás haciendo de la Palabra de Dios una presencia continua en tu vida. Solo recuerda este versículo en el Libro de Isaías:

"El Señor te guiará siempre; Él satisfará tus necesidades en una tierra quemada por el sol y fortalecerá tu cuerpo. Serás como un jardín bien regado, como un manantial cuyas aguas nunca faltan". (Isaías 58:11).

La Voluntad de Dios es muy clara, de cómo permanecer cerca de Él, simplemente abran sus Biblias, abran sus oídos a Su Voz y escúchenlo diciéndoles Sus Instrucciones que deben hacer y hacia dónde deben ir. En la Palabra de Dios dice: *"El Señor desea ser misericordioso con vosotros; por lo tanto, Él se levantará para mostrarte compasión. Porque el Señor es un Dios de justicia. Bienaventurados todos los que esperan en Él". (Isaías 30:18).*

"Aunque el Señor os dé pan de congoja y agua de aflicción, vuestros maestros nunca más serán escondidos; con tus propios ojos los verás. Ya sea que

te desvíes a la derecha o a la izquierda, tus oídos oirán una Voz detrás de ti que dice: **"Este es el camino; caminar en él"**. *(Isaías 30:20-21).*

Aquí ahora hay una lista de cinco razones por las que debes desear hacer la Voluntad de Dios:

Razón Uno: Para entrar en el Reino de Dios.

"No todo el que me dice; Señor, Señor; entrará en el Reino de los Cielos, sino el que hace la Voluntad de Mi Padre que está en los Cielos'". *(Mateo 7:21).*

Razón dos: Para evitar vivir en los deseos de la carne y vivir solo para Dios.

"Así que, puesto que Cristo padeció en su cuerpo, vosotros también armaos de la misma actitud, porque todo el que sufre en el cuerpo, está acabado con el pecado. En consecuencia, no viven el resto de su vida terrenal por los malos deseos humanos, sino por la Voluntad de Dios". (1 Pedro 4:1-2).

Razón Tres: Vivir con Dios para siempre.

"El mundo y sus deseos pasan, pero el que hace la Voluntad de Dios, vive para siempre". (1 Juan 2:17).

Razón Cuatro: Para recibir la Promesa de Dios.

"Necesitas perseverar para que cuando hayas hecho la Voluntad de Dios, recibas lo que Él ha Prometido". (Hebreos 10:36).

Quinta Razón: Para evitar el sufrimiento innecesario.

"Queridos amigos, os exhorto, como extranjeros y exiliados, a absteneros de los deseos pecaminosos, que hacen guerra contra vuestra alma". (1 Pedro 2:11).

"Porque es la voluntad de Dios que, haciendo el bien, silencáis la charla ignorante de los necios. Vivan como personas libres, pero no usen su libertad para encubrir el mal; vivir como siervos de Dios. Mostrar el debido respeto a todos, amar a la familia de los creyentes, temer a Dios y honrar al rey". (1 Pedro 2:15-17).

Ahora son Escrituras de cómo encontrar la Voluntad de Dios. Debes decir, preguntar, escuchar y alabar; diciéndole que quieres vivir para Su Voluntad.

<u>*Número uno:*</u>

"*Seguid, pues, el ejemplo de Dios, como hijos muy amados, y andad por el camino del amor, así como Cristo nos amó y se entregó por nosotros como ofrenda y sacrificio fragante a su Padre*". *(Efesios 5:1-2).*

<u>*Número dos: Pídele a Dios sabiduría para que te ayude a entender cuál es su voluntad.*</u>

"*Por tanto, no seáis insensatos, sino entendidos de cuál sea la voluntad del Señor*". *(Efesios 5:17).*

"*Si a alguno de vosotros le falta sabiduría, pídala a Dios, que da a todos generosamente sin reproche, y se la dará. Sin embargo, cuando pidas, debes creer y no dudar, porque el que duda es como una ola del mar, empujada y sacudida por el viento. Esa persona no debe esperar recibir nada del Señor. Tal persona es de doble ánimo e inestable en todo lo que hace*". *(Santiago 1:5-8).*

"*El temor del Señor es el principio de la sabiduría; todos los que siguen sus preceptos tienen buen entendimiento. Suyo es la alabanza eterna*". *(Salmo 111:10).*

"*El temor del Señor es el principio de la sabiduría, y el conocimiento del Santo es la inteligencia*". *(Proverbios 9:10).*

"*Quién es sabio y entendido entre vosotros? Que lo demuestren con su buena vida, con hechos domados en la humildad que proviene de la sabiduría. Sin embargo, si albergan envidia amarga y ambición egoísta en sus corazones, no se jacten de ello ni nieguen la verdad. Tal 'sabiduría' no desciende del Cielo sino que es terrenal, no espiritual y demoníaca. Porque donde tienes envidia y ambición egoísta, allí encuentras desorden y toda práctica perversa. Sin embargo, la sabiduría que viene del cielo es ante todo pura; luego pacíficos, considerados, sumisos, llenos de misericordia y buenos frutos, imparciales y sinceros. Los pacificadores que siembran en Paz cosechan una Cosecha de Justicia*". *(Santiago 3:13-18).*

"*Los necios dan rienda suelta a su ira, pero los sabios al final traen la calma*". *(Proverbios 29:11).*

<u>**Número Tres: Pídele a Dios que te capacite para hacer Su Voluntad.**</u>

"*Ahora, que el Dios de paz, que resucitó de entre los muertos a nuestro Señor Jesús, el gran Pastor de las ovejas, por la sangre de la alianza eterna, os haga aptos en todo bien para hacer su voluntad, y obre en nosotros lo que es agradable a*

Él, por Jesucristo, a quien sea la gloria por los siglos de los siglos. Amén". (Hebreos 13:20-21).

<u>Número Cuatro: Escuche la Voz de Dios hablando a su corazón.</u>

*"Ya sea que te desvíes a la derecha o a la izquierda, tus oídos oirán una voz detrás de ti que dice: **'Esta es la forma; caminar en él'"**. (Isaías 30:21).*

"Mis ovejas escuchan mi voz; Yo las conozco y ellas me siguen. Yo les doy Vida Eterna, y no perecerán jamás; nadie las arrebatará de Mi Mano. Mi Padre, que me las ha dado, es mayor que todos; nadie las puede arrebatar de la Mano de Mi Padre. Yo y el Padre uno somos'". *(Juan 10:27-30).*

"Por consiguiente, la fe viene de la escucha del mensaje, y el Mensaje se escucha a través de la Palabra de Cristo". (Romanos 10:17).

"'Llámame y te responderé y te hablaré de cosas grandes e inescrutables que no sabes'". *(Jeremías 33:3).*

"Quien pertenece a Dios escucha lo que Dios dice. La razón por la que no escuchas es porque no eres de Dios". (Juan 8:47).

"Porque la Palabra de Dios es viva y eficaz. Más cortante que toda espada de doble filo, penetra hasta dividir el alma y el espíritu, las coyunturas y los tuétanos; juzga los pensamientos y las actitudes del corazón. Nada en toda la creación está oculto a la vista de Dios. Todo está descubierto y puesto al desnudo ante los ojos de Aquel a quien debemos dar cuenta". (Hebreos 4:12-13).

"Mis queridos hermanos y hermanas, tomen nota de esto: todos deben ser prontos para escuchar, lentos para hablar y lentos para enojarse, porque la ira humana no produce la justicia que Dios desea. Por lo tanto, despójense de toda inmundicia moral y de la maldad que prevalece y acepten humildemente la palabra plantada en ustedes, que los puede salvar. No os limitéis a escuchar la Palabra, y así os engañéis a vosotros mismos. Haz lo que dice". (Santiago 1:19-22).

<u>Número Cinco: Alabad a Dios y dadle gracias en todo.</u>

"En todo, dad gracias en todas las circunstancias; porque esta es la voluntad de Dios". (1 Tesalonicenses 5:18).

"Dad gracias al Señor, porque Él es bueno; Su amor es para siempre. Que los redimidos del Señor cuenten su historia: los que redimió de la mano del enemigo, los que reunió de las tierras, del este y del oeste, del norte y del sur". (Salmo 107:1-3).

"Que tu mansedumbre sea evidente para todos. El Señor está cerca. No se inquieten por nada, sino que en toda situación, con oración y ruego, presenten sus peticiones a Dios con acción de gracias. Además, la paz de Dios, que sobrepasa todo entendimiento, guardará vuestros corazones y vuestros pensamientos en Cristo Jesús. Finalmente, hermanos y hermanas, todo lo que es verdadero, lo que es noble, lo que es justo, lo que es puro, lo que es amable, lo que es admirable, si algo es excelente o digno de alabanza, pensad en tales cosas". (Filipenses 4:5-8). *"Gracias a Dios por su don indescriptible!"* (2 Corintios 9:15).

"Alabad al Señor, proclamad su nombre; dar a conocer entre las naciones lo que ha hecho. Cantadle, cantadle alabanzas; hablar de todos sus actos maravillosos". (Salmo 105:1-2).

Número Seis: Pídele a Dios que obre Su Voluntad en tu vida, todo para Su gloria.

"Fijemos nuestra mirada en Jesús, el Autor y Perfeccionador de nuestra Fe; quien por el gozo puesto delante de él soportó la cruz, despreciando su vergüenza, y se sentó a la diestra del trono de Dios. Considerad a Aquel que soportó tal oposición de los hombres pecadores, para que no os canséis ni desmayéis". (Hebreos 12:2-3).

Debemos reflejar la Luz que está en Jesús. Cuando reflejamos esa Luz, la reflejamos en ese alguien que está sentado en la oscuridad de este mundo. Para mantener esa Luz brillando en nosotros, debemos permanecer cerca de la fuente; quien es nuestro Señor Jesús, el único que tiene esa Luz Gloriosa del Dios Padre Todopoderoso. Cuanto más dejamos que Su Luz brille a través de nuestros ojos, más nos parecemos a Él. La Palabra de Dios dice:

"Cada vez que alguien se vuelve al Señor, el velo es quitado. Ahora bien, el Señor es el Espíritu, y donde está el Espíritu del Señor, hay libertad. Y todos nosotros, los que a cara descubierta contemplamos la gloria del Señor, somos transformados en su imagen con una gloria cada vez mayor, que viene del Señor, que es el Espíritu". (2 Corintios 3:16-18).

Seamos ahora guardianes de la Luz de Dios, asegurándonos de que la Luz de Su Amor brille intensamente para que todos puedan ver cuánto ama Él a Sus hijos. Hay personas que necesitan absorber un poco de Su Luz en sus corazones; un pequeño faro de Su Luz recorre un largo camino para mostrar el Amor de Dios. La oscuridad a la que la mayoría de nosotros nos aferramos, Jesús la romperá. Dios se deleita cuando Sus hijos se regocijan en Él y Su Hijo. Dios nunca se da por vencido con nosotros, así que no nos demos por vencidos con Él. Cuando lo celebramos, Él nos celebra.

Cuando invitamos a Jesús a cada aspecto de nuestras vidas, Dios cambiará nuestro dolor pasado por su comodidad presente. Jesús convierte nuestros profundos dolores en deleite divino. Todas nuestras heridas se transforman en nueva y fresca sabiduría. Nuestros viejos y obsoletos pensamientos se convierten en nuevas ideas en formas creativas y divinas para resolver problemas. Jesús seguramente puede convertir una mirada fría y silenciosa en una cálida conversación. Cuando nos acercamos a Jesús, descubrimos el secreto de que Su poder puede cambiarlo todo.

Estas son algunas de las necesidades más espirituales de la gente de hoy. Junto con las Escrituras que explican, cada uno necesita vivir como Jesús y para Su Padre Celestial. Nada de este mundo puede satisfacernos como lo hace la Palabra de Dios. Nada!

Para creer que la vida es significativa y tiene un propósito:

"Porque de tal manera amó Dios al mundo que ha dado a su Hijo unigénito, para que todo aquel que en él cree no se pierda, mas tenga vida eterna". (Juan 3:16).

*"Cuando Jesús volvió a hablar a la gente, dijo: **'Yo soy la luz del mundo. El que me sigue nunca andará en tinieblas, sino que tendrá la Luz de la Vida'**". (Juan 8:12).*

"Toda la Escritura es inspirada por Dios y útil para enseñar, reprender, corregir e instruir en la justicia, a fin de que el siervo de Dios esté enteramente preparado para toda buena obra". (2 Timoteo 3:16-17).

"Si alguno enseña lo contrario y no está de acuerdo con la Sana Instrucción de nuestro Señor Jesucristo y con la Enseñanza de Dios, se envanece y

nada entiende. Tienen un interés enfermizo en las controversias y disputas sobre palabras que resultan en envidias, contiendas, conversaciones maliciosas, malas sospechas y fricciones constantes entre personas de mente corrupta, que han sido despojadas de la Verdad y que piensan que la piedad es un medio para obtener ganancias financieras. . Sin embargo, la piedad con el contentamiento es gran ganancia. Porque nada trajimos al mundo, y nada podemos sacar de él. Pero si tenemos comida y vestido, estaremos contentos con eso". (1 Timoteo 6:3-8).

Para tener un sentido de comunidad y relaciones más profundas:

"Cuando oísteis acerca de Cristo y fuisteis enseñados en Él conforme a la Verdad que está en Jesús. Se os enseñó, con respecto a vuestra forma de vida anterior, a despojaros de vuestro viejo yo (que está siendo corrompido por sus deseos engañosos), para ser renovados en la actitud de vuestras mentes; y vestirse del nuevo hombre, creado para ser como Dios en la verdadera justicia y santidad. Por lo tanto, cada uno de ustedes debe desechar la falsedad y hablar con la verdad a su prójimo, porque todos somos miembros de un solo cuerpo. En vuestro enojo no pequéis: No dejéis que el sol se ponga estando aún enojados, y no dejéis lugar al diablo. Cualquiera que ha estado robando, que no robe más, sino que trabaje, haciendo algo útil con sus propias manos, para que tenga algo que compartir con los necesitados. No dejéis que salga de vuestra boca ninguna palabra profana, sino sólo la que sea útil para la edificación de otros según sus necesidades, a fin de que beneficie a los que escuchan. Además, no contristéis al Espíritu Santo de Dios, con quien fuisteis sellados, para el día de la redención. Deshazte de toda amargura, ira e ira, peleas y calumnias, junto con toda forma de malicia. Sed bondadosos y misericordiosos unos con otros, perdonándoos unos a otros, así como Dios os perdonó a vosotros en Cristo". (Efesios 4:21-32).

Para ser apreciado y respetado:

"En todo, haz a los demás lo que quieras que te hagan a ti, porque esto resume la Ley y los Profetas". (Mateo 7:12).

Para ser escuchado:

"*Porque yo sé los planes que tengo para ustedes', dice el Señor, 'planes para prosperarles y no para dañarlos, planes para darles esperanza y un futuro. Entonces me invocaréis, y vendréis a orarme, y yo os escucharé. Me buscaréis y me encontraréis cuando me busquéis de todo vuestro corazón"* (Jeremías 29:11-13).

"Amo al Señor, porque oyó mi voz; Él escuchó mi clamor por misericordia. Por cuanto volvió a mí su oído, lo invocaré mientras viva". (Salmo 116:1-2).

Sentir que están creciendo en la fe:

"La fe es confianza en lo que esperamos y seguridad en lo que no vemos". (Hebreos 11:1). "Creced en la Gracia y el Conocimiento de nuestro Señor y Salvador Jesucristo. A Él sea la gloria ahora y siempre! Amén". (2 Pedro 3:18).

Para obtener ayuda práctica para desarrollar una fe madura:

"Como pueblo elegido de Dios, santo y muy amado, vístanse de Compasión, Bondad, Humildad, Mansedumbre y Paciencia. Sopórtense unos a otros, y perdónense unos a otros si tienen alguna queja contra alguien. Perdona como el Señor te perdonó. Además, sobre todas estas virtudes vestíos de Amor, que las une a todas en Perfecta Unidad. Que la Paz de Cristo reine en vuestros corazones, ya que como miembros de un solo cuerpo fuisteis llamados a la paz. Y sé agradecido. Que el Mensaje de Cristo habite ricamente entre vosotros mientras os enseñáis y exhortáis unos a otros con toda sabiduría a través de Salmos, Himnos y Cánticos del Espíritu, cantando a Dios con gratitud en vuestros corazones. Y todo lo que hacéis, sea de palabra o de hecho, hacedlo todo en el Nombre del Señor Jesús, dando gracias a Dios Padre por medio de Él". (Colosenses 3:12-17).

Obtenemos todo esto cuando aceptamos a Jesús en nuestras vidas y nuestros corazones. Sí, puede haber momentos difíciles de entender (los tiempos dolorosos), pero vivimos en un mundo doloroso. Sabemos que Jesús venció este mundo doloroso, y con Él a nuestro lado, podemos vencer este mundo doloroso y vivir la Paz del Dios Todopoderoso. Como Jesús nos dice: **"*Estas cosas os he dicho para que en mí tengáis paz. En este mundo***

tendrás problemas. Sin embargo, ánimo! He vencido al mundo". (Juan 16:33).

Encontré una fórmula para ver y entender la Voluntad de Dios en mi vida, una fórmula que necesita un trabajo continuo, donde entra en juego la paciencia. Este mundo tiene muchas cosas que nos pueden impedir hacer la Voluntad de Dios, por eso necesitamos cumplir este versículo de la Escritura: *"Pelea la buena batalla de la Fe. Echa mano de la Vida Eterna a la que fuiste llamado cuando hiciste tu buena confesión en presencia de muchos testigos". (1 Timoteo 6:12).*

Esta fórmula es fácil de mantener. Todo lo que necesitas hacer es dejar de hacer lo que estás haciendo mal. Orar a Dios por el perdón. Esté atento a que Dios responda sus oraciones. Escucha las Instrucciones de Dios para permanecer en el Camino Justo. La solución es tener la protección, el consuelo y el amor continuos de Dios siempre presentes en su vida. Esta es solo una fórmula que puedes usar para mantener una vida en Cristo Jesús. Nuestro Padre Celestial te revelará muchas más cuando vayas a Él en oración y le pidas ayuda. Dios nos quebranta para hacernos nuevos. Solo eche un vistazo a Génesis 32: 22-32 cuando Jacob luchó con Dios.

Nosotros también lucharemos con Dios. Cuando comenzamos a alejarnos de Él, pensando que podemos hacerlo solos y nos volvemos arrogantes y lo hacemos a un lado y no escuchamos Sus Instrucciones. Entonces Dios toma una acción drástica, hiriéndonos, para evitar que nos volvamos demasiado orgullosos hasta que aprendamos que debemos depender de Él siempre.

Este es el amor duro, un tipo de amor que requiere disciplina y estructura. Jacob se encontró en esta posición. Jacob estaba completamente solo cuando Dios apareció en forma de hombre, lo vio y luchó con él hasta el amanecer (v. 24). Verás, Dios vio que Jacob se dirigía en una dirección que lo lastimaría, por lo que Dios quería convertir a Jacob en una persona diferente; tomando medidas drásticas. Por lo tanto, Dios tocó el encaje de la cadera de Jacob, haciéndolo caminar cojeando el resto de su vida (v. 25).

Mucha gente hoy se amargaría y se enojaría con Dios, alejándose de Él. En la respuesta de Jacob, dijo: "No te soltaré si no me bendices" (v. 26). Porque Jacob sabía que estaba cara a cara con su Dios. Probablemente estés pensando cómo podría Dios herirnos cuando nos ama tanto? Simple, es exactamente por eso que Él nos disciplina. Dios envió a su único Hijo, Jesús, a la Cruz porque nos ama: *"Tanto AMÓ Dios al mundo que nos dio a Su ÚNICO HIJO, para que todo el que CREE en Él no ande jamás en tinieblas". (Juan 3:16).*

Dios quebranta nuestra voluntad para que podamos descubrir Su Voluntad. Además, Dios puede quebrar nuestra fuerza física para conocer Su Fortaleza. Porque la Palabra de Dios dice: *"Por eso, por amor de Cristo, me deleito en las debilidades, en los insultos, en las penalidades, en las persecuciones y en las dificultades. Porque cuando soy débil, entonces soy fuerte". (2 Corintios 12:10).* Y Dios dice: *"Te basta Mi gracia, porque Mi Poder se perfecciona en la debilidad". (2 Corintios 12:9).*

Estas dos frases por sí solas son suficientes para aferrarnos a Dios hasta recibir sus bendiciones. Puede parecer que a veces nos aferramos a Dios durante mucho, mucho, mucho tiempo, pero justo cuando parece que queremos rendirnos, Dios nos colma de una bendición que nunca pensamos que podríamos haber merecido. La bendición de Su Hijo Jesús es la prueba de Su amor y bendición que nos satisfará siempre. No importa por lo que pasemos, siempre podemos contar con la Gracia de Dios para ayudarnos a superar cualquier cosa que nos pueda estar molestando. Nada es más grande que la Gracia de Dios.

Este es nuestro problema hoy, que estamos demasiado ansiosos, cuando pasamos por pruebas. Nos enfocamos en nuestra situación presente y olvidamos que nuestro Señor Jesús está aquí para ayudar. En la Palabra de Dios, nos dice claramente qué hacer cuando las pruebas de este mundo están sobre nosotros. Debemos: *"Gozaos en el Señor siempre. Lo diré de nuevo: Alégrate! Que tu mansedumbre sea evidente para todos. El Señor está cerca. Por nada estéis afanosos, sino en todo, con oración y ruego, con acción de gracias, presentad vuestras peticiones a Dios. Además, la paz de Dios, que sobrepasa todo entendimiento, guardará vuestros corazones y vuestros pensamientos en Cristo Jesús. Finalmente, hermanos y hermanas, todo lo que es verdadero, lo que es Noble, lo que es Justo, lo que es Puro, lo que es Amable, lo que es Admirable, si algo es Excelente o Loable; pensar en esas cosas. Todo lo que habéis aprendido o recibido u oído de Mí, o visto en Mí, ponedlo en práctica y el Dios de la paz estará con vosotros". (Filipenses 4:4-9).*

Las personas que hablan palabras de aliento y tienen una actitud de contentamiento son una delicia para Dios. Estar contento y confiar en Dios puede mantenerte siempre hablando palabras de aliento. Incluso cuando usted mismo se enfrenta a la crisis y al dolor. Cuando levantas a alguien que está en necesidad, también te ayudará en tu momento de necesidad. Hablar las Palabras de Dios hace huir todo mal. Cuando muestras amabilidad hacia los demás, demuestra que el Señor está contigo, y ellos también sentirán el gozo y la presencia del Señor. Debemos estar contentos con todo lo que Dios nos da. Incluso a veces caminamos en las sombras del dolor.

Aquí hay algunas Escrituras para recordarnos que debemos estar contentos de vivir a la manera de Dios:

"Acérquense a Dios y Él se acercará a ustedes. Lavaos las manos, pecadores, y purificad vuestros corazones, vosotros de doble ánimo". (Santiago 4:8).

"El Poder Divino de Dios nos ha dado todo lo que necesitamos para una Vida Piadosa a través de nuestro conocimiento de Aquel que nos llamó por Su propia Gloria y Bondad". (2 Pedro 1:3).

"Sácianos por la mañana con tu amor inagotable para que cantemos de alegría y nos regocijemos todos nuestros días". (Salmo 90:14).

"Que den gracias al Señor por Su Amor Inagotable y Sus Maravillosas Obras por la humanidad, porque Él sacia a los sedientos y colma de Bienes a los hambrientos". (Salmo 107:8-9).

"Enséñame, Señor, el Camino de Tus decretos, para que pueda seguirlo hasta el final. Dame entendimiento para que guarde tu ley y la obedezca de todo corazón. Dirígeme por la senda de tus mandamientos, porque allí encuentro mi deleite. Vuelve mi corazón hacia Tus estatutos y no hacia la ganancia egoísta. Aparta mis ojos de las cosas sin valor; preserva mi vida conforme a tu palabra. Cumple Tu promesa a Tu siervo, para que seas temido. Quita la vergüenza que temo, porque tus leyes son buenas". (Salmo 119:33-39).

"Bienaventurados los que obran con justicia, los que hacen siempre lo correcto". (Salmo 106:3).

"Bienaventurados los de camino perfecto, los que andan conforme a la Ley del Señor. Bienaventurados los que guardan sus estatutos y lo buscan de todo corazón; no hacen nada malo sino que siguen sus caminos". (Salmo 119:1-3).

"Confío en tu amor inagotable; mi corazón se regocija en tu salvación. Cantaré alabanzas al Señor, porque Él ha sido bueno conmigo". (Salmo 13:5-6).

"Alabado sea el Señor, porque ha oído mi clamor por misericordia. El Señor es mi fuerza y mi escudo; mi corazón confía en Él, y Él me ayuda. Mi corazón salta de alegría, y con mi cántico lo alabo". (Salmo 28:6-7).

*"Dios dice: **Estad quietos y sabed que yo soy Dios; Seré exaltado entre las naciones, seré exaltado en la tierra'".** (Salmo 46:10).*

"Mi carne y mi corazón pueden desfallecer, pero Dios es la fortaleza de mi corazón y mi porción para siempre. Los que están lejos de ti perecerán; Destruyes a todos los que te son infieles". (Salmo 73:26-28).

*"Manténganse libres del amor al dinero y estén contentos con lo que tienen, porque Dios ha dicho: **Nunca los dejaré; nunca te abandonaré'".** (Hebreos 13:5).*

"Aunque mi padre y mi madre me abandonen, el Señor me recibirá". (Salmo 27:10).

"Fiel es Dios, que os ha llamado a la comunión con su Hijo, Jesucristo nuestro Señor". (1 Corintios 1:9).

"No os dejaré huérfanos; Vendré a ti". (Juan 14:18).

"Porque tanto amó Dios al mundo que dio a su Hijo unigénito, para que todo aquel que en él cree no se pierda, mas tenga vida eterna. Porque Dios no envió a su Hijo al mundo para condenar al mundo, sino para salvar al mundo por medio de él. El que cree en El no es condenado, pero el que no cree, ya ha sido condenado, porque no ha creído en el nombre del Hijo unigénito de Dios". (Juan 3:16-18).

"Todo el que hace el mal odia la luz, y no se acerca a la Luz por temor a que sus obras sean expuestas. Pero el que vive de la Verdad, viene a la luz, para que se vea claramente que lo que ha hecho, lo ha hecho por medio de Dios". (Juan 3:20-21).

"El que beba del agua que yo le doy, no tendrá sed jamás. De hecho, el agua que yo le doy se convertirá en él en un manantial de agua que brota para la Vida eterna". (Juan 4:14).

"Todo esto lo puedo en Cristo que me fortalece" (Filipenses 4:13).

Estar disponible (fielmente) y obediente:

Estaré fielmente disponible y obediente a mi Señor y Maestro, Dios Padre. Cualquiera que sea la tarea que Él me asigne, prosperaré al lograrla, incluso si está fuera de mi zona de confort. Amo y confío en mi Señor Jesús lo suficiente como para seguirlo a donde quiera que Él me guíe. Dondequiera que vaya, mi leal y fiel amigo, Jesús, siempre estará allí.

El proceso de ser obediente es amar a Dios, servirlo, escucharlo, caminar con El, velar con El y buscarlo siempre. Haré este proceso todos los días de mi vida mientras viva aquí en esta tierra. Ahora estoy apasionadamente en la búsqueda de Jesús.

Cómo vivir a Su manera, Su voluntad, y amar como ama el Dios Todopoderoso. Abrazaré la Cruz que destrozó todas las fortalezas que me impedían recibir más de lo que Dios quiere darme. Miraré Su rostro, escucharé Su voz audible, sentiré Su toque inconfundible, y vuélvete testigo de Su Gloria.

Sí! Sí! Sí, Señor, estoy disponible para el servicio. Aquí estoy. Envíame a donde necesites que esté. Todo para Tu Gloria. En el nombre de Jesus. Amén.

Los Recordatorios de Caminar Humildemente Están en el Libro Miqueas 6:1-9

Miqueas nos recuerda que Dios ve el corazón. Dios siempre sabe cuándo estamos siendo genuinos con nuestras humildes expresiones de arrepentimiento. Además, Dios ve cuando nuestros sacrificios son para Su Gloria. Esos sacrificios son para ser honesto y no solo para verse bien. Debemos hacerlo por Dios, no por el hombre. Cuando hacemos todo para Dios, todo va bien en nuestra vida. Aquí hay algunas cosas que debe hacer:

Primero es actuar con justicia, amar la misericordia y caminar con humildad:

"Dios te ha mostrado, oh mortal, lo que es Bueno. Qué requiere el Señor de ti? Actuar justicia y amar la misericordia y caminar humildemente con vuestro Dios". *(Miqueas 6:8).*

La segunda es temer a Dios es principio de Sabiduría:

"El temor del Señor es el principio de la Sabiduría, y el Conocimiento del Santo, es el entendimiento". *(Proverbios 9:10).*

<u>El tercero es escuchar lo que dice el Señor y hacerlo:</u>

"No os limitéis a escuchar la palabra, y así os engañéis a vosotros mismos. Haz lo que dice". (Santiago 1:22).

<u>El cuarto es dar gracias a Dios diariamente:</u>

"Dad gracias en todas las circunstancias; porque esta es la voluntad de Dios en Cristo Jesús". (1 Tesalonicenses 5:18).

<u>Quinto es tomar la obediencia como una palabra gozosa, no como una palabra de mala gana y obediente:</u>

"Tengan confianza en sus líderes y sométanse a su autoridad, porque ellos los vigilan como quienes deben dar cuenta. Haced esto para que su trabajo sea un gozo y no una carga, que de nada os serviría". (Hebreos 13:17).

<u>El sexto es pedir ayuda a Dios en la batalla diaria que es algo continuo en esta tierra:</u>

"Sométanse a Dios. Resistid al diablo, y huirá de vosotros". (Santiago 4:7).

La obediencia se vuelve gozosa cuando nos detenemos y respondemos con abandono a Aquel que nos ama. Abandonar es darse por completo, dejar, desamparar, desertar, ceder por completo, entregarse a los propios sentimientos o impulsos, dejarse llevar. En otras palabras, la obediencia a Dios es abandonar (renunciar) a todo lo que este mundo tiene para ofrecer, esto es vivir con abandono.

Lo que hay en este mundo se desvanecerá y morirá. Como dice la Palabra de Dios:

"Guarda lo que ha sido confiado a tu cuidado. Apartaos de la cháchara impía y de las ideas opuestas de lo que falsamente se llama conocimiento". (1 Timoteo 6:20).

Puede parecer difícil hacer esto, ya que la mayoría de las conversaciones de este mundo son chismes. El chisme son las palabras hirientes que se dicen de otro. Yo mismo no era muy hablador. Pero cuando era más joven, para la mayoría de las personas con las que estuve en contacto, me consideraban retrasado (palabra hiriente). Además, solo porque no hablaba tanto, me hablaban como si fuera un niño de cinco años. Dios ve los motivos ocultos detrás de cada palabra y acción. Así que deja de parlotear (chismorrear) y poner excusas y empieza a escuchar la Voz de la Verdad. Sigue los caminos del Señor, y Él te mostrará quién es Él realmente. Toma Su mano y camina humildemente a Su lado, aferrándote a Él con todo tu corazón y nunca soltándolo.

Ser uno con Dios.

Sé uno conmigo, oh Señor!

Tú sostienes el universo y me sostienes a mí.

Pongo mis afectos en las cosas de arriba, no en las cosas de esta tierra.

Sólo pienso y deseo, Aquel que me ayudará, no entorpecerá mi Caminar Espiritual. Cuando pienso en Amor, pienso en Dios. Porque Dios es Amor.

El amor refleja a Dios. El amor me rodea. El amor está en mí. El amor es todo lo que soy. Soy uno con Dios. Dios es uno conmigo.

En un día lleno de gente.

En un día lleno de gente, puede sentirse muy caótico.

Sin embargo, creer que Dios está con nosotros, y controlándolo todo, asegura la Paz.

Estate calmado! Nunca temas! Sólo sé que Él es Dios.

Sigan cantando alabanzas al Señor, porque Él es bueno.

Alégrate en todo momento. Regocijándose sobremanera.

Ten gozo en Dios. Descansa en Él.

No temáis. Oren siempre.

No te preocupes. Jesús es tu ayudante.

Descansa en sus brazos eternos.

Aborda cada día con la conciencia de que Dios tiene el control.

En un día lleno de gente, solo respira.

<u>Jesús es:</u>

Jesús es mi Conquistador.

Jesús es mi Salvador, mi Líder y mi Guía.

Jesús es mi portador de alegría.

Jesús es mi Esperanza y mi Luz de Vida.

Jesús es mi Consolador en tiempos de dolor.

Jesús es mi Dador de Amor y aceptación.

Jesús es mi Libertador.

Jesús es mi Refugio y mi Fortaleza.

Jesús es todo para mí, y te agradezco, Jesús.

Doy gracias a mi Padre Celestial por dar a su hijo Jesús para que pueda ser mi Salvador y Amigo.

Gloria a Dios Padre, el Gran Yo Soy!

El Estado y Mandamientos que nos enseña nuestro Señor Jesús es para prepararnos de cómo vivir y recuperar la tierra que el enemigo (Satanás) nos había arrebatado. Debemos *"observarlos cuidadosamente; porque esto mostrará tu sabiduría y entendimiento a las naciones"*. (Deuteronomio 4:6a).

"Solo tengan cuidado y cuídense mucho para que no olviden las cosas que han visto sus ojos ni las dejen escapar de su corazón mientras vivan. Enséñalas a tus hijos y a sus hijos después de ellos". (Deuteronomio 4:9).

Dios es nuestra Ciudad de Refugio, pues en Su Presencia ningún enemigo (Satanás) puede resistir; sus rodillas se doblan y todas sus fuerzas los abandonan, lo que los deja sin poder para pelear la batalla que creen que pueden ganar contra Él. Además, en la Presencia de Dios, aprendemos y podemos entender Sus Mandamientos. Echemos un vistazo a ellos:

<u>Los Diez Mandamientos del Libro de Deuteronomio 5:7-21.</u>

Mandamiento Número 1: ***"No tendrás dioses ajenos delante de Mí"***.

Mandamiento número 2: ***"'No te harás ídolo con forma de nada que esté arriba en el cielo, ni abajo en la tierra, ni abajo en las aguas'"***.

Mandamiento número 3: ***"'No abusarás del nombre del Señor tu Dios, porque el Señor no dará por inocente al que abusa de Su nombre'"***.

Mandamiento Número 4: ***"'Guarda el día de reposo santificándolo, como el Señor tu Dios te ha mandado'"***.

Mandamiento Número 5: ***"'Honra a tu padre y a tu madre, como el Señor tu Dios te ha mandado, para que seas de larga vida y te vaya bien en la tierra que el Señor tu Dios te da'"***.

Mandamiento número 6: ***"'No matarás'"***.

Mandamiento número 7: ***"'No cometerás adulterio'"***.

Mandamiento Número 8: ***"'No hurtarás'"***.

Mandamiento Número 9: ***"'No darás falso testimonio contra tu prójimo'"***.

Mandamiento número 10: ***"No codiciarás la mujer de tu prójimo. No pondrás tu deseo en la casa o la tierra de tu prójimo, en su siervo o en su criada, en su buey o en su asno, ni en nada que sea de tu prójimo"***.

Mientras leía estos Diez Mandamientos, recordé algo que escuché acerca de quebrantar cualquiera de los Diez Mandamientos. Si rompes uno, los rompes todos. Tomemos por ejemplo el primero: ***"No tendrás dioses ajenos delante de mí"***. Tú quebrantas este cuando quebrantas el segundo mandamiento: **"No te harás ídolo en forma de cosa alguna"**. Eso es porque cualquier cosa puede convertirse en tu dios, como el dinero, los automóviles, las joyas, la ropa, los zapatos (y sí, también la gente). El único en el que debemos centrarnos es nuestro Padre Celestial y nuestro Señor Jesucristo. Porque cuando son el Número Uno en nuestras vidas, todas las piezas del rompecabezas comienzan a encajar, y el amor y la paz reinan en el mundo.

Para asegurarnos de estar bien con Dios, todos debemos alejarnos de toda la maldad de este mundo y vivir la vida que nuestro Creador nos diseñó para vivir. Esto sucede solo a través de la oración y caminando junto a Jesús. Tener una poderosa vida de oración con Jesús es lo que funciona para caminar este viaje en esta tierra. Cuando Satanás nos ve orando y pasando nuestro tiempo con Jesús, nos deja solos, porque Satanás sabe que Jesús lo derrotó y sabe que Jesús es demasiado poderoso para atacar a cualquiera que tenga a Jesús en su vida.

La verdad es que Dios se deleita en contestar nuestras oraciones y promete motivarnos a hablar con Él mientras oramos en Su Presencia. Esta oración es una conversación con el Padre Celestial, junto con Su Hijo Jesús y el Espíritu Santo (el Equipo Estelar). Oramos antes de comer, oramos antes de dormir, oramos en la mañana antes de comenzar nuestro día, oramos por ayuda y protección, y sobre todo oramos para recibir el Amor, la Misericordia, el Perdón, la Alegría, la Paz y la Salvación. Esto es lo que deberíamos estar haciendo todo el día.

Cuando era más joven, nunca tuve a nadie que me dijera cómo orar, así que tuve que aprender leyendo mi Biblia y humillándome para pedir ayuda. Me arrodillé (con mi Biblia en la mano), hice la misma pregunta que los discípulos de Jesús hicieron: "Enséñame a orar". Entonces me impulsó a volver al Libro de Mateo, a orar así: *"Así, entonces, es como debes orar: 'Padre nuestro, que estás en los cielos, santificado sea Tu nombre, venga Tu reino. Hágase tu voluntad, en la tierra como en el Cielo. Danos hoy nuestro pan de cada día. Y perdónanos nuestras deudas, porque también nosotros hemos perdonado a nuestros deudores. Y no nos dejes caer en la tentación, y líbranos del mal. Porque si perdonáis a los demás cuando pecan contra vosotros, vuestro Padre Celestial también os perdonará a vosotros. pero si tu no perdones a otros sus pecados, Tu Padre no perdonará tus pecados". (Mateo 6:9-15).*

Mi Equipo Estrella también me dijo estas tres cosas simples para asegurarse de que participe en mi vida. <u>Primero</u> es ser yo mismo y no encubrir ni esconder ningún mal de Dios porque Él ve todo lo que sucede en mi vida.

<u>En segundo lugar</u>, hacer que orar y leer la Biblia sea un hábito, para poder no caer en el pozo de la desesperación y, por lo tanto, dejar que el enemigo (Satanás) entre en mi vida.

<u>El tercero</u> es meditar en la Palabra de Dios en el momento en que siento que se me acerca alguna oscuridad y confiar en Dios para que me dé la fuerza para soportar todo lo que enfrente en esta tierra.

Desde que puse estas tres cosas simples en mi vida, he ido madurando más en mi caminar con mi Señor Jesús. Aprendí a entregar todo lo que tenía y encomendar mi corazón y mi alma a Dios, dándome paz. Aprendí a llenar mi vida de oración, orando por todo y por todos, dándome Fortaleza, Amor, Esperanza, Fe, Alegría y Consuelo. Sobre todo, aprendí a creer que mi Padre Celestial habla y me enseña Su amor y compasión para que pueda compartirlo con mi familia y cualquier otra persona que necesite amor y compasión.

Medita en estos versículos de las Escrituras, en la Oración, el Amor, el Consuelo y la Compasión:

"Cantadle, cantadle alabanzas; hablar de todos sus actos maravillosos. Gloria en su santo nombre; Alégrese el corazón de los que buscan al Señor. Mirad al Señor y su fuerza; busca siempre su rostro". (1 Crónicas 16:9-11).

"Respóndeme cuando te clamo, mi Dios justo. Dame alivio de mi angustia; ten piedad de mí y escucha mi oración". (Salmo 4:1).

"El Señor es Misericordioso y Compasivo; lento para la ira y rico en amor. El Señor es bueno con todos; Él tiene compasión por todo lo que ha hecho. Todas tus obras te alaban, Señor; Tu pueblo fiel te exalta. Hablan de la Gloria de Tu Reino y hablan de Tu Poderío, para que todas las personas conozcan Tus Actos Poderosos y el Glorioso Esplendor de Tu Reino. Tu Reino es un Reino Eterno, y Tu Dominio perdura a través de todas las generaciones. El Señor es digno de confianza en todo lo que promete y fiel en todo lo que hace. El Señor sostiene a todos los que caen y levanta a todos los oprimidos. Los ojos de todos miran hacia Ti, y Tú les das su alimento en el momento adecuado. Tú abres Tu mano y satisfaces los deseos de todo ser viviente. El Señor es Justo en todos Sus Caminos y Fiel en todo lo que hace. Cercano está el Señor a todos los que le invocan, a todos los que le invocan en verdad. Él cumple los deseos de los que le temen; Él escucha su clamor y los salva. El Señor vela por todos los que le aman, pero destruirá a todos los impíos". (Salmo 145:8-20).

"El Señor detesta el sacrificio de los impíos, pero la oración de los rectos le agrada. El Señor detesta el camino de los impíos, pero ama a los que siguen la

justicia. Una severa disciplina espera a cualquiera que se aparte del camino; el que odia la corrección morirá". (Proverbios 15:8-10).

"El camino de la vida lleva hacia arriba a los prudentes para que no bajen al reino de los muertos. El Señor derriba la casa de los soberbios, pero pone los mojones de la viuda en su lugar. El Señor detesta los pensamientos de los malvados, pero las palabras de gracia son puras a sus ojos. Los avaros arruinan sus casas, pero el que odia el soborno vivirá. El corazón del justo pesa sus respuestas, pero de la boca de los impíos brota el mal. El Señor está lejos de los impíos, pero escucha la oración de los justos. La luz en los ojos del mensajero trae alegría al corazón, y las buenas noticias dan salud a los huesos. Quien preste atención a la corrección vivificante se sentirá como en casa entre los sabios. Los que hacen caso omiso de la disciplina se desprecian a sí mismos, pero el que hace caso a la corrección adquiere entendimiento. La instrucción de la sabiduría es temer al Señor, y la humildad antecede al honor". (Proverbios 15:28-33).

"Estad siempre gozosos, orad continuamente, y dad gracias en todas las circunstancias; porque esta es la voluntad de Dios para vosotros en Cristo Jesús. No apaguéis el Espíritu. No trates las profecías con desprecio, sino pruébalas todas; Aférrate a lo que es bueno, rechaza toda clase de mal. Que Dios mismo (el Dios de la paz), os santifique por completo. Que todo vuestro espíritu, alma y cuerpo sean guardados irreprensibles para la venida de nuestro Señor Jesucristo. El que os llama es fiel, y lo hará". (1 Tesalonicenses 5:16-23).

"Por tanto, confesaos vuestros pecados unos a otros, y orad unos por otros, para que seáis sanados. Las oraciones de un justo son poderosas y eficaces". (Santiago 5:16).

"Jesús declaró: 'Yo soy el pan de vida. El que viene a Mí nunca pasará hambre, y el que en Mí cree nunca más tendrá sed". (Juan 6:35).

"El camino de los justos es como el sol de la mañana, brillando cada vez más hasta la plena luz del día". (Proverbios 4:18).

"Sobre todo cuida tu corazón, porque todo lo que haces fluye de él. Mantén tu boca libre de perversidad; mantén las palabras corruptas lejos de tus labios. Deja que tus ojos miren al frente; fije su mirada directamente delante de usted. Piensa cuidadosamente en los caminos para tus pies y sé firme en todos tus caminos. No gire a la derecha ni a la izquierda; guarda tu pie del mal". (Proverbios 4:23-27).

"Este es el mensaje que hemos oído de Él y os anunciamos: Dios es Luz; en Él no hay oscuridad en absoluto. Si afirmamos tener comunión con Él y, sin embargo, caminamos en tinieblas, mentimos y no vivimos la Verdad. Sin embargo, si andamos en la luz, como Él está en la luz, tenemos comunión unos con otros, y la sangre de Jesús, su Hijo, nos limpia de todo pecado. Si pretendemos estar sin pecado, nos engañamos a nosotros mismos y la Verdad no está en nosotros. Si confesamos nuestros pecados, Él es Fiel y Justo y nos perdonará nuestros pecados y nos limpiará de toda maldad. Si decimos que no hemos pecado, lo hacemos pasar por mentiroso y su palabra no está en nosotros". (1 Juan 1:5-10).

Cuando oras y buscas Su rostro, debes apartarte de tu pecado de todo corazón. La Palabra de Dios dice: "Si se humillare mi pueblo, sobre el cual mi nombre es invocado, y oraren, y buscaren mi rostro, y se convirtieren de sus malos caminos, entonces yo oiré desde los cielos, y perdonaré sus pecados, y sanaré su tierra" (2 Crónicas 7:14). Dios ve y escucha lo que hay en nuestros corazones, y Él responderá en consecuencia.

La oración comienza de rodillas, confesando nuestro pecado y pidiendo perdón. Entonces Dios nos limpiará y nos fortalecerá para alejarnos de nuestros pecados. Vivir y caminar con Jesús es la mejor manera y la única manera de vivir. Al hacerlo, mostramos el poder de Dios que perdona las comodidades y, sobre todo, ama. Necesitamos esta conexión con Dios, para recibir Su Poder para fluir a través de nosotros. Por lo tanto, humíllate, ponte de rodillas (incluso gatea) ante Su presencia, levanta los ojos, míralo y conviértete en uno con Él. Él te tomará de la mano y te pondrá en Sus brazos de consuelo y amor. La Palabra de Dios dice: *"No os conforméis más al modelo de este mundo, sino transformaos mediante la renovación de vuestra mente. Entonces podréis probar y aprobar cuál es la voluntad de Dios, su voluntad buena, agradable y perfecta. Porque por la gracia que me ha sido dada, os digo a cada uno de vosotros: No os tengáis en más alto concepto de lo que debéis, sino más bien pensad en vosotros mismos con juicio sobrio, conforme a la medida de fe que Dios os ha dado". (Romanos 12:2-3).*

Entrégate a Dios por completo como sacrificio vivo. Entrégale completamente tu vida a Él, sin dejar nada a lo que agarrarte, excepto la mano de Su Hijo Jesús. Esto significa todo!

En la Palabra de Dios dice: *"Por tanto, hermanos, os exhorto, en vista de la Misericordia de Dios, a ofrecer vuestros cuerpos como sacrificio vivo, santo y agradable a Dios; este es vuestro culto espiritual".* *(Romanos 12:1).*

Siempre pruebe la Voluntad de Dios para asegurarse de escuchar un 'sí' o un 'no' antes de actuar de acuerdo con Sus instrucciones. Hay cuatro maneras de conocer la Voluntad de Dios

(1) Buscando las Escrituras.
(2) Escuchar en su tiempo de oración.
(3) Ver a Dios obrando en tu circunstancia.
(4) Hablando con un consejero sabio.

La prueba (conocimiento) de la Voluntad de Dios de esta manera te beneficiará al final. Dios revelará Su Voluntad a aquellos que están cerca de Él y le piden que les muestre lo que implica Su voluntad. Estar cerca de Dios (a través de Su Hijo) hará que la llama de Su gran poder fluya a través de ti, colocando todas las piezas de tu vida que estaban fuera de lugar y colocándolas en su lugar en gran armonía. Con Dios en el asiento del conductor, nunca puedes ir por el camino equivocado y perderte. Solo Dios tiene la licencia adecuada para conducir tu vida. Así que deja que Jesús conduzca mientras tú te sientas en el asiento trasero y disfrutas del viaje. Dejar que Jesús conduzca tu vida es solo el primer paso para el crecimiento espiritual.

Aquí hay tres pasos más para el crecimiento espiritual:

<u>Descubre</u> leyendo la Biblia y escuchando la Voz de Dios y Su Corazón; prestando atención a Su Enseñanza y aprendiendo acerca de Sus Caminos y Justicia.

<u>Discernir</u> a través del estudio de la Biblia orando y buscando entender todo lo que hay que saber acerca de Él. Haciendo todo lo que has aprendido de tus estudios.
El paso más grande para intensificar su Crecimiento Espiritual es la oración.

<u>La oración</u> no es nada más satisfactorio y poderoso que descansar en la Presencia del Dios Todopoderoso. Esto viene cuando te humillas y traes todo lo que te preocupa a Él, quien puede convertir todo lo malo en bueno y nuevo. No tenemos que preocuparnos por nada cuando Dios tiene el control.

<u>Orando con confianza:</u>

Cuando oras con confianza, vives los versículos que se hablan en el Libro de Mateo; dice:

"Pedid y se os dará; Busca y encontraras; llama y la puerta se te abrirá. Porque todo el que pide recibe; el que busca encuentra; y al que llama se le abre la puerta". (Mateo 7:7-8).

Pedir es pedir ayuda, protección y acercarse a nuestro Padre Celestial.

Buscar es la acción que tomamos del resultado de abrir la Biblia; para cualquier respuesta a nuestras preguntas.

Tocar demuestra que estamos dispuestos a ir al Señor en total dependencia y humildad, para que nos ayude en nuestro camino a la Casa de Su Padre.

Todo esto significa que mientras sigamos pidiendo, buscando, llamando y escuchando, Dios continuará hablando Sus instrucciones para que sepamos cómo vivir Sus mandamientos que nos dan éxito en esta vida aquí en esta tierra. Sobre todo, manténgase calmado e imperturbable. No ayuda estar agitado. Porque estar agitado lleva a la destrucción. Dios ve nuestro corazón y sabe cuándo estamos agitados e intervendrá y nos calmará y nos fortalecerá para atravesar las sombras que nos sacuden. Es por eso que siempre debemos pasar tiempo en Su Presencia y Su Palabra.

A lo largo de la Biblia, hay muchas maneras efectivas de orar a nuestro Padre Celestial. Jesús enseñó a sus discípulos a orar así: *"Padre nuestro que estás en el cielo, santificado sea tu nombre, venga tu reino, hágase tu voluntad, así en la tierra como en el cielo. Danos hoy nuestro pan de cada día Y perdónanos nuestras deudas, como también nosotros hemos perdonado a nuestros deudores. Y no nos dejes caer en la tentación, mas líbranos del maligno". (Mateo 6:9-13).*

"Entonces Jesús les dijo a sus discípulos una parábola para mostrarles que siempre deben orar y no desmayar". (Lucas 18:1).

Dios siempre contesta nuestras oraciones cuando somos constantes y persistentes. Puede que no sea en el momento en que queremos que Él responda, pero será cuando Él vea que estamos en una posición correcta con

Él y cuando nos sometamos a Él y solo a Él. Dios quiere ser nuestro número por encima de todo.

"Esta es la confianza que tenemos al acercarnos a Dios: que si pedimos alguna cosa conforme a su voluntad, él nos oye. Y si sabemos que Él nos oye, cualquier cosa que le pidamos, sabemos que tenemos lo que le pedimos". (1 Juan 5:14-15).

Puede que no escuchemos Su respuesta en el momento de nuestra petición, porque Dios no obra en nuestro tiempo. Porque Su Tiempo es el mejor tiempo para nosotros. El tiempo de Dios hace que la respuesta sea aún mayor de lo que jamás podríamos imaginar. La gracia de Dios es el mejor regalo que jamás podríamos recibir de Él. Porque en nuestra debilidad, nos hacemos más fuertes. Dios le dijo al Apóstol Pablo, después de que le pidió tres veces que le quitara el aguijón que le molestaba: "Pero Él me dijo*: **'Bástate mi gracia, porque Mi poder se perfecciona en la debilidad'**. Por tanto, de buena gana me gloriaré más en mis debilidades, para que repose sobre mí el poder de Cristo". (2 Corintios 12:9).*

Nuestras oraciones siempre deben estar acompañadas por la disposición a obedecer y la disposición a moverse cuando Dios dice que se mueva. Así dice la Palabra de Dios: ***"No todo el que me dice: 'Señor, Señor', entrará en el Reino de los Cielos, sino el que hace la Voluntad de Mi Padre que está en los Cielos'".*** *(Mateo 7:21).*

"No os limitéis a escuchar la palabra, y así os engañéis a vosotros mismos. Haz lo que dice. Cualquiera que escucha la palabra pero no hace lo que dice es como alguien que se mira la cara en un espejo y, después de mirarse a sí mismo, se va e inmediatamente olvida cómo es. Pero el que mira en la ley perfecta que da la libertad, y persevera en ella; sin olvidar lo que oyeron, sino haciéndolo, serán bienaventurados en lo que hagan". (Santiago 1:22-25).

Promesa de Dios.

"Los ojos del Señor velan por los que hacen el bien; y sus oídos están abiertos para oír la oración de ellos". (1 Pedro 3:12).

Dios ama enseñarnos a vernos como Él nos ve y hacernos vasos disponibles. Con los dones y talentos que Él nos da, aprendemos que podemos salir y compartir todo lo aprendido con las personas que necesitan el amor de Dios. Dios no te pone en el camino para lograr (cumplir) Su voluntad y propósito hasta que puedas reconocer tu valor para amarte a ti mismo (ya Dios) de la manera en que Dios te creó para ser. Entonces, y solo entonces, podremos mantenernos firmes en el Señor y en Su gran poder. Esto es lo que dice la Palabra de Dios acerca de mantenerse firme:

"Finalmente, sean fuertes en el Señor y en Su gran poder. Vestíos de toda la armadura de Dios, para que podáis estar firmes contra las asechanzas del diablo. Porque nuestra lucha no es contra sangre y carne, sino contra principados, contra autoridades, contra los poderes de este mundo tenebroso y contra las huestes espirituales del mal en las regiones celestiales". (Efesios 6:10-12).

"Manteniéndote firme ganarás la vida". (Lucas 21:19).

"Pero tú, continúa en aquello de lo que te has convencido, porque sabes de quién lo aprendiste". (2 Timoteo 3:14).

"Cualquiera que recibe instrucción en la palabra debe compartir todas las cosas buenas con su maestro. No os engañéis: Dios no puede ser burlado. Cada uno cosecha lo que siembra. El que siembra para complacer su naturaleza pecaminosa, cosechará destrucción; el que siembra para agradar al Espíritu, del Espíritu segará vida eterna. No nos cansemos de hacer el bien; porque a su tiempo segaremos, si no desmayamos". (Gálatas 6:6-9).

"Por lo tanto, mis queridos hermanos, permanezcan firmes. Que nada te mueva. Entregaos siempre de lleno a la obra del Señor, porque sabéis que vuestro trabajo en el Señor no es en vano". (1 Corintios 15:58).

"Estad, pues, firmes, con el Cinturón de la Verdad ceñido a vuestra cintura, con la Coraza de Justicia puesta, y con los pies calzados con la Prontitud que viene del Evangelio de la Paz. Además de todo esto, tomad el Escudo de la Fe, con el cual podréis extinguir todo las flechas de fuego del maligno. Tomad el Yelmo de la Salvación y la Espada del Espíritu, que es la Palabra de Dios. Además, oren en el Espíritu en toda ocasión con todo tipo de oraciones y peticiones. Con esto en mente, estad alerta y seguid orando siempre por todo el pueblo del Señor". (Efesios 6:14-18).

Con el Amor de Dios, podemos hacer todo lo que necesitamos hacer. Dios nos instruirá a hacer lo que Él ha planeado, todo para Su Gloria. Nada lo satisface más. Obedecer a Dios es lo que hace que soportar estas pruebas en esta tierra sea un poco más fácil de sobrellevar. Nada en la tierra que te fortalezca y refresque como Dios puede hacerlo. Cuando vivimos en los caminos de esta tierra, nos debilitamos y estamos haciendo más feliz a Satanás, que lo agradamos a él en lugar de agradar a nuestro Padre Celestial. Había caído muchas veces en la trampa de Satanás, complaciendo a la gente de esta tierra, y eso me llevó a un lugar de sequedad y sequedad en mi alma. Sin embargo, hace diez años, cuando le di a Jesús el control de mi vida y Él tomó mi mano y me llevó a la luz de la vida, mi Señor Jesús me dijo que es más importante agradar a Su Padre en el cielo que a la gente de esta tierra Porque cuando nuestro Padre Celestial está feliz, todos están felices. Sí, tengo momentos de sequía, pero el Espíritu Santo me lleva directamente a la fuente de refrigerio, la Biblia. Leyendo mi Biblia, sé que estoy pasando tiempo con mi Equipo Estrella y recibiendo el refrigerio para manejar cualquier cosa que la tierra me arroje.

<u>Sequía espiritual.</u>

La sequía es un largo período de tiempo durante el cual llueve muy poco o nada, una escasez prolongada o crónica o la falta de algo esperado o deseado. La sequía espiritual puede ser tan mala como la sequía terrenal. Sequía espiritual significa que te faltan las cosas de Dios en tu vida, lo que trae oscuridad y desesperación y un lugar de sequedad. Este lugar de sequedad es donde me encontraba cuando no dedicaba tiempo a la Palabra de Dios. Por lo tanto, tomaría mi Biblia y oraría para que Dios me mostrara formas de salir de mi sequía espiritual.

Vaya, Él alguna vez me mostró! Aquí hay algo de lo que tenía que leer que Él me mostró.

Para refrigerio espiritual: *"La ley del Señor es perfecta, que refresca el alma. Los estatutos del Señor son fieles, que hacen sabio al sencillo". (Salmo 19:7).*

"El Señor es mi pastor, nada me falta. En verdes pastos me hace descansar, junto a aguas de reposo me conduce, y refresca mi alma. Él guía por los caminos rectos por amor de su nombre. Aunque camine por el valle más tenebroso, no temeré mal alguno, porque Tú estarás conmigo; Tu vara y tu cayado me confortan". (Salmo 23:1-4).

"Así que, arrepentíos y convertíos a Dios, para que sean borrados vuestros pecados, para que vengan del Señor tiempos de refrigerio". (Hechos 3:19).

"Tú diste abundantes lluvias, oh Dios; Has refrescado tu heredad cansada". (Salmo 68:9).

Cuando te sientas como polvo en el alma: *"Mírame y responde, Señor mi Dios. Da luz a mis ojos, o me dormiré en la muerte; mi enemigo dirá: 'Lo he vencido', y mis enemigos se regocijarán cuando caiga. Pero yo confío en tu Amor Infalible; mi corazón se regocija en tu salvación. Cantaré alabanzas al Señor, porque Él ha sido bueno conmigo".* (Salmo 13:3-6).

"Tú, Dios, eres mi Dios, con fervor te busco; Tengo sed de Ti, todo mi ser te anhela, en una tierra seca y árida donde no hay agua. Te he visto en el santuario y he contemplado Tu poder y Tu Gloria. Porque tu amor es mejor que la vida, mis labios te glorificarán. Te alabaré mientras viva, y en tu nombre levantaré mis manos. Estaré completamente satisfecho, como con los alimentos más ricos; con labios de canto, mi boca te alabará. En mi lecho te recuerdo; Pienso en Ti a través de las vigilias de la noche. Porque Tú eres mi socorro, canto a la sombra de Tus alas. me aferro a ti; Tu diestra me sostiene". (Salmo 63:1-8).

Cuando sientas sequedad en tu alma: *"Como el ciervo brama por las corrientes de las aguas, así suspira por ti, oh Dios, el alma mía. Mi alma tiene sed de Dios, del Dios vivo. Cuándo puedo ir a encontrarme con Dios?"* (Salmo 42:1-2).

"El abismo llama al abismo en el estruendo de tus cascadas; todas tus olas y rompientes han pasado sobre mí. De día el Señor dirige Su Amor, de noche Su Canto está conmigo, una oración al Dios de mi vida". (Salmo 42:7-8).

Por la Gracia de Dios, he sido refrescado y siento de nuevo el Gozo de la Salvación. Todo lo que necesité fue leer mi Biblia y descansar en los brazos de mi Padre Celestial. Nada agrada más a nuestro Padre Celestial que cuando pasamos tiempo con Él. Jesús aprovechó todas las oportunidades que pudo para tener tiempo a solas con su Padre. La Palabra de Dios dice: *"Al amanecer, Jesús salió a un lugar solitario. La gente lo buscaba y cuando llegaban a donde estaba, trataban de impedir que los dejara".* (Lucas 4:42).

"Jesús se retiraba a menudo a lugares solitarios y oraba". (Lucas 5:16).

"Jesús hizo que los discípulos subieran a la barca y pasaran delante de Él a la otra orilla, mientras Él despedía a la multitud. Después de despedirlos, subió solo a la ladera de una montaña para orar. Más tarde aquella noche, estaba allí solo, y la barca ya estaba bastante lejos de tierra, azotada por las olas, porque el viento era contrario". (Mateo 14:22-24).

En este mundo, hay cosas que intentarán hundirte, agotar tus fuerzas y distraerte de seguir a Jesús. Sin embargo, debemos recordar que Jesús venció este mundo con la fuerza de Su Padre, todo porque pasó tiempo a solas con Él. Cuando pasas tiempo a solas con Dios, Él te revela todo lo que necesitas saber para vivir y caminar con Él. Aquí hay algunas cosas que mi Equipo Estrella me dijo acerca de la sequía espiritual.

Lo primero que mi Equipo Estrella me dijo que causa la sequía espiritual es la lujuria desenfrenada. La lujuria desenfrenada es una combinación de pensamientos impuros y un anhelo intenso por los deseos sexuales, lo que dificulta recibir el gozo espiritual que Dios te está enviando continuamente. La Escritura lo deja muy claro, dejando fuera de nuestras vidas cualquier tipo de lujuria. Aquí hay algunos para abrir los ojos a lo que es la lujuria y lo mala que es para ti:

"No codiciéis en vuestro corazón su belleza ni os dejéis cautivar con sus ojos". (Proverbios 6:25).

"Os digo que cualquiera que mira a una mujer para codiciarla, ya adulteró con ella en su corazón". (Mateo 5:28).

"Así que os digo, andad en el Espíritu, y no satisfaréis los deseos de la carne. Porque la carne desea lo que es contrario al Espíritu y el Espíritu lo que es contrario a la carne. Están en conflicto entre sí, por lo que no puedes hacer lo que quieras. Sin embargo, si el Espíritu os guía, no estáis bajo la ley. Los actos de la carne son evidentes: inmoralidad sexual, impureza y libertinaje; idolatría y hechicería, odio, discordia, celos, ataques de ira, ambición egoísta, disensiones, facciones y envidia; borracheras, orgias y cosas por el estilo. Os advierto, como os hice antes, que los que viven así no heredarán el reino de Dios". (Gálatas 5:16-21).

"Es la voluntad de Dios que sean santificados, que eviten la inmoralidad sexual; que cada uno de vosotros aprenda a controlar su propio cuerpo, de una manera santa y honorable. No en lujuria apasionada como los paganos, que no conocen a Dios y que en este asunto nadie debe agraviar o aprovecharse de un

hermano o hermana. El Señor castigará a todos los que cometen tales pecados, como os hemos dicho y advertido antes. Porque Dios no nos ha llamado a ser impuros, sino a vivir una Vida Santa". (1 Tesalonicenses 4:3-7).

"No améis al mundo ni nada en el mundo. Si alguno ama al mundo, el amor al Padre no está en él. Porque todo lo que hay en el mundo (los deseos de la carne, los deseos de los ojos y la vanagloria de la vida), no proviene del Padre, sino del mundo. El mundo y sus deseos pasan, pero el que hace la Voluntad de Dios vive para siempre". (1 Juan 2:15-17).

"Huid de la inmoralidad sexual. Todos los demás pecados que una persona comete están fuera del cuerpo, pero el que peca sexualmente, peca contra su propio cuerpo. No sabéis que vuestros cuerpos son templos del Espíritu Santo, que está en vosotros, que habéis recibido de Dios? No eres tuyo; fuiste comprado por un precio. Por tanto, honren a Dios con sus cuerpos". (1 Corintios 6:18-20).

"Haced morir, pues, todo lo que pertenece a vuestra naturaleza terrenal: la inmoralidad sexual, la impureza, la lujuria, los malos deseos y la avaricia, que es idolatría. Por ellos viene la ira de Dios". (Colosenses 3:5-6).

El remedio para la lujuria desenfrenada es la confesión, el arrepentimiento y la Palabra de Dios. En el momento en que un pensamiento de lujuria entre en tu mente, inmediatamente, ponte de rodillas y ora esto: *"Ten piedad de mí, oh Dios, conforme a tu amor inagotable; conforme a tu gran compasión borra mis transgresiones. Lava toda mi iniquidad y límpiame de mi pecado". (Salmo 51:1-3). "Vuélveme el gozo de tu salvación y concédeme un espíritu dispuesto que me sustente. Amén!". (Salmo 51:12).*

Ya no hagáis provisiones para la carne, sino *"más bien, vestíos del Señor Jesucristo, y no penséis en cómo satisfacer los deseos de la carne". (Romanos 13:14).*

Lo segundo que me dijo mi Equipo Estrella que causa sequía espiritual es el orgullo. El orgullo nos impide ver la verdad y la belleza de Dios el Padre y Su Hijo Jesús. El orgullo nos aleja de cualquier acto desinteresado y de buscar solo la Gloria de Dios (no la gloria del hombre). El orgullo también obstaculiza tu caminar con Dios, porque Dios se opone a los soberbios. La Palabra de Dios dice: *"El Señor Todopoderoso tiene reservado un día para todos los soberbios y engreídos, para todo lo que es exaltado; y serán humillados". (Isaías 2:12).*

"Él nos da más gracia. Por eso dice la Escritura: "Dios se opone a los soberbios, pero muestra favor a los humildes". (Santiago 4:6).

"Humillaos delante del Señor, y Él os exaltará". (Santiago 4:10).

"Así dice el Señor: No se alabe el sabio en su sabiduría, ni el fuerte en su fuerza, ni el rico en su riqueza, sino que el que se jacta, que se alabe en esto; que tengan el entendimiento para conocerme. Que yo soy el Señor, que ejerzo la bondad, el derecho y la justicia en la tierra, porque en estos me deleito', declara el Señor". (Jeremías 9:23-24).

"No hagas nada por ambición egoísta o vanidad. Más bien, con humildad, valorad a los demás por encima de vosotros mismos, no mirando vuestros propios intereses, sino cada uno de vosotros los intereses de los demás". (Filipenses 2:3-4).

"Temer al Señor es odiar el mal; Odio el orgullo y la arrogancia, la mala conducta y el discurso perverso". (Proverbios 8:13).

"Cuando viene el orgullo, luego viene la desgracia, pero con la humildad viene la Sabiduría". (Proverbios 11:2).

"Donde hay contienda, hay soberbia, pero la sabiduría se encuentra en los que aceptan consejos". (Proverbios 13:10).

"El Señor detesta a todos los orgullosos de corazón. Estad seguros de esto: no quedarán impunes". (Proverbios 16:5).

"El orgullo va antes de la destrucción, el espíritu altivo antes de la caída. Es mejor ser humilde de espíritu con los oprimidos que compartir el botín con los soberbios". (Proverbios 16:18-19).

"Antes de la caída el corazón es altivo, pero la humildad antecede a la honra". (Proverbios 18:12).

"La altivez de los ojos y el orgullo de corazón, el campo sin arar de los impíos, produce el pecado". (Proverbios 21:4).

"La persona orgullosa y arrogante —'Mocker' es su nombre— se comporta con furia insolente". (Proverbios 21:24).

"En su soberbia el impío no le busca; en todos sus pensamientos no hay lugar para Dios". (Salmo 10:4).

La tercera cosa que mi Equipo Estelar me dijo que causa sequía espiritual es el amor al dinero. Las cosas de esta tierra son temporales, y no debes pensar en ellas como tesoros. Porque nuestro tesoro perdurable está en el cielo esperándonos. Cuando fijan sus ojos en las cosas que no son de Dios, nuestros cuerpos se llenan de las tinieblas de esta tierra y la gloria de Dios está lejos en la distancia.

La solución es simple; es creer en el Hijo de Dios, orar continuamente y amar sólo las cosas de Dios. La Palabra de Dios dice: *"No os hagáis tesoros en la tierra, donde la polilla y el orín corrompen, y donde ladrones minan y hurtan. Sin embargo, acumulaos tesoros en el Cielo, donde la polilla y el orín no corrompen, y donde los ladrones no minan ni hurtan. Porque donde esté vuestro tesoro, allí estará también vuestro corazón. El ojo es la lámpara del cuerpo. Si tus ojos son buenos, todo tu cuerpo estará lleno de luz. Sin embargo, si tus ojos están mal, todo tu cuerpo estará lleno de oscuridad. Entonces, si la luz dentro de ti es oscuridad, cuán grande es esa oscuridad! Nadie puede servir a dos señores. O aborrecerá al uno y amará al otro, o se apegará al uno y despreciará al otro. No se puede servir a Dios y al dinero".* (Mateo 6:19-24).

Estas tres cosas que mi Equipo Estrella me dijo se reducen, para ti y para mí, a encajar en nuestras vidas la Palabra de Dios. Cuando descuidas la lectura de la Biblia, extrañas pasar tiempo con Aquel que te habla y nutre tu corazón y tu alma.

Es imposible para nosotros prosperar sin Dios; porque *"para el hombre todo es imposible, pero para Dios todo es posible".* (Mateo 19:26).

También nos falta el ejercicio físico que nos agobia el alma y nos lleva a la oscuridad. Donde somos un objetivo principal para que Satanás entre en tu vida. También extrañas las obras de las manos de Dios refrescándote cada día que vives. Como dice la Palabra de Dios:

"Que la perseverancia termine su obra para que seáis maduros y completos, sin que os falte nada. Si a alguno de vosotros le falta sabiduría, que la pida a Dios, que da a todos generosamente sin reproche, y se la dará. Sin embargo, cuando pidas, debes creer y no dudar, porque el que duda es como una ola del mar, empujada y sacudida por el viento. Esa persona no debe esperar recibir nada del Señor. Tal persona es de doble ánimo e inestable en todo lo que hace". (Santiago 1:4-8).

"Los Cielos cuentan la gloria de Dios; los cielos proclaman la obra de sus manos".
(Salmo 19:1).

Escrituras de las que puedes obtener Sabiduría y Conocimiento para caminar en el Camino de la Rectitud:

"Hasta que todos alcancemos la unidad en la fe y en el conocimiento del Hijo de Dios, y maduremos, alcanzando toda la medida de la plenitud de Cristo. Entonces ya no seremos niños, zarandeados por las olas y arrastrados aquí y allá por todo viento de enseñanza y por la astucia y la astucia de la gente en sus engañosas intrigas. Al contrario, hablando la verdad en amor, creceremos hasta llegar a ser en todo el cuerpo maduro de Aquel que es la cabeza, es decir, Cristo. De Él crece y se edifica en el amor todo el cuerpo, unido y sostenido por todos los ligamentos, a medida que cada miembro realiza su obra. Por tanto, os digo esto, y lo insisto en el Señor, que ya no vivais como los gentiles (en la vanidad de sus pensamientos), que tienen el entendimiento entenebrecido y apartados de la vida de Dios, a causa de la ignorancia que hay en ellos por el endurecimiento de sus corazones. Habiendo perdido toda sensibilidad, se han entregado a la sensualidad para entregarse a toda clase de impurezas, y están llenos de codicia". (Efesios 4:13-19).

"Por tanto, cada uno de vosotros debe desechar la falsedad y hablar con la verdad a su prójimo, porque todos somos miembros de un solo cuerpo. En vuestro enojo no pequéis: No dejéis que el sol se ponga estando aún enojados, y no dejéis lugar al diablo. Cualquiera que ha estado robando, que no robe más, sino que trabaje, haciendo algo útil con sus propias manos, para que tenga algo que compartir con los necesitados. No dejéis que salga de vuestra boca ninguna palabra profana, sino sólo la que sea útil para la edificación de otros según sus necesidades, a fin de que beneficie a los que escuchan. Además, no contristéis al Espíritu Santo de Dios, con quien fuisteis sellados para el día de la redención. Deshazte de toda amargura, ira e ira, peleas y calumnias, junto con toda forma de malicia. Sed bondadosos y misericordiosos unos con otros, perdonándoos unos a otros, así como Dios os perdonó a vosotros en Cristo". (Efesios 4:25-32).

"Así que, ya sea que coman, beban o hagan cualquier otra cosa, háganlo para la gloria de Dios. No hagan tropezar a nadie, ya sean judíos, griegos o la Iglesia de Dios, incluso cuando trato de complacer a todos en todos los sentidos. Porque no busco mi propio bien, sino el bien de muchos, para que sean salvado".
(1 Corintios 10:31-33).

__Las Bienaventuranzas.__

*"Jesús dice: 'Bienaventurados los pobres en espíritu, porque de ellos es el Reino de los Cielos. Bienaventurados los que lloran, porque ellos serán consolados. Bienaventurados los mansos, porque ellos heredarán la tierra. Bienaventurados los que tienen hambre y sed de justicia, porque ellos serán saciados. Bienaventurados los misericordiosos, porque a ellos se les mostrará misericordia. Bienaventurados los de limpio corazón, porque ellos verán a Dios. **Bienaventurados los pacificadores, porque ellos serán llamados hijos de Dios. Bienaventurados los que padecen persecución por causa de la justicia, porque de ellos es el Reino de los Cielos. Bienaventurados seréis cuando os insulten, os persigan y digan falsamente toda clase de mal contra vosotros por causa de Mí. Gozaos y alegraos, porque grande es vuestro galardón en los cielos, porque de la misma manera persiguieron a los profetas que fueron antes de vosotros'".* (Mateo 5:3-12).*

__Sal y Luz.__

*"'**Tú eres la sal de la tierra. Sin embargo, si la sal pierde su salinidad, cómo se puede volver a salar? Ya no sirve para nada, excepto para ser arrojado y pisoteado. Eres la luz del mundo. Un pueblo construido sobre una colina no se puede ocultar. Tampoco se enciende una lámpara y se pone debajo de un cuenco. En cambio, lo ponen en su candelero, y alumbra a todos en la casa. Del mismo modo, que vuestra Luz brille ante los demás, para que vean vuestras buenas obras y glorifiquen a vuestro Padre que está en los Cielos'".** (Mateo 5:13-16).*

*"Por tanto, para que no me envanezca, me fue dado un aguijón en mi carne, un mensajero de Satanás, para atormentarme. Tres veces le supliqué al Señor que me lo quitara. Sin embargo, Él me dijo: '**Mi gracia es suficiente para ti, porque mi poder se perfecciona en la debilidad.' Por lo tanto, de buena gana me gloriaré en mis debilidades, para que el poder de Cristo repose sobre mí. Por eso, por amor de Cristo, me deleito en las debilidades, en los insultos, en las penalidades, en las persecuciones, en las dificultades. Para cuando soy débil. Entonces soy fuerte'".** (2 Corintios 12:7b-10).*

Los ojos de Dios están mirando.

"Humíllense, pues, bajo la poderosa mano de Dios, para que Él los exalte a su debido tiempo. Echa toda tu ansiedad sobre Él porque Él se preocupa por ti. Esté alerta y de una mente sobria. Vuestro enemigo el diablo ronda como león rugiente buscando a quien devorar. Resístanlo, manteniéndose firmes en la fe, porque saben que la familia de los creyentes en todo el mundo está pasando por la misma clase de sufrimientos. Además, el Dios de toda gracia, que os llamó a su gloria eterna en Cristo, después de haber padecido un poco de tiempo, él mismo os restaurará y os hará fuertes, firmes y constantes. A Él sea el poder por los siglos de los siglos. Amén". (1 Pedro 5:6-11).

"Porque vuestros caminos están a la vista del Señor, y Él examina todas vuestras veredas. Las malas obras de los impíos los atrapan; las cuerdas de sus pecados los sujetan. Por falta de disciplina morirán, descarriados por su propia gran locura". (Proverbios 5:21-23).

"Aquel cuyo corazón está corrompido no prospera; aquel cuya lengua es perversa cae en problemas". (Proverbios 17:20).

"El corazón alegre es buena medicina, pero el espíritu abatido seca los huesos". (Proverbios 17:22).

"El entendido tiene en mente la sabiduría, pero los ojos del necio se desvían hasta los confines de la tierra". (Proverbios 17:24).

"Examíname, Dios, y conoce mi corazón; ponme a prueba y conoce mis pensamientos ansiosos. Mira si hay en mí algún camino ofensivo, y guíame por el camino eterno". (Salmo 139:23-24).

"Sed bondadosos y misericordiosos unos con otros, perdonándoos unos a otros, así como Dios os perdonó a vosotros en Cristo". (Efesios 4:32).

Aquí hay algunos más para asegurarles que Dios está por nosotros, hablando Sus Instrucciones para que las cumplamos.

"Hazlo todo sin quejarte ni discutir". (Filipenses 2:14).

"No hagáis nada por ambición egoísta o vanidad, sino con humildad, considerad a los demás como superiores a vosotros mismos. Cada uno de ustedes

debe buscar no solo sus propios intereses, sino también los intereses de los demás. Vuestra actitud debe ser la misma que la de Cristo Jesús". (Filipenses 2:3-5).

"En el nombre de Jesús se doble toda rodilla de los que están en los cielos, en la tierra y en los abismos, y toda lengua confiese que Jesucristo es el Señor, para gloria de Dios Padre". (Filipenses 2:10-11).

"Porque es Dios quien obra en vosotros el querer y el hacer según su Buen Propósito". (Filipenses 2:13).

"Y ellos lo han vencido por la sangre del Cordero y por la Palabra del testimonio de ellos". (Apocalipsis 12:11)

"Mejor es un día en tus atrios que mil fuera de ellos; Prefiero ser portero en la casa de mi Dios que habitar en las tiendas de los impíos. Porque el Señor Dios es sol y escudo; el Señor otorga favor y honra; nada bueno niega Él a aquellos cuyo andar es intachable. Señor Todopoderoso, bienaventurado el que en ti confía". (Salmo 84:10-12).

Siete maneras de desarrollar un espíritu humilde.

1. Morir a uno mismo.

   Es negarse a ponerse primero sobre el Dios Todopoderoso.
2. Dedícate a ayudar a los demás.

   Porque Dios nos hizo para ser vasos de Su Verdad.
3. Deléitate en ayudar a los demás y nunca te canses de hacerlo.

   Porque cuando ayudamos a otros con un corazón encantador, Dios los bendecirá a ellos y a ti con compasión, gracia y amor.
4. Depender siempre de Dios..

   Porque confiar en Él en cada circunstancia es lo que genera humildad y atesorar buenos tesoros en el Cielo.
5. Dirige todos tus pensamientos hacia Dios.

   Entonces caminarás en confianza, Bondad y Gracia y crecerás en Él y encontrarás Su Paz.
6. Alejaos del atractivo de este mundo.

Tales como el orgullo, el amor al dinero, la aprobación del hombre, los ídolos y las adicciones.

7.   Esté decidido a obedecer las Instrucciones de Dios.

No importa lo que esté sucediendo en su circunstancia actual.

Cuando te humilles ante Dios, recibirás Su Luz Eterna resplandeciendo sobre ti; entonces, nunca más caminarás en la oscuridad. Como nos recuerda la Palabra de Dios:

"El Señor es mi Luz y mi Salvación; A quien temeré? El Señor es la Fortaleza de mi vida; De quién tendré miedo? (Salmo 27:1).

"Lámpara es a mis pies tu palabra y lumbrera a mi camino". (Salmo 119:105).

"Cuando Jesús habló de nuevo a la gente, dijo; 'Soy la luz del mundo. El que me sigue, nunca andará en tinieblas, sino que tendrá la luz de la vida'". (Juan 8:12).

<u>Escrituras para vivir siempre:</u>

"Siempre obedeceré tu ley, por los siglos de los siglos. Caminaré en libertad, porque he buscado tus preceptos. Hablaré de tus estatutos delante de los reyes y no seré avergonzado, porque me deleito en tus mandamientos porque los amo. Busco tus mandamientos, que amo, para meditar en tus decretos". (Salmo 119:44-48).

"Mi consuelo en mi sufrimiento es este: Tu promesa preserva mi vida". (Salmo 119:50).

"Tú eres mi porción, oh Señor; He prometido obedecer Tus palabras". (Salmo 119:57).

"Mi carne y mi corazón pueden desfallecer, pero Dios es la fortaleza de mi corazón y mi porción para siempre". (Salmo 73:26).

"La tierra está llena de Tu amor, Señor; enséñame nuestros decretos". (Salmo 119:64).

"Enséñame conocimiento y buen juicio, porque creo en tus mandamientos" (Salmo 119:66).

"Eres bueno y lo que haces es bueno; enséñame tus decretos. Aunque los soberbios me hayan manchado con mentiras, tus preceptos guardo de todo corazón". (Salmo 119:68-69).

"Que Tu Compasión venga a mí para que pueda vivir, porque Tu Ley es mi delicia". (Salmo 119:77).

"Tu Palabra, Señor, es Eterna; se mantiene firme en los Cielos. Tu Fidelidad continúa a través de todas las generaciones; Tú fundaste la tierra y perdura" (Salmos 119:89-90).

"Tus mandamientos me hacen más sabio que mis enemigos, porque siempre están conmigo". (Salmo 119:98).

"He guardado mis pies de todo mal camino para poder obedecer Tu Palabra". (Salmo 119:101).

"He sufrido mucho; preserva mi vida, Señor, conforme a Tu Palabra. Acepta, Señor, la alabanza voluntaria de mi boca y enséñame Tus Leyes". (Salmo 119:107-108).

"Mi corazón está puesto en guardar Tus decretos hasta el final". (Salmo 119:112).

Seis Cosas Esenciales para Conocer (Discernir) a Dios y Su Voluntad

Lo más importante que puedes hacer en tu búsqueda de la pureza es llegar a conocer al Dios vivo. El Uno y único Creador de todo. Hay seis cosas esenciales acerca de conocer (discernir) a Dios y Su Voluntad. Y el único lugar que encontré para discernir la Voluntad de Dios; y ese lugar está en la Palabra de Dios. Las Escrituras nunca me han fallado.

Aquí están las Escrituras que dicen las seis cosas esenciales de quién es Dios:

1. Perfecto - Ser enteramente sin culpa o defecto: Impecable.

"Sed perfectos, pues, como vuestro Padre Celestial es Perfecto". (Mateo 5:48).

"Toda Palabra de Dios es Perfecta; Él es un Escudo para los que en Él se refugian. No añadas a Sus Palabras, o Él te reprenderá y te probará como mentiroso". (Proverbios 30:5-6).

"En cuanto a Dios, Su Camino es Perfecto: La Palabra del Señor es Perfecta; Él protege a todos los que se refugian en Él. Porque quién es Dios además del Señor? Y quién es la Roca sino nuestro Dios?". (Salmo 18:30-31).

2. Trascendente - Superando los límites habituales: Superando.

"Porque mis pensamientos no son vuestros pensamientos, ni vuestros caminos mis caminos, dice el Señor. 'Como los Cielos son más altos que la tierra, así Mis Caminos son más altos que vuestros caminos y Mis Pensamientos que vuestros pensamientos'". (Isaías 55:8-9).

"El Señor es exaltado sobre todas las naciones, Su Gloria sobre los Cielos. Quién como el Señor nuestro Dios, el que está sentado en lo alto, que se inclina para mirar los cielos y la tierra?". (Salmo 113:4-6).

"En el Principio creó Dios los Cielos y la tierra. Y la tierra estaba desordenada y vacía, las tinieblas cubrían la faz del abismo, y el Espíritu de Dios se movía sobre las aguas". (Génesis 1:1-2).

También el Hijo de Dios: *"En el principio era el Verbo, y el Verbo estaba con Dios, y el Verbo era Dios. Él estaba con Dios en el principio". (Juan 1:1-2).*

3. Omnisciente - Saberlo todo. Tener conciencia, comprensión y perspicacia infinitas.

"Tú sabes cuándo me siento y cuándo me levanto; Percibes mis pensamientos desde lejos. Disciernes mi salir y mi acostarme; Estás familiarizado con todos mis caminos. Antes que una palabra esté en mi lengua Tú, Señor, la conoces completamente". (Salmo 139: 2-4).

"Si nuestro corazón nos reprende, sabemos que Dios es mayor que nuestro corazón y lo sabe todo". (1 Juan 3:20).

"Grande es nuestro Señor y poderoso en poder; Su Comprensión no tiene límite. El Señor sostiene a los humildes, pero arroja por tierra a los malvados". (Salmo 147:5-6).

4. Omnipresente - (de Dios) Presente en todas partes al mismo tiempo.

"'Quién se esconderá en lugares secretos para que yo no pueda verlos?', declara el Señor. 'No lleno yo el cielo y la tierra?', *dice el Señor". (Jeremías 23:24).*

"Los Ojos del Señor están en todas partes, mirando a los malos ya los buenos". (Proverbios 15:3).

"El Dios que hizo el mundo y todo lo que hay en él es Señor del cielo y de la tierra y no habita en templos construidos por manos humanas. Y no es servido por manos humanas, como si necesitara algo. Más bien, Él mismo da a todos Vida y Aliento y todo lo demás". (Hechos 17:24-25).

"Él es antes de todas las cosas, y en Él todas las cosas subsisten". (Colosenses 1:17).

5. Amoroso: infinitamente bueno, generalmente en referencia a una deidad o ser sobrenatural; incapaz de retener el perdón de Su pueblo.

"Así mostró Dios Su Amor entre nosotros: envió a Su Hijo Unigénito al mundo para que vivamos por Él. Esto es Amor: no que amemos a Dios, sino que Él nos amó y envió a Su Hijo como Sacrificio de Expiación por nuestros pecados. Queridos amigos, ya que Dios nos amó tanto, también nosotros debemos amarnos unos a otros. Nadie ha visto jamás a Dios; pero si nos amamos, Dios vive en nosotros y su amor se completa en nosotros". (1 Juan 4:9-12).

"Porque Tu Amor es mejor que la vida, mis labios Te glorificarán. Te alabaré mientras viva, y en Tu Nombre levantaré mis manos". (Salmo 63:3).

"'Un Mandamiento nuevo os doy: Que os améis los unos a los otros. Como yo os he amado, así debéis amaros los unos a los otros. En esto conocerán todos que sois mis discípulos, si os amáis los unos a los otros". (Juan 13:34-35).

"Por tanto, consérvense en el Amor de Dios mientras esperan que la Misericordia de nuestro Señor Jesucristo los lleve a la Vida Eterna. Ten misericordia de los que dudan". (Judas 1:21-22).

"Sabed, pues, que Jehová vuestro Dios es Dios; Él es el Dios Fiel, que guarda Su alianza de Amor a mil generaciones de los que Le aman y guardan Sus Mandamientos". (Deuteronomio 7:9).

6. Todomisericordioso - Lleno de Misericordia: Compasivo.

"El Señor es Misericordioso y Compasivo, lento para la ira y rico en Amor". (Salmo 145:8-9). *"Por el Gran Amor del Señor no somos consumidos, pues Sus Misericordias nunca decaen".* (Lamentaciones 3:22-23).

"Aunque se estremezcan los montes y se desmoronen los collados, no se conmoverá Mi Amor Inagotable por vosotros ni se romperá Mi Alianza de Paz, *dice el Señor, que tiene Compasión de vosotros".* (Isaías 54:10).

"Tú, Señor, eres un Dios compasivo y clemente, lento para la ira, grande en amor y fidelidad". (Salmo 86:15).

"El Señor tu Dios está contigo, el poderoso guerrero que salva. Él se deleitará en ti; en su amor ya no os reprochará, sino que se regocijará sobre vosotros con cánticos. (Sofonías 3:17). *"Todos los Caminos del Señor son amorosos y Fieles hacia aquellos que guardan las exigencias de Su Alianza".* (Salmo 25:10).

"La rectitud y la justicia son el fundamento de tu trono; El Amor y la Fidelidad van delante de Ti". (Salmo 89:14).

"Porque tanto amó Dios al mundo que dio a su Hijo unigénito, para que todo aquel que en él cree no se pierda, mas tenga vida eterna. Porque Dios no envió a su Hijo al mundo para condenar al mundo, sino para salvar al mundo por medio de él". (Juan 3:16-17).

Para conocer la Palabra de Dios:

"Toda la Escritura es inspirada por Dios y útil para enseñar, reprender, corregir e instruir en la justicia, a fin de que el siervo de Dios esté enteramente preparado para toda buena obra". (2 Timoteo 3:16-17).

"Tened este Libro de la Ley siempre en vuestros labios; meditad en él día y noche, para que cuidéis de hacer todo lo que en él está escrito. Entonces serás próspero y exitoso". (Josué 1:8).

"En el principio era el Verbo, y el Verbo estaba con Dios, y el Verbo era Dios. Él estaba con Dios en el principio. Por Él fueron hechas todas las cosas; sin Él nada de lo que ha sido hecho fue hecho. En Él estaba la vida, y esa vida era la luz de toda la humanidad. La luz brilla en las tinieblas, y las tinieblas no la han vencido". (Juan 1:1-5).

"Porque todo lo que se escribió en el pasado, para nuestra enseñanza se escribió, a fin de que mediante la paciencia que enseñan las Escrituras y el estímulo que ellas dan, tengamos esperanza. El Dios que da la paciencia y el consuelo os dé la misma actitud mental hacia los demás que tuvo Cristo Jesús, para que con un solo pensamiento y voz glorifiquéis al Dios y Padre de nuestro Señor Jesucristo". (Romanos 15:4-6).

"Porque la Palabra de Dios es viva y eficaz. Más cortante que toda espada de doble filo, penetra hasta dividir el alma y el espíritu, las coyunturas y los tuétanos; juzga los pensamientos y las actitudes del corazón. Nada en toda la creación está oculto a la vista de Dios. Todo está descubierto y puesto al desnudo ante los ojos de Aquel a quien debemos dar cuenta". (Hebreos 4:12-13).

*"Jesús respondió: 'Escrito está: **No sólo de pan vivirá el hombre, sino de toda palabra que sale de la boca de Dios'**". (Mateo 4:4).*

"Manda y enseña estas cosas. No dejes que nadie te menosprecie por tu juventud, sino sé ejemplo para los creyentes en palabra, conducta, amor, fe y pureza. Hasta que yo venga, dedíquense a la lectura pública de la Escritura, a la predicación ya la enseñanza. No descuides tu don, que te fue dado por profecía

cuando el cuerpo de ancianos te impuso las manos. Sé diligente en estos asuntos; entrégate por completo a ellos, para que todos puedan ver tu progreso. Vigila de cerca tu vida y tu doctrina. Persevera en ellas, porque si lo haces, te salvarás a ti mismo y a tus oyentes". (1 Timoteo 4:11-16).

"Viviendo de acuerdo a Tu palabra. Te busco con todo mi corazón; no me dejes desviarme de tus mandamientos. He escondido tu palabra en mi corazón para no pecar contra ti. Alabado seas, Señor; enséñame tus decretos. Con mis labios cuento todas las leyes que vienen de Tu boca". (Salmo 119:9b-13).

"Bienaventurado el que no anda al paso de los impíos, ni se detiene en el camino de los pecadores, ni se sienta en compañía de los escarnecedores, sino que se deleita en la ley del Señor, y en su ley medita de día y de noche. . Esa persona es como un árbol plantado junto a corrientes de agua, que da su fruto en su tiempo, y cuya hoja no cae; todo lo que hace, prospera" (Salmo 1:1-3).

"Procura con diligencia presentarte a Dios aprobado, como obrero que no tiene de qué avergonzarse y que maneja correctamente la Palabra de Verdad. Evita la charla impía, porque los que se entregan a ella se volverán cada vez más impíos". (2 Timoteo 2:15-16).

Para conocer el deseo de Dios:

"Permaneced en Mí, como Yo también permanezco en vosotros. Ninguna rama puede dar fruto por sí misma; debe permanecer en la Vid. Ni podéis dar fruto si no permanecéis en Mí. Yo soy la Vid; ustedes son las ramas. Si permanecéis en Mí y Yo en vosotros, daréis mucho fruto; separados de Mí no podéis hacer nada. Si no permaneces en Mí, eres como una rama que se tira y se seca; tales ramas se recogen, se echan al fuego y se queman. Si permanecéis en Mí y Mis Palabras permanecen en vosotros, pedid lo que queráis y os será hecho. Esto es para la gloria de mi Padre, que deis mucho fruto, mostrándoos que sois mis discípulos". *(Juan 15:4-8).*

"Mis pies han seguido de cerca sus pasos; Me he mantenido en Su camino sin desviarme. No me he apartado de los mandamientos de sus labios; He atesorado las palabras de Su boca más que el pan de cada día. Sin embargo, Él está solo, y quién puede oponerse a Él? Él hace lo que le place". (Job 23:11-13).

"Cuando tengo miedo, pongo mi confianza en ti. En Dios, cuya palabra alabo, en Dios confío y no tengo miedo. Qué pueden hacerme los simples mortales? (Salmo 56:3-4).

"Finalmente, sean fuertes en el Señor y en Su gran poder. Vestíos de toda la armadura de Dios, para que podáis estar firmes contra las asechanzas del diablo. Porque nuestra lucha no es contra sangre y carne, sino contra principados, contra autoridades, contra los poderes de este mundo tenebroso y contra las fuerzas espirituales del mal en los lugares celestiales. Por lo tanto, vístanse con toda la armadura de Dios, para que cuando llegue el día malo, puedan mantenerse firmes, y después de haber hecho todo, estar firmes. Estad, pues, firmes, con el cinturón de la verdad ceñido a vuestros lomos, con la Coraza de la Justicia puesta, y con los pies calzados con la Prontitud que viene del Evangelio de la Paz. Además de todo esto, empuñad el Escudo de la Fe, con el que podréis apagar todos los dardos de fuego del maligno. Tomad el Yelmo de la Salvación y la Espada del Espíritu, que es la Palabra de Dios". (Efesios 6:10-17).

"No te lo he mandado yo? Se fuerte y valiente. No tengas miedo; no te desanimes, porque el Señor tu Dios estará contigo dondequiera que vayas"'. *(Josué 1:9).*

"Toda palabra de Dios es impecable; Es escudo para los que en él se refugian. No añadas a sus palabras, o te reprenderá y te probará como mentiroso". (Proverbios 30:5).

"Hijo mío, presta atención a lo que te digo; vuelve tu oído a mis palabras. No los pierdas de vista; guárdalas en tu corazón, porque son vida para los que las hallan, y medicina para todo el cuerpo. Por encima de todo, cuida tu corazón porque todo lo que haces fluye de él. Mantén tu boca libre de perversidad; mantén las palabras corruptas lejos de tus labios. Deja que tus ojos miren al frente; fije su mirada directamente delante de usted. Piensa cuidadosamente en los caminos para tus pies y sé firme en todos tus caminos. No gire a la derecha ni a la izquierda; guarda tu pie del mal". (Proverbios 4:20-27).

"No te inquietes por los que son malos ni tengas envidia de los que hacen el mal; porque como la hierba pronto se secarán, como las plantas verdes pronto morirán. Confía en el Señor y haz el bien; habiten en la tierra y disfruten de pastos seguros. Deléitate en el Señor, y Él te concederá los deseos de tu corazón. Encomienda tu camino al Señor; confía en Él y Él hará esto: Él hará resplandecer

como el alba tu justa recompensa, tu justicia como el sol del mediodía. Guarda silencio ante el Señor y espera pacientemente en Él; no te inquietes cuando la gente tenga éxito en sus caminos, cuando lleven a cabo sus perversos planes. Abstente de la ira y apártate de la ira; no te preocupes, sólo conduce al mal. Porque los malos serán destruidos, pero los que esperan en el Señor heredarán la tierra". (Salmo 37:1-9).

*"En el principio creó Dios los cielos y la tierra. Ahora bien, la tierra estaba desordenada y vacía, las tinieblas cubrían la faz del abismo, y el Espíritu de Dios se movía sobre las aguas. Y dijo Dios: **'Sea la luz'**, y se hizo la luz. Dios vio que la luz era buena" (Génesis 1:1-4a).*

Para conocer el tiempo de Dios:

*"Estaré en mi guardia y me estacionaré en las murallas; Miraré a ver qué me dirá y qué respuesta daré a esta queja. Entonces el Señor respondió: **'Escribe la revelación y explícala en tablas para que un heraldo pueda correr con ella. Porque la revelación espera un tiempo señalado; habla del fin y no resultará falso. Aunque se demore, espéralo; ciertamente vendrá y no tardará'"**. (Habacuc 2:1-3).*

"No sabes? No has oído? El Señor es el Dios eterno, el Creador de los confines de la tierra. No se cansará ni se cansará, y nadie podrá sondear su entendimiento. Él da fuerza al cansado y aumenta el poder del débil. Incluso los jóvenes se cansan y se fatigan, y los jóvenes tropiezan y caen; pero los que esperan en el Señor renovarán sus fuerzas. Revolotearán con alas como las águilas; correrán y no se cansarán, caminarán y no se fatigarán". (Isaías 40:28-31).

"Estoy confiado en esto: Veré la bondad del Señor en la tierra de los vivientes. Espera en el Señor; esfuérzate y anímate y espera en el Señor". (Salmo 27:13-14).

"Pero no olviden esto, queridos amigos: para el Señor un día es como mil años, y mil años son como un día. El Señor no tarda en cumplir su promesa, como algunos entienden la lentitud. Al contrario, Él es paciente con vosotros, no queriendo que nadie perezca, sino que todos procedan al arrepentimiento. Sin embargo, el día del Señor vendrá como un ladrón. Los cielos desaparecerán con un estruendo; los elementos serán destruidos por el fuego, y la tierra y todo lo que hay en ella quedará al descubierto". (2 Pedro 3:8-10).

"No olvides Mi Enseñanza, pero guarda Mis Mandamientos en tu corazón, porque ellos prolongarán tu vida por muchos años y te traerán Paz y Prosperidad. Que el Amor y la Fidelidad nunca os abandonen; átalas a tu cuello, escríbelas en la tabla de tu corazón. Entonces obtendrás favor y un buen nombre a la vista de Dios y de los hombres. Confía en el Señor con todo tu corazón y no te apoyes en tu propio entendimiento; Someteos a Él en todos vuestros caminos, y Él enderezará vuestras veredas. No seas sabio en tu propia opinión; teme al Señor y aléjate del mal. Esto traerá salud a tu cuerpo y nutrición a tus huesos". (Proverbios 3:1-8).

"Estad quietos, y sabed que yo soy Dios; Seré exaltado entre las naciones, seré exaltado en la tierra. El Señor Todopoderoso está con nosotros; el Dios de Jacob es nuestra fortaleza". (Salmo 46:10-11).

"Tú, Señor, eres misericordioso y bueno, lleno de amor para con todos los que te llaman. Escucha mi oración, Señor; escucha mi clamor de misericordia. Cuando estoy en angustia, clamo a ti, porque tú me respondes". (Salmo 86:5-7). "Así que, ya que hemos sido justificados por la fe, tenemos paz con Dios por medio de nuestro Señor Jesucristo, por quien tenemos acceso por la fe a esta gracia en la que ahora estamos". (Romanos 5:1-2).

Al Consejo Conocedor de Dios:

"Escuchadme, descendencia de Jacob, todos los remanentes de los hijos de Israel, a quienes he sustentado desde que nacisteis y he llevado desde que nacisteis. Hasta vuestra vejez y canas Yo soy El, Yo soy El que os sustentará. Yo te he hecho y te llevaré; Te sustentaré y te rescataré. Recuerden esto, ténganlo presente, tómenlo a pecho, rebeldes. Acordaos de las cosas anteriores, las de antaño; Yo soy Dios, y no hay otro; Yo soy Dios, y no hay nadie como yo. Doy a conocer el fin desde el principio, desde la antigüedad lo que está por venir. Yo digo: 'Mi propósito se mantendrá, y haré todo lo que me plazca'. Del oriente invoco un ave de rapiña; de una tierra lejana, un hombre para cumplir mi propósito. Lo que he dicho, eso haré; lo que tengo planeado, eso haré". (Isaías 46:3-4, 8-11).

"Confía en el Señor desde ahora en adelante, el Señor mismo, es la Roca eterna. Él humilla a los que moran en lo alto; El abate la ciudad encumbrada; Lo nivela a tierra y lo arroja al polvo. Los pies la pisotean, los pies de los oprimidos, los pasos de los pobres. El camino de los justos es llano; tú, el Justo, allanas el

camino de los justos. Sí, Señor, caminando en el camino de tus leyes, te esperamos; tu nombre y renombre son el anhelo de nuestro corazón. Mi alma te anhela en la noche; en la mañana, mi espíritu te anhela. Cuando tus juicios vengan sobre la tierra, la gente del mundo aprenderá justicia. Pero cuando se muestra gracia a los impíos, no aprenden justicia; aun en una tierra de rectitud siguen haciendo el mal y no respetan la majestad del Señor". (Isaías 26:4-10).

Así son los impíos: "En su arrogancia, el impío persigue a los débiles, que quedan atrapados en sus planes. Se jacta de las ansias de su corazón; bendice a los avaros e injuria al Señor. En su soberbia, el impío no le busca; en todos sus pensamientos, no hay lugar para Dios. Sus caminos son siempre prósperos; Tus leyes son rechazadas por él; se burla de todos sus enemigos. Se dice a sí mismo: 'Nada me sacudirá jamás'. Él jura: 'Nadie me hará daño jamás'. Su boca está llena de mentiras y amenazas; aflicción y mal hay debajo de su lengua. Está al acecho cerca de los pueblos; de emboscada, asesina a los inocentes. Sus ojos velan en secreto por sus víctimas; como un león en la cubierta él está al acecho. Él está al acecho para atrapar a los indefensos; atrapa a los indefensos y los arrastra en su red. Sus víctimas son aplastadas, se derrumban; caen bajo su fuerza. Se dice a sí mismo: "Dios nunca se dará cuenta; Se cubre el rostro y nunca ve"". (Salmo 10:2-11).

"Jehová mira desde los cielos sobre todos los hombres, para ver si hay alguno que entienda y busque a Dios. Todos se han desviado, todos se han corrompido; no hay quien haga el bien, ni siquiera uno. Todos estos malhechores no saben nada? Devoran a mi pueblo como si comieran pan; nunca invocan al Señor. Sin embargo, allí están, sobrecogidos de pavor, porque Dios está presente en compañía de los justos. Vosotros, los malhechores, frustráis los planes de los pobres, pero el Señor es su refugio". (Salmos 14:2-6).

"Tú, Dios, eres mi Dios, con fervor te busco; Tengo sed de ti, todo mi ser te anhela, en tierra seca y árida donde no hay agua... Porque tu amor es mejor que la vida, mis labios te glorificarán. Te alabaré mientras viva, y en tu nombre levantaré mis manos. Me saciaré plenamente, como con el más rico de los alimentos, con labios cantores, mi boca te alabará. En mi cama te recuerdo; Pienso en ti a través de las vigilias de la noche. Porque tú eres mi ayuda, yo canto a la sombra de tus alas. me aferro a ti; tu diestra me sostiene". (Salmos 63:1, 3-8).

"Buscad primero Su reino y Su justicia, y todas estas cosas os serán añadidas también. Por tanto, no os preocupéis por el mañana, porque el mañana

se preocupará por sí mismo. Cada día tiene suficientes problemas propios". (Mateo 6:33-34).

SIEMPRE: "Primero, busca el consejo del Señor". (1 Reyes 22:5b).

"Cuando mi corazón estaba afligido y mi espíritu amargado… Sin embargo, yo estoy siempre con vosotros; me sostienes de mi mano derecha. Me guías con tu consejo, y después me llevarás a la gloria. A quién tengo en el cielo sino a ti? Además, la tierra no tiene nada que desee fuera de ti. Mi carne y mi corazón pueden desfallecer, pero Dios es la fortaleza de mi corazón y mi porción para siempre. Los que están lejos de ti perecerán; destruyes a todos los que te son infieles. Sin embargo, en cuanto a mí, es bueno estar cerca de Dios. He hecho del Señor Soberano mi refugio; Contaré todas tus obras". (Salmo 73:21, 23-28).

Saber temer a Dios es el principio del conocimiento:

"El temor del Señor es el principio del conocimiento, pero los necios desprecian la sabiduría y la instrucción". (Proverbios 1:7).

"El temor del Señor es el principio de la sabiduría, y el conocimiento del Santo, entiende. Porque a través de la sabiduría tus días serán muchos, y los años se añadirán a tu vida. Si eres sabio, tu sabiduría te recompensará; si eres un escarnecedor, solo tú sufrirás". (Proverbios 9:10-12).

"Porque la palabra del Señor es recta y verdadera; Él es fiel en todo lo que hace. El Señor ama la justicia y la justicia; la tierra está llena de Su Amor Inagotable. Por la Palabra del Señor fueron hechos los Cielos, su ejército de estrellas por el soplo de Su boca. El junta las aguas del mar en tinajas; Él pone el abismo en depósitos. Que toda la tierra tema al Señor; que todos los pueblos del mundo lo adoren. Porque Él habló, y sucedió; Él ordenó, y se mantuvo firme. El Señor frustra los planes de las naciones; Frustra los propósitos de los pueblos. Pero los planes del Señor permanecen firmes para siempre, los propósitos de su corazón por todas las generaciones" (Salmo 33:4-11).

"Enséñame tu camino, Señor, para que pueda confiar en tu fidelidad; dame un corazón íntegro, para que pueda temer tu nombre. Te alabaré, Señor mi Dios, con todo mi corazón; Glorificaré tu nombre para siempre. Porque grande es tu amor para conmigo; me has librado del abismo, del reino de los muertos" (Salmo 86:11-13).

"Alabado sea el Señor. Bienaventurados los que temen al Señor, los que se deleitan en sus mandamientos". (Salmos 112:1).

"El encanto es engañoso, y la belleza es fugaz; pero la mujer que teme al Señor es digna de alabanza". (Proverbios 31:30).

"En Dios, cuya palabra alabo, en el Señor, cuya palabra alabo, en Dios confío y no tengo miedo. Qué puede hacerme el hombre? Estoy bajo votos a ti, mi Dios; Te presentaré mis ofrendas de agradecimiento. Porque me has librado de la muerte y a mis pies del tropiezo, para que camine delante de Dios a la luz de la vida". (Salmos 56:10-13).

"Los incrédulos serán completamente recompensados por sus caminos, y los buenos serán recompensados por los suyos. Los simples creen cualquier cosa, pero los prudentes piensan en sus pasos. El sabio teme al Señor y evita el mal, pero el necio es impetuoso y, sin embargo, se siente seguro. El irascible hace locuras, y el que trama planes perversos es odiado. Los simples heredan la locura, pero los prudentes se coronan con el conocimiento. Los malhechores se postrarán delante de los buenos y de los malos a las puertas de los justos". (Proverbios 14:14-19).

"Encomienda al Señor todo lo que hagas, y Él establecerá tus planes". (Proverbios 16:3).

"Él [el Señor] hizo esto para que todos los pueblos de la tierra supieran que la mano del Señor es poderosa y para que siempre temáis al Señor vuestro Dios". (Josué 4:24).

Pecado —Qué es?

El pecado es todo lo que va en contra de Dios. Por lo cual los humanos nos rebelamos y perdemos el Propósito de Dios, que Él tiene para nuestras vidas. El pecado es la única arma que tiene Satanás para debilitarnos y separarnos de Dios. El pecado es la raíz de cada problema que encontramos, para desviarnos del camino de la vida recta.

Aferrarse al pecado da lugar a que mute en tu corazón, desplazando el Amor de Dios, y cuando Su Amor es desplazado, todo lo que queda es un corazón vacío, oscuro y frío; donde Satanás ama vivir. Por eso es importante alimentar continuamente tu corazón y tu mente con la Palabra de Dios, protegiéndote de la frialdad y oscuridad de Satanás. Muchas veces en mi vida, me he deslizado hacia esa oscuridad que Satanás muestra continuamente ante mí. Sin embargo, desde que Jesús comenzó a caminar a mi lado, alejándome de la oscuridad que intentaba apoderarse de mí; dándome seguridad y fortaleza para salir de las tinieblas y seguir caminando en Su Luz de Vida.

Aún hoy, resbalo, y aún hoy, Jesús está justo a mi lado, sacándome de las tinieblas y manteniéndome en Su Luz, donde estoy cobijado en la seguridad de Su Abrazo Amoroso. Por eso atesoro solo la Palabra. de Dios para iluminar mi camino delante de mí (y dentro de mí), para que nunca, nunca camine en la oscuridad de Satanás. Siempre proclamaré este versículo del Libro de los Salmos:

"Lámpara es a mis pies tu Palabra y Luz a mi camino". (Salmo 119:105).

Este es solo un versículo que lo dice todo acerca de cómo Jesús ha estado conmigo todo este tiempo. Vivir a la manera de Dios es la única manera de que Su Luz brille en mi camino y en mi vida. Nunca estaré solo. Por lo tanto, les digo esto, entreguen todas sus preocupaciones a Jesús y la oscuridad de Satanás se desvanecerá en la puesta del sol. La Palabra de Dios también dice:

"Por eso os digo, no os preocupéis por vuestra vida, qué comeréis o beberéis; o lo que te vas a poner. No es la vida más que el alimento y el cuerpo más que la ropa? Mira las aves del cielo; no siembran, ni cosechan, ni almacenan en graneros, y sin embargo, vuestro Padre Celestial los alimenta. No eres mucho más valioso que ellos? Puede alguno de ustedes, preocupándose, añadir una sola hora a su vida?" (Mateo 6:25-27).

"Porque los paganos corren tras todas estas cosas, y vuestro Padre Celestial sabe que las necesitáis. Sin embargo, buscad Su Reino y Su Justicia, y todas estas cosas os serán dadas también. Por tanto, no os preocupéis por el mañana, porque el mañana se preocupará por sí mismo. Cada día tiene suficientes problemas propios". (Mateo 6:32-34).

"Que tu mansedumbre sea evidente para todos. El Señor está cerca. No se inquieten por nada, sino que en toda situación, con oración y ruego, presenten sus peticiones a Dios con acción de gracias. Y la paz de Dios, que sobrepasa todo

entendimiento, guardará vuestros corazones y vuestros pensamientos en Cristo Jesús". (Filipenses 4:5-7).

"Venid a mí todos los que estáis trabajados y cargados, y yo os haré descansar. Llevad mi Yugo sobre vosotros y aprended de Mí, que Soy Manso y Humilde de corazón, y encontraréis descanso para vuestras almas. Porque Mi Yugo es fácil y Mi carga Ligera"'. (Mateo 11:28-30). "'La paz os dejo; Mi Paz os doy. Yo no os doy como da el mundo. No se turbe vuestro corazón y no tengáis miedo"'. (Juan 14:27).

"Que la paz de Cristo reine en vuestros corazones, ya que como miembros de un solo cuerpo fuisteis llamados a la paz. Además, sé agradecido. Que el Mensaje de Cristo habite ricamente entre vosotros mientras os enseñáis y exhortáis unos a otros con toda sabiduría a través de salmos, himnos y cánticos del Espíritu, cantando a Dios con gratitud en vuestros corazones. Y todo lo que hacéis, sea de palabra o de hecho, hacedlo todo en el nombre del Señor Jesús, dando gracias a Dios Padre por medio de él". (Colosenses 3:15-17).

"Ahora, que el mismo Señor de la paz os dé paz en todo momento y en todos los sentidos. El Señor esté con todos vosotros". (2 Tesalonicenses 3:16).

"Echa tus cargas sobre el Señor y Él te sustentará; Él nunca permitirá que el justo sea sacudido. Sin embargo, tú, Dios, harás descender a los impíos al pozo de la corrupción; los sanguinarios y engañadores no vivirán la mitad de sus días. Pero en cuanto a mí, en ti confío". (Salmo 55:22-23).

"De la misma manera, ustedes que son más jóvenes, sométanse a sus mayores. Revístanse todos de humildad los unos con los otros, porque "Dios se opone a los soberbios, pero muestra favor a los humildes". Humillaos, pues, bajo la poderosa mano de Dios, para que Él os exalte a su debido tiempo. Echa toda tu ansiedad sobre Él porque Él se preocupa por ti. Esté alerta y de una mente sobria. Vuestro enemigo el diablo ronda como león rugiente buscando a quien devorar. Resístanlo, manteniéndose firmes en la fe, sabiendo que la familia de los creyentes en todo el mundo está pasando por los mismos sufrimientos". (1 Pedro 5:5-9).

"Aunque ande por valles tenebrosos, no temeré mal alguno, porque tú estarás conmigo; tu vara y tu cayado me infunden aliento". (Salmo 23:4).

"Cuando tengo miedo, en ti confío". (Salmos 56:3).

"No te lo he mandado yo? Se fuerte y valiente. No tengas miedo; no te desanimes, porque el Señor tu Dios estará contigo dondequiera que vayas". (Josué 1:9).

"Mantengan sus vidas libres del amor al dinero y estén contentos con lo que tienen, porque Dios ha dicho; 'Nunca te dejaré; nunca te abandonaré'. Entonces decimos con confianza: 'El Señor es mi ayudador; No tendré miedo. Qué pueden hacerme los simples mortales?". (Hebreos 13:5-6).

"Porque estoy convencido de que ni la muerte ni la vida, ni los ángeles ni los demonios, ni el presente ni el futuro, ni ningún poder, ni lo alto ni lo profundo, ni cosa alguna en toda la creación, podrá separarnos del amor de Dios que es en Cristo Jesús Señor nuestro". (Romanos 8:38-39).

Vivir a la manera de Dios es la única forma de vivir sin preocupaciones. No hay mejor compañero que Jesús, nuestro Señor y Salvador. Jesús es el mejor amigo que tomó el castigo por nuestros pecados para que pudieras vivir con Él en la casa de Su Padre. Cuando finalmente crucemos las Puertas del Reino de Dios, es cuando comprenderemos todos los Caminos de nuestro Padre Celestial y Su Hijo Jesús, lo cual es un paso hacia el Glorioso Círculo de Ganadores de la Paz y el Amor de Dios.

Lo que abre la puerta a los Tesoros de nuestro Padre Celestial es creer en Su Hijo Jesús y apartarse de los caminos de este mundo. Entonces (y solo entonces), puedes entrar en la Presencia de Dios. Ser agradecido también afirmará al Padre que conoces la Verdad de que Jesús es la Luz y que Él hace brillar la oscuridad que está tan presente en este mundo. Como dice la Palabra de Dios: *"Por medio de Él fueron hechas todas las cosas; sin Él nada de lo que ha sido hecho fue hecho. En Él estaba la Vida de toda la humanidad. La Luz brilla en las tinieblas, y las tinieblas no la han vencido". (Juan 1:3-5).*

"Este es el Mensaje que hemos oído de Él y os declaramos: DIOS ES LUZ! En Él, no hay oscuridad en absoluto. Si afirmamos tener comunión con Él y, sin embargo, caminamos en la oscuridad, mentimos y no vivimos la Verdad. Pero si andamos en la Luz, como Él es en la Luz, tenemos comunión unos con otros, y la sangre de Jesús, su Hijo, nos limpia de todo pecado". (1 Juan 1:5-7).

Jesús, nuestro Salvador y Señor, es la seguridad y garantía de la Bondad de Su Padre (que suple todas las necesidades básicas) para vivir en un mundo inseguro y siempre sujeto al pecado (ira, lujuria y codicia). Puedes descansar en el conocimiento del único (que controla tu vida) y confiar en que Él te proporcionará todo lo que necesitas.

Nada necesitáis más que el Amor y la Luz de Dios nuestro Padre. Como dice la Palabra de Dios: *"El que habita al abrigo del Altísimo, a la sombra del Omnipotente reposará. Diré del Señor: 'Él es mi Refugio y mi Fortaleza, mi Dios, en quien confío'". (Salmo 91:1-2).*

"Bueno es alabar al Señor y poner música a Tu Nombre, oh Altísimo, para proclamar tu Amor por la mañana y Tu Fidelidad por la noche, al son de la lira de diez cuerdas y al son del arpa. Porque me alegras con Tus obras, oh Señor; canto de alegría en las obras de Tus Manos. Cuán grandes son tus obras, oh Señor, cuán profundos tus pensamientos!" (Salmo 92:1-5).

"Bueno es alabar al Señor y poner música a Tu Nombre, oh Altísimo, para proclamar tu Amor por la mañana y Tu Fidelidad por la noche, al son de la lira de diez cuerdas y al son del arpa. Porque me alegras con Tus obras, oh Señor; Canto de alegría por las obras de Tus Manos. Cuán grandes son tus obras, oh Señor, cuán profundos tus pensamientos!" (Salmo 92:1-5).

"Venid, cantemos de júbilo al Señor; aclamemos con fuerza a la Roca de nuestra Salvación. Acerquémonos ante Él con acción de gracias y alabemos con música y cánticos. Porque el Señor es el gran Dios, el Gran Rey sobre todos los dioses. En su mano están las profundidades de la tierra, y las cumbres de las montañas le pertenecen. Suyo es el mar, porque Él lo hizo, y Sus manos formaron la tierra seca". (Salmo 95:1-5).

"Este es el mensaje que hemos oído de Él y os anunciamos: Dios es Luz; en Él no hay oscuridad alguna". (1 Juan 1:5).

No necesitas buscar seguridad cuando tienes la Certeza (Seguridad) en nuestro Señor Jesús, quien es también el Ancla que te mantendrá tranquilo para que puedas relajarte en la Paz de Dios y lograr la meta que te falta por cumplir. el Camino a la Casa del Padre. Es más difícil tratar de hacer las cosas por su cuenta; sólo te sientes frustrado y confundido. Solo haz lo que tengas que hacer, y mantente enfocado en la Luz de Dios y continúa conectado con Él, a través de Su Hijo, y no te equivocarás. La Palabra de Dios dice: *"Tú guardarás en perfecta paz a aquel cuyo pensamiento es firme, porque en ti ha confiado. Confía en el Señor para siempre, porque el Señor, el Señor, es la Roca*

Eterna. El humilla a los que moran en lo Alto; El abate la ciudad encumbrada; La allana por tierra y la arroja al polvo". (Isaías 26:3-5).

"Porque nuestras ligeras y momentáneas tribulaciones nos están logrando una Gloria Eterna que supera con creces a todas ellas. Así que no pongamos los ojos en lo que se ve, sino en lo que no se ve, ya que lo que se ve es temporal, pero lo que no se ve es Eterno". (2 Corintios 4:17-18).

Deja que Dios elija por dónde debes ir y siempre piensa con tu corazón en Jesús, no en el corazón del mundo. Adora a Dios a pesar de lo que sucede a tu alrededor, porque Dios hace todo y todas las cosas para nuestro bien. Dice en la Biblia: *"Por tanto, si alguno está en Cristo, la nueva creación ha venido: lo viejo se ha ido, lo nuevo está aquí!" (2 Corintios 5:17).*

"El que estaba sentado en el trono dijo: 'Hago nuevas todas las cosas!'. **Entonces dijo: 'Escribe esto, porque estas palabras son fieles y verdaderas'".** *(Apocalipsis 21:5).*

Fija tus ojos en Jesús. Mantén la puerta de tu corazón abierta para Jesús, y deléitate siempre en Jesús, porque Él se deleitará en ti. La Palabra de Dios dice:

"Deléitate en el Señor, y Él te concederá los deseos de tu corazón". (Salmo 37:4).

"El Señor tu Dios está contigo, el poderoso guerrero que salva. Se deleitará en Ti; en su amor ya no os reprochará, sino que se regocijará sobre vosotros con cánticos. (Sofonías 3:17).

Vacía tu mente de toda la basura mundana y llénala con todo lo que Dios es:

"Poned la mira en las cosas de arriba, no en las de la tierra". (Colosenses 3:2).

"Más bien, vístanse del Señor Jesucristo, y no piensen en cómo satisfacer los deseos de la carne". (Romanos 13:14).

"No se inquieten por nada, sino que en todo, con oración y ruego, presenten sus peticiones a Dios con acción de gracias. Además, la paz de Dios, que sobrepasa todo entendimiento, guardará vuestros corazones y vuestros pensamientos en Cristo Jesús. Finalmente, hermanos (y hermanas), todo lo que sea Verdadero,

todo lo Noble, todo lo que sea Correcto, todo lo que sea Puro, todo lo que sea Amable, todo lo que sea Admirable, pensad en tales cosas. Lo que hayas aprendido, recibido, oído de mí o visto en mí, ponlo en práctica. Y el Dios de la paz estará con vosotros". (Filipenses 4:6-9).

Deje todas las opciones a Dios (sin remordimientos ni dudas). El viaje es largo y agotador, así que deja que Dios te lleve a través de estos días aquí en esta tierra. Dios siempre te dará descanso y nunca te rechazará en tu momento de necesidad. Todo porque Él te ama y nunca te dejará. Recuerda siempre esta Escritura: *"Porque de tal manera amó Dios al mundo que ha dado a su Hijo unigénito, para que todo aquel que en él cree no se pierda, mas tenga vida eterna" (Juan 3:16).* Esta Escritura me había ayudado a superar muchos momentos de abandono y sentimientos de no ser amado. No debo preocuparme por esos sentimientos de abandono y falta de amor, porque mi Señor Jesús siempre está conmigo y nunca me fallará.

Dios me ha dicho muchas veces que no me preocupe por el mañana, porque cada día tiene sus propios problemas, y Él estará a mi lado todo el camino, despejando cualquier obstáculo. Dios creó cada día con suficiente gracia para manejar los problemas. Sé que yo (nosotros) no puedo manejar los problemas de cada día por mi cuenta. Cuando lo intenté, fracasé muy mal. Me acerqué a Jesús, y él tomó mi mano y me llevó a un lugar seguro. Eso es lo que se necesita para humillarte con la completa confianza de que Él está allí (a un brazo de distancia) para rescatarte de los problemas de este mundo. En el momento en que le das esa confianza a Dios, todas las preocupaciones y problemas comienzan a desvanecerse y eres más fuerte en Él.

Esto es lo que dice la Biblia: *"Por tanto, no os preocupéis por el mañana, porque el mañana se preocupará por sí mismo. Cada día tiene suficientes problemas propios". (Mateo 6:34).*

"Pero Él me dijo; **"Te basta mi gracia, porque mi poder se perfecciona en la debilidad".** *Por tanto, de buena gana me gloriaré más en mis debilidades, para que repose sobre mí el poder de Cristo". (2 Corintios 12:9).*

"Confía en Él en todo momento, pueblo; derramad vuestros corazones a Él, porque Dios es nuestro refugio". (Salmo 62:8).

Confío en Dios que Él me fortalecerá en mis momentos de debilidad. Me aferraré a Su mano todos los días de mi viaje aquí en esta tierra. La gracia de Dios es como una cascada que cae sobre ti cuando confías en Él. No hay mejor lugar para descansar que en los brazos compasivos de nuestro Dios Todopoderoso. Aquí hay dos Salmos que te ayudarán a dar un paso hacia una relación comprometida con nuestro Dios Todopoderoso el Padre y nuestro Señor Jesucristo.

Estos dos son de tantos que sellaron mi compromiso con mi Equipo Estrella.

"Como el ciervo brama por las corrientes de agua,

por eso mi alma suspira por ti, Dios mío.

Mi alma tiene sed de Dios, del Dios vivo.

Cuándo puedo ir a encontrarme con Dios?

Mis lágrimas han sido mi alimento de día y de noche,

mientras la gente me dice todo el día: 'Dónde está tu Dios?'

Estas cosas recuerdo mientras derramo mi alma:

cómo solía ir a la casa de Dios bajo la protección del Poderoso

con gritos de júbilo y alabanza entre la multitud festiva.

Por qué, alma mía, estás abatida?

Por qué tan perturbado dentro de mí?

Poned vuestra esperanza en Dios, porque aún he de alabarle, mi Salvador y mi Dios.

Mi alma está abatida dentro de mí;

por tanto, me acordaré de vosotros desde la tierra del Jordán,

las alturas de Hermón, desde el monte Mizar.

Profundo llama a profundo

en el estruendo de tus cascadas,

todas tus olas y rompientes

han barrido sobre mí.

"De día, el Señor dirige Su amor,

en la noche Su canción está conmigo—

una oración al Dios de mi vida.

Digo a Dios mi Roca, '

Por qué me has olvidado?

Por qué debo andar de duelo, oprimido por el enemigo?

Mis huesos sufren una agonía mortal

como mis enemigos me escarnecen, diciéndome todo el día: 'Dónde está tu Dios?'

Por qué, alma mía, estás abatida?

Por qué tan perturbado dentro de mí?

Pon tu esperanza en Dios,

porque aún le alabaré,

mi Salvador y mi Dios".

(Salmo 42:1-11).

"Tú, Dios, eres mi Dios, con fervor te busco;

Tengo sed de ti, todo mi ser te anhela, en una tierra seca y árida donde no hay agua.

Te he visto en el santuario y he visto tu poder y tu gloria.

Porque tu amor es mejor que la vida, mis labios te glorificarán.

Te alabaré mientras viva, y en tu nombre levantaré mis manos.

Me saciaré plenamente, como con el más rico de los alimentos, con labios cantores, mi boca te

alabará. En mi cama te recuerdo; Pienso en ti a través de las vigilias de la noche.

Porque tú eres mi ayuda, yo canto a la sombra de tus alas.

me aferro a ti; tu diestra me sostiene.

Los que quieran matarme serán destruidos; descenderán a las profundidades de la tierra.

Serán entregados a la espada, y serán pasto de los chacales.

Pero el rey se regocijará en Dios; todos los que juran por Dios se gloriarán en Él, mientras que los la boca de los mentirosos será silenciada".

(Salmo 63:1-11).

Mientras vivimos en este mundo que está lleno de tantas opciones (tentaciones) que traerían la muerte a nuestras almas, no debemos preocuparnos, porque tenemos la seguridad de la única opción para desviar todas las armas que usa Satanás. para derribar y hacernos sentir no deseados y no amados. Esa elección es nuestro Señor Jesucristo, que es la única forma en que podemos asegurar nuestro lugar en el corazón de Su Padre.

Cuando continuamos caminando con Jesús y fijando nuestros ojos siempre en Él, siempre desplazará los caminos de Satanás. Esto sucede cuando obedecemos y nos comprometemos con los caminos y mandamientos de Dios, lo que nos traerá la vida eterna y el enemigo (y sus tácticas) fuera de nuestras vidas. La Palabra de Dios nos dice: *"Porque hoy os mando amar al Señor vuestro Dios, andar en obediencia a Él, y guardar Sus Mandamientos, Decretos y Leyes; entonces vivirás y crecerás, y el Señor tu Dios te bendecirá en la tierra que entras para poseerla. Sin embargo, si tu corazón se desvía y no eres obediente, y si te dejas llevar para inclinarte ante otros dioses y adorarlos, te declaro hoy que ciertamente serás destruido. No vivirás mucho tiempo en la tierra a la que vas a cruzar el Jordán para entrar y poseerla. Hoy llamo a los cielos y a la tierra por testigos contra vosotros que os he puesto delante, la vida y la muerte, las bendiciones y las maldiciones. Elige ahora la vida, para que vivas tú y tus hijos, y ames al Señor tu Dios, escuches su voz y te aferres a él. Porque el Señor es vuestra vida, y os dará muchos años en la tierra que juró daros a vuestros padres Abraham, Isaac y Jacob". (Deuteronomio 30:16-20).*

Estas palabras que el Señor nos está dirigiendo son muy claras de qué elección hacer, entre la vida y la muerte. Todos sabemos que la Vida es ser un seguidor de Jesús comprometido y obediente, y la muerte es ser un seguidor de Satanás. Muchas de las cosas de este mundo son armas que usa Satanás para distraernos, llevándonos al pozo de la muerte. Sin embargo, si continuamos pensando en las cosas del Cielo, caminamos con Jesús y mantenemos nuestros ojos fijos en Él, podremos mantenernos firmes, obedeciendo cada mandato e instrucción. Entonces Satanás (y sus caminos) se desvanecerán fuera de la vista y la mente. No hay otro defensor que nuestro Señor Jesús para ayudarnos a caminar en este camino en esta tierra corrompida. Jesús mismo nos dice en la Palabra de Dios:

"*Yo soy el camino, la verdad, y la Vida. Nadie llega al Padre, sino por Mí*". *(Juan 14:6)*.

"*Soy la luz del mundo. El que me sigue nunca andará en tinieblas, sino que tendrá la Luz de la Vida*". *(Juan 8:12)*.

Junto con estos dos Versículos, pongo en práctica este versículo: *"Regocijaos en el Señor siempre. Lo diré de nuevo: Alégrate! Que tu mansedumbre sea evidente para todos. El Señor está cerca. No se inquieten por nada, sino que en toda situación, con oración y ruego, presenten sus peticiones a Dios con acción de gracias. Además, la paz de Dios, que sobrepasa todo entendimiento, guardará vuestros corazones y vuestros pensamientos en Cristo Jesús. Finalmente, hermanos y hermanas, todo lo que es Verdadero, lo que es Noble, lo que es Recto, lo que es Puro, lo que es Amable, lo que es Admirable, (si algo es Excelente o Loable), pensad en tales cosas. Lo que hayas aprendido, recibido, oído de mí o visto en mí, ponlo en práctica. Y el Dios de la Paz estará con vosotros"*. *(Filipenses 4:4-9)*.

Las palabras que puse en mayúscula son todas de quiénes son nuestro Padre Celestial, Su Hijo Jesús y el Espíritu Santo. Pensar en ellos me da (y a ti también) tal alegría en mi corazón que podría enfrentar cualquier cosa que Satanás me lance. Ahora sé que Dios es Mayor que cualquier desgracia que haya en esta tierra. Sé que el día del Señor está muy, muy, muy cerca y estoy haciendo todo lo que puedo para estar lista para Él. Es por eso que dejé ir todos los pensamientos y cosas negativas e insalubres de este mundo, que me hacían aburrido a la vista del hombre. Sin embargo, siempre recordaré quién soy a los ojos de Dios. Aquí lo que me digo y leo en la Palabra de Dios:

Soy > un hijo suyo.

"Sin embargo, a todos los que le recibieron, a los que creen en su nombre, les dio potestad de ser hechos hijos de Dios". *(Juan 1:12)*.

Soy > Elegido por Él.

"Vosotros sois linaje escogido, real sacerdocio, nación santa, heredero especial de Dios, para que anunciéis las virtudes de aquel que os llamó de las tinieblas a su luz admirable". (1 Pedro 2:9).

Soy > Amado por Él.

"Porque nos escogió en Él antes de la creación del mundo para que fuésemos santos y sin mancha delante de Él. En amor nos predestinó para ser adoptados como hijos por medio de Jesucristo, según su beneplácito y voluntad, para alabanza de su gloriosa gracia, que nos ha dado gratuitamente en el Uno. Él ama". (Efesios 1:4-6).

Soy > fortalecido por él.

"Todo esto lo puedo en Cristo que me fortalece". (Filipenses 4:13).

Soy > Perdonado por Él.

"Si confesamos nuestros pecados, Él es fiel y justo y nos perdonará nuestros pecados y nos limpiará de toda maldad". (1 Juan 1:9).

Estoy > Lleno de Su Espíritu Santo por Él.

"Y la esperanza no nos avergüenza, porque el amor de Dios ha sido derramado en nuestros corazones por el Espíritu Santo que nos ha sido dado". (Romanos 5:5).

Estoy > en paz con Él a través de Su Hijo.

"Así que, ya que hemos sido justificados por la fe, tenemos paz para con Dios por medio de nuestro Señor Jesucristo". (Romanos 5:1).

Estoy > Nunca solo.

"Si me amáis, guardad mis mandamientos. Y yo le pediré al Padre, y Él os dará otro abogado para que os ayude y esté con vosotros para siempre: el Espíritu de la Verdad". (Juan 14:15-17a).

*"Manténganse libres del amor al dinero y estén contentos con lo que tienen, porque Dios ha dicho: **'Nunca los dejaré; nunca te abandonaré'**". (Hebreos 13:5).*

Los pensamientos negativos fueron una verdadera lucha para mí. Nunca supe cómo manejarlos. No tenía a nadie que me enseñara cómo rechazar los pensamientos negativos de mi mente hasta que comencé a leer mi Biblia. Cuando me encuentro bombardeado con todas las cosas negativas que el enemigo me está lanzando, voy a mi Biblia. Con mi Biblia, tengo a Alguien conmigo todo el tiempo, Alguien que sabe por lo que estoy pasando y sabe cómo superar estos pensamientos desagradables y negativos.

Ahora uso la Biblia como mi escudo para repeler esos pensamientos negativos de mi vida. Ah, sí, esos pensamientos intentan volver a mi mente en momentos de debilidad, pero ahora soy más fuerte y tengo a mi Equipo Estrella para ayudar a que esos pensamientos negativos huyan de mi vista.

Satanás puede pensar que es inteligente, pero es débil cuando se trata de la Palabra de Dios; realmente lo hace deslizarse lejos. Es por eso que en la Biblia, Dios dice estas frases muchas veces: *'no te preocupes'* y *'no temas'* y *'esfuérzate'* y la mayoría de las veces *'estaré contigo y nunca te dejaré'*. Estas frases me han sacado de muchas desesperaciones, para poder seguir adelante en mi caminar con mi Señor Jesús. Las luchas de este mundo parecen menores cuando sé que mi Equipo Estrella me respalda en todo momento. Por lo tanto, les digo que se aseguren de no preocuparse por las cosas aquí en esta tierra y caminen con la comodidad y la confianza de que llegarán a esa recompensa que nuestro Padre Celestial tiene para nosotros cuando finalmente lleguemos a casa con Él.

Cuando David estaba luchando contra Goliat (ver 1 Samuel 17:1-58), derrotó a Goliat, porque tenía al Señor con él, y confió en Él para que lo ayudara a luchar contra este gigante llamado Goliat. Así es como me siento acerca de mi Equipo Estrella. David tenía una honda y una piedra para derribar a Goliat. Mi honda y piedra es mi equipo estrella. (La honda es el Padre, Su Hijo y el Espíritu Santo, y la piedra es la Biblia, la Palabra de Dios). Una vez que hablé en voz alta una Escritura a mi gigante (Satanás), se detuvo en seco y se dio la vuelta y huyó de mi vista. Porque Satanás conoce el Poder en la Palabra de Dios, y Satanás no tiene armas contra el poder de Dios.

En este mundo, muchas personas se preocupan tanto que se enferman. Sé que esto es cierto, porque yo solía ser una de esas personas. Continuamente me preocupaba por qué la gente siempre se burlaba de mí y me decía que no era lo suficientemente inteligente para triunfar en este mundo. Sin embargo, en ese entonces no leía la Biblia y no oraba tanto como ahora. No sabía que mi Padre Celestial estaba viendo todo lo que estaba pasando y me sacó de la situación tan pronto como llegó el momento adecuado. También conocí a personas que murieron que se preocuparon demasiado.

La Biblia habla de que preocuparse es pecado, y que lleva a la muerte; tanto físicos como espirituales. Así que me aseguro de estar siempre bien con Dios y hacer todo lo que Él me dice que haga y dejarle las preocupaciones y las luchas a Él; quién sabe cómo manejarlos mejor.

Aquí, ahora, están algunos de los muchos versículos que me ayudan, que te ayudarán a rechazar las muchas flechas negativas de Satanás y te mantendrán caminando con confianza con Jesús, a través de las luchas de este mundo. No necesita memorizarlos; solo leerlos en voz alta es lo suficientemente reconfortante y poderoso. Además, conocerás mejor todo sobre mi Equipo Estrella y vivirás cómo estamos diseñados para vivir y respirar.

"El amor es paciente, el amor es amable. Tiene envidia, no se jacta, no es orgulloso. No deshonra a los demás, no es egoísta, no se enoja fácilmente y no lleva registro de los errores. El amor no se deleita en el mal sino que se regocija con la verdad. Siempre protege, siempre confía, siempre espera y siempre persevera. Sin embargo, donde hay profecías, cesarán; donde haya lenguas, serán calladas; donde hay conocimiento, éste pasará. Porque en parte conocemos y en parte profetizamos, pero cuando llega la plenitud, lo que es en parte desaparece. Cuando yo era niño, hablaba como un niño; Pensé como un niño, razoné como un niño. Cuando me hice hombre, dejé atrás los caminos de la niñez. Por ahora, vemos solo un reflejo como en un espejo; entonces nos veremos cara a cara. Ahora sé en parte; entonces conoceré plenamente, como soy plenamente conocido". (1 Corintios 13:4-13).

"Sabemos que hemos llegado a conocerlo si guardamos sus mandamientos. Cualquiera que diga: 'Yo lo conozco', pero no hace lo que Él manda, es un mentiroso, y la Verdad no está en esa persona. Sin embargo, si alguien obedece Su Palabra, el amor a Dios se completa verdaderamente en ellos. En esto conocemos que estamos ené Él: Quien pretenda vivir en Él, que viva como Jesús". (1 Juan 2:3-6).

"Cualquiera que dice estar en la luz pero odia a un hermano o hermana todavía está en la oscuridad. El que ama a su hermano y a su hermana vive en la

luz, y no hay nada en ellos que los haga tropezar. Sin embargo, cualquiera que odia a un hermano oa una hermana está en la oscuridad y anda en la oscuridad. No saben a dónde van, porque las tinieblas los han cegado". (1 Juan 2:9-11).

"'Un Mandamiento nuevo os doy: Que os améis los unos a los otros. Como yo os he amado, así debéis amaros los unos a los otros. En esto conocerán todos que sois mis discípulos, si os amáis los unos a los otros". *(Juan 13:34-35).*

"Seguid, pues, el ejemplo de Dios, como hijos muy amados, y andad por el camino del amor, así como Cristo nos amó y se entregó a sí mismo por nosotros como ofrenda y sacrificio de olor fragante a Dios". (Efesios 5:1-2).

"Manténganse libres del amor al dinero y estén contentos con lo que tienen, porque Dios ha dicho: 'Nunca los dejaré; nunca te desampararé.' Así decimos con confianza; 'El Señor es mi ayudador; No tendré miedo. Qué me pueden hacer los simples mortales?' (Hebreos 13:5-6).

"Sométanse, pues, a Dios. Resistid al diablo, y huirá de vosotros. Acércate a Dios y Él se acercará a ti. Lavaos las manos, pecadores, y purificad vuestros corazones, vosotros de doble ánimo". (Santiago 4:7-8).

"El Señor es mi luz y mi salvación, de quién temeré? El Señor es la fortaleza de mi vida, de quién tendré miedo? Cuando los malvados avancen contra mí para devorarme, son mis enemigos y mis adversarios los que tropezarán y caerán. Aunque un ejército me asedie, mi corazón no temerá; aunque contra mí se declare guerra, aun así estaré confiado. Una cosa pido al Señor, esto es lo único que busco: que esté en la casa del Señor todos los días de mi vida, para contemplar la hermosura del Señor y buscarlo en Su templo. Porque en el día de la angustia me guardará en su morada; Él me esconderá en el refugio de Su tienda sagrada y me pondrá en lo alto de una roca". (Salmo 27:1-5).

"Aunque mi padre y mi madre me abandonen, el Señor me recibirá. Enséñame tu camino, Señor; llévame por el camino recto a causa de mis opresores". (Salmo 27:10-11).

"Estoy confiado en esto: Veré la bondad del Señor en la tierra de los vivientes. Espera en el Señor; esfuérzate y anímate y espera en el Señor". (Salmo 27:13-14).

"En Cristo Jesús todos sois hijos de Dios por la fe, porque todos los que habéis sido bautizados en Cristo, de Cristo estáis revestidos. No hay judío ni gentil, ni esclavo ni libre, ni hombre ni mujer, porque todos vosotros sois uno en Cristo Jesús. Si sois de Cristo, entonces sois linaje de Abraham y herederos según la promesa". (Gálatas 3:26-29).

"Porque los ojos del Señor recorren toda la tierra para fortalecer a aquellos cuyo corazón está totalmente entregado a Él". (2 Crónicas 16:9a).

*"Yo les digo: **No se asusten; No les tengas miedo. El Señor tu Dios, que va delante de ti, peleará por ti, como lo hizo por ti en Egipto, delante de tus propios ojos y en el desierto. Allí viste cómo el Señor tu Dios te llevó, como un padre lleva a su hijo, todo el camino que anduviste hasta llegar a este lugar"**. (Deuteronomio 1:30-31).*

"Finalmente, todos ustedes, sean de ideas afines, sean compasivos, ámense unos a otros, y sean compasivos y humildes. No devolváis mal por mal ni insulto por insulto. Al contrario, devolved el mal con bendición, porque a esto fuisteis llamados para heredar bendición. Porque el que quiera amar la vida y ver días buenos, debe guardar su lengua del mal y sus labios de las palabras engañosas. Deben apartarse del mal y hacer el bien; deben buscar la paz y perseguirla. Porque los ojos del Señor están sobre los justos y sus oídos atentos a su oración, pero el rostro del Señor está contra los que hacen el mal. Quién os hará daño si os afanáis en hacer el bien?" (1 Pedro 3:8-13).

"El Señor tu Dios está contigo, el poderoso guerrero que salva. Él se deleitará en ti; en su amor ya no os reprenderá, sino que se regocijará sobre vosotros con cánticos" (Sofonías 3:17).

"El Señor es mi pastor, nada me falta. En verdes pastos me hace descansar, junto a aguas de reposo me conduce, refresca mi alma. Él me guía por los caminos correctos por amor a Su Nombre. Aunque camine por el valle más tenebroso, no temeré mal alguno, porque Tú estarás conmigo; Tu Vara y Tu Bastón me consuelan. Tú preparas una mesa delante de mí en presencia de mis enemigos. Unges mi cabeza con aceite; mi copa se desborda. Seguramente tu bondad y amor me seguirán todos los días de mi vida, y en la casa del Señor moraré para siempre". (Salmo 23:1-6).

*"Jesús les dijo: **De cierto os digo, que no es Moisés quien os ha dado el pan del cielo, sino que es mi Padre quien os da el verdadero pan del***

cielo. Porque el Pan de Dios es el Pan que baja del Cielo y da vida al mundo". 'Señor', dijeron, 'danos siempre este pan'. Entonces Jesús declaró: **'Yo soy el Pan de vida. El que viene a Mí nunca pasará hambre, y el que en Mí cree nunca más tendrá sed. Pero, como os dije, me habéis visto y todavía no creéis. Todos los que el Padre me da, vendrán a Mí, y al que a Mí viene, nunca lo echaré. Porque he bajado del cielo no para hacer mi voluntad, sino la voluntad del que me envió. Además, esta es la voluntad de Aquel que me envió; que no perderé a ninguno de todos los que me ha dado, sino que los resucitaré en el día postrero. Porque la voluntad de Mi Padre es que todo aquel que mira al Hijo y cree en Él, tenga Vida Eterna, y Yo los resucitaré en el último día'".** *(Juan 6:32-40).*

"De la misma manera, ustedes que son más jóvenes, sométanse a sus mayores. Vístanse todos de humildad los unos con los otros, porque; "Dios se opone a los soberbios pero muestra favor a los humildes". Humillaos, pues, bajo la poderosa mano de Dios, para que Él os exalte a su debido tiempo. Echa toda tu ansiedad sobre Él porque Él se preocupa por ti. Esté alerta y de mente sobria. Vuestro enemigo el diablo ronda como león rugiente buscando a quien devorar. Resístanlo, manteniéndose firmes en la fe, porque saben que la familia de los creyentes en todo el mundo está pasando por la misma clase de sufrimientos. Y el Dios de toda gracia, que os llamó a su eterna gloria en Cristo, después de haber padecido un poco de tiempo, él mismo os restaurará y os hará fuertes, firmes y constantes. A Él sea el poder por los siglos de los siglos. Amén". (1 Pedro 5:5-11).*

"'No deje que se angustien. Tu crees en Dios; creed también en Mí. La casa de mi Padre tiene muchas habitaciones; si no fuera así, os habría dicho que voy allá a prepararos un lugar? Y si me fuere y os preparare lugar, volveré, y os tomaré conmigo, para que también vosotros estéis donde yo estoy. Tú conoces el camino al lugar a donde voy'. Tomás le dijo: "Señor, no sabemos a dónde vas, cómo podemos saber el camino? Jesús respondió: Yo soy el camino, la verdad y la vida. Nadie viene al Padre sino por Mí. Si realmente me conocéis, conoceréis también a mi Padre. Desde ahora lo conocéis y lo habéis visto'". *(Juan 14:1-7).*

"Regocijaos en el Señor siempre. Lo diré de nuevo: Alégrate! Que tu mansedumbre sea evidente para todos. El Señor está cerca. No se inquieten por nada, sino que en toda situación, con oración y ruego, presenten sus peticiones a Dios con acción de gracias; y la paz de Dios, que sobrepasa todo entendimiento,* *guardará vuestros corazones y vuestros pensamientos en Cristo Jesús. Finalmente, hermanos y hermanas, todo lo Verdadero, todo lo Noble, todo lo Justo, todo lo Puro, todo lo Bello, todo lo Admirable (si algo es Excelente o Loable), pensad en tales cosas. Todo lo que habéis aprendido o recibido o oído de Mí, o visto en Mí, ponedlo en práctica. Y el Dios de la Paz estará con vosotros". (Filipenses 4:4-9).*

"Que la Paz de Cristo reine en vuestros corazones, ya que como miembros de un solo cuerpo fuisteis llamados a la Paz. Estar agradecido. Que el Mensaje de Cristo habite ricamente entre vosotros mientras os enseñáis y exhortáis unos a otros con toda sabiduría a través de salmos, himnos y cánticos del Espíritu, cantando a Dios con gratitud en vuestros corazones. Y todo lo que hacéis, sea de palabra o de hecho, hacedlo todo en el Nombre del Señor Jesús, dando gracias a Dios Padre por medio de Él". (Colosenses 3:15-17).

"Abrid las puertas para que entre la nación justa, la nación que guarda la fe. Tú guardarás en perfecta paz a aquellos cuya mente es firme, porque en Ti confían. Confía en el Señor para siempre, porque el Señor, el Señor mismo, es la Roca eterna". (Isaías 26:2-4).

"Y mi Dios suplirá todas vuestras necesidades conforme a las riquezas de su gloria en Cristo Jesús. A nuestro Dios y Padre sea la Gloria por los siglos de los siglos. Amén". (Filipenses 4:19-20).

"Por tanto, os digo, no os preocupéis por vuestra vida, qué comeréis o beberéis; o sobre tu cuerpo, lo que te pondrás. No es la vida más que el alimento y el cuerpo más que la ropa? Mira las aves del cielo; no siembran, ni cosechan, ni almacenan en graneros, y sin embargo, vuestro Padre Celestial los alimenta. No sois mucho más valiosos que ellos? Puede alguno de ustedes, preocupándose, añadir una sola hora a su vida?" (Mateo 6:25-27).

"Entonces, no te preocupes, diciendo; 'Qué comeremos?' o 'Qué beberemos?' o 'Con qué nos vestiremos?' Porque los paganos corren tras todas estas cosas, y tu Padre Celestial sabe que las necesitas. Sin embargo, buscad primero Su reino y Su justicia, y todas estas cosas os serán añadidas también. Por tanto, no os preocupéis por el mañana, porque el mañana se preocupará por sí mismo. Cada día tiene suficientes problemas propios". (Mateo 6:31-34).

"Los que viven conforme a la carne, tienen la mente puesta en los deseos de la carne; pero los que viven conforme al Espíritu tienen la mente puesta en lo que el Espíritu desea. La mente gobernada por la carne es muerte, pero la mente

gobernada por el Espíritu es vida y paz. La mente gobernada por la carne es hostil a Dios; no se somete a la ley de Dios, ni puede hacerlo. Los que están en el ámbito de la carne no pueden agradar a Dios". (Romanos 8:5-7).

"Hijo mío, no pierdas de vista la sabiduría y el entendimiento, conserva el buen juicio y la discreción; ellos serán vida para ti, un adorno para adornar tu cuello. Entonces seguirás tu camino con seguridad, y tu pie no tropezará. Cuando te acuestes, no tendrás miedo; cuando te acuestes, tu sueño será dulce. No temas la calamidad repentina ni la ruina que sobrevenga a los impíos, porque el Señor estará a tu lado y evitará que tu pie sea enredado" (Proverbios 3:21-26).

"El que habita en el Altísimo descansará a la sombra del Omnipotente. Diré del Señor: 'Él es mi refugio y mi fortaleza, mi Dios, en quien confío. Ciertamente, Él os salvará del lazo del cazador y de la pestilencia mortal. Él te cubrirá con Sus plumas, y bajo Sus alas encontrarás refugio; Su fidelidad será tu escudo y baluarte. No temerás el terror de la noche, ni saeta que vuele de día, ni pestilencia que ande en las tinieblas, ni mortandad que destruya a mediodía. Caerán a tu lado mil, y diez mil a tu diestra, pero a ti no llegará. Solo observarás con tus ojos y verás el castigo de los impíos. Si dices: "El Señor es mi refugio", y haces del Altísimo tu morada, ningún mal te sobrevendrá, ninguna calamidad se acercará a tu tienda". (Salmo 91:1-10).

"La paz os dejo; Mi paz os doy. Yo no os doy como da el mundo. No se turbe vuestro corazón y no tengáis miedo"'*. (Juan 14:27).*

"Por tanto, id y haced discípulos a todas las naciones, bautizándolos en el Nombre del Padre y del Hijo y del Espíritu Santo, y enseñándoles a obedecer todo lo que os he mandado. Y ciertamente estaré con vosotros siempre, hasta el fin del mundo". (Mateo 28:19-20).

"Por causa de Su Gran Nombre, el Señor no rechazará a Su pueblo, porque al Señor le complació hacerte Suyo. En cuanto a mí, lejos sea de mí que peque contra el Señor, dejando de orar por vosotros. Y os enseñaré el camino que es bueno y recto, pero asegúrense de temer al Señor y servirle fielmente con todo su corazón; considera las grandes cosas que Él ha hecho por ti. Sin embargo, si persistes en hacer el mal, tanto tú como tu rey pereceréis". (1 Samuel 12:22-25).

"*Así que, no temas, porque yo estoy contigo; no desmayes, porque yo soy tu Dios. Yo te fortaleceré y te ayudaré; Te sostendré con mi diestra justa. Todos los que se enfurecen contra ti ciertamente serán avergonzados y avergonzados; los que se te opongan no tendrán nada y perecerán. Aunque busques a tus enemigos, no los encontrarás. Los que os hacen la guerra no serán nada. Porque yo soy el Señor tu Dios que toma tu mano derecha y te dice: 'No temas; Te ayudaré'"*. *(Isaías 41:10-13).*

"No sabes? No has oído? El Señor es el Dios eterno, el Creador de los confines de la tierra. No se cansará ni se cansará, y nadie podrá sondear su entendimiento. Él da fuerza al cansado y aumenta el poder del débil. Incluso los jóvenes se cansan y se fatigan, y los jóvenes tropiezan y caen; pero los que esperan en el Señor renovarán sus fuerzas. Revolotearán con alas como las águilas; correrán y no se cansarán, caminarán y no se fatigarán". (Isaías 40:28-31).

"*No os dejaré huérfanos; vendré a vosotros*" *(Juan 14:18).*

"*Se fuerte y valiente. No temas ni te asustes por causa de ellos, porque el Señor tu Dios va contigo; Él nunca te dejará ni te abandonará*". *(Deuteronomio 31:6).*

"*Aunque se estremezcan los montes y se desmoronen los collados, no se estremecerá mi amor por vosotros, ni se romperá mi pacto de paz*"*, dice el Señor, que tiene compasión de vosotros. (Isaías 54:10).*

"Mi carne y mi corazón pueden desfallecer, pero Dios es la fortaleza de mi corazón y mi porción para siempre. Los que están lejos de ti perecerán; destruyes a todos los que te son infieles. Pero en cuanto a mí, es bueno estar cerca de Dios. He hecho del Señor Soberano mi refugio; Contaré todas tus obras". (Salmo 73:26-28).

"Dios es nuestro amparo y fortaleza, nuestro pronto auxilio en las tribulaciones. Por tanto, no temeremos, aunque la tierra se desmorone y los montes se hundan en el corazón del mar, aunque bramen y se turben sus aguas, y tiemblen los montes a causa de su bravura" (Salmo 46:1-3).

"Dios dice: **Estad quietos y sabed que yo soy Dios; Seré exaltado entre las naciones, seré exaltado en la tierra'"**. *(Salmo 46:10).*

"Porque el Espíritu que Dios nos dio, no nos hace tímidos, sino que nos da poder, amor y autodisciplina. Por tanto, no te avergüences del testimonio de

nuestro Señor ni de mí, preso suyo. Más bien, únanse a mí en el sufrimiento por el evangelio, por el poder de Dios. Él nos ha salvado y llamado a una vida santa, no por algo que hayamos hecho, sino por Su propio propósito y gracia. Esta gracia nos fue dada en Cristo Jesús antes del principio de los tiempos, pero ahora ha sido manifestada por la aparición de nuestro Salvador, Cristo Jesús, quien ha destruido la muerte y ha sacado a la luz la vida y la inmortalidad por el evangelio". (2 Timoteo 1:7-10).

"El Espíritu que habéis recibido no os hace esclavos, para que viváis otra vez con miedo; más bien, el Espíritu que recibiste provocó tu adopción a la filiación. Y por Él clamamos: Abba, Padre. El Espíritu mismo da testimonio a nuestro espíritu de que somos hijos de Dios. Ahora bien, si somos hijos, entonces somos herederos: herederos de Dios y coherederos con Cristo, si es que participamos de sus sufrimientos para que también podamos participar de su gloria". (Romanos 8:15-17).

"El que habita al abrigo del Altísimo descansará a la sombra del Omnipotente. Diré del Señor: 'Él es mi refugio y mi Fortaleza, mi Dios, en quien confío. Seguramente, Él te salvará de la pestilencia mortal. Él te cubrirá con Sus plumas, y bajo Sus alas encontrarás refugio; Su fidelidad será tu escudo y baluarte. No temerás el terror de la noche, ni saeta que vuele de día, ni pestilencia que ande en las tinieblas, ni mortandad que destruya a mediodía. Caerán a tu lado mil, y diez mil a tu diestra, pero a ti no llegará. Solo observarás con tus ojos y verás el castigo de los impíos'". (Salmo 91:1-8).

"Si usted dice; "Jehová es mi refugio", y tú haces del Altísimo tu morada, ningún mal te alcanzará, ninguna calamidad se acercará a tu tienda. Porque Él mandará a Sus ángeles acerca de ti, que te guarden en todos Tus Caminos; en sus manos te alzarán, para que tu pie no tropiece en piedra" (Salmo 91:9-12).

"Hijo mío, no pierdas de vista la sabiduría y el entendimiento, conserva el buen juicio y la discreción; ellos serán vida para ti, un adorno para honrar tu cuello. Entonces seguirás tu camino con seguridad, y tu pie no tropezará. Cuando te acuestes, no tendrás miedo; cuando te acuestes, tu sueño será dulce. No temas la calamidad repentina ni la ruina que sobrevenga a los impíos, porque el Señor estará a tu lado y evitará que tu pie sea enredado" (Proverbios 3:21-26).

"Cuando tengo miedo, pongo mi confianza en ti. En Dios, cuya palabra alabo, en Dios confío y no tengo miedo. Qué pueden hacerme los simples mortales? (Salmo 56:3-4).

"En Dios, cuya palabra alabo, en el Señor, cuya palabra alabo, en Dios confío y no tengo miedo. Qué puede hacerme el hombre? Estoy bajo votos a ti, mi Dios; Te presentaré mis ofrendas de agradecimiento. Porque me has librado de la muerte y a mis pies del tropiezo, para que camine delante de Dios a la luz de la vida". (Salmo 56:10-13)).

"Amad al Señor, todo su pueblo fiel! El Señor preserva a los que le son fieles, pero a los soberbios les paga en su totalidad. Esforzaos y confiad, todos los que esperáis en el Señor" (Salmo 31, 23-24).

"Así que decimos con confianza; 'El Señor es mi Ayudador; No tendré miedo. Qué me pueden hacer los simples mortales?'" (Hebreos 13:6).

"El Eterno Dios es vuestro refugio, y debajo están los brazos eternos. Expulsará a tus enemigos de delante de ti, diciendo; 'Destrúyelos!'". (Deuteronomio 33:27).

"Por Dios, que dijo; "Que de las tinieblas resplandezca la luz", hizo resplandecer Su luz en nuestros corazones para darnos la luz del conocimiento de la Gloria de Dios manifestada en el rostro de Cristo. Sin embargo, tenemos este tesoro en vasijas de barro para mostrar que este poder supremo proviene de Dios y no de nosotros. Estamos en apuros por todos lados, pero no aplastados; perplejo, pero no desesperado; perseguido, pero no abandonado; derribados, pero no destruidos". (2 Corintios 4:6-9).

"Y sabemos que Dios dispone todas las cosas para el bien de los que le aman, los que han sido llamados conforme a su propósito". (Romanos 8:28).

"Aunque ande en medio de la angustia, tú me salvas la vida. Extiendes tu mano contra la ira de mis enemigos; con tu diestra me salvas. El Señor me hará justicia; tu amor, Señor, es para siempre, no abandones la obra de tus manos". (Salmo 138:7-8).

"Levanto mis ojos a las montañas, de dónde viene mi ayuda? Mi ayuda viene del Señor, el Hacedor del cielo y de la tierra. No permitirá que tu pie resbale; no se dormirá el que te guarda; ciertamente, no se adormecerá ni dormirá el que guarda a Israel" (Salmo 121:1-4).

"Ya que habéis resucitado con Cristo, puestos vuestros corazones en las cosas de arriba, donde está Cristo sentado a la diestra de Dios. Pongan sus mentes en las cosas de arriba, no en las cosas terrenales. Porque moriste, y tu vida ahora está escondida con Cristo en Dios. Cuando Cristo, que es vuestra vida, se manifieste, entonces también vosotros seréis manifestados con Él en gloria. Haced morir, por tanto, todo lo que pertenece a vuestra naturaleza terrenal: la inmoralidad sexual, la impureza, la lujuria, los malos deseos y la avaricia, que es idolatría. Por ellos viene la Ira de Dios". (Colosenses 3:1-6).

"Cuida tus pasos cuando vayas a la casa de Dios. Acercaos a escuchar antes que a ofrecer el sacrificio de los necios, que no saben que hacen mal. No seas apresurado con tu boca; no se apresure en su corazón a proferir nada delante de Dios. Dios está en el cielo y tú en la tierra, así que sean pocas tus palabras. Un sueño viene cuando hay muchas preocupaciones, y muchas palabras marcan el discurso de un necio. Cuando hagas un voto a Dios, no tardes en cumplirlo. No se complace en los necios; cumple tu voto. Es mejor no hacer un voto que hacerlo y no cumplirlo. No dejes que tu boca te lleve al pecado. (Eclesiastés 5:1-6).

"Muchos sueños y muchas palabras no tienen sentido. Por tanto, temed a Dios". (Eclesiastés 5:1-7).

"Finalmente, hermanos y hermanas, todo lo que es Verdadero, lo que es Noble, lo que es Correcto, lo que es Puro, lo que es Amable, lo que es Admirable, si algo es Excelente o Digno de Alabanza, pensad en tales cosas. Lo que hayas aprendido, recibido, oído de mí o visto en mí, ponlo en práctica. Y el Dios de la paz estará con vosotros". (Filipenses 4:8-9).

"Por último, sean fuertes en el Señor y en su gran poder. Pónganse toda la Armadura de Dios, para que se mantengan firmes contra las asechanzas del diablo. Porque nuestra lucha no es contra sangre y carne, sino contra principados, contra autoridades, contra los poderes de este mundo tenebroso y contra las fuerzas espirituales del mal en los lugares celestiales. Por lo tanto, pónganse toda la Armadura de Dios, para que cuando llegue el día del mal, puedan mantenerse firmes, y después de haber hecho todo, mantenerse firmes, y después de haber hecho todo, mantenerse firmes. Estad, pues, firmes, con el Cinturón de la Verdad ceñido a vuestra cintura, con la Coraza de la Justicia puesta, y con los pies calzados con la Prontitud que viene del Evangelio de la Paz. Además de todo esto, empuñad el Escudo de la Fe, con el que podréis apagar todos los dardos de fuego del maligno. Toma el Casco de la Salvación y la Espada del Espíritu (que es la Palabra de Dios).

Además, oren en el Espíritu en toda ocasión con todo tipo de oraciones y peticiones. Con esto en mente, estén alerta y sigan orando siempre por todo el pueblo del Señor. Oren también por mí, para que cada vez que hable, me sean dadas palabras para dar a conocer sin temor el misterio del Evangelio" (Efesios 6:10-19).

En este mundo, tendremos preocupaciones que están pujando por nuestra atención. Por eso debemos estar siempre vestidos con la Armadura de Dios, para estar listos para esas preocupaciones y enfrentarlas con el poder de nuestro Señor Jesús (quien por cierto superó todas las preocupaciones de este mundo). Qué mejor ejemplo podemos tener? La respuesta es, ninguno. Nuestro Señor Jesús lo dice mejor cuando dice: ***'Yo soy el Camino, la Verdad y la Vida. Nadie viene al Padre sino por Mí'***. (Juan 14:6).

Además, Él también dice: ***"Yo soy la Luz del mundo. El que me sigue nunca andará en tinieblas, sino que tendrá la Luz de la Vida"***. (Juan 8:12).

Mientras estemos aquí en esta tierra, tendremos preocupaciones e inquietudes. Sin embargo, solo tenemos que recordar que Jesús venció este mundo, y Él está con nosotros (siempre) para ayudarnos cuando estamos agotados. Como dice en la Palabra de Dios: ***"Estas cosas os he dicho para que en mí tengáis paz. En este mundo tendrás problemas. Sin embargo, ánimo! He vencido al mundo"***. (Juan 16:33).

Siempre debemos recordar que Jesús ha pasado por todo lo que estamos pasando nosotros; y no pecó, venció. Reconocer esto cada vez que pasamos por una prueba o nos ponemos ansiosos hace que las preocupaciones y ansiedades se desvanezcan para que Satanás no pueda soltar el control que tenemos sobre nuestro Señor Jesús, lo que nos libera para hacer todo lo que nuestro Padre Celestial nos instruye que hagamos. Sigue aferrándote a Jesús. Una vez que comencé a aferrarme a Jesús, todo lo que pensaba que era preocupante no era tan preocupante y podía vivir en la libertad del Amor y la Paz de Dios. En otras palabras, dejé de ser un conductor de asiento trasero; decirle a Jesús qué hacer y dejar que Él haga todo el camino y el pensamiento. Mi vida está en Manos de mi Equipo Estrella. Mi Padre Celestial conoce mi corazón y mi mente, y Él sabe cuánto puedo manejar para no agotarme tanto. Siempre me aferraré a estos versículos del Libro de Josué: ***"Sé fuerte y muy*** *valiente. Cuidaos de cumplir toda la ley que mi siervo Moisés os dio; no te desvíes de ella ni a la derecha ni a la izquierda, para que tengas éxito dondequiera que vayas. Tened este Libro de la Ley siempre en vuestros labios; meditad en él día y noche, para que cuidéis de hacer todo lo que en él está escrito. Entonces serás próspero y exitoso. No te he mandado? Se fuerte y valiente. No tengas miedo; no te desanimes, porque el Señor tu Dios estará contigo dondequiera que vayas"*. (Josué 1:7-9).

Además de todas estas Escrituras, Dios siempre me dice: *"Estad quietos y sabed que yo soy Dios" (Salmo 46:10)*. Este es siempre un recordatorio de que Él quiere que lea mi Biblia y escuche lo que Él tiene que decirme y las Instrucciones que Él tiene que hacer. La Biblia es la única arma para derrotar los caminos de Satanás, así que empieza hoy y observa cómo Satanás irá huyendo de ti.

Este libro es para ayudarlo a encaminarse hacia una vida de pasar tiempo con su Padre Celestial y caminar con Su Hijo Jesús a través de todos los tiempos difíciles que tiene esta tierra. Mientras caminas por este Camino, no tengas miedo de pedir ayuda a Aquel que siempre está contigo. Eso es lo que Él está aquí contigo, para depender siempre de Él, que cuida y consuela.

Desde el primer paso, di con Jesús; Iba en camino transformándome en una mujer de Dios, buscándolo y siguiéndolo a Él y sólo a Él. Solo veo a mi Equipo Estrella, caminando cada paso conmigo. Sé que mi Padre Celestial está trabajando continuamente en mi vida. Así que le dije "sí" a Él (el que me hizo) para que me enseñe, me diga y me use para lo que Él quiera hacer conmigo. Estoy totalmente comprometido y dispuesto a hacer un esfuerzo adicional por mi Equipo Estrella, el equipo que hará un esfuerzo adicional por mí, ayudándome a superar los problemas de este mundo. Diviértete conociendo a tu Padre Celestial ya Su Hijo Jesucristo. No nos olvidemos del Espíritu Santo, que os asegura manténganse en el camino recto y sigan los pasos de nuestro Señor.

Gracias por tomarse el tiempo para escuchar lo que tengo que decir acerca de mi Señor Jesús. Bendiga a todos y diviértanse caminando con Jesús, que está a su lado, leyendo junto con ustedes. Dios realmente te ama. Recuerde siempre estas Escrituras muy importantes; te mantendrá en el paso:

"Porque Dios amó al mundo que ha dado a su Hijo unigénito para que todo aquel que en él cree no se pierda, mas tenga vida eterna". (Juan 3:16).

"Bienaventurado el que confía en el Señor, cuya confianza está en Él. Serán como un árbol plantado junto al agua, que echa raíces junto a la corriente. No teme cuando llega el calor; sus hojas son siempre verdes. No tiene preocupaciones en un año de sequía y nunca deja de dar frutos". (Jeremías 17:7-8).

Confiar en Dios es vivir en Su paz.
Vivir en la paz de Dios es buscar quién es Él.
Buscar a Dios es obedecer sus mandamientos.
Obedecer a Dios es amarlo.
Amar a Dios es encontrar Sabiduría y Conocimiento.
Encontrar Sabiduría y Conocimiento es recibir la Gracia de Dios.

No hay nadie ni en ningún lugar en este mundo que encuentres la satisfacción que Dios nos ha dado. Por lo tanto, abran sus Biblias, arrodíllense y aprendan cómo nuestro Dios Amoroso y Compasivo desea que vivamos. Esto es lo que Dios está esperando que hagamos. La vida en esta tierra será mucho más fácil de manejar.

Epílogo

Terminaré este libro con un Salmo que te recuerda caminar siempre en los Caminos de Dios:

"El que habita al abrigo del Altísimo descansará a la sombra del Todopoderoso.

Diré del Señor: 'Él es mi Refugio y mi Fortaleza, mi Dios, en quien confío'.

Seguramente Él te salvará del lazo del cazador y de la pestilencia mortal.

Él os cubrirá con Sus Plumas, y bajo Sus Alas encontraréis Refugio; Su Fidelidad será vuestro Escudo y Baluarte.

No temerás el terror de la noche, ni la flecha que vuela de día, ni pestilencia que ande en la oscuridad,

ni la peste que destruya al mediodía.

Caerán a tu lado mil, diez mil a tu diestra, pero no se acercará a ti.

Solo observarás con tus ojos y verás el castigo de los impíos.

Si dices: "El Señor es mi Refugio", y haces del Altísimo tu morada, ningún mal te sobrevendrá, ninguna calamidad se acercará a tu tienda.

Porque a sus ángeles mandará acerca de ti, que guarden en todos tus caminos; en sus manos te levantarán, para que tu pie no tropiece en piedra.

Sobre el león y la cobra pisarás; hollarás al gran león ya la serpiente.

"Porque me ama", dice el Señor,

Yo lo rescataré; estaré con él en la angustia, Lo libraré y lo honraré.

Lo saciaré de larga vida y le mostraré mi salvación".

(Salmo 91:1-13).

Por lo tanto, todo este tiempo seguiré los Caminos de mi Equipo Estelar en cada situación. Siempre amaré y confiaré en mi Equipo Estrella para caminar a mi lado, dándome el coraje y la fuerza para seguir adelante. Gracias, Equipo Estrella.

Siga buscando conocer, amar y confiar en Dios. Que la Gracia de Dios esté con todos ustedes.

Oro esto en el nombre de Jesús. Amén.